本书获国家社会科学基金面上项目（17BJY059）、国家社会科学基金重大项目子课题（12&ZD051）、长沙理工大学学术著作出版资金的资助

"双碳"目标下电价交叉补贴精准处理机制研究

"SHUANGTAN" MUBIAO XIA DIANJIA JIAOCHA BUTIE
JINGZHUN CHULI JIZHI YANJIU

刘思强 著

中国财经出版传媒集团

经济科学出版社
Economic Science Press

北京

图书在版编目（CIP）数据

"双碳"目标下电价交叉补贴精准处理机制研究／
刘思强著. -- 北京：经济科学出版社，2024.1
ISBN 978 - 7 - 5218 - 5503 - 6

Ⅰ.①双…　Ⅱ.①刘…　Ⅲ.①电价 - 价格补贴 - 研究
- 中国　Ⅳ.①F426.61

中国国家版本馆 CIP 数据核字（2024）第 009276 号

责任编辑：李　雪　凌　健
责任校对：靳玉环
责任印制：邱　天

"双碳"目标下电价交叉补贴精准处理机制研究

"SHUANGTAN" MUBIAOXIA DIANJIA JIAOCHA
BUTIE JINGZHUN CHULI JIZHI YANJIU

刘思强　著

经济科学出版社出版、发行　新华书店经销
社址：北京市海淀区阜成路甲 28 号　邮编：100142
总编部电话：010 - 88191217　发行部电话：010 - 88191522
网址：www. esp. com. cn
电子邮箱：esp@ esp. com. cn
天猫网店：经济科学出版社旗舰店
网址：http://jjkxcbs. tmall. com
固安华明印业有限公司印装
710 × 1000　16 开　24.75 印张　380000 字
2024 年 1 月第 1 版　2024 年 1 月第 1 次印刷
ISBN 978 - 7 - 5218 - 5503 - 6　定价：88.00 元
（图书出现印装问题，本社负责调换。电话：010 - 88191545）
（版权所有　侵权必究　打击盗版　举报热线：010 - 88191661
QQ：2242791300　营销中心电话：010 - 88191537
电子邮箱：dbts@ esp. com. cn）

前　言

　　电力在我国终端能源消费中占比逐年增高，电力生产与消费方式是影响我国能源绿色发展及实现"双碳"目标的关键领域。然而，我国日益严重、错综复杂的电价交叉补贴，扭曲了电价结构和电价水平，使得合理补偿成本的定价机制不能充分实现，导致过度消耗、电力强度偏高，不利于能源消费革命和电力生产方式绿色转型。近年来随着城乡居民电力消费增速超过工商业用电增速，交叉补贴规模呈扩大趋势。按照电量实施补贴的"普惠制"政策，使得收入再分配的公平性降低，"富人搭穷人便车"的问题比较突出，补贴"漏出"效应明显，交叉补贴的电力普遍服务功效被弱化。新一轮电力体制改革后，出现了双轨市场和价格双轨，电价交叉补贴通过输配电价回收，并未改变"暗收暗补"的方式，且产生了一些新问题，9号文件①确定的"妥善处理交叉补贴"目标，还远未达到。本书提出，协同推进电力商品回归成本定价和电价交叉补贴处理两项任务，全方位、多路径实现交叉补贴精准处理的研究思路及策略思想，在一定程度上丰富和发展了电价定价理论与方法，对抑制电力不合理消费，促进电力消费革命、新型电力系统建设、电力绿色发展，推进电力体制改革向纵深发展，具有一定的现实意义与借鉴意义。

　　本书以绿色发展背景下，促进电力消费革命、"双碳"目标、电力工业绿色发展为政策导向，采用政策梳理、制度分析、案例研究、数理建模、比较分析、实证研究等方法，从理论和实践角度，分析了电价交叉补贴对社会福利、

---

　　① 中共中央　国务院. 关于进一步深化电力体制改革的若干意见（中发〔2015〕9号）[Z]. 2015-03-15. 本书简称该文件为"9号文件"。

节能减排、收入再分配、社会公平等方面的影响，研究了现阶段双轨市场定价机制和电价交叉补贴计量方式，测算了各类交叉补贴规模、交叉补贴程度，并分析了各类交叉补贴产生的原因，探究和设计了一种实现效率、公平和绿色发展协同推进的电价交叉补贴处理机制及电价改革路径。本书主要研究内容及研究结论如下：

（1）电价交叉补贴与电力商品定价机制之间的理论联系。电力作为公共产品，需要遵循成本定价及福利经济学的基本原理。本书根据电力商品的特殊性，通过比较平均成本定价、边际成本、社会成本、两部次优定价等定价方式的优劣及对减少交叉补贴的实现程度，认为电力商品定价需要在明确成本归属基础上，按照成本分摊原则实施定价，其中两部次优定价是比较实用的定价方式。电价交叉补贴政策，实际上是一种电价水平背离供电成本的价格歧视定价方式。本书采用政策梳理、模型演绎、案例分析等方法，系统分析了电力产业组织模式、市场结构、管制定价、市场化定价、电力普遍服务、销售电价分类、输配电价、上网电价等政策及其与电价交叉补贴的关系，以及各种制度安排对交叉补贴产生的影响。

（2）电价交叉补贴类型及其产生的原因分析。通过梳理发现，我国电价交叉补贴存在同一电压等级不同类型用户之间、同一类型不同电压等级用户之间、同一电压等级同一类型不同负荷特性用户之间、同一电压等级相同类型相同负荷特性不同地区用户之间、峰谷不同时段用电用户之间、丰枯季节用电用户间六种主要交叉补贴类型。不同类型间，存在交叉伴生关系，其中工商用户补贴居民用户是各省区市普遍存在的类型。政府定价、定价技术不成熟是导致交叉补贴的主要因素。本书采用制度分析法和实证研究方法，系统研究了电力制度变迁、销售电价分类及定价政策、定价技术、价区划分政策、电力普遍服务政策等对电价交叉补贴产生的影响。

（3）交叉补贴计量方法分析及实证研究。通过比较各种计量方法发现，价差法更实用，能够用于计量交叉补贴规模与交叉补贴程度。基准价格是价差法计量交叉补贴的关键参数。本书分别将边际成本、拉姆齐电价、平均供电成本、输配电价分摊成本等作为基准价格进行计量，比较发现动态价差法因纳入了交叉弹性，比静态价差法更优。实证研究显示，按照成本传导和成本归属原理，将反映输配电环节固定成本和可变成本的准许收入按照电压等级进行分摊，测算供电成本，并将其作为基准电价计量交叉补贴，既能充分体现成本定价原理、输配电价定价原则，也可以计量不同电压等级、相同电压等级不同类型用户间的交叉补贴，还可以测算交叉补贴需求与供给，易于判断交叉补贴供需平衡和预测变化趋势，具有较好实用性及现实价值。各省区市交叉补贴程度不同，地区差异较大，补贴规模呈现逐年扩大趋势。本书以用户需求定价模型、成本传导原理及输配电成本分摊原理、社会平均电价三种方法计量基准电价，测算得到我国电价交叉补贴规模分别为 2758 亿元、2200 亿元、2500 亿元、2300 亿元[①]。

（4）电价交叉补贴对经济社会发展的影响分析。本书采用文献研究及实证研究方法，分析了电价交叉补贴对社会福利、收入再分配、节能减排、社会公平的影响。交叉补贴在一定程度上扭曲了生产要素价格对资源的配置作用，影响节能减排，增加环境治理成本，阻碍绿色发展。实证研究显示，交叉补贴是一种非效率政策，造成过度消费损失、抑制生产损失、转嫁损失等社会福利净损失，经测算我国社会损失总额是电价交叉补贴的 21.68 倍。按照电量平均补贴的"普惠制"与"暗收暗补"隐性补贴政策，补贴"漏出"效应明显，富裕消费群体得到的补贴更多，导致收入再分配的不公平。实证研究显示，2006～2020 年，由于存在交叉补贴，居民消费电量增加 1.98 万亿千瓦时，增加二氧化碳排放量 18.25 亿吨，平均每年 1.14 亿吨，且增速逐年上升，对环境的影响越来越大，每年增加环境治理成本 343 亿元。通过敏感性分析发现，交叉补贴程度每提高 1%，年平均增加二氧化碳排放量 300 万吨[②]。

（5）现行交叉补贴处理政策存在的问题分析。通过政策梳理发现，现行政策没有充分考虑到电力市场变化，尚无电价交叉补贴处理的系统规划或政策，且各省区市政策执行情况不一，导致处理交叉补贴时出现了一些新问题，效果并不理想。实证分析显示，现行阶梯电价政策，违背了用户数与用电量互为"倒金字塔形"的原理，第一档分档电量过大，用户覆盖率高，对减少交叉补

---

① 数据为本书计算的结果，参见第 4 章第 4.6.2 节。
② 数据为本书计算的结果，参见第 5 章第 5.4 节。

贴的效果有限，同时电力普遍服务功效减弱。分档价差过低，补贴"漏出"效应明显，扭曲了补贴政策的收入再分配目标。新一轮电力体制改革后，出现了双轨市场和价格双轨特点，交叉补贴通过输配电价回收和"暗收暗补"的处理方式，带来了归集与支出不平衡、兜底供电面临压力、承担交叉补贴责任主体不明确、成本性质界定及归属不清晰等问题。

（6）交叉补贴处理机制及处理方式实证研究。针对我国交叉补贴处理机制存在的问题，本书采用构建电价定价模型和实证研究方法，从输配电价定价、双轨市场交叉补贴处理、阶梯电价设计、可选择分时两部制负荷率电价设计等方面探讨了交叉补贴的处理机制及具体方式。科学合理测算输配电价水平，是准确计量供用电成本及建立电价交叉补贴处理机制的基础。影响输配电价水平的定价参数较多且属性差异较大，监管属性型参数、调控属性型参数相互联系和相互作用，其对输配电价水平影响的敏感性不同。通过对调控属性参数实施监管和精准调控，能够实现降低成本、提高能效及降低交叉补贴规模等公共政策目标。双轨市场与价格双轨是电力体制改革后的新特征，本书依据市场结构中各类用户交易方式的特征，将交叉补贴作为外生性、政策性成本独立项，按照成本外部化原理，构建了不同市场交易情景下机理趋同、成本要素和成本属性界定清晰的电价模型，设计了明收明补、供需侧动态收支平衡、补贴退坡等一套交叉补贴处理机制。实证研究表明，该机制能够纠正制度安排偏差，有效解决双轨市场交叉补贴供需矛盾。推行阶梯电价政策是缓解交叉补贴的重要途径，本书将绿色发展和实现交叉补贴精准处理作为协同目标，将居民承受能力作为划分阶梯电价分档边界电量和确定受益群体的约束条件，将碳排放责任目标、交叉补贴程度缓解目标作为确定分档价差的约束条件，提出了阶梯电价改进方案。实证研究显示，通过构建分类用户电力需求模型和运用电力消费面板数据，改进方案提高了交叉补贴处理精准程度，显著提升了节能减排效应。本书按照用户负荷特性，从政策、原理、方法、步骤、数据处理等方面，设计了可选择分时两部制负荷率电价，这种定价方式可以消除或减少电压等级相同但类别不同的用户之间、相同电压等级但负荷特性不同的用户之间、峰谷分时用电用户之间产生的主要电价交叉补贴。

本书的贡献在于，根据我国电力市场实际情况，针对新一轮电力体制改革过程中电价改革存在的现实问题，采用我国电力消费和电价实际数据，从交叉补贴类型、交叉补贴产生原因、交叉补贴影响、交叉补贴计量原理与计量方法、交叉补贴处理机制及政策建议等方面，按照问题—原因—影响—处理—效果的研究思路，开展了系统性、针对性的理论研究及实证研究，全面剖析了电价交叉补贴的现状及发展趋势，完善和丰富了电价定价理论，为如何"妥善处理交叉补贴"提供了实用且可操作的解决方案和方法，对破解9号文件中的电价改革难题具有现实的借鉴意义。

本书的创新之处主要体现在交叉补贴计量处理方法及学术观点创新两个方面。交叉补贴计量及处理方法创新主要体现在以下四点：

第一，提出了基于准许收入分摊和联合成本归属原理的交叉补贴计量方法。准许收入反映了输变配环节的固定成本与可变成本，按照准许收入进行供电成本分摊，贴近我国电力消费市场实际情况，具有较好实用价值，优点为：一是基于成本传导机制确定基准电价，体现了成本定价原理；二是同独立输配电价电价原理一致，与现行电价体系能够较好衔接；三是进行分电压等级分用户类型计量，可以核准不同电压等级用户之间的交叉补贴、同电压等级不同类型用户之间等两类主要交叉补贴；四是既能够计量交叉补贴需求，也能计量供给，从而能够判断电价交叉补贴供需是否平衡；五是采用预测电量变化趋势及成本变化趋势方式，可以解决电价定价滞后的问题，通过预测电量结构、电量总量、输配供电成本等参数变化，揭示电价交叉补贴现状及变化趋势，便于及时通过定价来解决未来时期（监管周期内）交叉补贴平衡问题。现行电价政策及现有相关文献，尚未发现基于联合成本分摊原理计量交叉补贴的具体方法。

第二，提出了妥善处理双轨市场与价格双轨机制下交叉补贴的方案。分析和建立了交叉补贴"明收明补"的电价形成机制、供需动态平衡机制、不同市场公平分摊原则以及交叉补贴协同处理机制。提出双轨市场与价格双轨市场条件下，交叉补贴处理机制具体思路，即：单独核审、独立成项；以支定收、动态平衡；权益均衡、责任均摊、明收明补；因地制宜、逐步退坡。现有相关文献，未见对双轨市场和价格双轨情景下的交叉补贴问题进行系统分析，也未见对交叉补贴"明收明补"的路径设计及具体方案。

第三，提出了绿色发展、精准处理、精准补贴协同的阶梯电价优化方案。

现行阶梯电价政策由于设计不精准，对节能减排和交叉补贴缓解收效甚微。本书以居民可支配收入、碳排放责任目标、交叉补贴缓解程度为约束条件，确定阶梯电价的分档边界电量、各档间价差和交叉补贴目标受益群体，能够显著提升节能减排效应、交叉补贴缓解效应，提高了交叉补贴精准处理程度，符合普遍服务公平原则，能够满足绿色发展需求。现有相关文献中，通常将居民承受力作为阶梯电价的设计依据，未见将碳排放责任目标、交叉补贴缓解程度两个因素与居民承受力共同作为依据来研究阶梯电价定价方案。

第四，提出了可选择分时两部制负荷率电价体系的设计方案。按照先电压等级、后负荷特性、再分时的顺序，对电价进行分类并实施可选择负荷率电价，可以消除或减少电压等级相同但类型不同用户之间的交叉补贴、电压等级相同但负荷特性不同用户之间的交叉补贴、峰谷用电用户之间的交叉补贴。在现有文献中，鲜见依据电压等级和负荷特性，按照可选择电价、负荷率电价、两部制电价、分时电价等原理，综合设计电价的研究和方案。

学术观点创新主要体现在以下四点：

第一，妥善处理双轨市场交叉补贴的关键是需要解决用户之间的权责平衡。妥善处理双轨市场交叉补贴，关键问题不是调整电力企业与用户的利益分配，而是需要解决用户之间的权责平衡。交叉补贴对于工商业用户是政策性用电成本项，对于电网公司是外生性成本项目，不是实际供电成本，但输配电电价反映的是企业生产经营成本，因此在电价形成机制中，交叉补贴应独立成项、单独核审。这与现行政策、文献研究中将电价交叉补贴作为经营成本按照电网企业成本内部化处理方式，通过输配电价"暗补暗收"的研究和处理思路截然不同。

第二，需要协调公平、效率、绿色发展等多种目标来改进优化阶梯电价政策。在经济发展和环境压力双重约束下，应将绿色发展、交叉补贴处理、普遍服务作为协同目标，并将居民可支配收入、碳排放责任目标、交叉补贴缓解程度作为约束条件，来确定阶梯电价的分档边界电量、档间价差和交叉补贴目标受益群体，设计并改进优化阶梯电价方案，这与已有文献研究中以单目标设计阶梯电价的思路不同。本书通过算例实证研究，提供了阶梯电价的改革思路与设计方案。

第三，基于负荷特性的电价体系是处理交叉补贴的关键环节。多种类型交叉补贴之间存在相互交叉、相互伴生、彼此影响的复杂关系，从一个角度或某个方面，难以处理好交叉补贴问题。交叉补贴产生的根源是电价水平背离供电成本，遵循成本定价显然是妥善处理交叉补贴的必由之路，而建立以输配电价为纽带并体现用户负荷特性的电价体系是处理交叉补贴的关键环节。与此同时，多维度、有针对性地建立处理机制及方式，有利于保持电价政策的稳定性。已有文献或政策较少从电价形成机制角度来探讨交叉补贴处理方式。

第四，准确核定和调控输配电价关系交叉补贴计量与处理。准确核定和调控输配电价既关系电价交叉补贴计量，也关系处理机制建设。影响输配电价定价的参数有监管属性型、调控属性型两种类型，前者反映的是企业经营和市场需求的客观状态，后者属于政策决策变量，政府主管部门可以对调控属性参数实施调整，有效引导投资、引导技术进步、激励企业控制成本、激励降低线损、规制输配电价水平等。已有文献鲜见对影响输配电价定价参数进行界定和分类。

目　　录

第1章 导　　论

1.1　研究背景及问题的提出

1.1.1　研究背景

电力生产与电力消费是我国经济社会实现绿色发展的关键领域。2014年6月中央财经领导小组第六次会议上，习近平总书记就推动能源生产和消费革命提出"四个革命，一个合作"五点要求，指出"推动能源消费革命，抑制不合理能源消费。坚决控制能源消费总量，有效落实节能优先方针，把节能贯穿于经济社会发展全过程和各领域，坚定调整产业结构，高度重视城镇化节能，树立勤俭节约的消费观，加快形成能源节约型社会"[①]。应对气候变化的《巴黎协定》代表了全球绿色低碳转型的大方向，2020年9月在第七十五届联合国大会发言中，习近平总书记再一次承诺，我国将通过采取强有力的措施和制定相关政策，提高国家应对气候变化的自主贡献力度，二氧化碳排放2030年前力争达到峰值，并努力争取2060年前，实现碳中和[②]。2021年3月13日发布的《中华人民共和国国民经济和社会发展第十四个五年规划和2035年远景目标纲要》

---

① 新华社. 电力石油天然气抓紧制定改革方案 ［EB/OL］. 人民网，http://politics. people. com. cn/n/2014/0614/c1001－25148252. html.

② 习近平. 在第七十五届联合国大会一般性辩论上的讲话 ［N］. 光明日报，2020－09－23（03）.

提出"推进能源革命，建设清洁低碳、安全高效的能源体系""落实 2030 年应对气候变化国家自主贡献目标，制定 2030 年前碳排放达峰行动方案[①]。完善能源消费总量和强度双控制度，重点控制化石能源消费。实施以碳强度控制为主、碳排放总量控制为辅的制度""推动能源清洁低碳安全高效利用""锚定努力争取 2060 年前实现碳中和，采取更加有力的政策和措施"。2021 年 9 月 22 日中共中央、国务院印发的《关于完整准确全面贯彻新发展理念做好碳达峰碳中和工作的意见》[②] 和 2021 年 10 月 24 日国务院印发的《2030 年前碳达峰行动方案》[③]，提出把节约能源资源放在首位，坚持先立后破，开展节能降碳增效行动，大幅提高能源利用效率，推动能源消费革命，实现新能源逐渐替代，推动能源低碳转型平稳过渡。2022 年 1 月 24 日，习近平总书记强调，实现碳达峰碳中和是贯彻新发展理念、构建新发展格局、推动高质量发展的内在要求，是党中央统筹国内国际两个大局作出的重大战略决策[④]。

电力是终端能源消费的主要产品，统计数据显示，2021 年我国电能在终端能源消费中占比为 26.9%[⑤]。据国际可再生能源署预测，到 2050 年，电力在全球能源消费的比重将从现在的 20% 提高到 45%；中国终端能源消费的比重将增长至 47%[⑥]。据国家电网能源研究院预测，2025 年、2035 年和 2050 年，电能占终端能源消费的比重将分别提升至 31.4%、46.6% 和 51.7%[⑦]。与此同时，电力行业烟尘、二氧化硫、二氧化碳分别占全国排放总量的 25%、43% 和 50% 左右，占比很大（温桂芳和张群群，2014；侯建朝和史丹，2014；杜祥琬，2017；陈怡等，2020）。通过以上数据可以看到，电能在我国终端能源消费中的占比较大，并逐年增高，电力消费对绿色发展和碳达峰、碳中和目标的实现，影响显著。然而，我国根深蒂固、错综复杂的电价交叉补贴，严重扭曲了电价

---

① 中华人民共和国国民经济和社会发展第十四个五年规划和 2035 年远景目标纲要［Z］. 2021 – 03 – 12.

② 中共中央、国务院. 关于完整准确全面贯彻新发展理念做好碳达峰碳中和工作的意见［Z］. 2021 – 09 – 22.

③ 国务院. 2030 年前碳达峰行动方案［Z］. 2021 – 10 – 24.

④ 习近平主持中共中央政治局第三十六次集体学习并发表重要讲话［N］. 新华社，2022 – 01 – 25.

⑤ 中国电力企业联合会. 中国电气化年度发展报告 2022［R］. 北京：2023.

⑥ 国际能源署（IEA）. 全球能源部门 2050 年二氧化碳净零排放路线图［R］. 2021.

⑦ 国网研究院预测 2050 年电力在终端能源消费中的比例将超过 50%［EB/OL］. 中国电力规划设计协会，https://www.ceppea.net/n/i/197180.

结构和水平，使得合理补偿成本的定价机制难以实现，导致过度消耗、电力强度偏高（林伯强等，2009；唐要家和杨健，2014；谢品杰等，2015），严重影响消费方式转变，影响绿色发展和碳排放目标的实现。2015 年中共中央和国务院《关于进一步深化电力体制改革的若干意见》将"单独核定输配电价""分步实现公益性以外的发售电价格由市场形成""妥善处理电价交叉补贴"作为近期"有序推进电价改革，理顺电价形成机制"的重点任务。对于"单独核定输配电价"的改革任务，2016 年出台了《省级电网输配电价定价办法（试行）》，2020 年修订和出台了《省级电网输配电价定价办法》，至今输配电价改革模式基本成熟，独立输配电价实施，也进入第二个监管周期。对于"分步实现公益性以外的发售电价格由市场形成"的改革任务，发电侧、售电侧的竞争市场基本建立，2021 年市场化交易电量 3.7 万亿千瓦时，占全社会总用电量的44.6%，是 2015 年市场化交易电量的近 5 倍。然而，对于"妥善处理电价交叉补贴"的改革任务，仍困难重重，至今尚未明确的改革政策与具体的实现路径①。

1.1.2　具体问题

妥善处理电价交叉补贴，目前面临以下主要问题或困境。

1. 电价定价机制不完善，电价结构扭曲，制约绿色发展

促进电力市场建设和发展的核心机制是电价定价机制，但我国电力工业发展至今，电价定价机制并不完善。根据电力发展历程，我国电价定价机制大致经历了五个阶段。第一阶段（1978～1985 年），采取完全管制定价方式，核心任务是通过稳定电价来稳定电力供应，保障经济社会发展。第二阶段（1985～1997 年），采取还本付息电价，政策目标是鼓励电力投资，保障电力供应，缓解供求矛盾。第三阶段（1997～2002 年），采取经营期电价，政策目标是抑制电价上涨过快，缓和电力需求矛盾。第四阶段（2002～2014 年），上网电价采

---

① 2021 年市场化交易电量占全社会总用电量的 44.6%，为 2015 年的近 5 倍——电力市场"决定性作用"凸显 [N]. 中国能源报，2022 - 04 - 04（11）.

取标杆电价定价方式，通过事前定价和鼓励清洁能源发展，促进电力工业尤其是发电企业有序发展。第五阶段（2015 年至今），采取以输配电价为核心和成本传导的销售电价定价机制。新一轮电力改革时期，核心任务是建立电力供需的市场机制和降低用能成本。前四个阶段，从定价方式与性质来看，属于行政定价。第五阶段，由于电力体制改革尚在推进，电力市场机制仍待完善，我国电力市场出现了管制市场和市场化市场并存的双轨市场，电力定价机制出现了政府定价、市场化定价并存的双轨定价机制（刘思强等，2020）。由于我国电价定价机制主要以政府行政性定价为主，而且 40 多年来我国销售电价形成及价格调整机制处于无规则状态，并按照"相机抉择"的策略，一直沿袭惯例的路径（刘树杰和刘晓军，2011）。1954～1984 年，电价"只降不升"，维持相对稳定的水平；从 1985 年开始，电价"只升不降"，电价水平逐年攀升（陈荣和刘惠萍，2013）。在电价改革的第二阶段（1998 年），我国实施了农电"两改一同价"的改革，其主要做法，是城乡用户共同分摊农网经营成本和建设成本。通过"两改一同价"，农村居民电价大幅下降，从每度电 1 元以上降低到与城镇居民相同水平，每度电 0.56 元左右。此后 20 多年，城乡居民综合电价一直维持在该水平。由于销售电价采取的是行政定价方式，并不能真实反映供电成本和用电成本，与供电成本更低的工商企业相比，居民消费电价偏低，经多年多次调价后，电价交叉补贴的现象越来越普遍，电价结构扭曲越来越严重。例如，美国工商业电价为 0.47 元/千瓦时，居民电价为 0.87 元/千瓦时，居民电价为工商业电价的 1.8 倍；国际上居民平均电价是工商业平均电价的 1.7 倍。我国工商业平均电价为 0.64 元/千瓦时，居民平均电价为 0.54 元/千瓦时，居民电价仅为工商业电价的 0.8 倍。与其他国家横向比较发现，2014 年我国居民与工业平均电价比价关系在 0.55～0.65，电价交叉补贴严重，而同期瑞典、西班牙、德国、法国、美国、英国等分别为 2.79、2.02、1.98、1.92、1.78、1.50（国家发展改革委体改司，2015）[①]。唐要家和杨健（2014）采用拉姆齐定价方法，并将拉姆齐电价作为基准电价，测算出 2007～2011 年我国电价结构性扭曲度为 25%～46%。林伯强等（2009）和李虹等（2011）分别采用价差法测得 2007

---

① 国家发展改革委体改司. 电力体制改革解读 [M]. 北京：人民出版社，2015.

年我国居民电价交叉补贴程度均超过50%。刘思强等（2016）以输配电价定价作为供电成本计算的基础，利用电力实际消费数据，采用价差法测得居民电价交叉补贴程度接近50%。谭忠富等（2015）通过改进C－D生产函数进行估算，测得1978～2012年我国电能边际产出与电价之比的负向扭曲程度为3.75～9.02，电价水平扭曲每变化1%，电力强度同向波动0.2155%。电价结构和电价水平扭曲均会导致电力强度升高，碳排放增加（张伟等，2013；林伯强和杜克锐，2013）。唐要家和杨健（2014）研究我国2007～2011年居民节能减排效应发现，我国电价交叉补贴对环境影响很大，每年约增加2000万吨二氧化碳排放和13万吨二氧化硫排放。冷艳丽和杜思正（2016）也证实价格扭曲正向影响雾霾污染，并进一步指出，能源价格扭曲对雾霾污染的影响在不同区域间存在差异，其中东部地区价格扭曲对雾霾污染的影响大于中西部地区。

2. 居民用电增速高于工商业，交叉补贴规模显著增长，导致企业负担加重

我国居民电价采取的是以工商业用户补贴居民与农业用电的行政定价方式，这种定价方式不以供电成本为基础，致使居民生活用电、农业用电价格长期低于商业和工业用电。在交叉补贴政策实施过程中，长期采取的是按照电量"普惠制"补贴及"暗收暗补"的方式，从而导致我国居民、农业电价在国际上处于较低水平。不可否认，较低的电价水平在保障民生、维持社会公平和支持经济社会快速发展方面发挥了重要作用。但与此同时应该看到，随着电力消费结构的变化，电价交叉补贴政策的弊端越来越明显。交叉补贴是一种用户间利益调整机制，工商用户是交叉补贴供给方，居民、农业用电等用户是交叉补贴的需求方，当工商业用电增长速度大于居民、农业用电的规模增长时，电价交叉补贴的收支能够维持，但当后者增长速度快于前者，收支平衡被打破，在居民、农业电价不做调整的情况下，工商企业交叉补贴负担将加重。刘思强等（2021）根据我国统计年鉴电力平衡表的数据整理发现，2006年电力消费总量为28588亿千瓦时，其中工业用电量为21248亿千瓦时，批发、零售等用电量为847亿千瓦时，生活消费用电量3252亿千瓦时，农林牧等用电量为947亿千瓦时。2019年电力消费总量为72486亿千瓦时，其中工业用电量为48705亿千瓦时，批发、零售等用电量为3174亿千瓦时，生活消费用电量10250亿千瓦时，农林牧等用电量为1297亿千瓦时。工业用电量从2006年占电力消费总量的74.32%下降到2019年的67.19%，14年平均占比为72.02%；居民生活用电量从2006年占电力消费总量的11.38%上升到2019年的14.14%，14年平均占比为12.81%。为了刻画电价交叉补贴供需端关系及工商企业等经营性用户负担的变化趋势，刘思强等（2021）引入一个工商业用户承担电价交叉补贴的度电责任分摊系数，2006~2019年，我国承担交叉补贴的工商业等用户交叉补贴的度电责任分摊系数平均值为0.199。2011年开始，度电责任分摊系数呈增大趋势，从2011年的0.183上升到2019年的0.223，即随着居民用电规模的快速增长，工商业等经营性用户承担交叉补贴的负担加重。随着居民用电量快速增长，2006~2019年的14年间，居民和农业用电电价并未做明显调整，从而导致电价交叉补贴规模随居民消费电量的增长逐年扩大。林伯强等（2009）和李虹等（2011），均采用价差法，将居民长期边际成本作为基准电价，测算得到2007年我国交叉补贴规模分别为2097.6亿元、1956.26亿元。唐要家和杨健（2014）也采用价差法，以拉姆齐电价作为基准电价，测算得到2007~2011年5年中，年平均电价交叉补贴规模为869.01亿元。刘思强等（2016）选用价差法，按照输配电价下的价格形成机制，将测算出的分压销售电价作为基准价格，计算了2015年分电压等级的居民、农业生产享受的交叉补贴额在2500亿元左右，约占电网企业电费收入的10%。叶泽等（2019）同样采用价差法，将输配电价下分压分类销售电价作为基准电价，测算得到2011~2015年我国电价交叉补贴规模呈现逐年显著增长趋势，年平均规模为1812.54亿元。据《中国电力报》2020年5月20日报道，2019年全国电力交叉补贴规模约2700亿元，且每年扩大100亿元。由于工商企业需要承担电价交叉补贴，用能成本增长，推高了终端商品价格，已经影响了工业产品和服务在国际市场上的竞争力。我国目前工业电价约为0.67元/千瓦时，已高于美国（约为0.44元/千瓦时）等国家。电价交叉补贴增加了工商企业用能成本支出，增加了产品与服务的供给成本，使工商企业面临竞争压力。

3. "暗收暗补"机制未改善，交叉补贴供需失衡，缺口趋势增大

9号文件及其相应配套文件的制度安排中，规定通过输配电价回收电价交叉补贴。这种电价交叉补贴处理方式及路径带来了一些问题：一是随城乡居民用电量增长，需要支出的补贴规模随之增大，但我国输配电价采取的是核审制度，即三年一核，当工商业用电量增长与城乡居民用电量的增长存在差异时，尤其是后者增长速度快于前者时，这种通过电网企业成本内部化的"暗箱"处理方式会导致从工商企业用户归集的交叉补贴与对城乡居民用户支出的交叉补贴，总量不平衡。二是现阶段我国电力市场存在市场化市场、管制市场双轨市场，电价定价机制也出现了市场定价、政府定价的价格双轨机制，越来越多的承担交叉补贴责任的工商企业用户通过市场机制下的市场化交易或直接交易形式，按照市场定价的机制，进入了市场化的交易轨道，从而导致保留在管制市场上的"优质"用户数量逐年递减，管制市场上的成交电量显著减少，电网公司（国家电网公司和南方电网公司）兜底供电，面临较大压力。三是按照成本属性分析，对工商业用户来说，输配电价与电价交叉补贴属于不同性质的用电成本，电价交叉补贴是政策性、外生性成本要素，不是电力商品供给的实际生产成本。输配电价是内生性、实际产生的成本要素，即是电力商品供给产生的实际用电成本。目前，电价交叉补贴归集的方式是由电网企业申报、政府审核，而输配电价需经过政府有关部门严格核准和监审。由电网企业通过输配电价并采取成本内部化对电价交叉补贴实施"暗收"的处理机制，模糊了输配电价与电价交叉补贴属性与概念的区别。暗收方式既不能明确和界定承担电价交叉补贴责任主体，也无法体现责任主体承担义务的大小。刘思强等（2021）以中部某省 2017 年和 2018 年的电力数据为基础开展实证研究发现，按照 9 号文件中电价交叉补贴通过输配电价路径回收的政策，由于输配电价在核审周期内三年不做调整，如果某省电力公司 2018 年仍按照 2017 年的标准归集交叉补贴总额，将少收 11.6 亿元，供需缺口约为 8%。如果由管制交易情景下的工商业用户承担全部电价交叉补贴责任，经测算管制市场的工商业用户承担交叉补贴责任为全社会工商企业用户的 2.04 倍。按照电力公司自平衡的原则，供需相差 80.24 亿元，供需缺口超过 50%。2018 年我国实施的"一般工商业电价平均降低 10%"政策，2019 年为深化电力市场化改革，清理电价附加收费，降低制造业用电成本，一般工商业平均电价再降低 10%。2020 年为降低企业生产经营成本，降低工商业电价5%政策延长到2020年底。工商业电价经三轮降价后，交叉补贴归集面临缺口逐步增大趋势，交叉补贴供需失衡矛盾越来越突出，"暗收暗补"机制及交叉补贴通过输配电价回收并由电网企业自平衡的机制也将失灵，亟待新的制度设计和路径安排。

4. 政策指向不清晰，交叉补贴处理不精准，政策目标难以兑现

电价规制政策具有多目标性（郁义鸿和李会，2013）。这些目标主要包括：保障有效率生产以提供可靠电力来满足和支持经济增长、实现经济社会可持续发展、提高电力生产及行业的运营效率、增加社会福利、维护公平支出、传导正确的价格信号、引导合理性消费、引导节能减排等。相应地，居民电价政策具有收入再分配、社会福利、节能减排、保障生活用能的民生需求和满足人们提升生活品质需要等多重目标。我国早期的电价政策将保障人们生活用能的民生需求、收入再分配、社会公平作为主要目标，但随着经济社会发展，居民可支配收入增长较快，用电规模增长显著，倡导绿色消费、绿色发展，实现经济社会可持续发展成为当务之急。近十年来，我国居民电价政策在目标的选择上，做了积极调整，也取得了不菲成效，但现阶段由于电价结构失衡，满足人们提升生活品质需要与实现节能减排、低碳消费的矛盾越来越突出。

为促进居民用能公平，减少居民交叉补贴，抑制不合理消费，2011年国家发展和改革委员会印发《关于居民生活用电试行阶梯电价的指导意见的通知》，改变了单一形式的居民电价政策，实施递增式阶梯电价，居民电价按照消费电量分三档定价，与此同时对城乡低收入的困难群体给予每户每月10~15千瓦时的免费用电基数。

为逐步减少各类用户之间的电价交叉补贴，2013年国家发展和改革委员会印发《关于调整销售电价分类结构有关问题的通知》，将电价分类主要以行业、用途为标准，逐步调整为以用电负荷特性为主，将销售电价逐步归并为农业生产用电、居民生活用电、工商业及其他用电三大类别。

"妥善处理电价交叉补贴"是新一轮电力体制改革中电价改革的三大重点任务之一。2015年9号文件提出，要结合电价改革进程，配套改革不同种类电价之间的交叉补贴。过渡期间，由电网企业申报现有各类用户电价间交叉补贴数额，电价交叉补贴通过输配电价回收。9 号文件对自备电厂责任与义务也做出了明确规定，按照自备电厂产业政策，要求其承担相应的政府性基金、政策性交叉补贴、系统备用费等。9 号文件的配套文件《关于推进输配电价改革的实施意见》指出，政府相关部门应按照准许成本加合理收益原则，核定准许总收入以及分电压等级输配电价水平，明确并向社会公布政府性基金以及电价交叉补贴。对于交叉补贴处理的相应措施为，交叉补贴改革按照分类推进的原则，通过改革不同类型用户之间的交叉补贴，逐步减少工商业用户内部交叉补贴，妥善处理居民、农业用户与工商业用户之间的交叉补贴。在电价交叉补贴的测算方面，通过核定不同电压等级输配电价，测算居民用户、农业用户等享受的交叉补贴水平以及工商业用户承担的交叉补贴水平；电价交叉补贴在电价形成机制中，作为单列项目。

2015 年中发 28 号文件《关于推进价格机制改革的若干意见》（以下简称"28 号文件"）再次强调，要稳妥处理和逐步减少交叉补贴，还原能源商品属性。

2016 年国家发展和改革委员会下发《省级电网输配电价定价办法（试行)》，要求结合电力体制改革进程，妥善处理政策性交叉补贴。并明确指出，改革初期暂按居民和农业用电量乘以其合理输配电价与实际输配电价之差计算居民、农业用电等享受的政策性交叉补贴总额。

2017 年国家发展和改革委员会印发《关于全面深化价格机制改革的意见》，再次强调研究逐步缩小电力交叉补贴，完善居民电价政策。

2019 年 10 月，国家发展和改革委员会出台的《关于深化燃煤发电上网电价形成机制改革的指导意见》要求，按照"基准价 + 上下浮动"机制，规范交叉补贴调整机制，在核定电网输配电价时统筹确定交叉补贴金额，以平衡电网企业保障居民、农业用电产生的新增损益。

2020 年修订的《省级电网输配电价定价办法》要求，结合电力体制改革进程，合理测算政策性交叉补贴规模，完善政策性交叉补贴的范围和运行机制。

从已出台的政策来看，逐步减少电价交叉补贴的目标是明确的，但对于电价交叉补贴的各项政策均涵盖在各种制度安排之中，并非作为独立目标，减少交叉目标的指向尚不清晰，定价机制及实现路径也不明朗，各项政策之间的衔接性有待商榷，政策目标实现的达成度较低。

综上所述，促进电力绿色消费是实现碳达峰、碳中和目标的关键环节，但我国电价结构扭曲程度严重，导致电价交叉补贴问题和电力过度消费的问题长期存在。随着居民电力消费增速超过工商业用电的增速，电价交叉补贴规模呈扩大趋势；补贴政策收入再分配的公平性降低，"富人搭穷人便车"的问题比较突出；普惠制的补贴政策导致补贴"漏出"效应明显，电价交叉补贴的普遍服务功能逐步扭曲和衰退。尽管存在电价交叉补贴问题，并引起政府的高度重视，但现行政策尚未统筹规划，目标指向不明确或路径不清晰，9 号文件确定妥善处理交叉补贴的目标，还远未达到。

减少交叉补贴，是以实现消费公平为导向，还是以促进绿色消费绿色发展为导向？是以政府定价为主，还是以还原电力商品属性进而实现市场定价为主？是实施普惠制，还是以精准补贴为主？是全面减少，还是逐步退坡？是平衡电力企业利益，还是促进用户间的公平？如何精确测量各类电价交叉补贴的规模和补贴程度？交叉补贴如何实现收支平衡，同类用户如何实现权益责任均等？"暗收暗补"的方式存在哪些问题，交叉补贴"明收明补"的路径如何实现？这些均需要通过探索和改革实践，予以解决。

1.2 研究目的与研究意义

1.2.1 研究目的

1. 研究适合我国绿色低碳发展转型的电价交叉补贴精准处理机制

以促进电力消费革命和电力工业绿色发展为政策选择导向，研究电价交叉补贴对节能减排的影响及电力产业绿色发展转型的影响；研究电价交叉补贴对社会福利和环境的影响；研究现阶段电价交叉补贴的科学计量方式及测算各类交叉补贴的规模，分析各类交叉补贴形成的原因；研究输配电价改革后，销售电价的定价机制及交叉补贴供需平衡机制、交叉补贴"明收明补"机制；在强化普遍服务功能和促进电力消费革命的前提下，研究交叉补贴精准处理机制，即如何通过精准确定补贴项目、补贴规模、补贴程度、补贴对象来实现电价交叉补贴的精准减少，最终通过交叉补贴的逐步退坡，实现9号文件"妥善处理交叉补贴"的政策目标。通过研究适合我国绿色低碳发展转型的电价交叉补贴精准处理机制，为我国处理电价交叉补贴问题的政策选择（政策导向、政策目标）提供参考。

2. 研究绿色发展理念下"妥善处理电价交叉补贴"的路径与方案

通过实证研究，分析现行交叉补贴处理政策对居民收入再分配的影响，测量与评价补贴"漏出"效应的程度，研究保证公平和实现有效率的普遍服务的政策路径；通过实证研究，分析交叉补贴导致不合理消费的程度及其对节能减排的影响程度，研究落实消费革命、抑制不合理消费的路径；通过实证研究，分析不同类型用户承担交叉补贴责任、享受交叉补贴的程度及其发展趋势，研究和设计双轨市场和价格双轨下，电价交叉补贴实现明收明补、供需平衡的路径。通过算例，研究一种基于用户负荷特性及用电特性的可选择两部制负荷率分时电价机制，以减少或消除电价交叉补贴；在实证研究的基础上，依据消费公平、责任分摊、节能减排、逐步退坡等多目标，设计一套"妥善处理电价交叉补贴"的改革路径方案，并提出政策建议。

1.2.2　研究意义

1. 公平与效率是处理交叉补贴时的两难选择，也是争议焦点

如何妥善处理交叉补贴既关系居民消费等民生问题，也关系减少工商企业负担、节能减排、社会公平等经济社会发展问题。本书将电力消费革命、电价定价机制对电力绿色发展转型的影响，作为妥善解决及处理电价交叉补贴问题的研究任务与方向。本书充分考虑电价交叉补贴妥善处理的环境价值以及生产者福利、消费者福利，并以社会福利最大化作为政策杠杆的支点和取舍标准，使得"妥善处理交叉补贴"的政策选择、措施对策，能够有益于解决或缓解我国环境压力与经济发展过程中电价改革的突出矛盾。本书提出的"精准处理机制"是一种"妥善处理电价交叉补贴"（9 号文件电价改革三大重点任务之一）政策目标的实施机制，通过精准的方式，使电价改革既增加公平和效率，又促进电力低碳消费。

2. 交叉补贴政策负面影响的研究较多，解决问题的机制研究尚待深入

现有文献，对电价交叉补贴政策产生的负面影响开展了较为丰富的研究，但对于"妥善处理电价交叉补贴"的机制研究，尚待深入。本书提出的精准机制包括三层意思：一是总体上要分类别、分阶段、分步骤，精准减少无效率、欠公平的交叉补贴，实现成本定价，提高效率，减排放；二是甄别目标群体，精选补贴类型、项目，并实现精准补贴，保障公平；三是通过精准减少交叉补贴，促进电力消费革命，抑制不合理消费，促进勤俭节约的消费观，形成能源节约型社会，促进绿色发展。精准处理机制的目标就是协同推进公平、效率和绿色发展。

3. 将交叉补贴处理嵌入电价定价研究中，丰富和发展电价定价理论

本书以输配电价的定价机制为基础，结合电网企业成本的特殊性，按照属性对用电成本进行分类，并分摊到不同类型的用户中，建立不同类型用户机理趋同的销售电价形成机制及定价模型；依据用电成本、用户需求特性、居民收入等指标，计量分压、分类、分负荷率特性的交叉补贴规模及交叉补贴程度；以电力消费统计数据为基础，测算不同市场（双轨市场）工商用户交叉补贴承担的责任及其变化趋势，建立明收明补和供需平衡的交叉补贴模型。将交叉价格弹性和收入弹性引入需求定价中，运用次优定价理论和非线性定价理论，从减排目标以及用户需求响应的角度，通过改进优化阶梯电价方案，优化各阶梯的最优电价比值及阶梯电量，进而解决或缓解电价交叉补贴的突出问题。本书将"妥善处理电价交叉补贴"的问题嵌入电价定价理论研究中，系统探究解决交叉补贴的相应电价定价机制与方法，从而在一定程度上丰富和发展了适合我国国情的电价定价理论与方法。

1.3　主要研究方法

1.3.1　计量分析与模型分析法

收集面板数据和样本省区市的电力销售数据、供电成本、户控数据和负荷特征数据，进行统计学分析和构建计量模型。具体为：运用回归分析研究电价需求弹性、收入需求弹性、用户需求响应以及电力需求计量模型；运用价差法、比价法、聚类法等测算不同类型交叉补贴规模及交叉补贴程度；运用剩余理论、福利函数评估福利变化；运用目标群体受益指数模型、承受力指数评估电价交叉补贴的有效性、合理性和对用户的影响。对现实问题进行理论抽象和假设，构建管制市场、市场化市场双轨市场，以及市场化定价、政府定价双轨定价机制下的电价定价模型。以参与约束、激励相容作为约束条件，并将社会福利最大化作为目标函数，建立电价定价模型，研究可选择两部制负荷率分时电价的定价方案。以居民收入、减排目标为参数，构建多目标体系的阶梯电价定价模型。

1.3.2　制度及政策分析法

按照制度经济学中成本最小或收益最大化的经济目标原则，梳理电力市场改革的制度规定及政策规定，分析电价政策与规制的相关内容对电力企业、电力用户的影响程度，分析电价定价制度执行力和控制力的强度及其影响等。运用制度经济学的思想，把电价改革和环境责任约束下的电力绿色发展转型作为政策条件和妥善处理电价交叉补贴的方向，根据成本—效益分析方法，将精准处理及其协同机制作为一种制度，形成考虑综合效益的帕累托改进方案，探索实现路径。梳理电价政策的历史沿革，并对现行电价政策产生的背景进行分析，结合实证分析，对现行电价交叉补贴的规模、影响及原因进行分析。结合研究过程中发现的问题和实证研究结论，提出政策优化建议及政策实施优化路径。

1.3.3　比较法及实证研究法

通过文献梳理，研究国外尤其是发达国家解决电价交叉补贴问题的方法及相关政策——具体为国外交叉补贴存在类型、国外如何核算交叉补贴以及解决交叉补贴的经验。由于我国电价政策分省制定和执行，对国内交叉补贴现状分析时，本书通过对典型省区市的电价补贴政策、现状、影响、改革过程及得失开展比较研究，分析电价交叉补贴处理机制中实现"精准处理""精准补贴"目标的一般性约束条件及促进绿色发展的实现路径，得到可以借鉴的经验。

1.4　国内外研究现状及述评

1.4.1　国内外相关研究的学术史梳理及研究动态

对于需求侧与供给侧的电价交叉补贴，相关研究及学者的观点可从四个方面进行梳理。

1. 交叉补贴概念争议

在全球经济社会发展的过程中，电信、邮政、电力等社会公共领域或提供公共产品的领域，普遍存在交叉补贴。弗尔哈伯（Faulhaber，1975）是最早提出交叉补贴概念的学者，在其研究报告中，分析了生产多种产品的企业内部产品间的交叉补贴及其影响，其指出当企业制定的产品价格无论是高于独立成本，还是低于增量成本，均会造成社会福利净损失。学术界认为弗尔哈伯对交叉补贴问题的研究具有开创性贡献。赫尔德（Heald，1996）、汉彻和塞拉（Hancher & Sierra，1998）对弗尔哈伯（1975）提出的交叉补贴概念进行了发展，认为如何准确定义交叉补贴，制约了人们对交叉补贴的认识。赫尔德（1996）对"什么是交叉补贴"进行了较为详细的描述，并对公共事业单位可能存在的 8 种交叉补贴情形进行了分析。他们认为从总体上看，包含交叉补贴的产品价格，与产品的生产成本或供给成本是背离的。具体表现为，在成本相同或者接近的情况下，一部分用户为获得某项商品或服务支付更低的价格，而另一部分用户为获得某项商品或服务支付了更高的价格，支付高价格的用户对支付低价格的用户进行了交叉补贴。在成本不同的情况下，对商品或服务使用高成本用户，执行了低价格；对商品或服务使用低成本用户，执行高价格。丹尼尔·F. 史普博（1999）、杨君昌（2002）也从不同的视角深入地探讨了交叉补贴问题，他们将产品或服务间不存在交叉补贴的商品价格，称为无补贴价格（subsidy-free prices）。2002 年弗尔哈伯进一步对管制企业的交叉补贴问题开展研究后认为，如果当管制企业的产品或服务所获得的收入与该项产品或服务的增量成本一样大，即企业获得的收入刚好能够覆盖了总成本时，那么所有产品或服务的价格都是无补贴的价格；同样，当企业产品或服务所获得的收入不超过该产品或服务的独立成本时，那么产品或服务的价格也是无补贴的价格。综合弗尔哈伯（1975）、赫尔德（1996）、丹尼尔·F. 史普博（1999）和杨君昌（2002）等学者的研究及观点发现，交叉补贴的基本特征及需满足的条件主要有三个：一是零利润条件，即企业获得总收入是否恰好覆盖总成本；二是企业产品或服务价格与其生产或供给成本背离，一部分用户需要支付高价格，另一部分用户支付低价格；三是企业从高价格用户获得的超额收入或利润，主要用于弥补低价格用户的亏损。

随着社会各界对交叉补贴问题的关注程度越来越高，其相关理论得到了充分发展和应用。目前国内外学者关注更多的是各行业尤其是公共产品领域存在的交叉补贴现象及如何对其进行处理的问题。例如，罗斯顿和威默（Rosston & Wimmer，2000）研究了美国电话服务费率中存在隐性交叉补贴现象，并提出了相应的处理对策；布拉德利等（Bradley et al.，1999）研究了美国邮政产品存在的交叉补贴问题，并提出了设立有效价格的策略建议；皮纳基和斯里尼瓦桑（Pinaki & Srinivasan，1999）从次优性的角度，讨论了长途电话定价过程中，通过提高价格的成本加成比例来提高资源使用效率问题；阿贝拉特（Abeyratne，2001）对航空运输业的服务产品定价中存在的交叉补贴问题，进行了揭示和批判。

20 世纪 90 年代后，世界各国积极推进电力市场改革，开始打破垂直一体化的电力市场结构,于是越来越多的国内外学者开始关注和研究电价交叉补贴问题。一些学者(Martin & Bryant,2002;Hubert et al.,2007;Chattopadhyay,2004,2007;Silva,2009)使用拉姆齐(拉姆齐)模型及拉姆齐价格,分别以俄罗斯、印度、加纳、美国、澳大利亚等地为例,分析了这些国家或地区的电价交叉补贴规模、交叉补贴程度,以及电价交叉补贴对不同用户产生的影响。从已有文献来看,同期我国学术界关于电价交叉补贴概念并对其界定的研究较少。最初,学者们(阙光辉,2003,2004;齐放等,2009;潘雪涛,2009;姜毅君,2012;庄莹华,2014)主要侧重于分析我国电价交叉补贴的存在性问题,即是否存在电价交叉补贴。也有一些学者(林伯强,2009;唐要家等,2014)开始研究测量电价交叉补贴规模及探讨取消交叉补贴的意义。刘思强和叶泽等(2015,2017)对电价交叉补贴的存在性及特征进行了分析。他们的研究指出,电力是公共领域,电力企业提供公共产品,与一般垄断企业以驱逐竞争对手为目的的交叉补贴不同,电力企业是利用在盈利领域(工商业以及发达地区)的收益来弥补在非盈利领域(居民、农业和贫困山区用户)的亏损,以承担普遍服务任务和实现政府公共政策目标。

2. 交叉补贴及相应电价政策对经济社会发展的影响

一方面,在如何测度交叉补贴对社会福利影响方面,博克斯塔尔和弗里曼(Bockstael & Freeman,2005)发展了社会福利测量理论和经验应用理论,探讨了随机前沿分析技术(SFA)、协整技术、数据包络分析(DEA)、一般均衡技术(CGE)等用于分析补贴改革影响的计量模型。其中,CGE模型被广泛用于衡量补贴或交叉补贴的影响。爱思玛普(Esmap,2004)采用CGE模型,研究了2000~2015年墨西哥取消电力交叉补贴的影响,结果显示从社会经济宏观分析,取消电价交叉补贴的效应并不明显;相反,取消电价交叉补贴后,出口和就业出现了轻微下降,居民尤其是收入较低的群体的福利减少;研究结果还显示,相对于收入较高的群体来说,电价交叉补贴对收入较低群体,更有价值和更需要。奥克塔维亚尼等(Oktaviani et al.,2007)使用CGE模型,研究和分析了印度尼西亚2000~2005年出现的三个阶段的燃油补贴政策的影响,研究结果显示,取消燃油补贴后,能源价格2000年、2001年和2005年分别上涨

12%、30% 和 29%，而且取消燃油补贴导致印度尼西亚贫困人口数量急剧上升（从 8.9% 上升到 12.9%）。另一些学者（Abouleinein et al.，2009）使用 CGE 模型，研究和分析了埃及逐步取消能源产品补贴对经济发展的影响，结果显示如果在取消补贴时，没有任何相应的补偿政策，会阻碍经济的增长，取消能源补贴的五年间埃及的 GDP 的年增长率平均下降 1.4%；与此同时，居民福利也受到较大影响，不同收入层次的消费群体福利均出现了下降，其中"富人"的舒适度降低了。对于如何测度交叉补贴对社会福利的影响，其他技术和模型也有应用。一些学者（Ou & Lin，2014；Ou & Sun，2015）采用 CGE 和 SFA 技术，分别研究和分析能源补贴改革对宏观经济的影响及中国能源价格改革对企业能源效率的影响。另一些学者（Atakhanova & Howie，2007；Mansor & Sajjad，2012）采用协同整合技术，研究了电价交叉补贴对电力消费的影响，分析了各变量之间的长期关系及相互影响。

另一方面，学者们广泛研究了减少或取消价格补贴对福利的影响。萨布希（Saboohi，2001）设计了一个包含四个模块的定量模型，研究和分析了减少能源补贴对伊朗经济的即时影响，研究结果显示，如果取能源消交叉补贴，并以实施社会保障政策代替，这种制度安排在收入再分配和支持"穷人"等方面能够取得较好效果，而其他方面却差强人意。达沃迪和塞勒姆（Davoodi & Salem，2007）运用 AIDS 模型和使用估算参数研究发现，如果提高石油价格，将导致其他商品的价格上涨。马哈茂德和迈克尔（Mahmoud & Michael，2012）采用局部均衡法，并采用需求价格弹性和均衡条件，分析和研究了科威特电价变动对福利效应的影响。布什利和沃尔根特（Bushehri & Wohlgenant，2012）运用微观模型，评估了科威特国电价交叉补贴价格改革中，相关的直接收益和成本，其利用家庭支出调查来估计不同家庭群体（即低收入、中等收入和高收入）的住宅电力需求，并采用部分均衡模型来衡量电价下调可能带来的福利影响，实证研究显示，电价小幅上涨将减少年用电量 47.41 亿千瓦时，每年减少补贴 7.34 亿美元，消费者福利损失约为 1.45 亿美元，社会财政和环境效益增加介于 6.58 亿 ~ 8.89 亿美元。桑德斯和施耐德（Saunders & Schneider，2000）应用 GTEM 模型，对能源补贴与能源出口问题进行了研究发现，能源生产国如果取消补贴，将导致能源价格上涨，一方面将导致能源消耗下降，另一方面将促进能源出口。

　　对于电价交叉补贴的影响，国内外大多数研究显示，电价交叉补贴阻碍了市场对社会稀缺资源的优化配置，存在较大程度的不合理性（林伯强，2009；叶泽等，2017；Chattopadhyay，2004，2007）。电价交叉补贴所形成的价格机制，不符合市场竞争原则，本质上会导致电力商品价格扭曲，既不能优化电力商品的消费，也不利于电力稀缺资源优化配置。微观层面上，经济发展程度不同，电价交叉补贴政策不同，发展中国家出于普遍服务的目标，电力补贴主要补贴居民消费者；而经济发达国家，为了提高电力生产效率以及促进电力绿色发展，补贴通常用来补贴电力生产者（Wang & Zhang，2016）。巴塔查里亚（Bhattacharyya，2011）研究指出，当交叉补贴用于补贴消费时，补贴通常产生一些与初始目标相反的结果，包括给消费者传递错误的价格信号，导致过度消费和低效率消费等问题。唐要家和杨健（2104）研究认为隐性交叉补贴会导致工商企业的用能成本攀升，存在收入分配的"漏出"效应、社会福利净损失等问题。一些学者（谢里和张斐，2017；Burke & Kurniawatis，2018；Freund & Wallich，1997）研究认为交叉补贴降低了能源使用效率，阻碍绿色发展；与此同时电价交叉补贴会导致消费者的福利损失，导致居民消费性支出中消费者剩余减少。林伯强等（2009）通过对中国电价交叉补贴机制的效率进行分析，发现我国电价交叉补贴机制与政策缺失效率。叶泽等（2017）通过实证研究指出，我国电价交叉补贴的存在导致社会福利净损失，这种无效率体现为用电供给成本较高的用户（如低压分散用电的居民用户）电价较低，而过低的电价又导致了电力的过度消费和资源浪费；与此同时，电力供给成本较低的用户执行高电价，较高的电价抑制了工商企业的生产规模，并导致社会生产不足。居民用电价格低，享受了电价交叉补贴，这种电价机制不仅直接造成了无谓的损失，而且根据成本传导原理，由于居民是一般商品的终端消费者，电价交叉补贴最终会以成本的方式体现在工业品（商品）和服务价格中，直接或间接地返还给工商企业。从总体上分析，电价交叉补贴并没有在价格上使消费者受益，相反居民还需多承担一块福利损失。在收入再分配方面和保障社会公平方面，交叉补贴政策的实施存在诸多问题，隐性补贴会产生"漏出"效应和降低收入再分配效率，唐要家和杨健（2014）的研究显示我国电价交叉补贴目标群体受益指数为0.63%，而美国、阿根廷、匈牙利等9个国家和地区目标群体受益指数为

20%～150%（Komives et al.，2007）。罗斌和杨艳（2014）研究显示，我国城镇居民享受的交叉补贴总额是农村居民的 1.53 倍。林伯强、蒋竺均和林静（2009）研究也发现低收入、较高及高收入占补贴比例分别为 28.5%、71.5%；王和张（Wang & Zhang，2016）研究显示中国特别贫穷、富裕家庭分别占绿色电价总补贴的 10.2%、35.4%。尽管中国自 2010 年以来推行递增式阶梯电价，这种电价政策一定程度上改善了居民收入再分配效应，并提高了电力需求价格弹性，提升了居民用户节能和环保意识，但享受全额补贴群体仍占 80%，而不是真正贫穷的 20%（谭真勇，2013；孙传旺，2014；李虹等，2011；刘自敏等，2015；冯永晟和王俊杰，2016）。

宏观层面上研究交叉补贴的经济学文献，大多数学者采用地区或国家宏观时间序列数据，并采用成本—效益模型的分析方式，来估计交叉补贴导致的产品价格变动对福利影响及对价格—需求的响应机制（Kamerschen & Porter，2004）。在这些文献中，由于对家庭特征界定存在困难，在估计参数（即收入和价格弹性）时，所有家庭均被假定为不同的家庭。学者们（McDonald & van Schoor，2005；Lin & Yang，2014）对交叉补贴程度的测度及交叉补贴对资源价格扭曲产生的经济影响也开展了广泛的研究，这些研究证实，能源补贴和电力交叉补贴均对一个国家或地区 GDP 等经济发展数据产生较大的负效应或负面影响。

然而从另一个角度来看，电价交叉补贴作为一种公共政策广泛存在。一些研究认为电价交叉补贴当作为公共政策工具使用时，例如普遍服务政策，其存在具有一定的合理性，因此短时间不宜或难以取消交叉补贴（Nahata et al.，2007；Khosrow & Mohammad，2011；刘思强等，2017）。马修等（Matthew et al.，1998）分析了美国电力市场改革的效应，研究发现在美国电力零售市场化放开过程中，用户选择权逐年增大，放开电力市场是一种有效解决销售电价交叉补贴的方法，但在市场放开过程中给予低收群体一定的电价补贴以实现社会公平仍然是必要的；他认为电价交叉补贴是否能够产生积极效应，关键是需要选择一种有效的补贴方式。马丁和茨文斯基（Martin & Tsyvinski，2002）以原独联体一些国家能源政策为对象，研究认为，在处理执行能源价格补贴政策造成能源过度消耗的问题时，一方面必须提高能源价格以抑制过度消费，另一方面需要建立对低收入群体实施能源消费补贴的机制。纳哈塔等（Nahata et al.，2007）使用拉姆齐模型，对俄罗斯新西伯利亚省居民的电力实际销售价格与拉姆齐电价进行了比较，测算发现新西伯利亚省确实存在居民电价交叉补贴的问题，但他发现电价交叉补贴问题并没有使社会福利变得更糟糕。巴塔查里亚（2017）使用 CGE 模型进行模拟研究，结果显示直接取消交叉补贴，会对农户消费、商品物价、财政支付、税收等经济问题与民生问题产生较大影响，因此他认为，交叉补贴难以直接废除，需要渐进式取消。穆罕默德·雷扎沙瓦尔（Mohammad Rezashahsavar，2011）与巴塔查里亚（2017）观点相近，他认为从公共政策目标出发，一个国家或地区需要通过普遍服务的方式来实现社会公平，完全取消交叉补贴，难以实现。索特基维奇（Sotkiewicz，2002）认为，电费仅以每千瓦时（kWh）为单位来计价，这种单一电价方式，并没有把大部分电力服务供给成本包含在内，因此需要多部定价方式以体现电力服务供给的固定成本；采用多部制电价，尽管不同层次的用户之间还存在交叉补贴，但这种电价机制，既不会扭曲电价结构，还能提高效率。与其他公共产品行业或垄断行业不同，电价交叉补贴是电力企业（在我国主要是国家电网和南方电网），利用在盈利领域（如工商业以及发达地区）的收益来弥补在非盈利领域（如居民、农业和贫困山区用户）的亏损，以承担普遍服务的社会责任和实现社会公平（王俊豪，2009；廖进球和吴昌南，2009；杨万华和赵会茹，2008；何永秀，2012），如取消电价交叉补贴，给低收入人群尤其给农村居民带来较大冲击（李虹等，2011）。刘思强等（2017）应用合理性理论分析认为，电价交叉补贴作为我国实现普遍服务的公共政策，对于保障低收入群体基本生活是非常必要的，但需要调整补贴对象、补贴程度、补贴范围等，通过精准补贴来实现电力普遍服务的政策目标。

3. 交叉补贴类型分析及交叉补贴计量

赫尔德（1996）给出了一个关于交叉补贴的类型学分析，并定义了 8 种类型的交叉补贴。刘思强等（2015，2017）研究指出，我国政府对电价采用行政定价方式，是产生电价交叉补贴的内在原因，而一直沿袭传统的电价分类结构（1975 年）是电价交叉补贴产生的主要路径。目前我国各省区市均按照行业和电压等级二维来编制目录电价表，这种电价目录编制方式导致产生了各电压等级用户间的横向交叉补贴和产生了同电压等级各行业用户间的纵向交叉补贴。他们的研究还指出，目前我国主要存在相同电压等级不同类型用户、不同电压等级相同类型用户、相同电压等级相同类型相同价格下不同负荷率用户、不同地区之间用户 4 种类型电价交叉补贴。

　　在交叉补贴计量方法方面，学者们开展了广泛探索，但能源补贴规模的估计由于数据质量、数据可获得性和数据可比性等问题，导致目前对能源补贴（电价交叉补贴更加特殊）的估计还没有一个统一的测算方法。目前，对交叉补贴的测算方法主要有：国际比较法（IEA，1999；IEA，2002）、价差法（price-gap approach）（Corden，1957；Koplow，2009）、终端产品法（也称隐性成本计算法；end-product approach）（Petri & Taube，2006）、生产者（消费者）补贴均衡法（PSE/CSE）（Cox & Schmidt，2002）、财务平衡法（financial balance approach）（Petri & Taube，2006）。在这些方法中，国际比较法是一种比较简单的测算方法，但由于不同国家或地区电力工业发展过程或电力市场改革程度不同，各国或地区的产业结构、电力市场结构、供给成本、居民收入水平、电价定价基础与定价机制、电价政策目标等存在较大差异，进行电价国际比较结果难以真实反映不同国家或地区的电价结构差异和实际的电价交叉补贴，因而对国家或地区电价进行横向比较的意义有限。生产者（消费者）补贴均衡法，由于对测算的数据的要求严格，不能开展能源补贴对经济消费、碳排放等方面的影响研究，因此学者很少采用这种方法开展能源补贴估计研究（林伯强和黄光晓，2011）。终端产品法和财务平衡法对于数据的要求也较高，其主要用于能源补贴的政府财政活动等问题研究，在电价交叉补贴的测算方面也不太适用。价差法能够较好地反映终能源或电力销售侧定价的扭曲程度或者补贴规模，同时对数据需求量相对较小，比较容易操作，因此价差法是目前估计电价交叉补贴一种可行和有效的测算办法，也是测算能源补贴或电价交叉补贴最实用、最容易被接受的方法（林伯强和刘畅，2016）。这种方法得到了理论界（林伯强等，2009；唐要家等，2014；刘思强等，2015；李虹等，2011；刘思强等，2016；Koplow，2009）的充分认可，经济合作与发展组织（OECD，1998）和国际能源署（IEA，1999）也广泛使用价差法。其中，科登（Corden，1957）提出了价差法的理论基础，在 IEA（1999）、IEA（2002）、卡斯特和纽荷夫（Cust & Neuhoff，2010）等的研究中，广泛应用价差法对能源补贴的规模和补贴程度进行了计算。

价差法中，基准价格又称参考价格（reference price）是进行价格比较和测算的重要参数。基准价格的选取方式及基准价格水平直接影响交叉补贴规模和补贴程度的测算，而且影响取消或减少交叉补贴对社会福利影响的分析结果（Breton & Mirzapour，2016；唐要家和杨健，2014；Wang & Lin，2017；叶泽等，2017）。由于基准价格对交叉补贴测算的影响，学术界对基准价格采用何种方法确定以及应考虑哪些因素，存在较多争议。赫尔德（1996）提出了确定交叉补贴基准价格的两种方法：第一种是以产品供给成本为基础，单独确定每项服务或产品的成本，来测算基准价格；第二种是充分考虑了用户需求响应，在社会福利最大化的目标下，根据需求价格弹性测算基准价格。目前，关于基准价格的选择和测算方法的讨论大多是对这两个方法的拓展。由于多数产品并非以单一成本生产，确定联合生产共用固定资产（联合成本）等各项服务的成本存在困难。因此对于以产品的供给成本为基础的测算基准价格的方法，早期的文献大多集中讨论成本分配或分摊方式，相关的有：完全成本分摊法（FDC）、独立成本分摊法（SAC）以及增量成本分摊法（IC）（Faulhaber，1975；Faulhaber & Levinson，1981；Brown & Sibley，1986；Palmer，1991，1992）。通过对成本分摊方式的比较和分析，叶泽（2014）认为平均成本定价相对于边际成本是缺乏效率的。另一些学者（Wang & Lin，2017）则认同在考虑社会福利框架下的确定基准价格的方法，他们认为选择或确定一种没有补贴、高效的价格，并将其作为基准价格，可以实现社会福利最优结果；他们认为，一般产品的基准价格应反映激烈竞争的国际市场上交易价格或长期边际成本（LMC），而电力产品偏向于非市场化交易的产品类型（Breton & Mirzapour，2016），宜采用长期边际成本作为基准价格。与此同时，由于电力作为能源产品，其生产和传输具有很强的外部效应，一些学者（林伯强等，2009；Wang & Lin，2017）认为在确定电力产品的基准价格时需要考虑外部成本，即考虑电力生产和消耗带来的环境污染的隐性成本。索特基维奇（2002）、叶泽（2014）认为在构成电力基准价格的成本中，电力企业是资本密集型行业，固定资产所占比大，因此根据经济学原理，还需充分考虑资金的机会成本和沉没成本等成本因素，如果不考虑其他成本因素，只考虑边际成本，将会使得沉没成本无法回收，显然是不合理的。由此，一些学者（Hubert，2002；齐放等 2010；唐要家等，2014）将经济学中的次优定价理论引入测算电价交叉补贴的基准价格中，通过使用电力企业利润约束条件并实现社会福利最大化来定价。这种定价理论实际上就是拉姆齐定价方法。在通常情况下，工业商业用户的需求价格弹性往往比居民用户的需求价格弹性高（Qi et al.，2008），如果按照拉姆齐原理定价，那么居民电价应该高于商业电价，商业电价应该高于工业电价。因此，用以测算电价交叉补贴的基准价格，应该与电力用户的需求价格弹性呈反向变动关系，即：弹性越大，价格越低；弹性越低，价格越高。但是在实践中，按照拉姆齐定价原理来确定交叉补贴计算的基准价格，同样需要核算长期边际成本，而测算边际成本是一件非常困难的事情。不仅如此，对于各类用户的需求价格弹性，往往也难以准确测算（刘思强等，2015，2016；叶泽等，2017）。因此，尽管拉姆齐定价原理有其合理性，但在计量电价交叉补贴的实证分析中，基准价格按拉姆齐定价确定不仅存在较多困难，也存在诸多弊病。为了改进拉姆齐定价弊端，以便合理估算电价交叉补贴测算过程中的基准价格，索特基维奇（2002）、叶泽等（2014，2017）等学者提出了两部次优定价理论来增强交叉补贴测量的可操作性，这种方式以边际成本定价理论为基础，但在实际操作中，通过电力固定成本的分摊来对边际成本定价所确定的基准价格进行调整，并通过固定成本分摊系数来确定电价的水平。这种定价方式能够使一部分消费者剩余转移为生产者剩余，从而避免了按照边际成本定价法定价（如拉姆齐定价）过程中，生产者成本无法弥补的困境。

由于测算电价交叉补贴的基准价格的选择方式不同，各种方式各有利弊，在实际测量过程中，学者们开展多种尝试，如林伯强等（2009）和李虹等（2011）均采用价差法，将居民长期边际成本作为测算电价交叉补贴的基准电价，测算了我国 2007 年电价交叉补贴规模；唐要家和杨健（2014）将拉姆齐电价作为基准电价，采用价差法，测算 2007～2011 年我国电价交叉补贴规模及电价扭曲程度；刘思强等（2016）将输配电价下测算出的分压销售电价作为基准价格，测算了我国 2015 年分电压等级的居民、农业生产享受的电价交叉补贴规模及交叉补贴程度。叶泽等（2019）将输配电价下分压分类销售电价作为基准电价，测算了我国 2011～2015 年电价交叉补贴规模。

4. 交叉补贴产生原因及处理方式

交叉补贴普遍存在，类型多样，产生原因复杂。对交叉补贴进行妥善处理，是世界公共产品定价的难题。我国新一轮电价改革已推进了多年，但销售电价交叉补贴改革迟迟没有启动，主要是因为缺乏能够兼顾普遍服务、节能减排、保障民生等多目标的解决交叉补贴方法。但电价交叉补贴所产生的问题已引起社会各界的广泛关注，学者们对交叉补贴产生的原因及如何处理电价交叉补贴进行了多视角研究。

刘思强等（2015）、唐要家和杨健（2014）研究认为，我国电价交叉补贴产生的主要原因是，电价定价机制和电价形成机制体现为行政定价方式和管制定价政策，并非以成本增减作为调价的依据或按照市场化交易规则定价；而且依赖和沿袭惯例路径，我国电价政策处于"相机抉择"无规则状态，几十年中多次调价后，电价交叉补贴的现象越来越普遍，越来越严重。刘思强等（2016）进一步分析发现，由于各种原因，我国新一轮电力体制改革后实施了输配电价核审制度，但对各电压等级的输配电成本核定并不清晰、不精确，从而导致不同电压等级用户之间的电价并不能合理拉开差距，这导致了较大程度的横向交叉补贴。在纵向路径上，我国按照不同行业对电价进行分类，尽管是相同电压等级，但实施不同电价，这使得工商用户补贴居民、工商用户补贴农业用电用户等交叉补贴现象的普遍存在。

在寻求如何妥善处理交叉补贴的方式方法方面，齐放等（2009）提出了征收电价交叉补贴附加费、输配电服务成本内部化、电力普遍服务基金的解决方案。朱成章（2015）提出，应根据政策的有效程度，将电价补贴机制区分为高等、中等、低等三种有效补贴方式，并分层级、分类别实施交叉补贴。另一些学者（Lin & Jiang，2012；曾鸣等，2011）则提出通过递增式阶梯电价解决电价交叉补贴问题，他们研究发现，居民阶梯电价各档电价越高，产生的节约用电效果越好。刘思强等（2015，2016，2017）通过实证研究和杨娟和刘树杰（2017）通过国外政策比较研究认为，如果能够准确核定输配电价，并使得承担电价交叉补贴责任划分清晰，那么将交叉补贴责任作为独立成本项，并附加在输配电价中，通过输配电价回收，即推行"暗补"改为"明补"政策，是一种有效的处理方式。刘思强等（2016，2017）研究认为，在推进销售电价分类改革同时，实施按照用户负荷特性的负荷率电价改革措施，可以解决两种纵向电价交叉补贴问题。孙传旺（2014）、刘思强等（2017）有关阶梯电价机制对能源补贴公平方面的研究表明，实施阶梯电价政策，可以减少了交叉补贴，在一定程度上降低了电价扭曲程度。刘思强等（2017）认为，通过优化现有阶梯电价政策，可以减少或杜绝电力补贴的"漏出"效应，从而缓解电价交叉补贴日趋严重的问题。叶泽等（2019）、李虹等（2011）认为可以通过设立普遍服务基金替代交叉补贴，以缓解交叉补贴退坡后保障低收入居民的生活用电问题。

1.4.2　文献述评

综上所述，现有文献开展了多视角研究，这些研究对于明确交叉补贴政策存在的问题及制定处理措施产生了积极作用。9 号文件将"妥善处理电价交叉补贴"作为电价改革的三大重点任务之一，但目前尚无系统有效的处理机制出台。作为电价改革的瓶颈之一，妥善处理交叉补贴面临诸多困境，改革"靴子"还难落地。因此，对于有关处理电价交叉补贴的理论和实证研究仍待深入。本书认为，以下方面还有待探索。

现有文献对电价交叉补贴政策带来的负面影响开展了广泛研究，目前学者与政府主管部门对"减少交叉补贴"和"电力绿色发展"及"双碳"目标下节能降碳增效的政策方向均无异议，但对二者联系路径的认识，尚不明晰；而且，对通过何种途径、采用何种机制和措施减少电价交叉补贴，才能与经济发展、普遍服务和绿色发展转型三大能源目标相适应，即处理电价交叉补贴的路径及政策，如何实现电价改革政策多目标，尚未定论。与此同时，较多文献侧重于对取消电价交叉补贴对居民生活的影响开展定性分析，即从保障民生的角度讨论交叉补贴政策选择问题，较少有文献对交叉补贴规模、交叉补贴程度、补贴福利损失、福利转移损失等问题开展定量研究。

现有文献研究表明电价交叉补贴带来了系列问题，但又有存在的合理性，交叉补贴需要逐步退坡，但如何实现交叉补贴精准减少、精准补贴以及如何促进电力绿色发展转型，相关理论与实现路径并不明朗。

现有文献研究将电价交叉补贴按照成本内部化的原则，置于电力企业内部进行处理，然而事实上，交叉补贴是用户之间的补贴与被补贴，是用户之间的利益平衡问题，因此对电价交叉补贴的成本属性及处理机制的界定有待商榷。学者们研究了销售侧交叉补贴对电价的扭曲，但相对忽视需求侧补贴与供给侧补贴机制如何协同、如何实现供需平衡的问题。学者们提出了交叉补贴"明收明补"的概念，但未见明确的设计方案，也未见针对新一轮电力改革后出现的双轨市场、价格双轨结构的销售电价定价机制与交叉补贴处理机制开展详细研究。

国内外相关文献研究，大多采用价差法来计量交叉补贴规模，其中基准电价大多基于拉姆齐定价规则来计算。正如前文的分析，拉姆齐定价方法注重了效率，但未考虑公平和电价的政策目标等因素，因而在现实中无法操作，也无法作为政策来实施（Sharkey，1982；Spulber，1984）。与此同时，电价交叉补贴存在多路径、多种形式，因而选择适合我国国情的基准电价作为计量交叉补贴的参考依据，以及全面测量各类交叉补贴，仍待深入开展研究。

公平与效率兼顾是政府处理电价交叉补贴的两难选择，也是学者争议的焦点。本书从公平、效率、绿色发展协同促进的视角来研究交叉补贴的精准处理机制，这符合能源革命的基本精神以及我国电价改革的现实需求。

1.5 主要研究内容及框架结构

本书以绿色发展和"双碳"目标背景下，促进电力消费革命和电力工业绿色发展为政策导向，采用文献研究、政策梳理、制度分析、案例研究、计量分析、比较分析、实证研究等方法，从理论和实践的角度，研究电价交叉补贴处理的理论基础；分析各种电价概念与交叉补贴的关系及其影响；分析电价交叉补贴的类型及其产生的原因；实证研究电价交叉补贴对社会福利、节能减排、收入再分配、社会公平等方面的影响；实证研究现阶段双轨市场定价机制和电价交叉补贴计量方式，测算各类交叉补贴规模、交叉补贴程度，探究和设计一种实现效率公平和绿色发展协同推进的电价交叉补贴处理机制及电价改革路径，并提出相应政策建议。具体研究框架如图 1 - 1 所示。

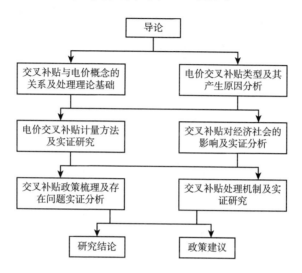

图 1 - 1　研究框架

资料来源：笔者绘制。

第2章　相关概念与交叉补贴处理的理论基础

2.1　相关概念及其与电价交叉补贴的关系

2.1.1　交叉补贴及电价交叉补贴

弗尔哈伯（1975）最早提出交叉补贴概念，指出当企业制定的产品价格高于独立成本或低于增量成本时就可能存在交叉补贴。赫尔德（1996）对交叉补贴的定义更为明确，当企业采取价格歧视定价策略时，对一部分用户采取相对更低的产品价格定价，而对另一部分用户收取更高的价格，也就是，产品供给成本高的用户，却支付低价格，产品供给成本低的用户，反而执行高价格，或者在产品供给成本相同的情况下，对不同的用户分别执行高于和低于供给成本的价格，只要出现了这些情况，就产生了用户间的交叉补贴。由于交叉补贴通常存在于公共产品领域，尤其是垄断行业的公共产品领域，因此一些学者将交叉补贴的概念或现象描述为：交叉补贴指的是在公共产品领域或垄断行业中，出于战胜竞争对手或限制市场竞争等目的，拥有较强市场势力的企业，通过不同市场或业务实施差别性定价措施，对竞争性产品或业务实施降价策略，对垄断性业务或产品实施提高价格的策略，以垄断市场业务的超额盈利来弥补竞争性业务的损失。但由于我国电力企业属于国有公共产品企业，因此我国电价交叉补贴产生的原因及存在的形式与一般的垄断企业有些不同，刘思强等（2015，

2017）根据我国电力行业特性研究指出，电力作为公共产品，与一般垄断企业以驱逐竞争对手为目的的交叉补贴不同，电价交叉补贴是电力企业尤其是电网企业，利用在盈利领域（如工商业、发达地区）的收益来弥补在非盈利领域（居民、农业和贫困山区用户）的亏损，以承担普遍服务任务和实现政府公共政策目标。

按照交叉补贴的定义，一般企业实施交叉补贴定价是为了通过不同市场实施差别定价来抑制竞争，进而开拓市场及提高市场份额；垄断企业或公共产品企业实施交叉补贴是为了通过盈利领域或业务来弥补非盈利领域或业务的亏损；政府在公共产品领域实施交叉补贴政策是为了均衡提供公共产品或保障弱势消费群体。根据文献分析，交叉补贴定价的显著特征是产品或服务背离其供给成本。按照经济规律，交叉补贴定价策略或政策显然是一种短期行为，交叉补贴缺少长期存在的支撑。为了明确某产品或服务供给成本与用户为某项产品或服务所支付费用的关系，下面从不同的成本角度来剖析交叉补贴的概念。

1. 边际成本角度

对某个企业的市场行为来说，如果其对一部分用户提供产品或服务的价格水平低于产品或服务供给的边际成本，而对另一部分用户制定的价格水平高于产品或服务供给的边际成本，则认为这个企业的定价机制中存在交叉补贴的定价策略行为。从边际成本角度来定义、分析交叉补贴，企业或行业仍然无法回收企业投入的总成本，企业有可能出现亏损。叶泽（2014）认为，由于电力行业或电力生产领域是技术密集型与资本密集型产业，固定资产或固定投资占比很大，如果仅仅考虑电力供给的边际成本，会导致沉没成本无法回收，如为适应环保要求，低参数、低容量的发电机组及电网投资设备，在折旧期限内，较早退出；再如，电力企业开展的科技创新活动所产生的成本等。

2. 平均成本角度

对某个企业的市场行为来说，如果其对一部分用户提供产品或服务的价格水平低于产品或服务供给的平均成本，而对另一部分用户制定的价格水平高于产品或服务供给的平均成本，则认为这个企业的定价机制存在交叉补贴的定价策略行为。然而在实际生产过程中，由于一个企业可能生产多种产品或提供多项服务，即多个产品或服务存在联合生产或供给成本，导致具体某种产品的平均成本难以准确确定，因而使用统一的平均成本标准并不能很好地反映多种产品的成本特性。对电力商品来说，不同负荷特性、不同电压等级、不同地区的供电成本不同，因而不能采用一种平均成本。然而，平均成本相对边际成本存在两种便利性：一是平均成本比边际成本易于估计和测算；二是按照平均成本定价，可以使得电力企业有可能回收或弥补固定成本。因此，当多产品或产品成本特性存在差异时，需要根据不同产品的相似特性，分类测算平均成本。例如，电网企业的供电平均成本，既有归属成本也有联合成本，应根据电压等级、负荷特性、不同地区来测算平均供电成本。

3. 增量成本角度

如果企业对一部分用户提供产品或服务的价格水平低于企业提供该产品或服务的增量成本，对另一部分用户提供产品或服务的价格水平高于增量成本，则认为这个企业存在交叉补贴定价策略行为。事实上，产品或服务成本分为长期成本与短期成本、固定成本与变动成本，只有当产品成本仅由变动成本与短期成本构成时，按照增量成本定价才具有合理性。供电成本既包括长期成本也包括短期成本，既包括固定成本也包括变动成本，因此在核定供电成本时和确定电价定价依据时，不适宜采用增量成本定价。

4. 独立成本角度

如果一个企业对一部分用户提供产品或服务的价格水平低于其独立成本，对另一部分用户提供产品或服务的价格水平高于其独立成本，则认为这个企业存在交叉补贴定价策略行为，如定制式产品。电力产品由于通过电网供给，不具有定制式特征，因而不具有独立成本特性。

对于成本的定义不同，可能导致对交叉补贴的认知不同。依据不同成本，计量基准价格并作为比较参数，交叉补贴的衡量结果会存在显著差异。也就是说，即便采用相同定价方法，但按照不同成本概念定义的交叉补贴标准来计量，会得到截然不同的结论。例如，采用价差法，将平均成本作为基准价格，计量的交叉补贴程度会很高，而按照独立成本或增量成本标准计量的交叉补贴程度却可能较低。同样，按照边际成本和平均成本标准定义交叉补贴，或者按照增量成本和独立成本标准定义交叉补贴时，均可能存在差异。如果按照增量成本标准定义交叉补贴或按照独立成本标准定义交叉补贴，也就是将增量成本或独立成本作为基准价格并与实际价格进行比较，只有当企业利润为零的情况下，才不存在交叉补贴。弗尔哈伯（1975）指出当企业制定的产品或服务价格水平高于产品或服务供给的完全独立成本或小于产品或服务供给的增量成本时，会产生社会福利净损失，他将这种现象称为严格意义上的交叉补贴。

新一轮电力体制改革后，我国电力市场的实际情况是，实施交叉补贴政策主要是为了解决两方面的问题：一是承担兜底业务电网企业（国家电网、南方电网等）通过对工商业用户确定高于其供电成本的电价，归集交叉补贴，并以低于居民用户、农业用电等用户的供电成本的电价提供电力产品，以保证居民用户生活用电（保民生）及支持农业发展；二是电网企业利用电价交叉补贴筹集到部分基金履行普遍服务责任，如开展偏远地区电网和农村电网建设。在电力消费领域，电价交叉补贴广泛存在，这种现象有其客观必然性。在我国，政府在实现公共政策目标的过程中，电网企业（如国家电网及南方电网）作为央企，替代政府或受政府委托，作为电力普遍服务的执行者。电网企业不仅要在盈利领域和地区提供电力产品和供电服务，还要在高成本的非盈利领域和地区提供电力产品和供电服务。在高成本的非盈利领域和地区提供服务必然带来亏损，从市场经济的角度和企业理性行为分析，这种亏损显然是政策性损失。在政府公共政策下，电网企业为了达到收支平衡，在非盈利领域和地区亏损，需要通过增加盈利领域和地区收入来弥补。

目前大多数国家采用将电价交叉补贴成本，实施电力企业成本内部化的核算方式，或以优惠电价、低收入群体补贴的形式，来实现电力普遍服务。如图 2-1 和图 2-2 所示，为了分析交叉补贴定价方式及企业经营行为对市场供需的影响，假设企业生产两种产品，产品 A 和产品 B 是互补产品；在利润最大化目标下，企业采取策略定价行为，市场销售结果为：在市场 A 的销售量为 Q_A^*，售价为 P_A^*；在市场 B 的销售量为 Q_B^*，售价为 P_B^*。

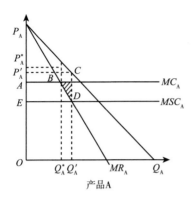

图2-1 享受交叉补贴的产品

资料来源：笔者绘制。

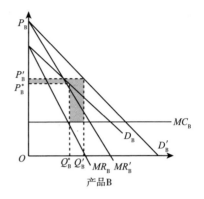

图2-2 提供交叉补贴的产品

资料来源：笔者绘制。

从图2-1和图2-2可以看到，企业通过降低产品A的价格，使产品B的需求曲线向右移。企业可以将通过对产品B制定相对较高的价格来所获得额外利润，并通过内部成本化的方式，补贴市场A。这种交叉补贴方式，过低的价格，反过来又影响产品A的销售量，导致需求增加。按照这种定价策略，可以得到一条市场A中带交叉补贴的边际成本线，其近似为边际收入MR_A。假定将产品A的价格从P_A^*降为P_A'，那么产品B的需求曲线将从D_B右移到D_B'。在这种定价策略下，依据收入与销量及价格的关系，企业可以通过产品A的价格，实现两种互补产品利润最大化。

居里安（Curien，1990）研究认为，交叉补贴的定价策略是企业用以满足预算内部平衡的机制，在两个及以上用户间产生的交叉补贴，应满足收支平衡关系，即从一部分用户收取的交叉补贴总额应该等于为另一部分用户提供的交叉补贴总额。

内部核算及预算平衡交叉补贴的方式实际上是一种"暗收暗补"方式，这种成本内部化的方式对市场监管者来说是一种易于执行的方式，但与此同时也存在诸多问题。政府或其作为执行者的电网企业，既不是交叉补贴的供给方，也不是交叉补贴的需求方。从本质上看，在用户类别的交叉补贴关系中，城镇和农村居民、农业用电等用户是电价交叉补贴的需求方，工业企业、商业企业等用户是电价交叉补贴的供给方，政府及其执行者只是电价交叉补贴供需平衡的协调者。处理电价交叉补贴不应是平衡或弥补电网企业成本，也不应是平衡电网企业与用户间的利益，而应是处理工商企业用户与居民、农业用电等用户间的利益平衡问题。因此，交叉补贴应作为独立的用电成本项目，采用单独核审和"明收明补"的方式，才可能厘清供电成本的关系，以及理顺企业行为与政府公共政策行为之间的关系。

通过以上分析可以发现，电价交叉补贴具有三方面的特征：一是电力产品价格采取价格歧视的定价方式，一种类型用户一种价格；二是各类用户的价格水平并不体现产品的真实供电成本，而且是低供电成本定高价，高供电成本定低价；三是在政府主导下，通过高价用户市场的收益弥补低价用户市场的亏损，以补偿企业成本。

因此，本书对于电价交叉补贴的定义是：政府为实现电价公共政策目标，采用价格歧视的定价方式，低供电成本（用电成本）用户定高价，高供电成本（用电成本）用户定低价，并通过高价用户市场的收益来弥补低价用户市场的成本补偿不足，以及通过电价政策调整的方式来平衡用户间的利益。对于测量电价交叉补贴的成本，应使用边际成本与平均成本概念，不宜使用增量成本与独立成本概念。

2.1.2　价格歧视及其与电价交叉补贴的关系

1. 价格歧视定义

价格歧视（price discrimination）是企业的一种定价策略，也称为差别定价策略，是指企业将相同的产品或服务出售给不同的消费者，索取的价格不同，即相同产品或服务定价不同；或者根据消费者购买产品或服务的数量不同，给予相应的折扣，即不同价格。价格歧视策略，从本质上看，是企业通过定价机制，对企业与消费者福利进行调整。企业实行价格歧视策略需要三个基本条件：一是实施价格歧视策略的企业通过市场势力或市场影响力，能够将本产品或服务定价高于供给边际成本，并且竞争者难以通过更低价格侵占市场，高价对实施价格歧视企业本身的市场份额不存在显著的负面影响。二是企业的产品或服务能够在两个及以上独立市场上出售，消费者或其他人（中间商）难以将实施价格歧视企业的产品或服务在不同市场之间进行倒卖。否则，倒卖会导致两个及以上的市场的价格趋于一致。三是不同市场的用户需求价格弹性存在差异。实施价格歧视的企业通常将需求价格弹性大的市场定低价，以扩大需求；而对需求价格弹性较小的市场定高价，但高价并不会显著影响需求。在弹性相同的情况下，利润不同的市场，实施价格歧视的企业提供产品或服务的价格也不一样。尽管电力市场满足这三个条件，但电力产品的供给存在交叉补贴，使得电力市场的价格歧视与一般产品垄断市场价格歧视的特征存在较大差异。例如，居民用户电力价格需求弹性较小，但价格低；工商企业用户电力价格需求弹性较大，但价格高。

在经济学中，价格歧视定价有三种基本形式（平狄克等，2004）。一级价格歧视（first-degree price discrimination），是指拥有很强市场势力的垄断企业，向消费者提供产品或服务时，按照每一个消费者愿意支付的最高价格实施定价。一级价格歧视的定价方式通常是企业在完全掌握消费者信息的情况下，能够通过实行"一户一价"的价格策略来实现企业利益的最大化。在一级价格歧视定价的情形下，消费者剩余全部被垄断企业剥夺。二级价格歧视（second-degree price discrimination）是指拥有很强市场势力的企业，清晰某产品或服务消费者类型及各种类型分布，但不能确定具体是哪些消费者或消费者群类型，企业按照"一类一价"的定价策略，对同一类型消费者购买不同数量的相同商品或服务制定不同价格。二级价格歧视企业侵占了消费者以相同的价格购买商品时，应该得到的消费者剩余。三级价格歧视（third-degree price discrimination）是指拥有很强市场势力的企业，根据消费者类型不同，或者在不同的市场，出售同一商品或服务时，定价不同。三级价格歧视的定价策略是企业考虑用户需求价格弹性差异的情况下，实施的最优定价策略。

在现实市场或经济活动中，不同消费者的信息是很难掌握的，因此完全按照一级价格歧视策略定价难以实现。通常情况下，在公共产品领域或公共服务领域，企业按照政府规制，实行三级价格歧视。实行三级价格歧视的定价策略的目的是在保证公共产品企业在能够维持收支平衡前提下，能够实现公共产品市场社会福利最大化。正如前文分析，政府规制下的企业实施差别定价策略的理论依据是拉姆齐定价原理。

2. 价格歧视与交叉补贴的关系

叶泽（2014）研究指出，价格歧视是造成交叉补贴的重要原因。通过对比分析价格歧视和交叉补贴的理论及定义不难发现，包含交叉补贴的电价定价机制从本质上分析是一种价格歧视定价方式，都是针对不同用户类别，采取高低不同的价格，只是一般的垄断企业实行价格歧视目的是追求更高的利润，但电价交叉补贴定价方式是在政府主导下，采取价格歧视的目的是保障公共政策目标的实现，寻求用户间利益平衡，以及平衡高价格、低价格两个市场的成本。包含交叉补贴的电价定价方式同时具有二级价格歧视、三级价格歧视的定价特征。不同成本定义标准下，包含交叉补贴的电价定价方法对于社会福利的影响有较大的差异。按照边际成本和平均成本标准定义，某些定价存在交叉补贴现象，但是此类定价方法可能会增大总社会福利。例如，采用三级价格歧视与平均成本、边际成本标准下的交叉补贴定价方法，在增加消费水平的情况下能够增大社会福利，这主要是由于这两种定价使得用户间出现了不同的边际替代率。对具备自然垄断属性的电力公用事业而言，按照边际成本定价无法回收其固定成本，进而可能使公用事业经营企业出现经营亏损，从这个角度来看，严格意义上的交叉补贴定价机制会降低社会福利水平。因此，对于电力公共事业可以通过考虑不同用户的价格弹性，采用三级价格歧视（按照平均成本标准计量交叉补贴）定价方法，增加社会总福利。换言之，政府规制下的三级价格歧视或平均成本标准下的交叉补贴定价方式，在一定程度上能够提高公用事业的效率与社会福利。但需要指出的是，按照三级价格歧视原理，需求弹性较大的工业用电价格应该低于需求弹性较小的居民用电价格，而我国的工业电价却远高于居民用电价格，这当中体现了我国社会经济发展的现实需要，即保护绝大部分居民消费者的需要，也是为了实现保民生的公共政策目标。

2.1.3　电力普遍服务及其与电价交叉补贴的关系

1. 电力普遍服务定义

普遍服务最早在电信行业实施，其定义是：政府出于维护全体公民的基本权益以及最大限度缩小贫富差距的公共政策目标,通过制定相关法律、法规、政策,赋予特定垄断性公共产品企业相应义务,如电力企业、电信企业、供水企业等,实施和实现普遍服务,使得行政区域内全体公民或消费者能够以普遍可以接受的价格水平,获得基本需求的公共产品或服务。从普遍服务的本质来看,普遍服务是一种政府职能,其对于保障行政区域内或整个国家、地区的经济可持续发展、政治稳定、社会协调发展等方面,起到重要的作用。显然,电力工业是维持一个国家或地区经济发展和社会稳定,并关系全体公民福祉的重要基础产业。在现代社会中,电力产品与人们日常生活密切相关,对于人类生存与经济社会发展不可或缺,因此大多数国家和地区在电力行业实施普遍服务政策。由于电力对经济社会和人们生活的关键作用,电力普遍服务的水平及实施范围与程度,被视为一个国家或地区电力工业发展和电气化发展水平的重要评价标准。目前,世界大多数国家或地区实行电力普遍服务政策的一个基本目标是,通过普遍服务逐步消除因贫富不均而带来电力消费不均的现象,电力普遍服务就是在价格可以接受的情况下,要向所有用户或消费者提供最基本的供电服务。从全球来看,大多数国家或地区不同程度地开展了电力普遍服务,以保障公民的基本用电权益,但是各国或地区经济发展程度不同或电力工业发达程度不同,电力普遍服务的执行程度、范围与普遍服务水平存在较大差异。例如,欧美及日本等一些发达国家基本实现了电力普遍服务;而一些欠发达国家,如印度及一些东南亚国家等,由于经济基础薄弱、贫富不均严重、人口密度大等因素,电力普遍服务水平相对较低,许多贫困偏远地区电力设施落后,经常断电甚至未通电。

我国原电力监管委员会对电力普遍服务定义为:国家制定政策,采取措施确保所有用户都能以合理的价格,获得可靠的、持续的基本电力服务。电力普遍服务主要包含三方面的内容。

首先,电力普遍服务具有可获得性,即在政策规定区域内所有用户或消费者都能够获得其所需要的基本供电服务和供电保障。其次,电力普遍服务具有可靠性,即电力企业需要为电力用户或消费提供持续、稳定、可靠的电力服务。最后,价格可接受性,即在同等对待的前提下,电力企业为用户或消费者提供可以接受的电价(电价水平)。具体来说,电力普遍服务主要是针对高成本供电地区和贫困居民或低收入群体的一项政策性、特殊性的政府服务职能。通过实施电力普遍服务，一方面通过对人口稀少、落后偏远等供电成本较高的地区提供电力建设援助，以促进国家不同地区经济平衡和协调发展；另一方面通过电力普遍服务，从一定范围和在一定程度上，缓解低收入、弱势群体的贫困问题，缩小贫富差距，提高贫困人群的生活水平，有利于全社会整体发展。由于我国地域较广，经济发展并不平衡，农村、农业、农民等"三农"问题还比较突出，城镇还存在较多低收入群体，因此我国实施电力普遍服务来促进经济社会协调发展的任务仍然艰巨。

2. 电力普遍服务及其与电价交叉补贴的关系

电价交叉补贴是我国实现电力普遍服务来促进经济社会协调发展和帮助贫困人民脱困的有效手段和重要惠民政策。但在制度设计上，我国电力市场长期处于垂直一体化的垄断经营阶段，导致电价交叉补贴政策在比较长的时间内表现为电力企业内部的经营管理行为，而非政府职能。纵观全球大多数国家执行电力普遍服务公共政策的具体情况不难发现，在电力工业垄断经营阶段，即垂直一体化的市场结构阶段，大多数国家或地区采用电价交叉补贴作为电力企业内部成本的核算方式，并以降低居民电价或对特定用户实施优惠电价政策的形式，来实现电力普遍服务。在垂直一体化的情况下，一些国家或地区广泛实行电价交叉补贴成本内部化的电价机制，有其客观必然性，主要原因是电力垄断企业具有企业经营和电力普遍服务执行者的双重角色，企业不仅在盈利领域（发达地区或工商业用户）提供供电服务，而且要向非盈利领域（高成本地区或农村、低收入用户）提供服务，电力企业为了实现财务收支平衡，需要通过盈利领域、市场、地区获得超额收入，来弥补非盈利市场或领域、地区的亏损。

在垄断市场结构和企业垄断经营情况下，电价交叉补贴按照电力企业成本内部化处理的优点主要表现在以下三方面：一是市场监管简单，在电力企业承担普遍服务和企业经营双重角色的前提下，政府只要对电力企业实施有限的管制就可以达到监管目标；二是电力企业能够充分履行普遍服务义务，双重角色的电力企业能够充分履行普遍服务责任，并不断提高普遍服务水平，最大限度地满足落后或经济欠发达地区、低收入群体的基本用电需求；三是电价交叉补贴通过电力企业内部经营方式进行处理，并通过这种方式实现交叉补贴收支平衡，能够归集到较为充足的资金，以保障经济欠发达地区、偏远地区、农村地区等落后地区的电力基础设施投资。

但需要看到的是，将电价交叉补贴作为电力企业内部化经营行为的处理机制具有一定优点的同时，还会导致一系列问题。一是补贴是一种收入再分配方式，电价交叉补贴成本内部补偿处理机制，只是将交叉补贴收入从一部分用户或地区（工商企业用户、经济发达地区）简单地转移到另一部分用户或地区（居民用户、欠发达地区），具有明显的非效率性。二是虽然通过电价交叉补贴来实现电力普遍服务，在一定程度上保护了贫困和低收入用户群体的利益，但由于电价水平低于供电成本，可能使得一部分用户（收入较高群体）通过"搭便车"的方式过度用电，难以实现经济激励和稀缺资源的合理配置。三是内部化经营的处理机制掩盖了交叉补贴政策的政府职能属性，从而导致电网企业可能利用信息不对称，多收交叉补贴，通过政策寻租。四是内部化经营的处理机制还可能导致交叉补贴供需不平衡。

随着我国电力工业的发展和制度变迁，电力产业格局由政企合一、厂网合一的电力工业部（1985 年前为水利电力部），经过几轮电力体制后，至 2002 年发展改革为政企分开、厂网分离的国家电网、南方电网及五大发电集团的产业结构与市场结构。2002 年以前，我国电力行业是垂直一体化的产业结构形式，政企合一的电力工业部（国家电力公司）既承担政府职能，也开展电力经营，政策目标和企业经营目标难以分割，因此电力普遍服务义务由电力部门承担是合理的，也是最优化的。企业通过盈利领域或地区的超额利润，来补贴非盈利领域或地区，以实现普遍服务的政策目标，这段时期内交叉补贴采用内部补偿方式，显然是最有效率的。2002 年 5 号文件[①]出台后，厂网分离、竞价上网，发电侧实施市场化改革，普遍服务义务由电网公司承担，电网公司通过购销差价的定价方式，并通过转移支付模式，实现电价交叉补贴收支平衡，从而实现普遍服务等公共政策目标。2015 年深化电力市场化改革的 9 号文件及 6 个配套文件出台，按照"管住中间、放开两头"的电力体制架构，有序放开输配以外的竞争性环节电价，有序向社会资本开放配售电业务，实现公益性以外的发售

---

① 国务院关于印发电力体制改革方案的通知（国发〔2002〕5 号）〔Z〕. 2002 – 02 – 10. 本书简称该文件为"5 号文件". https://www.gov.cn/zhengce/content/2017 – 09 – 13/content_ 5223177. htm.

电价格由市场形成，电网企业需要保障电网公平无歧视开放，按国家规定履行电力普遍服务义务，同时承担其供电营业区保底供电服务，履行确保居民、农业、重要公用事业和公益性服务等用电的基本责任。过渡期间，由电网企业申报现有各类用户电价交叉补贴数额，经政府价格主管部门审核后，通过输配电价回收。从政策层面和制度设计看，电力普遍服务与电价交叉补贴的补偿，首次趋向分离。政策明确电力普遍服务义务由电网企业履行，但电价交叉补贴由电网企业代为归集，通过输配电价回收。正如本书前文分析的一样，这种方式显然带来一些问题，诸如：交叉补贴的供需平衡问题、管制市场与市场化市场中各类市场主体的责任分摊问题、自备电厂与区域电网的交叉补贴归集问题等。实践中，输配电价改革前后，全国电力市场化交易的电量从 2014 年的 3000 亿千瓦时提高到 2021 年约 3.7 万亿千瓦时，市场化的电量比重从 7% 提高到 44.6%[①]。由此看来，建立在购销差价定价基础上的电网企业以交叉补贴内部补偿作为电力普遍服务的主要收入来源的方式，已难以为继。

随着电力体制改革市场化趋势越深入，如果还将由政府承担的公共政策责任与企业经营行为这两种不同性质的责任混合处理，将会阻碍改革深入发展。因此本书认为，电力工业发展及电力市场改革的新阶段，电力普遍服务与交叉补贴处理问题不宜视为电网企业的经营问题，而应视为政府管理职能及公共事业问题。电力普遍服务与电价交叉补贴处理问题应该脱离电力企业来实现外部化，只有这样才可能清晰区分公共政策与电力产业政策的边界，使电力体制改革与电价改革比较彻底，进而取得最终胜利。当然在明确政府责任和企业责任的前提下，在改革的某个阶段或者时间点上，政府可以委托电网企业在公共政策执行与公共政策目标实现过程中担当一些任务或承担一些责任。

2.1.4　销售电价分类结构及其与电价交叉补贴的关系

1. 销售电价及其分类结构

销售电价是电力经营企业在电力终端消费市场提供的价格，是电力产品价

---

① 笔者根据国家能源局、中国电力企业联合会历年发布的数据整理。

值链的末端环节。销售电价作为用户的消费电价，体现为用户的用电成本，影响电力供需关系及电力能源消费规模。按照商品价值规律与市场规律，电价需要充分反映供电成本，真实反映电力作为商品的价值属性，准确体现电力供求关系，使得价格充分发挥对电力稀缺资源的配置作用。

2003 年国务院办公厅下发了《关于印发电价改革方案的通知》（以下简称"62 号文件"），确定了我国销售电价的市场化改革方向与改革路径，即"销售电价改革的方向是在允许全部用户自由选择供电商的基础上，由市场定价。竞价初期仍由政府制定的销售电价，应逐步实现定价的规范化、科学化，并有利于同市场接轨"。62 号文件明确提出，竞价初期销售电价由购电成本、输配电损耗、输配电价和政府性基金构成，输配电价中包含电力销售费用。根据《国家发展改革委关于印发电价改革实施办法的通知》（以下简称"514 号文件"）中《销售电价管理暂行办法》的规定，购电成本是指电网企业从发电企业（含电网企业所属电厂）或其他电网购入电能所支付的费用及依法缴纳的税金，包括所支付的容量电费、电度电费。输配电损耗是指电网企业从发电企业（含电网企业所属电厂）或其他电网购入电能后，在输配电过程中发生的正常损耗。输配电价是指按照《输配电价管理暂行办法》制定的输配电价。政府性基金是指按照国家有关法律、行政法规规定或经国务院以及国务院授权部门批准，随销售电量征收的基金及附加。

由于不同用户用电特性不同，供用电成本不同，销售电价通常实施分类定价。我国销售电价传统上是按照用途、行业来分类定价的，1975 年原水利电力部颁发了《电、热价格》通知，将销售电价分为照明电价、非工业电价、普通工业电价、大工业电价、农业生产电价、趸售电价、省区市电网间互供电价七类电价，其中大工业销售电价包括基本电价，即容量电价（变压器计算、最大需量计算）、力率调整电费。由于不同用户用电力率差异较大，力率的高低，影响电力系统的发供用等电力设备利用效率，按照全国供用电规则，对于功率因数达不到规定的用户，需要加收一定数量电费，即力率调整电费；如果功率因数超过规定的用户，则减收一部分电费，即奖励电费。1975 年电价分类结构与体系沿用了几十年，尽管后来的销售电价目录对工业用电、普通工业用电、商业用电等电价分类增加了电压等级的横向分类指标，但总体上仍是按照纵向的用途或行业来分类。

2003 年的 62 号文件和 2005 年的 514 号文件要求进行销售电价分类改革。电价分类改革的目标是，根据用户用电负荷特性及便于与上网电价联动的原则，将原来的七大分类整合为居民生活用电、农业生产用电、工商业及其他用电三类，各类用户的电价均按用户用电的电压等级和用电负荷特性定价。2013 年发展和改革委员会下发《关于调整销售电价分类结构有关问题的通知》，要求 2013～2018年，5 年内各省区市基本完成电价分类改革目标，将依据行业、用途分类的电价体系，逐步调整为依据用户用电负荷特性为主进行分类的电价结构体系。截至2018 年，各省区市基本完成了分类改革任务。新的分类体系，在将非工业及普通工业、非居民照明、商业用电三大类合并为一类的基础上，将居民生活用电、大工业用电、农业生产用电、贫困县农业排灌用电、一般工商业及其他用电五大类调整归并为居民生活用电、工商业及其他用电和农业生产用电三个类别（见表 2 - 1）。但体现用电负荷特性的指标，仍然只有电压等级，负荷率电价体系并未涉及。

表 2 - 1　　　　湖北省电网销售电价表（自 2021 年 1 月 1 日起执行）

用电分类			电度电价（元/千瓦时）					容（需）量电价	
			不满 1 千伏	1～10 千伏	35 千伏 20 千伏	110 千伏	220 千伏 及以上	最大需量 元/千瓦·月	变压器容量 元/千伏 安·月
一、居民生活用电	城乡"一户一表"居民用电	年用电 2160 千瓦时以内	0.558						
		年用电 2161～4800 千瓦时	0.608						
		年用电 4800 千瓦时以上	0.858						
	居民合表用电		0.58	0.57	0.57				
二、工商业及其他用电	单一制		0.6907	0.6707	0.6507				
	两部制			0.6067	0.5869	0.5688	0.5498	38	25
三、农业生产用电			0.5587	0.5387	0.5187				
其中：农业排灌用电			0.3917	0.3717	0.3517				
四、趸售用电			县级趸售电价			县级以下趸售电价			
			0.4567			0.4687			

注：数据来自湖北省发展和改革委员会 2021 年 10 月 22 日发布的湖北省销售电价表。其中：(1) 居民生活用电价格含农网还贷资金 2 分钱、大中型水库移民后期扶持基金 0.62 分钱、可再生能源电价附加 0.1分钱，共2.72 分钱。(2) 工商业及其他用电（单一制和两部制）价格含农网还贷资金 2 分钱、大中型水库移民后期扶持基金 0.62 分钱、可再生能源电价附加 1.9 分钱，共4.52 分钱。(3) 农业生产用电（农业排灌用电除外）价格含农网还贷资金 2 分钱。(4) 抗灾救灾用电价格按表列分类电价降低 2 分钱执行。

2. 销售电价分类结构及其与交叉补贴的关系

不同用电特性供电成本不同，由于我国长期按照用途和行业来对销售电价进行分类，在进行电价调整时，也是依据产业政策进行电价调整，而不是根据供电成本的变化进行调整，从而导致近十几年来工商业电价或工商业某一行业企业的电价只升不降，而居民电价、农业电价维持在原来水平，电价扭曲严重，电价交叉补贴问题越来越严重。影响供电成本的销售电价分类指标，主要有以下三个：

一是电压等级。由于不同用户用电特性及用电需求不同，用户最大需量或变压器功率不同，因此电力企业向不同用户供电的电压等级存在很大差异。一般来说，用户用电最大需量或变压器功率越大以及用电量越大，则选用供电的电压等级越高；反之，若用户用电量小或用电设备功率较低，则可选用低电压等级供电。不同电压等级供电成本不同，按照成本传导原理，越是低电压等级，供电成本越高，越是高电压等级，供电成本越低。当用户需要按照受电电压等级承担供电成本时，其不仅需要承担本级受电电压等级的输配电成本，还要承担上一级或更高电压等级传导的输配电成本。而且，在电力传输过程中，电压等级影响系统的输配电损耗，电压等级越高损耗越少，电压等级越低，损耗越多，高电压等级受电的用户只需承担高电压等级的网损成本（通常较低），低电压等级受电的用户不仅需要承担低电压等级的网损成本，而且要承担由高电压等级传导到本级电压等级的网损成本。总体上，用户受电电压等级越低，电网供电成本越高，输配电损耗越大，用户承担的成本（用电成本）就越高。一般来说，工商业用户尤其是大工业用户受压的电压等级高，输配电成本相对较低、线损少，而居民用户常常位居电力输送的末端，受电的电压等级低、线损大，因而供电成本高。

二是用电时间和用电季节。在电网侧，由于电力发供用一体化，受系统最大负荷限制，电力系统的供需平衡是电力系统安全稳定的前提，不同时间用电，对电力系统成本及安全稳定性的影响不同。如果用户习惯在高峰时间集中用电，将增大电力系统短期边际容量成本，导致电力企业需要增加投入，相应用户容量成本（容量电价）也需要增加。低谷时间用电，在电力系统最大负荷下，用电需求不会增大系统的边际容量，相应用户容量成本（容量电价）低。在发电侧，对于不同类型的机组，单位电量的发电成本不同。从供电边际成本分析，水电机组由于消耗的是水利，属于自然可再生资源，单位边际成本相对较低；火电机组消耗的是不可再生煤炭资源，单位边际成本相对较高。从容量成本角度分析，由于水电投资很大，高于火电机组，因此火电机组的单位容量成本常常低于水电机组。因此，如果在枯水季节用电，火电出力比例高，由于火电边际成本高，导致全社会用电成本增加；在丰水季节用电，水电出力比例高，由于水电的边际成本低，从而能够降低全社会的用电成本。电力定价的时间与季节原则实际上是对电力生产、供给成本的反映。峰谷分时电价和季节性电价，正是按照用电时间和用电季节实施供电成本定价的具体应用。在电力消费过程中，工商业用户通过调整生产和经营行为，选择低谷用电或选择丰水季节扩大生产，因而往往能够降低用电成本，但居民用电相反，通常在高峰用电导致电网需要扩大投资，增加备用容量，从而推高了供电成本。事实上，近些年各省区市每年电网负荷屡创新高，其主要是在高峰时段或夏冬两季居民用电快速增长所致。

三是负荷率。负荷率是反映用户在一定时间段（比如一年）用电特性的重要指标之一。负荷率是指在某一时段内，用户在该时段的平均用电负荷与最大用电负荷的比值。供电成本通常包括固定成本（容量成本）和变动成本（电度成本），对电力系统（电网）而言，由于固定投资很大，因此固定成本是电网企业的主要成本要素，而提供服务的变动成本占比相对较低。用户的负荷率通常影响供电固定成本，进而影响电网投资。负荷率对固定成本的影响关系表现为：负荷率与单位供电量（度电）成本成反比，即负荷率越高，度电成本越低；负荷率越低，度电成本越高。与负荷率相关的另一个概念是同时率，其是分摊电力系统供电固定成本的基础。同时率是指在任一组用户或一个地区中，这个用户组或地区的综合最大需量与各个用户的最大需量的总和的比值。因为每个用户的最大需量不是同时发生，故同时率总是小于 1。电力系统中，供电成本与同时率成正比，同时率越高，供电成本越高；同时率越低，供电成本越低。在电力消费过程中，一些工商业用户通过调整生产和经营活动，使得用电尽可能连续和平稳，负荷率高，供电成本低；而居民或农业用电是非连续的，负荷率低，供电成本高。

依据用途与行业分类制定销售电价，而不是用户用电特性定价，导致销售电价严重偏离供电成本，是交叉补贴产生的重要原因之一。相较于我国，发达国家的用户主要依据用户用电特性来分类，销售电价也比较复杂。例如，美国销售电价分类主要有三种：一是按照用户的用电规模和电压等级来分类，一般分为居民、小用户、中等用户、大用户和其他用电几类。其中，小用户电价适用于每月用电量在 7200 千瓦时及以下用户；中等用户电价适用于每月用电量为 7200 ~ 15000 千瓦时的用户；大用户电价适用于每月用电量在 15000 千瓦时以上的用户。二是按照电压等级划分。例如，美国加州 PG & Ed 电力公司将小于 2.4 千伏的电压称为低压配电，2.4 ~ 20.78 千伏的电压称为高压配电，60 ~ 230 千伏的电压称为输电电压①。三是按照用电量与其他分类方式相结合的分类方法，将用户主要分为大用户以及一般用电用户，针对不同类型的用户采用不同的电价体系。例如，对于对大用户，依据负荷特性实行两部制或多部制的电价机制；而对于一般用电用户，使用简便易行的电价体系。例如，美国洛杉矶水电局的电价按大用户、中等用户、小用户和居民用户分为四种，实行不同的电价；美国杜克能源公司对电力用户执行三部制电价（见表 2 - 2），电力接入费按电压等级收费，体现不同电压等级接入成本的差异。对低负荷率用户，容量电价和电量电价均采取不同价格策略，电价随电压等级提高而降低，但对低压用户（无受电变压器用户）不执行容量电价，但电量电价水平按用电量进一步分档，用电量越小电价越高。对高负荷率用户，电量电价按统一标准收取，电量电价比较低，容量电价随电压等级提高而降低。

法国电价体系根据用户的受电电压等级、负荷率等负荷特性进行分类，并将其区分为黄色、蓝色、绿色三类电价。用电容量在 3 ~ 36 千伏安的低电压等级用电用户，适用蓝色电价。针对蓝色电价，又按照行业分类，区分为居民用户、农业用户、市政用户和小工业用户等，不同类别用户的收费标准不同。用电容量在 36 ~ 250 千伏安的低电压等级用户执行黄色电价。黄色电价是一种可

---

① 郎木晨烟. 销售电价形成机制、分类及制度解析 [EB/OL]. 北极星售电网，https://news. bjx. com. cn/html/20190415/974905. shtml.

选择电价，其依据用电时间来确定电价水平。用电容量 250 千伏安的中压、高压和超高压用户，执行绿色电价，并依据用电季节、用电时间来确定电价水平（见表 2-3），绿色电价需要由用户预订容量的最大需量。三种电价均按照按负荷率的差别来确定销售电价水平，负荷率越高，电价越低。法国电价的最大特点是一种可选择电价体系，用户有更多的选择权，电价体系中有多种计价模式可供用户选择。在法国可选择电价体系中，电压等级越高、用电规模越大，用户选择余地越大。法国电价可选择性具体体现为：用户在报装容量的登记类别上具有充分的选择权，如用户根据报装容量所处档次的范围，自由选择适合自身需求的档次；根据实际用电需求，在调整用电方式方面，用户拥有一定的选择权，特别是实时电价选择，如削峰电价等。法国颜色电价体系通过扩大用户的自由选择权，激发用户调整用电行为，挖掘负荷特性潜力，从而影响了系统整体负荷率。

表 2-2　　　　　　　　　杜克能源公司高低负荷率电价比较

不同电压等级	接入费（美元/月）	低负荷率用户		高负荷率用户	
		容量电价（美元/千瓦）	电量电价（美元/千瓦时）	容量电价（美元/千瓦）	电量电价（美元/千瓦时）
480 伏以下	15.00	0	0~300 千瓦时，0.108 301~1000 千瓦时，0.087 1001~2500 千瓦时，0.078 2500 千瓦时以上的，0.058	14.06	0.016
2.4~34.5 千伏	75.00	4.11	0.036	13.08	0.016
2.4~34.5 千伏		4.00	0.035	12.05	0.016
69 千伏				10.83	0.016
138 千伏、230 千伏或 345 千伏	300.00	3.50	0.034	10.35	0.016

资料来源：杜克能源公司官方网站，http：//www.duke-energy.com/rates/indiana/tariff.asp。

表 2-3　　　　　　　　法国负荷率电价表（绿色电价 B）

电价	容量电价（法郎/千瓦）	电量电价（生丁/千瓦时）							
		寒冬高峰	寒冬正常	寒冬低谷	冬季正常	冬季低谷	夏季正常	夏季低谷	酷夏
极长用电时间	653.40	42.41	34.95	31.49	24.45	21.41	13.67	9.40	7.05
较长用电时间	421.32	58.71	48.91	38.12	29.01	23.21	14.36	9.53	7.05
一般时长	248.65	92.00	64.79	43.37	32.32	24.04	14.64	9.53	7.05
较短用电时间	89.79	116.4	91.31	54.15	41.44	26.08	16.17	9.95	7.05

注：原电价表中还有一项适用于所有不同负荷率的无功电量电价 10.23 生丁/kvar·h，其中：kvar·h 是指无功电能。

资料来源：叶泽，等. 我国电价体系建设与电力发展战略转型研究［M］. 北京：科学出版社，2021.

2.1.5　输配电价及其与电价交叉补贴的关系

1. 输配电价概念

输配电价通常是指电网经营企业提供接入系统、联网、电能输送和销售服务的价格总称，它是电力价格链的中游环节，连接发电侧和售电侧，起桥梁作用。无论是垂直一体化垄断经营阶段，还是电力市场化改革条件下，输配电环节均具有强自然垄断属性。我国采用输配电价的定价始于葛洲坝电力、三峡电力输送华中电网、华东电网、华南电网的专项输电工程。2003 年三峡电力专项输电工程的平均输电价格水平为每度电 7 分钱，其中输送华中电网（含重庆）、华东电网和广东分别为每度电 5.45 分钱、8.68 分钱和 7.21 分钱。2002 年《国务院关于印发电力体制改革方案的通知》文件精神，要求"建立合理的电价形成机制。将电价划分为上网电价、输电电价、配电电价和终端销售电价""销售电价以上网电价、输电电价、配电电价为基础形成"。62 号文件将输电电价与配电电价合并称为输配电价，提出了较为系统的输配电价体系，以及改革输配电价的原则和实施步骤，即：输配电价由政府主管部门按"合理成本、合理盈利、依法计税、公平负担"的原则核定。《国家发展和改革委员会关于印发电价改革实施办法的通知》包含三个电价管理办法，其中《输配电价管理暂行办法》明确规定输配电价分为专项服务价格、共用网络输配电服务价格、辅助服务价格三种输配电服务价格，如图 2 – 3 所示。电价改革初期，共用网络输配电价由电网平均销售电价（不含代收的政府性基金）扣除平均购电价和输配电损耗后确定。电价改革后，在成本加收益定价管理方式下，政府价格主管部门对电网经营企业的输电业务、配电业务总体收入进行监管，并以核定的准许收入为基础制定各类输电价格、配电价格。共用网络服务和专项服务的准许收入采用分别核定方式，准许收入由准许成本、准许收益和税金构成，准许成本由折旧费和运行维护费用构成。电网企业的准许收益 = 有效资产 × 加权平均资金成本。输配电准许收入构成如图 2 – 4 所示。

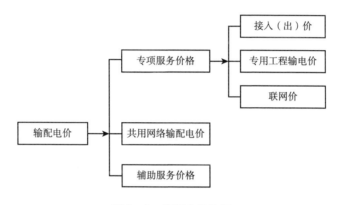

图 2 – 3　输配电价体系

资料来源：笔者绘制。

9 号文件要求建立独立输配电价体系，单独核定，其中政府有关部门（价格主管部门）主要核定电网企业的准许收入。通过推进电价改革，输配电价将逐步过渡到按电压等级核定"准许成本加合理收益"的定价方式，用户或售电主体也按照其接入的电压等级所对应的输配电价水平，支付相应费用。

2. 输配电价与电价交叉补贴的关系

输配电价是一种以成本加成定价为导向的电价形成机制，需要按照电力输配的电压等级从高到低，逐级进行成本传导，即高电压等级输配电成本向低电压等级逐级传导并分摊。低电压等级用户用电量由本级直接上网的电量、高电压等级经降压输送本级的电量两部分构成。按照成本传导原则，高压电网的容量成本需要按照相应的比例传导至低压电网，低压用电用户需要承担本级电力

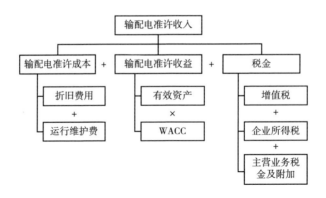

图 2 - 4　输配电准许收入构成示意图

资料来源：笔者绘制。

输配的容量成本以及一部分高压电网电力输送的容量成本。因此，用户用电接入的电压等级越高，电力供给成本越低，电价水平应越低；用户受压等级越低，电价水平应越高。这样看来，工业用户尤其是大工业用户用电通常由高电压等级接入，而居民用电通常由低电压等级接入，如果高电压等级与低电压等级用户电价出现倒挂，使得高电压等级用电的电价水平正向偏离其供电成本，低电压等级用电的电价水平负向偏离其供电成本，就容易产生电价交叉补贴。

我国电网主要存在跨区电网、跨省电网、省级电网和独立县级配电网四级电网形式。2015 年以前，各省区市测算并核定输配电价（见表 2 - 4），主要用于解决跨区、跨省、省级、独立县四级电网的价格传导问题，以保障各级电网输配电价顺畅传递到终端用户。跨区、跨省电网输电价传导方式可能会影响省级电网企业的购电成本，但由于我国采取的是全省区市或一个地区统一定价，而且各省区市级电网公司采取购销差价定价方式，并通过电网企业内部进行成本核算和实施成本转移，因此辅助服务和交叉补贴所产生的成本对用户用电价格的影响并不明显。

表 2 - 4　　　　　　　　　2010 年各省区市输配电价表

省区市	输配电价（元/千瓦时）	增长额	增长率（%）
北京	233.46	32.61	16.23
天津	189.35	27.63	17.09
河北（北网）	107.62	17.13	18.93

续表

省区市	输配电价(元/千瓦时)	增长额	增长率（%）
河北（南网）	133.88	22.56	20.27
山西	125.58	21.27	20.39
山东	140.81	20.07	16.63
内蒙古（西部）	105.35	17.00	19.24
内蒙古（东部）	145.12	6.91	5.00
辽宁	223.27	21.17	10.48
吉林	186.79	17.96	10.64
黑龙江	192.47	29.45	18.07
陕西	153.94	16.00	11.60
甘肃	124.76	4.78	3.98
宁夏	145.24	20.91	16.82
青海	114.60	12.37	12.10
新疆	221.46	−3.18	−1.42
上海	239.67	17.76	8.00
江苏	158.86	26.20	20.40
浙江	149.02	16.67	12.60
安徽	130.94	8.90	7.29
福建	136.19	30.06	28.32
湖北	200.05	11.88	6.31
河南	96.72	18.76	24.06
湖南	173.81	24.20	16.17
江西	176.31	8.85	5.29
四川	182.29	17.48	10.60
重庆	200.19	4.56	2.33
广东	202.68	11.69	6.12
广西	129.82	−3.22	−2.42
云南	133.10	17.06	14.70
贵州	196.85	34.42	21.19
海南	266.09	14.88	5.92

资料来源：原国家电监会。

2015 年以后的独立输配电价，主要以省区市为独立电价区，进行准许收入核准，独立输配电价主要用于解决省级输配电网和独立县级配电网内各电压等级由高电压等级向低电压等级的成本传导问题，因而与用户用电价格直接相关。目前各省区市主要按照电压等级来核定输配电价（见表 2 - 5），其中低电压等级输配电价高，高电压等级输配电价低。

表 2 - 5　　　　　　2021 年各省区市各电压等级输配电价水平　　　　　　单位：元/千瓦时

省区市	不满 1 千伏一般工商业（单一电价）	10 千伏一般工商业（单一电价）	35 千伏一般工商业（单一电价）
北京	0.4060	0.3891	0.3649
天津	0.2653	0.2577	0.1968
河北	0.1809	0.1659	0.1559
冀北	0.1374	0.1224	0.1124
山西	0.1456	0.1256	0.1106
山东	0.1993	0.1855	0.1717
内蒙古（西部）	0.1647	0.1375	0.1211
内蒙古（东部）	0.3984	0.3613	0.2756
辽宁	0.2501	0.2384	0.2249
吉林	0.3041	0.2891	0.2741
黑龙江	0.3161	0.3061	0.2961
陕西	0.1851	0.1651	0.1451
陕西（榆林）	0.2116	0.1916	—
甘肃	0.3065	0.2965	0.2865
宁夏	0.2095	0.1896	0.1696
青海	0.1655	0.1605	0.1550
新疆	0.1737	0.1707	0.1667
上海	0.2943	0.2510	0.2094
江苏	0.2360	0.2110	0.1860
浙江	0.2611	0.2303	0.2060
安徽	0.2065	0.1915	0.1765
福建	0.1750	0.1550	0.1350
湖北	0.2294	0.2094	0.1894
河南	0.2126	0.1851	0.1583
湖南	0.2565	0.2365	0.2165
江西	0.1806	0.1656	0.1506
四川	0.2734	0.2511	0.2288

续表

省区市	不满 1 千伏一般工商业 （单一电价）	10 千伏一般工商业 （单一电价）	35 千伏一般工商业 （单一电价）
重庆	0.2583	0.2383	0.2183
广东	0.1995	0.1834	0.1741
广西	0.3184	0.3034	0.2884
云南	0.1411	0.1311	0.1211
贵州	0.2791	0.2525	0.2335
海南	0.3062	0.2831	—

资料来源：笔者根据各省区市输配电价数据整理。

9 号文件规定，过渡期间，由电网企业申报现有各类用户电价间交叉补贴数额，并通过输配电价回收。目前，由于我国存在市场化市场和管制市场两种市场形态，也存在市场化定价和管制定价的价格双轨，各省区市也存在两种电价目录表，一种是销售电价表（见表 2-1），另一种是输配电价表（见表 2-6）。这种方式显然会带来一些问题，从输配电价本质来看，是一种按照成本定价思想，供电成本需要逐级传导的价格机制，而交叉补贴是需要工商用户共同承担责任的非直接用电成本，因而不需要传导，当两种不同性质的成本构成要素混在一起时，既模糊了独立输配电价的概念，也使得电价交叉补贴的共担责任弱化。在居民、农业电量占比较高的省份（如湖南），电价交叉补贴严重，容易导致交叉补贴供需失衡；而在一些工商业比较发达，居民、农业电量占比较低的省份，电网企业容易产生寻租行为。

表 2-6　　　　湖北省电网输配电价表（自 2021 年 1 月 1 日起执行）

用电分类		电度电价（元/千瓦时）					容（需）量电价	
		不满 1 千伏	1～10 千伏	35 千伏 20 千伏	110 千伏	220 千伏	最大需量 元/千瓦·月	变压器容量 元/千伏安·月
工商业及 其他用电	单一制	0.2294	0.2094	0.1894				
	两部制		0.1454	0.1256	0.1075	0.0885	38	25

资料来源：湖北省发展和改革委员会 2021 年 10 月 22 发布的湖北省输配电价表。其中：（1）表中各电价含增值税、线损、交叉补贴及区域电网容量电价，不含政府性基金及附加。（2）参与电力市场化交易用户的输配电价水平执行该表价格，并按规定标准另行征收政府性基金及附加。其他用户继续执行目录销售电价政策。（3）500 千伏"网对网"外送电省外购电用户承担的送出省输电价格为每千瓦时不超过 0.03 元（含税、含线损）。

一些发达国家，输配电价格往往根据用户负荷特性，与分时电价、负荷率电价、两部制电价、阶梯电价结合，形成销售电价目录，并最终将供电成本传导至电力消费终端。例如，从澳大利亚 Powercor 配电公司配电价表（见表2-7）可以看出，电价分类由多个维度构成，纵向主要是根据电压等级和用户类型分类，分为居民用户、非居民用户、商业用户以及工业用户，这些用户按照电压等级又分为低压用户、高压用户、中压用户。横向分类中，对于低压用电、高压用电、中压用电，又横向设置了两部制电价、分时电价的电价体系。其中执行两部制电价的用户，定价特征为：低电压等级的电度电价高、容量电价低；高电压等级则相反。执行分时电价的用户，定价特征为：高峰的电度电价高，低谷的电度电价低。对于居民用户、非居民用户、商业用户等用户类别，执行阶梯电价、两部制电价、分时电价等多种电价形式混合的电价，其中对于居民用电、非居民用电，根据用户负荷特性，又实施差别电价。居民用户2的基本电价与电度电价均高于居民用户1；非居民用户2的基本电价与电度电价均高于非居民用户1。居民用户、非居民用户、商业用户的高峰电度电价高出低谷电价数倍；居民与非居民用户、商业用户均实施四级阶梯电价，用电量越高，电度电价越高。

表2-7　　　Powercor 配电公司配电价表（自2008年1月1日起执行）

用户类别	容量电价			高峰电价（澳分/千瓦时）				低谷电价（澳分/千瓦时）
配电价	基本费用[澳元/(户·年)]	需量电价[澳元·(千瓦·年)]	最小需量（千瓦/月）	小于333千瓦时/月	334~1668千瓦时/月	1669~5834千瓦时/月	大于5834千瓦时/月	
居民用户1	23.119			5.56	6.565	7.571	8.576	
居民用户2	29.131			8.365	8.814	9.518	10.400	0.810
专线用户								0.253
非居民用户1	23.119			5.726	6.761	7.796	8.832	
非居民用户2	29.131			8.204	8.644	9.335	10.200	0.802
商业用户	29.723			7.809	8.228	8.886	9.708	0.785
临时用户								2.009
低压大用户		58.700	250					1.136
高压用户		50.254	1000	1.179				0.318
中压用户		4.692	10000	0.612				0.028

资料来源：Powercor 配电公司官网。

2.1.6　上网电价及其与电价交叉补贴的关系

上网电价是指发电企业与电网企业开展电力交易，进行电能结算的度电价格。上网电价反映为电网企业的购电成本，并通过电价形成机制，体现至销售电价中。根据我国电力工业的发展阶段，上网电价有不同的核算方式，并存在不同阶段、不同形式的上网电价。

按照 2005 年 514 号文件规定，原国家电力公司系统直属电厂与电网企业分离，按补偿成本原则，核定不同电厂的上网电价；而保留在电网公司的电厂，分两种情况：已核定上网电价的电厂，继续执行核定的上网电价；电网企业全额出资但未核定上网电价的电厂，重新核定上网电价。独立发电企业，综合考虑项目经济寿命周期、成本补偿、合理收益、税金等因素，合理核定上网电价。对于核定上网电价的参数的核定方法为，发电成本按照社会平均成本核定，合理收益以按长期国债利率加一定百分点核定资本金内部收益率。通过政府招标确定上网电价的电厂，执行招标电价。在区域竞争性电力市场，竞价上网的发电机组执行两部制上网电价，其中容量电价由政府定价，电量电价以竞价的方式确定。

1985 年，我国为了解决建设资金短缺以及电力供应不足的矛盾，国务院出台了《关于鼓励集资办电和实行多种电价的暂行规定》，提出电力投资主体应该多样化，由原来中央政府"一家办电"改为多家办电，并且实行了多种电价制度。集资办电政策出台后，产生了许多独立电厂，独立电厂经过电力主管部门及相关部门进行经济核算，分别确定电厂的上网电价。这个阶段对集资兴建的电厂实行还本付息电价政策，即集资兴建的电厂在还贷期内，根据还本付息需要的原则来核定上网电价，这种电价被称为"还本付息电价"。还本付息电价采取"回报先保、成本全包、价格找齐"的办法，根据还本付息电价方法确定的上网电价，往往高出中央政府投资电厂的电价。还本付息电价以个别成本为基础、形成了"一厂一价"。1997 年，为改变电厂成本无约束、上网电价无序，电价偏高的状况，随着我国电力供需矛盾趋向缓和，出台了以"经营期电价"取代"还本付息电价"的电价政策。在新建电力项目可行性研究阶段，采用按经营期测算平均上网电价。2001 年，原国家计委下发《关于规范电价管理有关问题的通知》，逐步取消了三段式还本付息上网电价，并将政策调整为按发电项目经营期各项经济指标来核定新建电厂的平均上网电价。经营期电价是一种综合考虑电力项目经济寿命周期内各年度的成本、还贷需要、现金流量、净现金流量、内部收益率等因素后，测算的电价。经营期电价与还本付息电价不同的地方是，其按照社会平均成本定价，而不是"一厂一价"，而且统一规范了资本收益率。2004 年，国家发展和改革委员会推出了标杆上网电价政策，各省区市公布了本区域内的统一的火电机组的上网电价水平，标杆电价通常维持在相对稳定的水平，但可以根据燃煤成本的涨跌，进行了适度调整。标杆电价政策一直延续到 2015 年 9 号文件出台。新一轮电力体制改革前，标杆电价政策还运用到太阳能、风电等多种清洁能源的上网电价定价机制中。尽管 2002 年出台的 5 号文件，确定了"厂网分开、竞价上网"的电力体制改革方针，但由于2002~2015 年，我国的电力市场化改革还处于探索阶段，"竞价上网"仅用于小规模的直接交易与跨省跨区的交易市场。2015 年以后，随着发电市场和售电市场的放开，开放的电力市场逐步形成，各省区市发电企业在标杆电价（见表 2-8）的基础上采用"价差返还"的竞价方式来参与市场化交易（蒋磊等，2020）。近年来，各省区市采用市场化交易的规模越来越大，并成为电力交易的主要方式之一。

表 2-8　　　　　**2021 年各省区市燃煤发电上网基准（标杆）电价**　　单位：元/千瓦时

省区市	燃煤发电上网标杆电价
北京	0.3598
天津	0.3655
河北	0.3644
冀北	0.3720
山西	0.3320
山东	0.3949
内蒙古（西部）	0.2829
内蒙古（东部）	0.3035
辽宁	0.3749
吉林	0.3731

省区市	燃煤发电上网标杆电价
黑龙江	0.3740
陕西	0.3545
甘肃	0.3078
宁夏	0.2595
青海	0.3247
新疆	0.2500
西藏	0.2500
上海	0.4155
江苏	0.3910
浙江	0.4153
安徽	0.3844
福建	0.3932
湖北	0.4161
河南	0.3779
湖南	0.4500
江西	0.4143
四川	0.4012
重庆	0.3964
广东	0.4530
广西	0.4207
云南	0.3358
贵州	0.3515
海南	0.4298

资料来源：笔者根据各省区市燃煤发电上网基准（标杆）电价数据整理。

在垂直一体化的电力体制中，政企合一，电厂、电网及电力销售职能均归于不同阶段的电力行政主管部门，如原水利电力工业部、电力工业部、国家电力公司等电力部门。当时的电力部门通过成本内部化或收益转移的方式来平衡发电成本的差异，并以平均成本的方式核算购电成本，制定销售电价。与此同时，也采用成本内部化的方式，消化普遍服务成本和电价交叉补贴成本。这些阶段，采用管制定价方式，上网电价的高低水平影响电力部门的收益，进而影响普遍服务的水平和弥补电价交叉补贴的能力。例如，"一厂一价"阶段，发电企业并无激励因素去主动降低投资成本和发电成本,低上网电价的电厂显然要比高上网电价在分摊社会责任方面贡献要大。标杆电价政策促使各发电企业内部控制成本,对于高于社会平均成本的成本,由发电企业内部消化与控制,按照标杆电价上网。这样,在分摊社会责任方面,同类、同区域内发电企业的社会责任基本趋于均衡。在电力市场化阶段,发电企业与用户开展双边交易,以"议价"或"竞价"的方式上网,低于标杆电价的价差返还给用户与售电公司(蒋磊等,2020),显然发电企业的上网电价对于普遍服务与电价交叉补贴的影响很小,只是自备电厂游离于制度之外,新的政策制定时,需要规定和核定其交叉补贴责任。在双轨市场中,市场化市场的上网电量的电价对交叉补贴影响甚微,但在管制市场内,绝大多数电价交叉补贴需求的用户仍保留在管制市场中,电网企业承担的社会保底义务,电网企业一方面需要通过输配电价归集交叉补贴,另一方面需要继续通过购销差价归集交叉补贴,因此管制市场中上网电价构成了电网企业的购电成本,对电价交叉补贴收支及处理,仍然产生较大影响。

2.1.7 管制定价及其与电价交叉补贴的关系

管制定价就是依据经济性原则和采用经济手段对价格进行管制。价格管制一般适用于自然垄断产业。政府实施价格管制,就是针对相关的管制产业,政府从有效配置公共资源和实现社会公平的角度出发,限制垄断企业利用市场势力确定垄断价格。管制定价下,企业价格水平和价格体系需要管制部门根据法令、政策等以批准认可或许可。设立价格管制部门是经济性管制的重要条件,价格管制部门通常是一个国家或地区具有价格管理职能的政府部门,如我国国家发展和改革委员会及各省区市发展和改革委员会、物价局是电价管制部门。

随着全球电力市场化改革,对于电力体制改革的共识是:电力市场化改革可以在发电侧和售电侧引入竞争机制和市场化定价,但对于输电和配电具有典型自然垄断属性的环节,必须采取政府管制。与此同时还需认识到,由于电力生产、供给的技术特性以及电力企业与用户存在信息不对称等原因,发电侧和售电侧的交易行为也难以实现完全竞争。作为公共产品,为了避免市场势力和企业垄断,在发电侧和售电侧仍需一定程度政府监管。因此,尽管各国通过电力市场化改革，在一定领域引入了竞争机制和市场化定价，但对电力这种特殊的市场来说，市场机制不能完全取代管制机制。在一定程度上，电力市场的管制体制与管制定价是电力市场化定价和市场运行的基础。

管制定价的理论依据是成本定价原理。目前，对于管制电价政策的制定主要有三种方法：一是电价依据传统的成本定价方法来定价。这种方法强调电价对供电成本的补偿功能，其以会计成本为基础，并按照成本加成的方式来确定电价水平。在实际运用中，有按照平均成本定价、按照投资回报率定价等方法。二是依据供电的边际成本定价。这种方法强调价格对电力稀缺资源的配置功能，其以长期边际成本为定价基础，并考虑资本或企业的机会成本。三是具有激励机制和激励效应的管制定价。这种定价方法强调价格形成机制，要有利于企业降低成本，有利于促进电力生产效率的提高。具体包括价格上限法、价格下限法以及区域比较竞争模型、标尺竞争模型等。

目前新一轮电力体制改革后，在输配电环节依然具有很强自然垄断属性，为了保障电力系统安全可靠运行，仍需要维持电网企业的垄断经营。9 号文件明确电价改革后，我国电网企业输配电价按照成本加收益的方法定价，这种定价方式属于上述管制定价方法的第一种和第三种方式，即成本定价按照第一种方式，确定收益按照第三种方式。对于上网电价中执行的标杆电价，却是一种激励性管制定价。

管制定价或价格管制往往需要根据一个国家或地区的电价政策性目标来实施。也就是说，电价政策性目标是实施电价管制的根本任务，也是政策与法规制定的指导思想。管制电价目标具有双重目标性，即效率目标与公平目标。效率目标是指当电价等于电力企业生产的边际成本时，社会福利能够实现最大化，电价政策最有效率，电价也是效率电价。电价越是接近边际成本，则越是较好地实现效率目标。由于电力企业尤其是电网企业具有规模经济效益，短期边际成本总是小于平均成本。按短期边际成本确定电价会导致电力企业亏损，因此在确定输配电价时，政府价格管理部门一般会根据平均成本或者长期边际成本定价，尽管这样定价从理论上讲并不具有最大的效率，但保证了电网企业正常经营和合理收益。与效率目标相对应，公平目标则强调电力价格，不能仅根据电力生产成本确定，还要考虑用户尤其是广大居民用户对价格的承受能力，如我国居民电价、农业电价低于供电成本，政府通过交叉补贴的形式，实现普遍服务的公共政策目标。居民等用户的用电价格低于供电成本，就是源于政府对电价公平性的考虑。

新一轮电力体制改革，按照"管住中间、放开两头"的体制架构进行设计，所谓管住中间就是输配电价按照管制定价，放开两头就是上网电价和销售电价趋向市场化定价。输配电价按照成本加收益的方式定价是一种典型的成本定价机制，因而从政策目标来看，体现的是管制电价政策的效率目标；而交叉补贴通过输配电价回收，即输配电价中包含交叉补贴，体现的是管制电价政策的公平目标。当然，正如前文分析的一样，效率目标与公平目标合二为一，既会弱化公平目标的实现，也会损失效率。因此本书认为，由于输配电价与交叉补贴的属性不同，对应的电价政策的目标不同，如果两者分离，独立核审，单独实现收支平衡，可能更有利于电价政策效率目标和公平目标的实现。

2.1.8　市场化定价及其与电价交叉补贴的关系

市场化定价就是根据电力市场的供求关系定价。各国电力体制改革的基本趋势是促进电力市场竞争，其中最主要的措施就是实施电价市场化定价。电力市场是在法律、经济规则、政策的框架内，交易主体按照双方互惠互利、公平竞争的原则，对电力生产和销售领域的发、输、供、用等各个交易主体进行协调管理、开展电力交易的总和，是电力工业经营管理与技术的综合体。电力市场具有计划性、开放性、竞争性及相互协作性的基本特征。相对成熟与完善的电力市场，应体现电价随供给—需求变化、电价变化影响需求量、电力买卖双方具有平等地位、有完善的电力交易机制、买卖双方以及其他市场主体具有较弱的市场势力等特征。与垂直一体化垄断、寡头垄断的电力市场与产业结构相比，竞争性电力市场具有比较大的开放性和较大程度的竞争性。但作为公共产品领域的竞争性电力市场与普通的商品市场又存在显著不同，由于电力系统是高度统一和紧密协调的运行体系，电力市场的运行需要具有计划性和协作性。电力系统中的发电、输电、系统控制（调度/平衡/组织运营）、配电，以及供电环节是相互紧密联系的，任何一个环节的行为，均将对电力系统产生影响。电力的不可存储性要求发电、输电、配电、用电时时刻刻保持平衡，因此电力市场既有竞争的一面，又有统一协调的一面。

　　电力商品市场化定价主要目标是通过市场手段调节，使得电力生产与电力消费环节的资源配置更有效率。市场经济理论主张，发挥市场对资源配置的决定性作用。市场经济理论的核心思想是：如果企业生产一个产品需要多个不同要素，而当生产品需要的各要素的边际产出效率相等或相同时，那么生产效率达到最大，此时配置资源效率达到最大。目前，进行电力市场化改革的国家（包括我国），均采取对输电环节进行管制，对发电、配电、售电环节实施市场化的电力工业改革政策。根据电力工业的生产和经营活动中发、供、需一体化的特点判断，电力系统需要安全运行，电力市场也需要稳定有序运营，因此政府管制定价和市场化定价双轨定价机制，始终是电力市场的典型特征。电力市场化改革的改革路径，只是从管制定价机制转变到市场化定价与管制定价双重定价阶段，而不是市场化定价完全取代管制定价。

　　交叉补贴与普遍服务是一种社会公共义务，因而需要通过全社会电力市场主体共同分摊或承担，只是当电力市场结构由垂直一体化变化为管制市场与市场化市场时，原来不同交易环节、不同领域市场、不同交易主体、不同用户类别之间存在的电价交叉补贴的概念及补贴与被补贴的关系，需要重新进行界定和处理。根据电价政策公平性目标，处于市场化市场并按照市场定价的责任主体，也需要承担交叉补贴责任，如参与市场化交易的工商企业、自备电厂用户、局域电网的用户等。

2.2　电价交叉补贴处理的理论基础[*]

2.2.1　福利经济学理论及帕累托改进

1. 福利经济学理论

福利经济学是通过社会价值判断标准，研究经济社会活动过程中，资源配

---

[*] 本节主要内容由吴永飞博士完成。

置不同方式对个体福利、社会福利的影响以及相关政策问题。福利计量以及帕累托改进是福利经济学的重要思想内容，这种思想可以借鉴于评价电价政策的效率和评价电价政策的福利效应。在评价电价政策方面，福利经济学主要运用于对电价社会调控功能的评价。本书将运用福利经济学理论评价电价交叉补贴政策对消费者、电力企业、社会福利的影响，以及依据社会福利增加原则，通过改进优化阶梯电价定价方案来处理交叉补贴问题，实现帕累托改进。

电价改革的目标及电价交叉补贴的妥善处理就是要通过定价机制的改变，增加电价定价的效率性，即通过妥善处理电价交叉补贴等定价问题，建立供电成本和用电成本清晰的电价机制，使电价对电力资源的有效配置产生积极作用或产生决定性作用。按照经济分析过程中的价值判断标准，社会福利大或增大则定价效率高，社会福利小或变小则定价效率低。社会福利最大化（效用最大化）经常作成为公共定价的主要目标。按照福利经济学理论，社会福利（social surplus，SS）包括消费者剩余（consumer surplus，CS）与生产者剩余（producer surplus，PS），社会总福利等于两者之和。为了直观认识消费者剩余与生产者剩余，构建图 2-5，其中消费者剩余表现为 AP_eE 的面积，它由需求曲线之下、商品价格线以上区域构成；生产者剩余表现为 P_eEC 的面积，它由商品价格线之下、供给曲线之上的区域构成，即为生产者收入减去其生产成本的剩余。

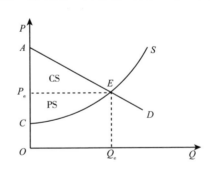

图 2-5　生产者剩余及消费者剩余示意图

资料来源：笔者绘制。

尽管生产者剩余与企业利润密切相关，但两者并不相等。前者等于收入减去企业可变成本，而后者等于全部收入减去总成本，总成本包括可变成本与固定成本。两者用数学公式表示如下：

$$生产者剩余(PS) = R - VC \tag{2.1}$$

$$利润(\pi) = R - VC - FC \tag{2.2}$$

式中，VC 表示企业生产产品或提供服务的可变成本；FC 表示企业生产经营活动的固定成本。可以看出，由于存在固定成本，总成本大于可变成本，则有生产者剩余超过企业利润。与此同时，企业生产者剩余取决于生产可变成本，成本高，生产者剩余少；成本低，生产者剩余多。

消费者剩余、生产者剩余分别反映了交易过程中，消费者收益与企业收益。消费者剩余可以定义为：消费者剩余 = 消费者对产品或服务主观评价 – 消费者实际支付。消费者对产品或服务主观评价是指消费者愿意支付的商品价格，如果消费者主观评价高，而实际支付少，则消费者剩余大。图 2 – 5 中，消费者剩余可以直观地表现为 AEQ_eO 与 P_eEQ_eO 的面积之差。生产者剩余可以定义为：生产者剩余 = 企业出售产品或提供服务获得的收入 – 企业生产与经营产品或提供服务支付的实际成本，企业出售产品或服务的价格高，实际成本低，则生产者剩余大。因此，企业提高生产者剩余有两种途径，即以消费者可以接受的高价格出售商品或服务，以及尽可能降低生产经营的实际成本。图 2 – 5 中，生产者剩余可以直观地表现为 P_eEQ_eO 与 CEQ_eO 的面积之差。社会总福利 = 生产者剩余 + 消费者剩余。由于交易价格相同，消费者的实际支付等于企业获得的收入，因此社会总福利 = 消费者对产品的主观评价 – 企业生产与经营产品或提供服务支付的实际成本。图 2 – 5 中，社会总福利可以直观地表现为 AEQ_eO 与 CEQ_eO 的面积之差。从社会总福利的公式来看，提升社会总福利的途径有两个：一是提高消费者对产品或服务的主观评价，即消费者愿意支付高价格；二是生产者降低生产与经营的实际成本。

通过以上分析发现，可以通过测算消费者剩余的增减来判断当市场存在垄断势力或垄断市场，政府对商品或服务价格的干预或不进行干预情况下，给消费者带来净收益（正或负）；同样也可以通过计算生产者剩余的增减来评估政府对商品或服务价格干预或者不干预企业，给生产者带来的净收益（正或负）。通过测量政策或政府对价格干预的情况下，消费者剩余和生产者剩余的变化趋势，从而评估政策带来的福利效应（welfare effect）。下面对完全竞争市场和具有垄断势力市场的均衡价格效率进行分析与比较，如图 2 – 6 所示。

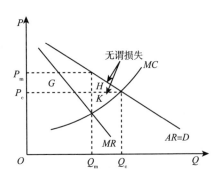

图 2 - 6　不同市场均衡价格的效率比较

资料来源：笔者绘制。

图 2 - 6 中，P_c 为完全竞争市场的均衡价格，Q_c 为完全竞争市场的均衡产量；P_m 为具有垄断势力市场的均衡价格，Q_m 为具有垄断势力市场的均衡产量。按照前文对社会总福利的分析，需求曲线 D、边际成本曲线 MC、纵轴 OP 三条曲线构成的面积，可视为完全竞争市场上社会福利的大小。在垄断定价的方式下，社会总福利将发生变化：一方面，由于生产量由 Q_c 减少为 Q_m，这样一来一部分消费者可能购买不到产品，其利益受损，损失为 H；与此同时，一部分能够买到产品或服务的消费者，却需要支付更高的价格（垄断价格），利益也受到损害，损失为 G。在垄断定价下，消费者剩余总损失为 $G + H$。另一方面，企业以较高的价格（垄断价格）向市场出售产品或服务，销量变为 Q_m，获得额外收益 G，但由于价格上升，销售量下降，企业同时损失了利润 K，即：以价格 P_c 销售 $Q_c - Q_m$ 能获得的利润。在价格提高和销量减少的情况下，企业总收益为 $G - K$，一般情况下 $G - K$ 大于零。消费者的需求与其价格需求弹性相关，弹性越小，价格对需求影响越小。在弹性较小的情况下，提高价格，对销量影响并不明显，企业的收益增加。总体来说，企业总收益随着需求 - 价格弹性的变小而增大。垄断定价情况下，生产者剩余变大、消费者剩余变小，一正一负，但社会总福利为负，其值为 $-H - K$。福利经济学将完全竞争市场均衡价格与具有垄断势力市场均衡价之下的福利差，称为垄断定价的无谓损失（deadweight loss）。

同样，可以分析政府定价行为，如实施价格上限和价格下限政策，对社会福利的影响。政府实施限价，影响市场均衡价格，消费者可能受益，但生产者受损，消费者的收益不能弥补生产者的损失，从而造成社会总福利的减少，带来无谓损失。无谓损失现象的存在，说明价格管制会在某种程度上造成低效率，即政策效率成本。但是需要看到的是，在公共产品领域，政府的价格政策往往还包含其他目标。例如，为了实现普遍服务目标和消费公平，政府通过限价措施，使消费者剩余最大化，限价造成的无谓损失，正是为实现公共政策目标，产生的成本。政府管制并非完全不合理，为了实现公共政策目标，例如公平目标、普遍服务目标等，实施价格限制是合理的。因此，评价管制价格政策或政府定价的效果应该结合政策目标来判定。

具体对于电价交叉补贴政策，居民、农业用电通过享受交叉补贴，价格较低，用电量增加，从而获得增大的消费者剩余；但对于工商企业需要承担交叉补贴，价格偏离成本，电价偏高，用电量减少，消费者（相对于电力企业，工商企业是消费者）剩余减少。电价交叉补贴政策是增加社会福利还是减少社会福利，需要测算居民用户、农业用电用户消费者剩余增加值与工商企业用户消费者剩余的减少值，两者之和，如果为正，则增加了社会福利，如果为负，则减少了社会福利。对于电力企业，如果将电价交叉补贴作为经营收入，当电价交叉补贴归集大于支出，电力企业有净收入，则增加了生产者剩余，显然这种情况，电网企业出现了寻租；当交叉补贴归集少于支出，交叉补贴差额将转化为电网的经营的可变成本，生产者剩余减少。电价交叉补贴作为公共政策，公平合理的政策是将交叉补贴独立于电网企业经营之外，作为外部成本，而不是纳入电网企业的经营电价核算中或核准范畴中。

2. 帕累托改进

帕累托改进与帕累托最优是福利经济学的重要思想。帕累托最优是评价市场、经济体对资源配置效率的一个判断标准。当资源分配或配置状态，在不减少其他任何人的福利前提下，如果重新安排配置或重新对资源进行分配，不能增加另外一些人的福利，这种状态就是帕累托最优状态。当整个社会资源配置处于帕累托最优状态时，社会经济政策富有效率；相反，如果资源分配或配置不是帕累托最优状态，社会经济政策缺乏效率。按照帕累托最优的定义，在不减少任何其他人福利的前提条件下，如果改变经济政策，可以增加另外一些人的效用或福利，则这种状态就不是帕累托最优，而是帕累托改进。帕累托改进说明，通过调整资源配置或分配政策可以提高经济运行效率。帕累托最优与帕累托改进是两个彼此关联的概念，达到帕累托最优，显示资源配置效率没有改进的余地；但从另一个角度分析，帕累托改进是实现资源配置帕累托最优状态需要经历的路径及实现方法。正如前文分析的一样，电价交叉补贴政策显然难以达到帕累托最优，因为居民用户、农业用电用户消费者剩余增加，是以牺牲工商企业用户消费者剩余作为前提的。

由于电力是公共产品，电力资源是稀缺的，资源的稀缺性要求政府和市场对电力资源在各个领域或各种用途间的配置要富有效率。电力资源配置效率可分为两个方面：一是电力资源利用效率，也可称为电力作为能源的生产效率，这是一个狭义效率概念，它是指企业或一个地区如何有效地使用电力进行再生产，从而实现社会产品的产量最大化或经济收入最大化，这种效率注重在现有的技术条件或预算约束下，如何提高电力作为能源商品的产出效应，简单来说，就是单位商品或单位 GDP 的能耗。二是资源配置效率，也可称为经济制度效率，这是一个广义的效率概念，它是指通过经济政策、法律法规等手段或方式，在不同企业、不同地区、不同行业、不同消费者群体间，合理有效地分配稀缺的电力资源，并确定不同用途（如生产用电、生活用电等）之间配置的数量边界。

关于资源配置的帕累托最优状态，同时体现了效率与公平的完美结合。然而，在电价制定过程中，并不能完全达到帕累托最优，而是需要通过帕累托改进来逐步实现电力资源配置的优化。电力定价政策，一方面要提高社会总效用或者社会总福利，但另一方面，不能损害或降低某些用户的福利或效应。例如，在一定阶段，如果电价交叉补贴政策难以退出，就需要寻求某种改进的政策或方案，使得居民用户、农业用电用户消费者剩余的增加值与工商企业用户消费者剩余的减少值之和为正，或者负值尽可能低，即无谓损失最小化，从而实现整个电力消费过程中社会福利的优化。下面以阶梯电价政策为例来说明这个问题。我国现行阶梯电价政策将居民用电划分为满足基本用电需求、正常合理用电需求、较高生活质量用电需求共三档，电价在这三档中采用非线性递增式定价方式，如图 2-7 所示。阶梯电价制度通过补偿中低层收入消费者的利益，保障了绝大多数弱势消费群体或低收入群体的民生问题，实现了公共政策中的公平性目标。但与此同时，对于高收入群体，通过递增式阶梯定价方式逐级提高电价，使高阶电价接近或达到其供电成本，这样可以达到两个目标：一方面促使其节约能源；另一方尽管可能减少电价交叉补贴支出，从而减少工商业企业的负担，避免居民用户过度侵占工商企业用户的消费者剩余。非线性递增式阶梯电价政策是一种寻求社会福利改进的途径或方式，符合帕累托改进原则。

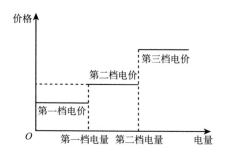

图 2 – 7　阶梯电价示意图

资料来源：笔者绘制。

2.2.2　公共定价理论

公共定价就是政府为保证公共产品提供和实施公共产品管理而采取的一种定价方式。根据经济学理论，电网企业作为电力公共产品的供应者，存在自然垄断性，对于有些要素，市场无法自发形成有效供给（如电价交叉补贴供给），因此需要政府进行不同程度、不同方式的干预和规制。电力产品公共定价具有效率与公平双重特性，即：既需要保证城乡居民的基本生活需要，又需要提高整个社会资源配置效率。公共定价的难度在于公平和效率两个目标的权衡与取舍。公共定价可以区分为纯公共定价、管制定价（或价格管制）两种方式。对于电力商品，定价方法包括成本定价法、两部制定价法、依据负荷特性定价法等。成本标准存在多种选择，前文分析指出成本定价可以分为按照平均成本定价、按照边际成本定价、按照社会成本定价、两部次优定价等定价方式。对于电价交叉补贴及电力普遍服务，主要涉及成本定价，因此下面对成本定价法的相关内容进行讨论。

假设电力企业为 n 种类型用户（工业用户、商业用户、居民用户等）供电，尽管从电能的角度来看，电力是一种同质化的能源商品，但由于各类用户受电的电压等级不同，供电成本不同，这相当于电力企业提供 n 种商品（$i = 1$, 2，…，n）。假设各类用户的需求是相互独立的，各类用户的消费量为 $Q = （Q_1，Q_2，…，Q_n）$，由于供电成本不同，各类用户的用电成本不同，电价不同，假设各类用户的电价向量为 $P = （P_1，P_2，…，P_n）$，那么各类用户对应的电力需求函数为 $P_i = a_i - b_i Q_i$。电力企业的利润函数为 $R(Q) = \sum_{i=1}^{n} P_i Q_i$，成本函数为 $C = C_f + \sum_{i=1}^{n} C_{vi} Q_i$。其中：$C_f$ 为总固定成本；C_{vi} 为电力企业为第 i 类用户供电的变动成本；$\sum_{i=1}^{n} C_{vi} Q_i$ 为总变动成本。需要说明的是，正如前文分析的那样，C_f 作为总固定成本，是指整个电力系统的固定成本或称容量成本，它并不是按照电量平均由 i 类用户承担，而是需要按照成本分摊原理进行分摊，这也说明了不同电压等级受电的不同用户类别，电价不同，电力需求函数也不同。

1. 公共产品定价中定价基准适用性分析

1）平均成本定价

平均成本定价（average cost pricing）是电力行业实施次优定价时最早使用的成本类别。前文分析提到，在不存在负的外部性、垄断势力以及税收（如税收补贴或优惠）等价格扭曲的情况下，商品价格按边际成本定价可以实现资源优化配置和社会福利最大化的政策目标。但对于具有范围经济特征、规模经济效应以及固定成本（尤其是联合成本）很大的自然垄断性公共产品行业，如电力、天然气、交通运输、供水等，产品生产或提供服务的边际成本常常位于平均成本曲线之下，这导致这些公共产品行业的企业在规模经济的产量范围内，如果按照边际成本定价，难以补偿生产成本。因此对固定成本（尤其是联合成本）占比很高的公共产品，按照边际成本定价，将带来很多问题。例如，电力行业是典型的资本密集和技术密集型行业，如果电力商品按照边际成本定价，固定成本将难以弥补，电网企业将面临严重亏损，投资行为受到抑制，技术难以革新，电力工业难以健康发展。为了保障公共产品的有效供给，世界各国对于电力商品定价，一般使用平均成本定价作为定价基准。平均成本定价相对于边际成本定价而言，虽然其不是最优定价，会产生社会福利净损失，但由于平均成本定价的电价水平高于边际成本定价的电价水平，保证了电网企业固定成本能够得到弥补，企业财务收支能够平衡。因此，在一定时期内电力商品按照平均成本定价是电力作为公共产品领域中的基础产业时一种现实并可以实施的次优定价方法。下面建立数学模型，对这种定价方式进行福利分析。

按照一般产品定价理论，在统一的价格模型分析框架下。根据平均成本的概念，平均成本数学表达式为：

$$AC_i = \frac{C_\mathrm{f}}{\sum\limits_{i=1}^{n} Q_i^A} + C_{vi} \tag{2.3}$$

为便于比较，令 $\dfrac{C_\mathrm{f}}{\sum\limits_{i=1}^{n} Q_i^A} = A$，表示单位产量（对于电力产品，就是单位电量，即 1 度电①）应分摊的固定成本，可以视为常数。按照以平均成本作为定价基准的定价法则，需求曲线和平均成本曲线的交点，即为市场均衡点。假设以平均成本作为定价基准的定价，电价水平为 P_i^A，则有：$P_i^A = AC_i$，即：$a_i - b_i Q_i^A = A + C_{vi}$。此时，电力需求量为：

$$Q_i^A = \frac{a_i - A - C_{vi}}{b_i} \tag{2.4}$$

按照平均成本定价的电价水平为：

$$P_i^A = A + C_{vi} \tag{2.5}$$

按照平均成本定价的消费者剩余为：

$$CS_A = \sum_{i=1}^{n} \left[\int_0^{Q_i^A} (a_i - b_i Q_i)\,\mathrm{d}Q_i - P_i^A Q_i^A \right] = \sum_{i=1}^{n} \frac{(a_i - A - C_{vi})^2}{2b_i} \tag{2.6}$$

按照平均成本定价的生产者剩余为：

$$PS_A = \sum_{i=1}^{n} (P_i^A Q_i^A) - C = \sum_{i=1}^{n} \left[A \left(\frac{a_i - A - C_{vi}}{b_i} \right) \right] - C_\mathrm{f} \tag{2.7}$$

---

① 1 度电 = 1 千瓦时。

按照平均成本定价的社会总福利为:

$$TS_A = CS_A + PS_A = \sum_{i=1}^{n} \left(\frac{(a_i - C_{vi})^2 - A^2}{2b_i} \right) - C_f \tag{2.8}$$

将平均成本定价作为定价基准是否合理,关键在于成本尤其是固定成本(联合成本)分摊是否科学合理。杨君昌(2002)认为,成本分摊应该遵循"各个用户与各产品(或服务)所负担的收费,应该完全反映自己所要负担的成本"原则。这种原则,实际上体现的是效用成本归属原则。杨君昌(2002)还认为在实施平均成本定价时,以产出、收入(收益比率)、所有权归属等要素建立分摊规则,明确分摊比例。在具体实施过程或实际定价中,为了扩大再生产的需要,激励企业投资,电价定价往往在以平均成本为定价基准的基础上,按照成本加成的原理,即一定比例加成(收益率),允许电力企业获得一定资产收益(比如输配电价中有效资产收益),以保障电力企业合理利润。因此,以平均成本作为定价基准的定价方式,实际应用中通常体现为投资回报率定价法,如欧美、日本等一些发达国家通常采用投资回报率定价法对电力商品实施定价。然而需要指出的是,这种方法存在三个明显缺陷:一是回报基数和回报率是关键指标,如果设置不合理,会引导电力企业过度投资,产生 A – J 效应,进而推高电价水平(王俊豪,2001)。二是以平均成本为定价基准的定价方法,难以反映多种供电情况下电力供给的真实成本,也难以灵敏反映电力供需状况,无法实现或提高电力资源的配置效率和技术效率。例如高峰时段负荷过高,为了保障系统安全,电网企业需要增加额外的备用容量,从而高估供电边际成本,按照平均成本定价方法,整体电价水平攀升;相反,如果通过采用分时电价,可以实现移峰填谷,平抑峰荷,降低整个系统负荷,从而使整体电价水平降低。三是以平均成本为定价基准的定价方法,在保障电力成本收回同时,会诱发"成本免疫"问题,导致企业缺少竞争意识,也缺少通过内部改革创新改善绩效的动力,即产生 X 非效率现象(王俊豪和王建明,2007)。

2)边际成本定价

按照福利经济学的观点,产品按照边际成本定价可以实现社会福利最大化。例如霍特林(Hotelling,1927)指出,如果对所有产品按照边际成本定价,会使得福利达到最大化。通俗一点说,只要产品的价格不等于边际成本,就会产生社会福利净损失，价格对资源配置效应就不是最优状态。

　　电力产品边际成本是指增加单位电量（千瓦时或度）用电而增加的供电成本。电力产品的边际成本核算比较复杂，其并不能像一般商品那样可以通过产品线上的产量增加值与成本增加值来核算。电力生产和电力消费具有网络性、发供用同时进行、不能储存等特点，需要根据用户特征并根据不同用户的受压等级、用电时间、用电季节等影响因素，测算系统长期边际容量成本和边际电量成本的增加值。因此，正是由于用户的多样性、用电的特殊性、用电的广泛性，准确测量电力产品的边际成本是一件非常困难的事情，或者说是一种不可能实现的事情。尽管难以准确测量电力的边际成本，但随着电价定价理论和实践的丰富，基于边际成本定价理论的定价思想在电价定价工作中还是得到了较为广泛的运用，如根据不同时段、不同用电特性占用系统的成本不同，在定价中，一些国家或地区陆续推出了峰谷分时定价、可中断电价、阶梯电价、可选择负荷率电价等多种电价形式。下面针对电力边际成本定价方法进行福利分析。

　　边际成本通常区分为长期边际成本和短期边际成本。对于电力行业（以电网为例），电力投资周期长，容量成本表现为固定成本，短期内基本不变，但长期来看，容量成本会发生变化，通常随着用电需求增长，电力系统容量成本总量增加。由于容量成本占比高，在测算电力系统边际成本时，通常使用电力系统长期边际成本（long-run marginal cost）。按照电力系统长期边际成本测算，往往需要考虑系统最优扩建容量成本，因而比较适合于基于长期维持系统负荷稳定的分时电价（time-of-day price）预测及制定。与此同时，计算长期边际成本，需要对系统扩容行为，有稳定的预期，因而采用长期边际成本，也比较适用于市场化程度不高、供需波动较小的电力系统定价。

　　按照一般定价理论，在统一的价格模型分析框架下，设按照边际成本定价的电价水平为 P_i^M，则有：

$$P_i^M = MC_i = C_{vi} \tag{2.9}$$

此电价水平下的电力需求量为：

$$Q_i^M = \frac{a_i - P_i^M}{b_i} = \frac{a_i - C_{vi}}{b_i} \tag{2.10}$$

此时按照边际成本定价，电力消费者（用户）剩余为：

$$CS_M = \sum_{i=1}^{n} \left[\int_0^{Q_i^M} (a_i - b_i Q_i)\,\mathrm{d}Q_i - P_i^M Q_i^M \right] = \sum_{i=1}^{n} \frac{(a_i - C_{vi})^2}{2b_i} \tag{2.11}$$

按照边际成本定价，电力生产者（电力企业）剩余为：

$$PS_M = \sum_{i=1}^{n} P_i^M Q_i^M - C = -C_f \tag{2.12}$$

按照边际成本定价，社会总福利为：

$$TS_M = CS_M + PS_M = \sum_{i=1}^{n} \frac{(a_i - C_{vi})^2}{2b_i} - C_f \tag{2.13}$$

从全球电力采用边际成本定价的实践来看，边际成本既有成功经验，也存在较多的现实问题。20世纪40年代学者们开始研究边际成本定价；50年代，布瓦特和施泰纳（Boiteux & Steiner）等开始尝试将边际成本定价理论运用到法国电力公司的电力实际定价中；60年代，一些国家电力系统正式引入边际成本定价；70年代，由于能源危机给经济造成巨大伤害，提高能源使用效率和节约能源，成为西方发达国家能源政策需要实现的重要目标，边际成本定价作为引导能源资源最优配置的定价工具，受到越来越多的国家和组织的重视。例如法国，由于能源缺乏，作为一种经济手段，通过采用长期边际成本制定电价，提高了电力系统负荷率，法国电力系统日负荷率和年负荷率较高，日负荷率达到0.95左右。前文分析中提到，按照边际成本定价可以实现社会福利最大化，但与此同时却存在电力企业难以弥补成本的缺陷。法国按照边际成本定价，20世纪60年代中期以前，边际成本定价取得了较好效果；60年代后期，由于边际成本大大低于平均成本，法国电力公司出现了严重亏损。因此法国的电力管制部门，在边际成本定价的基础上引入了调整系数，并使得电力边际成本定价的价格水平接近或等于平均成本。

3）两部次优定价

两部次优定价是一种将边际成本作为定价基准，并强调固定成本（尤其是联合成本）分摊等定价方式。其遵循社会福利最大化和企业财务收支平衡双重目标原则。下面对两部次优定价进行福利分析。

第一步，按边际成本定价法，电价水平为：

$$P_i^M = MC_i = C_{vi} \tag{2.14}$$

在此电价水平下，电力需求量为：

$$Q_i^M = \frac{a_i - C_{vi}}{b_i} \tag{2.15}$$

此时，电力生产者（电力企业）剩余小于零，即：$PS_M = -C_f < 0$。为了使电力企业不出现亏损，需要将亏损的电力生产者剩余通过成本归属原理，按 i 商品的应承担的固定成本比例分摊到 Q_i^M 上，成本分摊后，价格会上升，假设增加的价格水平为 ΔP_i，则：

$$\Delta P_i = \frac{|-C_f| \times Q_i^M / \sum\limits_{i=1}^{n} Q_i^M}{Q_i^M} = \frac{C_f}{\sum\limits_{i=1}^{n} Q_i^M} \tag{2.16}$$

为便于计算和比较，令 $\dfrac{C_f}{\sum\limits_{i=1}^{n} Q_i^M} = M$。

第二步，将成本分摊（固定成本，尤其是联合成本）提高的价格水平 ΔP_i，叠加到 P_i^M 上，那么最终的电价水平为：

$$P_i^S = P_i^M + \Delta P_i = C_{vi} + M \tag{2.17}$$

对应的电力消费量为：

$$Q_i^S = \frac{a_i - P_i^S}{b_i} = \frac{a_i - C_{vi} - M}{b_i} \tag{2.18}$$

按照两部次优定价的消费者（电力用户）剩余为：

$$CS_S = \sum_{i=1}^{n} \left[\int_0^{Q_i^S} (a_i - b_i Q_i)\, dQ_i - P_i^S Q_i^S \right] = \sum_{i=1}^{n} \frac{(a_i - C_{vi} - M)^2}{2b_i} \tag{2.19}$$

按照两部次优定价的生产者（电力企业）剩余为：

$$PS_S = \sum_{i=1}^{n} P_i^S Q_i^S - C = \sum_{i=1}^{n} \left[M\left(\frac{a_i - C_{vi} - M}{b_i} \right) \right] - C_f \tag{2.20}$$

按照两部次优定价的社会总福利为：

$$TS_S = CS_S + PS_S = \sum_{i=1}^{n} \left[\frac{(a_i - C_{vi})^2 - M^2}{2b_i} \right] - C_f \tag{2.21}$$

4）社会成本定价

与一般工商企业定价依据的成本因素不同，公共产品还可以按照社会平均成本定价。社会成本是一种商品价值思想，即商品价格需要反映商品价值，生产商品的社会必要劳动时间（社会平均成本）决定了商品价值。按照社会必要劳动时间计量成本的方法有利于促进稀缺资源的合理利用。事实上，由于电力生产和传输的复杂性，电力商品的社会平均成本计量也较为复杂，其主要有以下几个方面：第一，需要对电力生产和销售的成本构成进行分析，其成本包括发、输、配、售、用等各环节的成本，如燃料成本、输电成本、配电成本、线损成本、维修成本、管理成本、人员成本等。第二，要确定一个基本合理的成本标准。由于电力产业链各个环节的价值体现不同，测算社会平均劳动时间比较困难，因而在实际定价过程中使用一些间接指标来代替。例如，我国标杆电价政策就是以每个省区市（通常是独立电价区）内所有发电机组的平均成本作为火电企业生产经营的社会平均成本，其他发电则以火电标杆电价水平作为参照。第三，需要进行用电成本结构分析。用电成本计量通常需要计量容量成本和电量成本，并以容量电价和电量电价的形式反映在电价水平中，其中变动成本构成电量电价，容量成本构成容量电价。第四，需要建立电力企业成本补偿和用户成本分摊机制。合理补偿成本和合理确定收益是保障和激励电力企业进行投资、发展电力事业的前提；坚持合理分摊成本，是保障用户用电公平和权益的前提。

社会成本定价思想在管制电价政策中也有体现。阿弗契和约翰逊（Averch & Johnson，1962）研究认为，在投资回报率管制下，企业会产生一种尽可能扩大资本基数的刺激，以在规定的投资回报率下，获得较多的绝对利润，即"A－J效应"（王俊豪，2001）。针对传统管制理论与方法的不足，英国经济学家和电力管制大臣李特查尔德运用现代激励性管制理论，提出了价格上限定价方法。最有效率的上限价格应反映社会平均成本。这种管制模型把管制价格与零售价格指数、生产效率挂钩，体现了社会成本定价的基本思想。1990年后这种定价方法被运用于英国的电力产业，目前价格上限管制方法在全球范围内已经被广泛地运用于电力、能源、电信、交通和自来水等产业。20世纪80年代末，随着电力产业改革浪潮在世界各国展开，传统的管制电价体制面临市场电价机制的冲击。有学者总结和比较了三种管制方式：基于生产与服务成本的传统管制方式、基于社会成本和外部性的计划管制方式以及基于市场机制的市场管制方式，并结合美国电力市场的实际情况，论证了电力市场放松管制，逐步走向自由化的趋势，为放松电力市场管制提供了某些依据。

从实行电力市场化改革国家对输配电价格管制实践看，主要存在三种典型价格水平管制类型，即投资回报率管制、最高上限管制、收入上限管制模型（叶泽，2014）。我国目前正在进行输配电改革，电网相对比较薄弱，主要采用的是投资回报率管制，实行成本加成法，并按资本报酬率来核定利润，这种政策有利于电网企业积累建设基金，加快电网发展，也有利于在未来的电网成熟阶段降低终端用户电价。现阶段，我国在发电侧采用价格上限管理制度（如标杆电价），但在输配电环节没有采用价格上限管制，而是采用投资回报率管制方式，这主要是因为我国电网的基本形式有独立省网、大区电网和跨区电网三种电网结构，结构复杂且用户类别千差万别，核定到达消费终端的输配电平均社会成本存在较多困难。

我国在不同的省份或地区，电价交叉补贴规模和补贴程度不同，其原因是各地经济发展不一样，用户用电结构存在差异，供电渠道不同。如果将电价交叉补贴视为一种社会成本，理论上，这种成本对于补贴供给方（工商企业）是无差异的，在一个电价区内（如一个省）不同类型的工商企业用户应均摊这种社会成本，不宜存在差异。社会成本的定价思路为解决现阶段不同类型、不同渠道供电用户（如市场化交易供电与管制市场供电；大电网供电与区域电网、自备电厂供电）的交叉补贴责任提供了借鉴。

2. 定价基准比较分析

1）边际成本定价与平均成本定价

按照上节内容可以推断：当 $A + C_{vi} > C_{vi}$ 时，平均成本定价下的电价要高于边际成本定价的电价；当 $\dfrac{a_i - A - C_{vi}}{b_i} < \dfrac{a_i - C_{vi}}{b_i}$ 时，平均成本定价下的市场需求量要小于边际成本定价的市场需求量；当 $\displaystyle\sum_{i=1}^{n} \dfrac{(a_i - A - C_{vi})^2}{2b_i} < \sum_{i=1}^{n} \dfrac{(a_i - C_{vi})^2}{2b_i}$ 时，平均成本定价下的消费者剩余要小于边际成本定价的消费者剩余；当 $\displaystyle\sum_{i=1}^{n} \left[A \left(\dfrac{a_i - A - C_{vi}}{b_i} \right) \right] - C_f > C_f$ 时，平均成本定价下的生产者剩余要大于边

际成本定价的生产者剩余。由此可以得到：$\sum_{i=1}^{n}\left(\dfrac{(a_i - A - C_{vi})^2 - A^2}{2b_i}\right) -$

$C_f < \sum_{i=1}^{n} \dfrac{(a_i - A - C_{vi})^2}{2b_i} - C_f$。据此判断，按照平均成本定价的社会总福利小

于按照边际成本定价的社会总福利，是一种在保证生产者剩余前提下的次优

定价。

2）两部次优定价与边际成本定价

按照上节内容可以推断：当 $C_{vi} + M > C_{vi}$，两部次优定价的电价要高于边际

成本定价的电价；当 $\dfrac{a_i - C_{vi} - M}{b_i} < \dfrac{a_i - C_{vi}}{b_i}$ 时，两部次优定价下的市场需求量要

小于边际成本定价下的市场需求量；当 $\sum_{i=1}^{n} \dfrac{(a_i - C_{vi} - M)^2}{2b_i} < \sum_{i=1}^{n} \dfrac{(a_i - C_{vi})^2}{2b_i}$

时，两部次优定价下的消费者剩余要小于边际成本定价下的消费者剩余；

当 $\sum_{i=1}^{n}\left[M\left(\dfrac{a_i - C_{vi} - M}{b_i}\right)\right] - C_f > - C_f$ 时，两部次优定价下的生产者剩余要大于

边际成本定价下的生产者剩余。由此可以得到：$\sum_{i=1}^{n}\left[\dfrac{(a_i - C_{vi})^2 - M^2}{2b_i}\right] - C_f <$

$\sum_{i=1}^{n} \dfrac{(a_i - C_{vi})^2}{2b_i} - C_f$。据此判断，两部次优定价下的社会总福利要小于边际成本

定价下的社会总福利。

总体而言，两部次优定价法实际上是以边际成本定价为基础，但又与边际

成本定价有所区别，两部次优定价在以边际成本定价法确定价格后，通过固定

成本分摊，对边际成本定价所确定的价格进行调整，即通过固定成本归属（尤

其是联合成本）确定分摊系数。与此同时，根据产业发展和企业再生产的需求，

对社会福利最大化的价格（边际成本价格）进行一定程度调整，从而使一部分

消费者剩余转移为生产者剩余，避免了边际成本定价法无法弥补生产者成本的

困境。

3）两部次优定价与平均成本定价

按照上节内容可以推断：$Q_i^A = \dfrac{a_i - \dfrac{C_f}{\sum_{i=1}^{n} Q_i^A} - C_{vi}}{b_i}$ 是平均成本定价下的电力需

求量，$Q_i^M = \dfrac{a_i - C_{vi}}{b_i}$ 是边际成本定价下的电力需求量。显然，$Q_i^A < Q_i^M$，所以

$$\dfrac{C_f}{\sum\limits_{i=1}^{n} Q_i^A} = A > \dfrac{C_f}{\sum\limits_{i=1}^{n} Q_i^M} = M \text{。当 } A + C_{vi} > C_{vi} + M \text{ 时，平均成本定价的电价要高}$$

于两部次优定价的电价；当 $\dfrac{a_i - A - C_{vi}}{b_i} < \dfrac{a_i - C_{vi} - M}{b_i}$ 时，平均成本定价下的

市场需求量要小于两部次优定价下的市场需求量；当 $\sum\limits_{i=1}^{n} \dfrac{(a_i - A - C_{vi})^2}{2b_i} <$

$\sum\limits_{i=1}^{n} \dfrac{(a_i - C_{vi} - M)^2}{2b_i}$ 时，平均成本定价下的消费者剩余要小于两部次优定价下的消

费者剩余。总体上分析发现，$\sum\limits_{i=1}^{n} \left[A \left(\dfrac{a_i - A - C_{vi}}{b_i} \right) \right] - C_f$ 和 $\sum\limits_{i=1}^{n} \left[M \left(\dfrac{a_i - C_{vi} - M}{b_i} \right) \right] -$

C_f 难以确定大小关系，这说明与平均成本定价相比，两部次优定价的生产者剩
余可能会增加，也可能会减少。是否增加，关键取决于平均成本定价的电力需
求量 Q_i^A 和边际成本定价的电力需求量 Q_i^M，因为不同的需求量决定了单位产量
所分摊的固定成本。但是，$\sum\limits_{i=1}^{n} \left(\dfrac{(a_i - C_{vi})^2 - A^2}{2b_i} \right) - C_f < \sum\limits_{i=1}^{n} \left[\dfrac{(a_i - C_{vi})^2 - M^2}{2b_i} \right] -$

C_f，说明平均成本定价下的社会总福利要小于两部次优定价下的社会总福利。

与边际成本定价相比，平均成本定价和两部次优定价均通过提高商品或服
务价格，使部分消费者剩余转移为生产者剩余，在提高生产者剩余的同时，抑
制了市场需求量，并对消费者剩余和社会总福利造成了损失。但与平均成本相
比，两部次优定价的加价幅度要小，对市场需求量、消费者剩余和社会总福利
的损失程度也要小。这说明，从社会福利角度来看，两部次优定价要优于平均
成本定价。这两种定价方式存在差异的主要原因在于两种次优定价模型所遵循
的原则不同，即定价目标选择的次序不同。平均成本定价严格遵守了传统次优
定价理论的思想，将无约束的社会福利最大化问题转化为在确保企业收支平衡
前提下的社会福利最大化问题，其最先考虑的问题是确保企业收支平衡。而两
部次优定价从根本上颠覆了传统次优定价理论的思想，将最优定价问题转化为
在保证社会福利最大化前提下确保企业财务收支平衡的问题，其首先考虑的问

题是保证社会福利最大化。其次，两种次优定价模型的定价方法不同。两部次优定价是在按照边际成本定价法确定价格后，通过固定成本的分摊对社会福利最大化的价格进行一定程度上的调整。平均成本定价并没有按照社会福利最大化的原则来确定价格水平，也就不存在通过某种方式实现社会福利最大化的问题。

3. 讨论

电力是现代经济社会不可缺少的产品，其资源稀缺的属性，使得电力商品的定价需要遵循成本定价原则；与此同时，电力商品又具有公共产品属性，要求定价需要兼顾公平与效率两个目标。因此在具体定价的过程中，是按照社会福利最大化，还是突出电力工业发展、保障民生等公共政策目标，显然需要根据各地区各时期的经济社会发展状态来确定。例如，在电力工业欠发达时，按照平均成本定价，可以激励电力投资行为，以保证电力供应；而在电力生产过剩时，按照边际成本定价，可以增加社会福利。两部制次优定价既强调"福利最大化"以增加社会福利作为目标，也强调"保证企业的财务收支平衡"，并通过以边际成本定价为基础、以固定成本分摊为核心的定价方式，这种定价方式兼容了边际成本、平均成本定价的理论思想，因而在定价实践中，具有灵活性和现实意义。只是在以边际成本为基础实施定价时，因为边际成本难以准确测算，增加了定价的难度。目前，我国电价体系主要为政府定价，并未较好地遵循成本定价原则，因此从政府定价向市场化定价的转型阶段，对电价交叉补贴的测算与处理可以先以某电压等级某种负荷特性的平均供电成本作为基础，以增加社会福利（而不是社会福利最大化）作为定价改革目标。

电价交叉补贴对于工商业用户来讲，是一种无差别的公共政策成本，而对电力企业来说，其并非一种生产成本，因此按照社会成本定价思想，电价交叉补贴应从电力企业的供电成本中分离，独立成项，单独处理，并按照责任均摊的原则，由全社会工商用户共同承担。

2.2.3 成本分摊理论

成本分摊就是依据一定的标准和成本分摊原理，将供电的容量成本和电量成本，在不同类型的用户或用户群间进行合理、公平分摊。供电成本归属是供电成本分摊的关键问题。正如前文分析，按照成本分摊原则，定价如要合理，则不同类型用户的电价水平需要真实反映其需要承担的成本，即用户受电的供电成本。成本分摊要体现公平，则要求在供电服务定价中，需要限制不合理的价格歧视，并尽可能减少电价交叉补贴，避免因补贴或优惠电价造成收入再分配的不公平。

成本公平分摊原则，需要实现供电成本与成本承担对象（不同类型用户或用户群）间的对应关系。因此对供电成本进行合理分摊，是电力商品按照成本定价的关键环节，如输配电成本需要按照不同电压等级、不同负荷率在不同用户群或不同类型用户间进行成本分摊；电价交叉补贴作为外部成本，也需要在其承担义务与责任的工商业企业间进行分摊。

对于多产品与服务的企业或者公共产品与服务由多个企业联合提供，构成产品或服务的成本存在两种属性，即：归属成本和联合成本。归属成本是按照成本归属原则，可以明确区分成本归属者和成本承担者的成本项目或类别。联合成本是由联合生产或联合提供产品产生的成本，其体现为多种产品或服务以及为多个消费者提供产品共同发生的成本项目或类别，其难以明确区分成本归属者和成本承担者。对于电力商品供给，既有归属成本，也有联合成本。例如入户电表安装等发生的报装成本，关联具体用户，可以明确成本归属者；电量成本通过计量，也可以明确成本的归属者。对于电力传输和配电来说，由于从发电到终端消费需要经过多层级的输电、变电、配电环节，而且其生产和供电服务均是为非特定对象提供，因此输电成本、配电成本、变电成本表现为联合成本，难以明确成本的归属者，需要由不同类型用户或用户群共同承担的。对于完全可归属成本，按照归属或责任进行分摊即可，如电表可以直接由用户或开发商承担、专有变压器与线路由其所属工商企业承担、电量成本由实际用电者承担等。由于联合成本难以明确成本归属者或责任承担方，因此对联合成本进行合理分摊，是解决成本分摊与成本定价的关键问题。对电力商品来说，完全可归属成本［电量成本、供电业务扩展（简称"业扩"）成本］的面较窄、量较少，联合成本（输配电成本）的面宽、量大，因此如何解决联合成本（主要是输配电成本）合理分摊，是电力商品按照成本定价与计量电价交叉补贴面临的主要问题。

如何合理进行成本分摊还有一个关键环节，就是需要利用科学方法与适宜技术，合理界定分摊对象，找到成本归属者或成本责任承担方。产业经济学认为，公共产品领域可以通过联合生产实现成本节省。联合生产节省成本的主要路径为：一是通过生产多种产品或实现多样性产出，降低全部单位产品或每类单位产品的成本，达到成本节省的目的。例如，"范围经济"是典型的通过联合生产实现成本节省的经济管理模式。二是通过扩大生产规模或者横向兼并的方式降低单位产品成本，从而实现成本节省。例如，"规模经济"是一种通过规模效应实现成本节省的典型经济管理模式。三是企业可以通过纵向联合的方式，实现生产各阶段的投入与产出结合，从而实现成本节省。例如，"关联经济"就是这种通过"关联"取得成本收益的典型经济管理模式。确定联合生产的成本分摊对象，需要采用相应技术并依据一定的路径，具体包括以下内容与环节：一是在不同产品与服务间进行分摊的技术与依据，即需要采用将联合生产成本在不同类型的产品或服务中进行合理分摊的技术或找到合理分摊的依据。对于电力供给，不同电压等级或不同负荷特性的用电量，由于其成本构成存在差异，可认为是不同的产品，因此电压等级及用户用电特性是对电力供给联合生产成本（输配电成本）进行合理分摊的依据。二是在用户间进行分摊的技术与依据，即需要有一种将联合生产成本在不同类型用户、不同用户群、不同用户之间进行合理分摊的技术或分摊依据。例如，假如电价交叉补贴是一种联合生产成本，居民、农业用电用户是交叉补贴的需求方，工商企业是交叉补贴的提供方。工商企业存在不同用电类型（大工业用电、一般工商业等），在不同电压等级受电，为其供电的电网企业（国家电网、南方电网、地方区域电网、自备电厂等）也不同，因此电价交叉补贴是由管制市场的工商用户承担，还是由全社会用电的工商用户全体承担，将决定联合成本分摊的公平性。联合成本分摊需要根据联合成本产生的先后次序依次进行，即：不同类型产品或服务之间的成本分摊在前，不同类型用户间的成本分摊在后。例如，先按照用户用电特性对联合成本（输配电成本）进行分摊，再在工商企业用户间分摊电价交叉补贴这一公共政策成本。当然，也存在企业只生产单一产品或提供单一服务，此时联合成本分摊只需要在不同类型用户或用户群间进行即可。例如，专有输电线路（如电气化铁路）的成本由专用线路归属企业承担，但仍需要分摊电价交叉补贴，因为电价交叉补贴是一种社会公共责任产生的联合成本。按照以上分析，本书涉及的电价交叉补贴问题需要同时运用产品类别间和用户类别间的成本分摊技术。具体方法主要有：按照产出分摊成本、按照收入分摊成本、按照成本归属分摊成本等。下面对这些方法进行理论介绍和分析。

1. 产出分摊规则

假设某公共产品生产企业，使用共同的生产设备生产多种产品或向多个消费群提供产品或服务，其成本函数如下：

$$C(X) = C_0 + V(X) \tag{2.22}$$

式中，C_0 为产品生产或服务的固定成本；$V(X)$ 为产品生产或服务的变动成本；X 为产出向量。

按照一般性生产函数的原理，为了便于分析，假设某企业只生产两种产品或提供两种服务，设为 a 和 b。下面考虑最简单的情况：变动成本在两种产品与服务之间，是完全可以分开的，可以明确变动成本的归属。假设两种产品或服务的单位变动成本都为常数，为 c_a 和 c_b。变动成本可以明确归属，那么将联合成本进行分摊的关键，就是需要将固定成本合理分摊到这两种产品的成本中。理论上，分摊共同成本的方法有多种。下面采用一种以相关产品数量（产出量）确定成本分摊份额（占比）的简单规则。假设产出量（或服务数量）分别为 X_a 和 X_b，那么产品或服务 a 与产品或服务 b 所承担的成本 C_0 的比例分别为：

$$\lambda_a = X_a/(X_a + X_b)\,;\lambda_b = X_b/(X_a + X_b) \tag{2.23}$$

根据两种产品或服务需要分摊的联合成本占比，将可归属成本叠加到总成本中，那么按照成本定价原理，这两种产品或服务的价格分别为：

$$P_a = c_a + \lambda_a \frac{C_0}{X_a} = c_a + \frac{C_0}{X}\,;P_b = c_b + \lambda_b \frac{C_0}{X_b} = c_b + \frac{C_0}{X} \tag{2.24}$$

式中，X 为产品总量。

按照产出量确定联合成本分摊，在技术上和经济上可行，且易于操作。从定价技术上来看，通过加总的产出规模描述，是可行且有意义的；从经济层面来看，按照这种电价定价方式，企业的总收入（R）与总成本（C）相等，能够实现企业财务收支平衡。

按照产出分摊原则，对应于电力商品，消费电量（即用电量）是可以准确计量的，为可变成本，完全可以确定成本的归属性；而输电配电过程中，联合产生的容量成本及为保障电力系统安全可靠运行的额外成本，是联合生产的固定成本，需要进行成本分摊。事实上，对输配电价的核定，主要是核算固定成本，核定各电压等级及不同用电特性下用户应分摊的固定成本水平。例如，两部制电价也是一种基于固定成本分摊而建立的电价机制。相较于固定成本，电价交叉补贴作为公共政策性联合成本，其分摊情况相对复杂，因为在不同电力市场结构和电力产业组织形态下，交叉补贴作为成本的属性表现不同。在垂直一体化和单一买方模式下的电力市场结构中，电价交叉补贴作为电力企业经营的内部成本而存在，没有单独核算，因而是作为电网承担普遍服务整体责任的成本，并随同固定成本进行分摊；但在零售竞争模式下的电力市场结构中，电价交叉补贴体现为电网企业经营之外的外部成本，需要独立核算，因而其体现为一种变动成本，可以确定其归属性，如根据全社会居民用电用户、农业用电用户对电价交叉补贴的需求，按照电量均摊给全社会具有电价交叉补贴承担义务的所有工商企业用户。

2. 收入分摊规则

按照产出分摊联合成本，有时会存在产品或服务的物理量不一致的情况。例如，有的产出以重量来计量，有的产出以容量、长度单位来计量，物理量的不一致，使得联合成本按照产出进行分摊，存在技术困难。这时需要有另一种方法来解决这个问题。按照收入分摊成本是一种简单易行的方法。这种方法就是根据不同量纲的产品或服务能够获得的收益比例，来确定固定成本分摊份额，显然收入是一个统一的量纲（如元）。按照收入分摊办法，在上面的案例中，产品或服务 a 与产品或服务 b 应分摊固定成本的比例为：

$$\lambda_a = P_a X_a / (P_a X_a + P_b X_b) ; \lambda_b = P_b X_b / (P_a X_a + P_b X_b) \tag{2.25}$$

产品或服务 a 与产品或服务 b 的价格可表示为：

$$P_a = \frac{c_a X_a + C_0 P_a X_a / (P_a X_a + P_b X_b)}{X_a} \tag{2.26}$$

$$P_b = \frac{c_b X_b + C_0 P_b X_b / (P_a X_a + P_b X_b)}{X_b} \qquad (2.27)$$

根据预算平衡要求：

$$C(X) = P_a X_a + P_b X_b = C_0 + V(X) \qquad (2.28)$$

求解价格，可以得到按照收益分摊固定成本的价格表达式，为：

$$P_a = \frac{c_a}{1 - C_0 / (P_a X_a + P_b X_b)} = c_a \frac{C_0 + V(X)}{V(X)} \qquad (2.29)$$

$$P_b = \frac{c_b}{1 - C_0 / (P_a X_a + P_b X_b)} = c_b \frac{C_0 + V(X)}{V(X)} \qquad (2.30)$$

按照收入分摊固定成本，对应于电力商品，尽管不同电压等级、不同用户性质的电价不同，电力企业从用户那里获得单位电量的电费收入也不同，而且输配电价的测算与分摊从形式上也表现为一种收入（准许收入）分摊形式，但从本质上看，输配电价仍是一种成本分摊方式，解决的也是输配电环节中所产生的固定成本（系统容量成本）问题。因此，对于输配成本（联合成本）分摊，应以固定成本合理分摊为基础和目标；在形式上，可以采用按照准许收入分摊方式。

3. 成本归属分摊规则

成本归属分摊方法就是根据用户或消费者相对应的可归属成本，来确定不可归属成本分摊比例的方法。具体方式是，按照全部可变成本的比例，来确定固定成本的分摊比例。在上面的案例中，假设两种产品或服务的可变成本为 $c_a X_a$ 和 $c_b X_b$，那么两种产出应分摊固定成本比例为：

$$\lambda_a = c_a X_a / V(X) ; \lambda_b = c_b X_b / V(X) \qquad (2.31)$$

两种产出的价格分别为：

$$P_a = c_a + \frac{C_0 (c_a X_a / V(X))}{X_a} = c_a \frac{C_0 + V(X)}{V(X)} \qquad (2.32)$$

$$P_b = c_b + \frac{C_0 (c_b X_b / V(X))}{X_b} = c_b \frac{C_0 + V(X)}{V(X)} \qquad (2.33)$$

成本归属分摊规则，对应于电力商品，交叉补贴如果作为工商企业用户需要共同承担社会责任的用电成本，其就可以按照用户的用电量来对电价交叉补贴这种不可归属的成本进行分摊，而不需要考虑工商用户的电压等级及其负荷特性、用电特性。

4. 成本分摊示例

假设某电力企业供电量为 X，用户包括三个类别——居民用户、商业用户和工业用户，每类电力用户的消费电量为 X_i，$i = 1，2，3$。每类电力用户包括 n_i 个，假设第 i 类电力用户中第 j 个用户的用电量为 q_u，则：

$$X = \sum_{i=1}^{3} X_i, X_i = \sum_{j=1}^{n_i} q_u \qquad i = 1,2,3 \tag{2.34}$$

电力供电成本包括三部分，即：可以归属的用户成本 C_0、从量成本 C_1、输配电成本 C_2。具体分摊和定价步骤如下：首先需要界定三种成本的归属对象，其次将可以归属的成本直接计入不同类型用户的电价中，将不能归属的成本进行合理分摊，再叠加到不同类型用户的电价中，具体的成本分摊见表 2 - 9。可以归属的用户成本可明确由哪些用户承担责任的成本：假设某类用户的可以归属平均成本为 c_i（$i = 1，2，3$），则各种类型用户的可以归属的总成本为 $c_i n_i$；从量成本，按照实际的消费电量（用电量）计算，设单位从量成本为 a，各类用户总的从量成本为 aX_i。按照前文分析，输配电成本是联合生产成本，它需要根据各类用户的用电量（按照产量分摊规则）来确定分摊比例额，即：$f_i = X_i / X$。假设某种类型用户应分摊的输配电成本为 C_{2i}，那么这种类型用户的总成本为：

$$TC_i = aX_i + c_i n_i + C_{2i}, \qquad i = 1,2,3 \tag{2.35}$$

表 2 - 9　　　　　　　　　　成本在各类用户中的分摊

用户类型	分类成本			成本分摊系数与变量		
	归属成本	从量成本	输配电成本	用户数	总需求	分摊比例
居民用户类	$c_1 n_1$	aX_1	$f_1 C_1$	n_1	$X_1 = \sum q_u$	$f_1 = X_1 / X$
商业用户类	$c_2 n_2$	aX_2	$f_2 C_2$	n_2	$X_2 = \sum q_u$	$f_2 = X_2 / X$
工业用户类	$c_3 n_3$	aX_3	$f_3 C_3$	n_3	$X_3 = \sum q_u$	$f_3 = X_3 / X$
总成本	C_0	C_1	C_2	N	$X = \sum \sum q_u$	1

资料来源：笔者绘制。

从量成本按照用户用电量分摊，设电度电量成本为 a；用户可以归属成本为 c_i。联合总成本（输配电成本）在各类用户间进行分摊后，还需要在不同类型用户或用户群中将成本分摊给每一个用户。具体方法有：直接按照用户数平均分摊或按照电量（产出分配规则）分摊。按照第一种方法，每个用户应分摊的平均输配电成本为 g，则该类用户中的每个用户电价 P_i 为：

$$P_i = a + g_i + c_i \tag{2.36}$$

按照第二种方法，则各类用户度电应分摊的输配电成本为：

$$f_i C_2 / X_i = C_2 / X \tag{2.37}$$

令 $C_2 / X = b$，则某类每个用户的电价水平 P' 为：

$$P' = a + b + c \tag{2.38}$$

2.3　产业组织理论及电力市场结构 *

20 世纪 30 年代产业组织理论兴起，主要侧重于从供给角度来分析某个产业内部的企业经济行为与经济活动、市场组织结构、企业绩效、社会效应及其内在联系，以揭示产业内组织活动的规律性，为企业参与经济活动，提供决策依据，同时为政策的制定者提供政策建议。马歇尔（1890）率先提出了产业组织概念，他认为经济领域的产业和自然界的生物组织体是一样的，都是因为职能或功能分化，需要伴随联合和协作，例如：企业内的分工和社会分工、企业的兼并和准兼并。西方产业组织理论在发展过程中共出现过三个主要的学派（夏大慰，1999；刘传江和李雪，2001），即哈佛学派、芝加哥学派和新产业组织理论，后者是 20 世纪 80 年代，在交易费用理论影响下发展起来的理论派别。本书无意去比较产业组织理论各学派的优劣，只将产业组织理论的一些思想用于分析电力市场结构的变化及其对电力商品定价的影响。产业组织理论贝恩模型指出，企业所处的市场结构不同，会采取不同的定价以及产生不同的非价格

---

* 部分论述参见：叶泽，张新华. 推进电力市场改革的体制与政策研究［M］. 北京：经济科学出版社，2013.

行为,从而在产业组织内部出现不同的经济效率。现有主流的关于产品或服务定价的理论中,完全竞争市场、垄断竞争市场、寡头垄断市场、垄断市场四种不同的市场结构,基本经济假定不同。市场处于完全竞争结构,市场竞争激烈,单个企业产量少,缺少产品或服务的定价权,每一个企业均是竞争价格的被动接受者,此时产品或服务会因为竞争的原因,价格等于或接近产品或服务的边际成本。在垄断竞争市场结构中,通常存在两类企业,一是具有一定垄断势力的企业,这一类数量较少;二是存在众多缺少垄断势力的企业,他们是价格的被动接受者,前者在定价行为上,会利用垄断势力,采用剩余需求的方法定价,即尽可能增加生产者剩余。在寡头垄断市场结构中,几个寡头企业均拥有一定的市场势力,寡头企业通过讨价还价的方式来实施产品或服务定价,并达成市场均衡。在完全垄断的产业市场结构中,垄断企业拥有很强的市场势力,垄断企业往往按照平均成本定价,以尽可能榨取消费者剩余。因此从产业组织理论的角度分析,电力产业处于不同市场结构的阶段,电力商品的定价方式会不同。

1979年,美国的施韦佩(Schweppe,2000)最早提出了电力市场的概念。与一般商品市场不同,电力市场呈现非常特殊的商品市场经济规律,随着电力工业的发展和电力市场改革的推进,传统垂直一体化电力垄断市场的结构发生了显著变化,发电、输电、配电、售电等电力市场主体的职能和市场势力也随之变化,市场中也产生了一些新生市场主体,如独立的售电公司。这些市场主体形成了电力市场中相互竞争、又相互合作、相互服务的市场结构。电力市场主体可以分为交易主体和服务主体两类。在比较成熟的电力市场中,市场主体一般包括:发电企业(发电厂)、电网公司、配电公司、经纪人、售电商(独立的售电公司)、电力建设企业以及各类电力用户等。与此同时,由于电力是公共产品,为了保证电力市场的公平公正交易,还需要有非竞争性机构和市场监管机构,如电力调度中心、电力监管机构等。

1996年,英国经济学家豪特和沙特尔沃思(Hunt & Shuttleworth)按照发电、输电、配电和售电四个领域的开放程度不同,将电力市场结构划分为四种模式,即:垄断模式、单一买方模式、批发竞争模式和零售竞争模式。这种分类揭示了电力工业和电力市场发展历程中不同阶段的典型特征,因而被各界所公认(叶泽和张新华,2013)。下面对这四种产业组织模式进行简单的介绍和分析。

1. 垄断模式

垄断模式是指在一个国家或区域内，发电、输电、配电和售电的资产形成一体化，在管理体系上，表现为垂直一体化的管理方式。具体形式上，垄断模式在一个区域内或多个区域内，只有一个"电力公司"，垄断经营发电、输电、配电和售电等全部业务。在定价方式上，通常将所有供电成本集中，实行各项成本内部核算方式，然后以公共产品定价的统一电价方式，销售给用户。例如，我国 2002 年前成立的国家电力公司。目前，马来西亚、中国香港、美国部分州等的电力市场仍然采用垂直一体化垄断经营方式。

2. 单一买方模式

单一买方市场结构模式中存在独立发电企业，其产权和经营权存在多元化，既有电网企业拥有产权的发电企业，也有众多独立发电企业。在单一买方市场结构模式下，市场竞争机制被引入发电侧，发电企业存在一定程度的上网电量竞争和上网电价竞争，即量和价的竞争。在单一买方模式下，电网侧仍存在垄断（自然垄断），电网企业是市场中发电企业电力的唯一买方，而且是电力终端消费市场的唯一卖方。因为发电侧存在竞争，单一买方根据电价水平有选择发电企业的权利，但发电企业和终端消费用户并无选择交易对象的权利。例如，2002 年我国实施以"厂网分开、竞价上网"为目标的电力体制改革，直到 2015 新一轮电力体制改革，国家电网公司、南方电网公司此前一直是我国电力市场仅有的买方，五大发电集团采取竞价上网的竞争交易模式。目前，泰国、俄罗斯、意大利等国家或地区的电力市场处于这种市场结构模式。

3. 批发竞争模式

批发竞争模式的显著特征是，市场上既有竞争的发电企业，也存在竞争性的配电、售电企业。这些企业参与电力市场竞争的方式有两种：一是集中竞争的市场。发电企业和配电、售电企业不能进行双边交易，它们中间存在一个交易中介（交易中心），它们需要通过向交易中介申报买卖电量和电价来完成交易，交易中心根据供需平衡确定交易电量和电价，这些电量和电价均是竞争性的，随市场交易情况的变化，价和量存在波动。二是存在直接交易的适度集中竞争市场。发电企业和配电、售电企业可以开展直接交易。发电企业一部分电量通过电力交易中心交易；另一部分电量被允许通过双边交易的方式，由买卖双方按照交易意愿并以合同约定，进行电量交割和电价结算。例如，2015 年前后，我国直接交易市场中，发电企业与用电规模较大的工商企业开展直接交易。目前，英国（NETA）、北欧国家、新加坡、阿根廷、韩国等采用了这种市场模式。

4. 零售竞争模式

零售竞争模式下，出现了产权、经营权完全独立的电力零售商。对于零售竞争模式，电网开放是开展竞争的前提条件。电力用户具有较大选择权，既可以直接选择发电企业供电，也可以选择零售商供电。输配电公司需要无歧视提供服务，并按照输配电成本收取相应服务费（输配电价）。零售竞争模式下，输配电价采用管制电价（投资回报率定价或价格上限等管制），而上网电价和销售电价表现为竞争性电价。此时，交易中心的职能类似电力经纪人，无权定价，但承担实现供需双方交易电量平衡匹配的责任。2015 年，新一轮电力市场改革，我国成立的 4000 多家独立售电公司就是这类市场。目前，北欧四国的电力市场及英国、西班牙、澳大利亚、德国和美国的部分州等的电力市场采用了这种模式。

5. 电力市场改革典型国家的市场结构

随着电力市场改革推进，各国电力市场结构不断发生变化，不同改革阶段，市场特征不同。各国电力市场改革及市场结构变化的基本趋势就是通过改革垂直一体化的市场结构，在发电侧与售电侧引入竞争。但各国根据本国实际情况，改革的具体内容和路径又存在一些差异，见表 2 - 10。例如，法国和日本的市场改革方式是：在继续保有垂直一体化公司的情况下，引入竞争性的独立售电公司；英国的市场改革方式是：在保留几个配售一体化公司前提下，引入竞争性的独立售电公司；新西兰的市场改革方式是：实施电力"配售分开"的改革模式。从英国、法国、日本、新西兰等国家售电侧市场（零售市场）结构来看，市场多为寡头垄断型竞争市场。

表 2 – 10　　　　　　　　典型国家市场结构及售电市场基本情况

国家	英国	法国	日本	新西兰
电力行业机构重组模式	输电保持相对独立（输电公司），发电、配电、售电环节的业务，逐步趋向合并	继续保有电力垂直一体化经营公司的前提下，在发电侧和销售侧引入竞争性独立发电企业和独立售电公司	整体上，通过大企业维持垂直一体化，在发电侧和销售侧引入竞争性独立发电企业和独立售电公司	通过彻底拆分发电、输电、配电、售电四个环节建立竞争市场，但在发电、售电环节，以及配电、售电环节逐步趋向合并
售电侧开放进度	从 35kV 开始，直至小用户，逐步放开了所有用户的选择权。1990 年，放开 1000kW 以上用户的选择权，约占 30%；1994 年放开了 100kW 以上用户的选择权，约占 37%；1998 年放开了所有用户的选择权	从 35kV 开始，直至小用户，逐步放开了所有用户的选择权。2000 年，放开了 16GW·h 以上用户的选择权，约占 20%；2003 年放开了 7GW·h 以上用户的选择权，约占 37%，2004 年放开了非居民用户的选择权；2007 年放开了全部用户的选择权	从 35kV 开始，直至小用户。2000 年放开了 20kV、2000kW 以上用户的选择权，约占 30%；2004 年放开了 500kW 以上用户的选择权，约占 40%；2005 年放开了 50kW 以上用户的选择权，约占 68%	从小用户到 35kV。1993 年放开了 50MW·h 以下用户，约占 20%，1994 年放开了全部用户
售电市场结构	6 家发、配、售一体化公司占 88%，在家庭用户市场中，独立售电公司占 44.9%；独立发及售电公司占售电市场的 12%	发、输、配、售一体化公司 EDF 占 82.4%，配、售一体化公司占 4.3%，独立售电公司占 13.3%	10 家一体化电力公司占市场份额的 97%，竞争性的独立售电公司占市场份额的 2.11%	5 家发、售一体化公司的用户数约占市场用户数的 97%

资料来源：笔者根据多个参考文献整理。

下面以英国 NETA 模式为例，来说明电力市场结构变化与电力制度变迁的关系。英国实施的四阶段电力市场改革，是从英格兰、威尔士地区电网开始，逐步扩大到苏格兰及北爱尔兰电网，在发电、输电、配电和售电四个环节全方位引入了私有化和竞争，建立了公平、透明和开放的电力交易市场（仇明，2001；胡济洲等，2005；曾鸣等，2009）。

英国电力改革始于 1989 年，当时英国政府为了减轻用户电费负担，改革国有化体系和减少政府干预，实施了电力私有化改革，通过引入市场竞争和建立严格的监督机制，激发电力市场主体活力，提高电力市场经济效益（赵豫和于尔铿，2003）。改革前，英国执行 1957 年的电力法，由国有化中央电力局

（Central Electric Generation Bureau，CEGB）统一管理与垄断经营英格兰和威尔士地区的发电、输电和配电业务。CEGB 下属有 12 个地区供电局，并负责所划分区域内的用户供电。英国电力委员会（Electricity Council），负责电力政策和法规的制定。当时，英国电力经营企业及机构均具有集中、统一、垄断、国有的共同特征。英国电力改革历程如下：1987 年，开始实施电力私有化改革；1988 年通过《电力私营化法案》；1989 年颁布新的电力法，1990 年开始按新的电力法实施电力市场化改革；2005 年，进行第三次电力市场改革。在第三次电力改革前，苏格兰地区的电力市场由 3 家电力公司垄断经营，但垄断限制了跨区电力输电，电力市场缺乏竞争导致了电力市场规模变小、供需失衡、用户用电成本增加等矛盾。为了促进良性竞争，缓解电力供需不平衡矛盾，英国制定了英国交易输电协议（BETTA），并依此协议建立了统一的交易、平衡和结算系统，统一了输电定价方法和电网使用权合同。通过改革，消除了电力跨大区输送和销售障碍，电力市场更加开放，市场范围逐步扩大。2011 年，英国能源部正式发布了《电力市场化改革白皮书（2011）》，开始了第四轮电力市场改革，这一轮改革的主要目标是促进低碳电力发展和可再生能源的发展。2013 年，英国政府公布了《电力市场改革法案》，为了最大限度地降低用户电费成本、促进低碳电力的投资，同时提高供电可靠性，该法案将差价合约和容量市场引入电力市场，以减少发企业面临长期电价波动风险。英国电力市场化改革历程如图 2-8 所示。

英国在电力市场改革过程中，将发电业务、输电业务、配电业务统一经营的中央电力局（CEGB）改革分解成三个部分：发电业务部分，组建了国家电力公司（NP）、国家电能公司（PG）、国家核电公司（NE）三个独立经营的发电公司，与此同时在市场中，还存在一些独立的私人发电企业（IP）。输电业务部分，组建了国家电网公司（NGC），主要管理和经营输电业务。1995 年，NGC 与一家天然气公司合并，改名为国家电网天然气公司，主要经营英国与美国的电力和天然气输送业务。在分解电力垂直一体化业务的同时，组建了电力联合运营中心，这是一个电力交易机构，由国家电网公司负责运行。配电业务部分，重新组建了 12 家完全私有化的地区电力公司（REC），负责配电业务和售电业务。在部分地区，一些电力公司还有自己的发电企业。经过前 3 次改革，

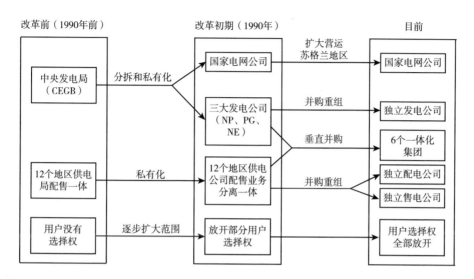

图 2 - 8　英国电力产业改革过程

资料来源：笔者绘制。

英国电力供应商所提供的服务内容和收费机制日渐一致，电力市场尤其是电力零售市场的自由化以及竞争的发展程度已趋于平缓（邢连中，1999；王家伟，2004；康佳宁等，2016；张俊勇和张玉梅，2018）。

按照产业组织理论，不同市场结构下，电价的定价方式会不同。例如，垂直一体化的电力市场结构中，电力商品通常采取平均成本定价，以保障电力企业能够弥补成本。在发电侧、售电侧，通过市场放开和引入竞争机制，可以依据边际成本定价；在输电和配电环节，仍然实行政府价格管制，并依据平均成本定价。不同的市场结构中市场主体性质会发生变化，电力普遍服务与电价交叉补贴承担主体会不同。例如垂直一体化的电力市场结构中，处于垄断地位的电力企业承担普遍服务并承担交叉补贴处理义务，应责无旁贷；而在竞争市场中，发电企业与售电企业的定价趋向边际成本，其承担普遍服务与处置交叉补贴义务应减少，采用平均成本定价的电网企业应成为承担普遍服务与处置电价交叉补贴义务的主要市场主体。与此同时，在补偿普遍服务与处置交叉补贴所产生的成本时，不同市场结构的补偿方式应不同，垂直一体化市场中，由垄断企业采用成本内部化或内部转移的方式富有效率；而在竞争市场与垄断市场并存的双轨市场中，普遍服务与交叉补贴成本采用成本外部化的方式处理会更有效。

目前，我国电力市场正在进行新一轮电力体制改革，市场结构变化也影响电价定价机制及交叉补贴处理问题，本书将在第 3 章进行详细分析。

2.4 信息经济学理论

1. 信息不对称

政府定价的基本原则是使价格水平等于成本，如果能够明确界定用户成本，最优定价就可能实现。然而事实上，同电价制定与设计中经常面临供电成本难以准确确定的问题一样，由于成千上万的用户有不同的技术条件和使用方式，很难准确确定每个用户的真实用电成本，故最优定价需要新的理论解释与指导。在成本信息方面，生产者与消费者存在信息不对称，比如对于影响成本的关键因素（如负荷特性），只有用户才清楚自己的用电负荷特性及其变化。在电力市场监管方面，政府也很难了解电网企业真实的输配电成本及其承担普遍服务的成本与电价交叉补贴的收支状态，因而需要有某种监管机制与价格机制来减少因信息不对称而导致的公共产品定价严重偏离成本的现象。

2. 信息成本

信息成本是指企业或监管机构获得用户信息所支付的代价。例如从技术的角度来看，企业或政府知道每个用户的负荷特性是可能的，但要付出巨大的管理和技术成本。政府或企业对用户信息知道得越少，就越需要引入可选择定价。可选择办法解决了政府管制中信息不足的弱点和政策难点，可以认为是一种高级的电价制度。相对应，政府或监管机构在获取电力企业（发电企业、电网企业）的经营信息方面也存在困难，需要支付代价。电力企业的经营信息是可以分类的，有些是可以准确了解的，有些是难以确定的。例如，在电价交叉补贴电网企业成本内部化的处理机制之下，政府有关部门难以知道电价交叉补贴的收支情况，从而可能产生电网企业寻租行为。如果将电价交叉补贴作为电网企业的外部成本，根据居民用电、农业用电等用户的需求（需求端），则可以明确通过输配电价回收的交叉补贴规模。因此在政府定价过程中，政府需要先对影响电价的成本属性进行分类，并界定其属性，以减少获取信息的成本支出。

3. 信息租金

政府的定价原则是实际价格等于边际成本或者平均成本，当实际价格等于或大于边际成本或平均成本时，意味着电网企业利用其信息优势获得了更多的收益，两者差额可以认为是政府支付给电网企业单位电量的信息租金。当这种成本大于获得信息后产生收益时，不获得信息是最优的，拥有信息的一方因此获得的收益就是信息租金。同样地，当政府不知道电价交叉补贴的收支平衡信息时，电网企业利用自身经营优势，收取超过其履行普遍服务的成本及支付给居民等用户的补贴之和的收入，这种超额收入也是一种信息租金。

4. 信息效率

电价政策有效执行所要求信息量多少的问题，即电价的信息成本问题，信息量要求越少，信息效率越高。相对应地，对于电价交叉补贴，如果建立"明收明补"机制，显然比"暗收暗补"机制需要的信息少，从而可以提高市场管理效率。如果将电价交叉补贴作为工商用户需要承担的公共社会责任，并按照可变成本的方式进行分摊，显然也可以减少信息需求量，从而解决目前市场中存在的利益冲突与矛盾，如自备电厂、区域电网是否需要承担交叉补贴责任等问题。

2.5　机制设计理论

20 世纪 60 年代，经济学家里奥尼德·赫维茨提出了机制设计理论。在自由选择、自愿交换的条件下，市场主体分散化决策，通过设计一个合理制度或规则，使得经济活动参与者的利益和机制设计者设定的目标趋向一致。对电力体制改革来说，就是要建立一种合理的机制，使得电力市场在保障民生与促进经济社会发展方面更富有效率。本书的目标最终也是通过设计某种电价机制,妥善处理目前我国电价交叉补贴日趋严重的问题,实现公平、效率、绿色发展的公共政策目标。机制设计理论主要包括参与约束、激励相容约束、信息甄别等内容,下面结合电力市场和电价交叉补贴问题,开展初步讨论。

1. 参与约束

电力用户等市场主体参与约束,是指用户等市场主体参与选择电价政策的效用必须不小于不参与选择电价政策的最大期望效用。对于电价交叉补贴处理问题,如果电价政策有利于增加企业效用,则这种政策是适宜的,企业会积极选择参与并执行政策。相反的案例是,目前我国对于自备电厂需要承担的电价交叉补贴责任,有些省区市明显低于大电网(国家电网、南方电网)的工商业用户,如2021年2月1日内蒙古自治区发展和改革委员会、内蒙古自治区工业和信息化厅下发了内发改价费字〔2021〕115号文件,自2021年2月10日起,按自发自用电量的规模,自备电厂缴纳政策性电价交叉补贴,蒙西电网征收标准为每度电0.01元、蒙东电网征收标准为每度电0.02元(含税);除此之外,山东、上海、福建、吉林和四川五省市也分别出台相关办法确定了自备电厂需要缴纳的交叉补贴标准,其收取标准分别为每千瓦时0.1016元、0.103元、0.1012元、0.15元、0.015元。根据数据可以看出,各省区市对于自备电厂承担的交叉补贴责任的标准存在很大差别。自备电厂承担电价交叉补贴责任过低,显然会损伤大电网工商业用户的积极性;过高,自备电厂的利益受损。因此在电价交叉补贴处理的制度设计上,需要体现公平分摊、共同担责的原则。

2. 激励相容约束

激励相容是赫尔维茨于1972年提出的一个核心概念。激励相容约束是指用户选择政府或电网企业所希望的行为时的期望效用,不小于用户采取其他可能选择行为的期望效用。以负荷率电价为例,均衡结果所表现出来的结果是:用户会根据自己真实的负荷率或者未来的负荷率选择相应电价,这个电价将使其支付的电费最小。与此同时,政府或电网企业也会因为提高了系统负荷率而获得降低备用容量等收益,从而产生双赢的结果。对于电价交叉补贴处理的机制设计，也应增加电网企业、工商用户、居民、农业用电等多方效用，并能促进节能减排和绿色发展。本书认为，总体上提升社会福利效应的电价机制与电价交叉补贴处理机制，会体现激励相容。需要说明的是，福利效应是一种价值判断，而非绝对收益。例如，通过非线性递增式阶梯电价，会增加部分用户的电费支出，但通过促使其合理节能，增加的社会环境效用，这部分用户也是受益者。

3. 信息甄别或显示原理

为了解决因不能充分获得信息而容易造成的逆向选择问题，企业往往需要对用户信息进行甄别。在实际经营中，电网企业难以知道每个用户的用电特性及具体类型，但可以知道全部用户类型的分布状态及其相关类型用户的用电特性。在市场博弈过程中，电网企业的经营行为具有先动优势。这样一来，电网企业可以根据用户的类型分布状态及自我选择约束，设计出一组可供选择的电价政策（电价套餐），供用户选择。从自身利益最大化的目标出发，用户会根据自己类型选择相应的电价。由于不同电价对应不同的类型及用电特性，用户在选择电价时会暴露出私人信息。采用信息甄别技术可以弥补电网企业的信息劣势。

相对应地，按照信息甄别原理，政府及其电力市场监管部门也很难知道电力企业的成本及收益，但可以知道发电、供电、用电的成本类型及电力企业收益来源的类型。政府对于电力企业而言，同样具有经济活动行为先动优势。因此政府或者电价管理部门可以根据构成供电成本的类型、成本属性和自我选择约束条件，设计出一组电力商品定价机制及监管政策，供电力企业选择。电力企业往往会根据自己实际经营情况，从中选择能够使得自身利益最大化的政策。同样地，由于不同的政策对应不同的成本水平、成本类型、成本属性，电力企业在选择不同政策时，也会暴露出私人信息（成本信息）。采用信息甄别技术也可以弥补政府对电力企业成本信息了解不足的劣势。例如，发电侧采用标杆电价上网与竞价上网就是这样的一种机制设计，发电企业可以自由选择。对于发电企业，企业的收益等于电量与上网电价的乘积，选择标杆电价，但失去了通过市场竞价的电量，价格高但收益并不是最大；选择竞价上网，可能增大电量，电价低但收益可能增加。在这样的可选择制度体系中，各企业的发电成本就可以反映出来。

对于电价交叉补贴处理，也可以设计两种甚至多种政策选择或处理路径。例如：一种是按照电网企业交叉补贴成本内部化的方式处理，实施输配电价的价格上限管制；另一种是按照电网企业交叉补贴成本外部化的方式处理，输配电价与交叉补贴独立核审。前一种往往具有激励效应，电网企业可以通过提高经营效率或采用合理经营策略，实现成本节省，从而增大收益，但电价交叉补贴需要体现的普遍服务职能可能会受到损害。后一种对于电网企业不具有激励效应，但可以保障电价交叉补贴需要体现的普遍服务职能完全实现，并且易于监管和实现电价交叉补贴的退坡。当电网企业积极选择前一种政策时，说明电价交叉补贴成本核定过高，因而政府需要降低电价交叉补贴的核算标准。当在某个电价交叉补贴核定标准水平时，电网企业由前一种选择趋向后一种选择，此时的电价交叉补贴水平反映了真实成本。当然，为了实现动态调整并保障企业的积极性，需要建立电价交叉补贴平衡账户，这将在后续章节中开展详细讨论。

2.6 本章研究结论及讨论

电价交叉补贴就是电力企业（尤其是电网企业）利用在盈利领域的收益来弥补在非盈利领域的亏损，以承担普遍服务职能和实现政府公共政策目标，这与一般垄断企业以驱逐竞争对手为目的的交叉补贴不同。电价交叉补贴是电价政策导致的补贴问题，它与多个概念有关。

1. 电价交叉补贴的显著特征是电价背离供电成本

交叉补贴定价的显著特征是产品或服务的价格水平背离其供给成本。交叉补贴定价策略或政策显然是一种短期行为，缺少长期经济规律的支撑。对于成本的定义不同，导致对交叉补贴的认知不同。对供电成本的界定，存在平均成本定价、边际成本、增量成本、独立成本的视角。即便采用相同定价方法，但按照不同成本概念定义的交叉补贴标准来计量，会得到截然不同的结论。对于电价交叉补贴测量，应使用边际成本与平均成本概念，不宜使用增量成本与独立成本概念。按照电价交叉补贴的特性，本书对电价交叉补贴的定义为：政府为实现电价公共政策目标，采用价格歧视的定价方式，低用电成本用户定高价，高用电成本用户定低价，并通过高价用户市场的收益来弥补低价用户市场的成本补偿不足，以及通过电价政策调整方式来平衡用户间的利益。

2. 电价交叉补贴与多个经济概念关联

本质上，包含交叉补贴的电价定价机制是一种价格歧视定价方式，都是针对不同的用户类别采取高低不同的价格，包含交叉补贴的电价政策同时具有二级价格歧视、三级价格歧视的定价特征。一般的垄断企业实行价格歧视的目的是追求更高利润，但在政府主导下的电价交叉补贴政策是为了实现公共政策目标，保障居民用电以及平衡高价格、低价格两个市场的成本。

从全球来看，大多数国家或地区不同程度地开展了电力普遍服务，在价格可以接受的情况下，要向所有用户或消费者提供最基本的供电服务，以保障公民权益。电价交叉补贴是我国实现电力普遍服务促进经济社会协调发展和帮助贫困人们脱困的有效手段和重要惠民政策。在制度设计上，垂直一体化的产业模式导致电价交叉补贴与普遍服务政策，在比较长的时间内表现为电力企业内部的经营管理行为，而非政府职能。

销售电价是终端消费价格，影响电力供需关系及电力消费规模。销售电价需要充分反映供电成本，真实反映电力商品价值，准确体现电力供求关系，并发挥电价对电力稀缺资源的配置作用。由于不同用户用电特性不同，供用电成本不同，销售电价通常实施分类定价，我国长期按照用途和行业实施分类销售电价，并依据产业政策进行电价调整，而不是根据供电成本的变化进行调整。近十几年来工商业电价只升不降，而居民电价、农业电价维持在原来水平，电价扭曲严重，交叉补贴问题越来越严重。一些发达国家，通常按照电压等级、负荷率、用电时间等用电特性和负荷特性分类，如法国的颜色电价。

输配电环节具有自然垄断属性。新一轮电力体制改革，将"准许成本加合理收益"作为输配电价定价的基本原则。输配电价定价实际上是一种成本加成的电价形成机制。输配电成本需要按照电压等级从高到低逐级传导并分摊，电压等级越高，成本越低，电价应越低；受压等级越低，电价应越高，如果高电压等级与低电压等级用户电价出现倒挂，使得高电压等级用电的电价水平正向偏离其供电成本，低电压等级用电的电价水平负向偏离其供电成本，就容易产生电价交叉补贴。

上网电价是指发电企业与电网企业间结算的度电价格，为电网企业的购电成本。垂直一体化的电力体制中，电力部门通过成本内部化或收益转移的方式来平衡发电成本的差异，并以平均电价核算购电成本，制定销售电价，消化普遍服务成本和交叉补贴成本。电力市场化阶段，上网电价对普遍服务与交叉补贴的影响很小，但自备电厂游离于制度之外。双轨市场中，市场化市场的上网电量的电价对交叉补贴影响甚微，但对于管制市场，电网企业承担社会保底义务，上网电价构成了其购电成本，对交叉补贴收支及处理仍然产生较大影响。

管制定价的理论依据是成本定价原理，主要有依据传统会计成本定价、依据供电边际成本定价、采用具有激励机制和激励效应的管制定价三种方法。管制定价需要兼顾效率目标与公平目标。电价等于边际成本时，社会福利最大化，最有效率。公平目标则强调电力价格既要体现成本又要考虑用户尤其是广大居民对价格的承受能力，电价交叉补贴政策就是源于政府对电价公平性的考虑。成本加收益的定价方式，注重的是效率目标；电价交叉补贴通过输配电价回收，体现的是公平目标。

各国促进电力市场化的主要措施就是依据供求关系实施电价市场化定价，使得电力生产与电力消费资源配置更有效率。但是电力行业具有发、供、需一体化的生产经营特点，这决定了电力体制改革路径只是从管制定价机制转变到市场定价与管制定价双重定价阶段，而不是市场定价完全取代管制定价。电价交叉补贴与电力普遍服务均是社会公共义务，因而需要由市场定价与管制定价的交易主体共同分摊或承担。

3. 帕累托、公共定价、机制设计等是分析和处理交叉补贴的理论工具

福利经济学是一种社会价值判断标准。妥善处理交叉补贴的目的是建立成本清晰的电价机制，使电价对电力资源的有效配置产生积极或决定性作用。电价交叉补贴政策下，居民、农业用电用户享受补贴，价格较低，用电量增加，

消费者剩余增加；工商企业用户需要承担补贴，价格偏离成本，电价偏高，用电量减少，消费者剩余减少。如果电网企业将电价交叉补贴作为经营收入，那么当归集大于支出时，会增加生产者剩余，出现寻租效应；当归集少于支出时，生产者剩余减少。电价交叉补贴对于工商业用户来讲，是一种无差别的公共政策成本。从本质上分析，电价交叉补贴对于电力企业，并非一种生产成本。因此公平合理的政策是将电价交叉补贴独立于电网企业经营之外，从供电成本中分离，独立成项，单独处理。

电价交叉补贴政策不能实现帕累托最优，因为居民、农业用电用户消费者剩余增加是以牺牲工商企业用户消费者剩余为代价实现的。因此，需要通过帕累托改进来逐步实现电力资源配置的优化。非线性递增式阶梯电价政策是一种寻求社会福利改进的途径或方式。

电力商品定价需要遵循公共产品成本定价原则，但其公共产品属性又需要兼顾公平与效率两个目标。是追求社会福利最大化，还是突出电力工业发展、保障民生等公共政策目标，需要根据各地区、各时期的经济社会发展状态来确定，不同目标下选择定价基准的成本参考属性可能不同。其中，成本标准存在多种选择，可以分为平均成本、边际成本、社会成本定价及其两部次优定价。现阶段，从政府定价向市场化定价的转型，对于电价交叉补贴的测算与处理，应先以平均成本作为基础，以增加社会福利作为改革目标。

供电成本通常包括归属成本和联合成本两种属性。电量、业扩等完全可归属成本，面窄量少；输配电成本等联合成本，面宽量大。按照成本归属原则，合理界定联合成本分摊对象，是电力商品按照成本定价与计量电价交叉补贴的关键问题。联合成本分摊需要根据联合成本产生的先后次序依次进行，即：不同类型产品或服务之间分摊在前，不同类型用户间的成本分摊在后。具体方法主要有：按照产出分摊成本、按照收入分摊成本、按照成本归属分摊等。对于输配电成本（准许收入）分摊，先按照电压等级及负荷特性分摊，再按照用途分摊。电价交叉补贴作为公共政策成本，可以按照产出（电量）分摊。

不同产业组织形式和市场结构下，电价的定价方式不同，电力普遍服务与电价交叉补贴承担主体和处理方式不同。垂直一体化市场结构中，通常采取平均成本定价，以保障电力企业能够弥补成本，处于垄断地位的电力企业是承担电力普遍服务和电价交叉补贴的责任主体，采用成本内部化或内部转移方式处理交叉补贴，富有效率；市场放开和引入竞争机制下，可依据边际成本定价，发电企业与售电企业承担电力普遍服务与处置交叉补贴义务应减少；输电和配电环节实行政府价格管制，依据平均成本定价，电网企业是承担电力普遍服务与处置电价交叉补贴义务的主要市场主体；在竞争市场与垄断市场并存的双轨市场中，电力普遍服务与电价交叉补贴成本采用成本外部化的方式处理会更有效。

在电力商品定价和交叉补贴处理过程中，市场主体间存在信息不对称，降低了管理效率。对于电价交叉补贴处理问题，"明收明补"比"暗收暗补"机制需要的信息少，成本低，可以提高管理效率。对于电力商品定价机制设计，总体上需要通过妥善处理电价交叉补贴，提升社会福利效应，并实现市场主体的激励相容。采用可选择电价定价机制及可选择电价政策，可以甄别用户信息和电力企业经营信息，减少信息成本和信息租金。

第3章 交叉补贴类型及其产生原因分析

3.1 国外电价交叉补贴类型及其产生原因分析

2005年国际能源署（IEA）与经济合作与发展组织（OECD）（2005）的报告显示，相对发达的国家，居民电价往往高于工业电价，如OECD居民电价与工业电价之比为1.7∶1。目前，电价交叉补贴现象比较严重的国家主要有印度、中国和俄罗斯等（刘自敏和李兴，2018），这些国家的居民电价低于工业电价。印度政府从2007年开始实施电价改革政策并采取相应措施以减少交叉补贴程度，至2015年9年时间内，工业用电价格增加47%，同期居民电价增长138%，后者增速是前者的近3倍。2014年，印度政府通过了电力法的电费修正案，意图取消或减少印度全境电力部门间的电价交叉补贴，并给出了减少交叉补贴的时间表。2011年俄罗斯也制定了电力价格改革政策路线图，以期减少电价交叉补贴，但改革并不顺利。

发达国家，从销售侧来看，由于采用按照负荷特性来定价，用户类别间的电价交叉补贴程度较小，但我国（发展中国家）以及全球一些经济欠发达国家或地区，不仅存在不同用户类型间（居民与工商业用户、农业用电用户与工商业用户）的电价交叉补贴，同时还存在多种其他类型（如地区间、不同电压等级间、不同负荷特性用户间等）的电价交叉补贴。具体到某个国家，各种类型电价交叉补贴的严重程度不同。

目前,一些国家或地区最普遍存在的电价交叉补贴类型是由价格歧视定价政策造成的不同用户类型间的交叉补贴,如工业用户与城乡居民用户间的交叉补贴。尽管不同国家或地区对于电力用户分类在形式上存在差异,但绝大多数是采用按照用途分类的标准,一般将电力用户分为工业生产用电、居民住宅及生活用电、商业经营用电、农业生产用电等。有些国家或地区还将某一大类电力用户,区分为几个小类,如我国将工业用电分为大工业用电、普通工业用电、高能耗企业用电、照顾工业用电等。从第2章的理论分析可以看出,用户的受电电压等级、用电负荷特性是影响供用电成本的关键参数,从理论上分析,工业、商业等用电成本电压等级高、负荷率高、用电量大等,按照成本传导原理,工商业用户供电成本应低于城乡居民用电、农业用电等用户。但实际上,一些国家和地区出于公共政策目标或保障社会公平的目的,会充分考虑城乡居民对电价的承受能力,通常执行居民电价水平低于工商电价水平的政策,从而产生用户类型间的电价交叉补贴。下面以印度(具体情况见表3-1)、南非(如图3-1所示)的电价政策为例,予以说明。

表3-1   印度三大配电公司运营区域的电价交叉补贴   单位:亿卢比

用户类型	TDDPL 公司	BRPL 公司	BYPL 公司
工业用电	414	95	53
商业用电	432	786	531
农业用电	-4	-6	—
城乡居民用电	-365	-984	-596

资料来源:PwC2016年报告分析。

表3-1显示,印度 TDDPL、BRPL、BYPL 三大配电公司执行的电价政策中,电价交叉补贴的供给方(即交叉补贴主要承担者)是工商电力用户,需求方或被补贴方是居民用户和农业生产用电用户,其中工商用户对居民的交叉补贴程度非常严重,农业用电的交叉补贴程度相对较小。在三大配电公司间,电价交叉补贴程度存在一些差异,BRPL 公司、BYPL 公司供电地区中,商业用户对居民的交叉补贴程度最高,工业用户承担的交叉补贴责任相对较少,其中BRPL 公司供电地区的电价交叉补贴现象更为严重;TDDPL 公司供电地区的工业、商业用户差不多平均分摊了居民用户的电价交叉补贴。印度三大配电公司

各类用户间的交叉补贴程度存在差异，说明印度各供电区内经济发展并不平衡、电力需求结构存在差异。

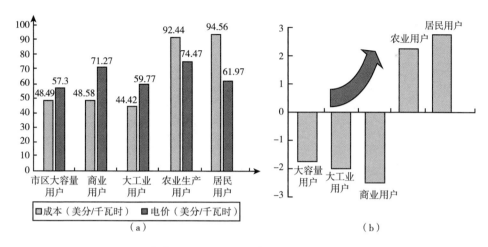

图 3 - 1　南非国家电力公司用户供电成本及电价交叉补贴

资料来源：2016 年 Eskom 公司官网。

　　图 3 - 1（a）显示，南非电力市场中大工业用户、商业用户、市区大容量用户的电价水平高于供电成本，是电价交叉补贴的供给方，居民用户、农业生产用户的电价水平低于其供电成本，是电价交叉补贴的需求方。图 3 - 1（b）中，商业用户承担电价交叉补贴的责任要大于大工业用户与市区大容量用户；对居民用户的交叉补贴程度要高于农业生产用户。

　　相同类别不同用电规模（用电电量）之间的补贴是二级价格歧视的定价方式。相同用户类别，如果消费电量不同，用电量更高的用户支付更高的电价，以补贴低消费量用户，如孟加拉国居民补贴，这种定价方式类似我国的非线性递增式阶梯电价定价方式。一些研究机构为了表述这种电价交叉补贴状态，将用电规模区分不同档次，如：采用递增分档法，0～50 单位为一档、50～100 为一档、100～300 为一档等，通常用电量越大，电价水平越高。采用这种电价交叉补贴政策，其目标是在电力资源匮乏的情况下，通过电价机制调整电力资源配置，以抑制电力高消耗，保障用电权的公平合理。

　　图 3 - 2 中列出了孟加拉国城镇居民供电成本及不同用电量档次的电价水平。城镇居民用电低于 100 千瓦时，其供电成本为 3.8 塔卡/千瓦时，平均电价

水平为 2.6 塔卡/千瓦时，电价水平低于供电成本，居民享受电价交叉补贴为 1.2 塔卡/千瓦时，交叉补贴程度为 32%。然而居民用电量高于 600 千瓦时，电价水平高于供电成本，用户需要支付电价交叉补贴。[①] 产生这种交叉补贴的原因，主要是孟加拉国电力供应紧张，政府倡导电力消费公平，政府根据用电量水平确定电价水平，以抑制过度需求。据孟加拉国电力开发委员会（PDB）介绍，2017 年孟加拉国电力装机容量为 11059 兆瓦，2021 年电力装机容量有望达 24000 兆瓦。孟加拉国人口已达 1.6 亿多，全国电力供应覆盖率只有 90%，人均用电水平低于其他发展中国家。如图 3-2 所示，为孟加拉国居民电价补贴状况。

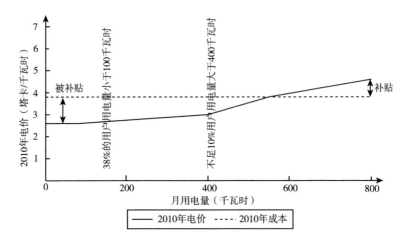

图 3-2　孟加拉国居民电价补贴状况

资料来源：吴永飞. 销售电价交叉补贴的计量及解决机制 [D]. 长沙：长沙理工大学，2019.

　　各国所处的地理位置不同或用户所在的区域不同，导致不同区域的供电成本存在差异。但政府定价过程中，各地区的电价水平不能差异太大，这样就导致了不同地区间的交叉补贴。例如：丘陵地区相对于平原地区、农村相对于城市等，前者用电密度相对较低，人均用电量也会降低；而且随着用电密度的增加，城市和平原地区的用户单位电量的供电成本显著低于丘陵与农村，当电价水平差异不大时，就产生了地区间的交叉补贴。例如，印度的中央邦、旁遮普等地区比其他地区交叉补贴程度要轻。

---

①　吴永飞. 销售电价交叉补贴的计量及解决机制 [D]. 长沙：长沙理工大学，2019.

3.2　我国电价交叉补贴类型及其关系

3.2.1　我国电价交叉补贴类型[*]

电价结构是否合理的判断标准是，不同类型用户的电价水平是否合理反映供电成本。如果某类或某个用户的电价水平高于供电成本，需要支出额外费用；或者某类或某个用户电价水平低于供电成本，并由其他用户承担一部分供电成本，这两种情况均导致"电价交叉补贴"。从具体现象来看，就是供电成本较低的用户执行高电价，供电成本较高的用户却执行相对低的电价。我国电力工业在自身发展过程中需要同时承担电力普遍服务、保民生、保障经济社会健康发展等多重公共政策目标任务，而且销售电价的价格形成机制还没有回归按照供电成本定价的轨道，仍根据用途行业分类以及各类用户历史电价水平、新增费，采用行政定价方式，从而导致我国现行电价体系中，产生了多种类型、多种渠道的电价交叉补贴（刘思强等，2015）。目前我国电价交叉补贴主要有四种类型，四种类型之间又呈现出两种关系（刘思强，2015；叶泽等，2017）。

1. 不同类型用户之间的电价交叉补贴

我国销售电价传统上是按照用途、行业来定价的。1975 年原水利电力部颁发了《电、热价格》通知，将电价分为照明电价、非工业电价、普通工业电价、大工业电价、农业生产电价、趸售电价、省区市电网间互供电价七类电价，1975 年的电价分类体系沿用了几十年。2013 年我国启动根据用户用电负荷特性定价的价格机制及建立销售电价与上网电价联动机制，国家发展和改革委员推出了销售电价分类改革政策和措施，其中主要是将原来销售目录电价的七种用户分类体系，归并为居民生活用电、农业生产用电、工商业及其他用电三类，

---

　　[*] 部分论述参见：刘思强，姚军，叶泽. 我国销售电价交叉补贴方式及改革措施——基于上海市电力户控数据的实证分析 [J]. 价格理论与实践，2015（8）：26 – 28.

但目前在一些省区市还存在趸售电价及对工商业电价实施细分的用户分类形式。由于工商业用电尤其是大工业，通常是高电压等级和规模化用电，其供电成本低于处于消费末端且分散用电的居民用户，也低于距离较远且是小规模的农业用电。然而在管制定价下，工商业电价高于居民电价和农业用电电价，电价水平超过其供电成本。相反，供电成本较高的居民用电和农业用电电价水平低，低于其供电成本，这样就导致了不同类型用户间的电价交叉补贴。工商业用户补贴居民用电和农业用电，是我国最主要的电价交叉补贴类型，也是补贴规模最大、问题最严重的交叉补贴类型（刘思强等，2015）。我国将工商业用电又细分为普通工业用电、大工业用电、商业用电，这种按照用途的电价分类体系中，销售电价长期实施差别电价政策，即价格歧视政策，同一用电特性的用户执行的销售电价水平不同，如相同电压等级的普通工业、大工业用户电价不同，这使得同类用户承担电价交叉补贴责任并不均等，显得更不公平。在实施电价分类改革后，这种不同类型用户间的电价交叉补贴所产生的矛盾，有所缓和。

2. 不同电压等级用户之间的电价交叉补贴

电压等级分为电力传输的电压等级与用户接入电压等级。不同电压等级的输配电成本与电力在高压—中压—低压的电网中传输途径与距离紧密关联，用户应分摊的输配电成本也跟其接入的电压序列所处位置有关。通常高压接入，需要分摊输配电成本相对少；低压接入，需要分摊的成本多。按照第2章的成本分摊原则，电网电压等级序列及用户接入电压等级所处位置决定了其应分摊的输配电成本（容量成本）的大小。

我国电力传输的电压等级序列主要有800千伏、500千伏、220千伏、110千伏、35千伏、20千伏及低于1千伏等。对于输电电压等级的划分，国际上有交流、直流两种划分方式。国际上对于交流输电系统，其输电定压等级划分为：35~220千伏为高压、330~750（765）千伏为超高压、1000千伏为特高压。对于直流输电系统，一般把±500千伏称为高压直流输电系统。目前，我国电网绝大多数采用交流方式输送电力，110千伏及220千伏为高压电网，330千伏、500千伏和750千伏为超高压电网，1000千伏交流电压等级和±800千伏直流电压等级称为特高压电网。在同一个电网中，由于用户的用电特性不同，各地区的负荷特性也存在差异，通常需要采用不同电压等级电网进行组合来完成电力输送和配电，组合电网的不同电压等级就构成了该电网的电压等级序列。目前，我国西北电网的电压等级序列为 750 千伏—330 千伏—110 千伏—35 千伏—10 千伏—0.38 千伏，以及 220 千伏—110 千伏—35 千伏—10 千伏—0.38 千伏；其他地区大部分电网的电压等级序列是 500 千伏—220 千伏—110 千伏—35 千伏—10 千伏—0.38 千伏。我国电力输送方式是，电能首先通过高压输送到负荷中心，其次经高压变电站，降压到 10 千伏，再次由 10 千伏配电线路，输送到各地区的配电变压器，最后降为 0.38 千伏，接入用户端。另外，在电力输配传输过程中，又存在输电电压等级与配电电压等级的划分方式，例如我国城市工业园区电网的电压等级的划分标准为：0.4 千伏及以下为低压配电，20 千伏、10 千伏为中压配电，110 千伏、35 千伏为高压配电；对于输电线路，220 千伏、330 千伏、500 千伏为输电高压。不同电压等级，电力容量和输送电力的距离不同，高压电网容量大，低压电网容量小；电压等级越高，输送距离越远。例如，220 千伏线路输送距离为 200 ~ 300 千米，可输送功率为 200 ~ 250 兆瓦；110 千伏线路输送距离为 100 千米左右，可输送功率为 30 ~ 60 兆瓦；5 千伏输送距离为 50 千米左右，一般输送功率为 10 ~ 20 兆瓦；330 千伏输送距离为 200 ~ 600 千米、500 千伏输送距离为 150 ~ 850 千米。我国高中压配网均为辐射结构，没有形成环网，而发达国家的城市电网由于构建了配电网（中压）多向互联的环网，因而具有变电层次少、供电可靠性高的特征。例如，法国巴黎的电网由 3 个 20 千伏、1 个 225 千伏和 1 个 400 千伏三种电压等级的环网共同构成，环网结构对用电需求的适应性更强。

我国大部分省区市的用户接入电压等级序列是：220 千伏、110 千伏、35 千伏、20 千伏、10 千伏、1 ~ 10 千伏/低于 1 千伏。目前，我国销售电价与输配电价水平，是按照用户接入的电压等级的应分摊的输配电成本（主要是容量成本），加上用户所在地区的电量电价（通常是购电成本）的价格形成机制来定价的。低电压等级用户除了分摊本级受电电压等级的容量成本外，还需要分摊上游多梯级高压电网的输配电容量成本，因而低压用户的供电成本高。例如，居民用电为分散状态，处于电压序列的末端，配电设施投入高，因而供电成本高；而大工业用户可以从高电压等级接入，上级分摊成本低，而且本级投入相对较少，成本也相对较低，因而供电成本低。当不同电压等级接入的用户电价背离其所处电压等级序列的供电成本时，就产生了不同电压等级用户之间的电价交叉补贴。通常情况是，高电压等级的电价高于其供电成本，低电压等级低于或略高于其供电成本。例如，一大工业用户接入电压为 220 千伏，该电压等级的电价为 0.68 元/千瓦时，其供电成本为 0.58 元/千瓦时，则承担电价交叉补贴的责任为 0.10 元/千瓦时；另一大工业用户接入电压为 110 千伏，该电压等级的电价为 0.70 元/千瓦时，其供电成本为 0.63 元/千瓦时，承担电价交叉补贴的责任为 0.07 元/千瓦时。如果全社会工业电价需要承担电价交叉补贴的责任为 0.08 元/千瓦时，那么 110 千伏的用户并未完全履责，其一部分电价交叉补贴的责任是由 220 千伏用户来承担的，这就形成了 220 千伏用户对 110 千伏用户的交叉补贴。

3. 同一电压等级不同负荷特性用户之间的电价交叉补贴

从上面的分析来看，用户接入电压等级对供电成本影响很大，为体现用户特性，各国主要按照用户的接入电压等级来定价，并遵循同压同类用户相同的电价水平的定价原则。我国的销售电价及输配电价也是采取的这种定价机制。但按照电价等级定价的机制，并不精细，还没有完全体现用户的用电特性。用户的负荷率是另一种用电特性，这个特性与用户用电行为有关，多个（多群）用户的负荷率最终反映为电力系统负荷率。电力系统负荷率的高低主要影响电网的容量备用，用户负荷率升高，系统同时率降低，系统峰荷下移，电网企业准备的设备备用变少，即可以减少投资，节省固定成本。通常情况是，系统负荷率越高，备用用量越低，需要投入越少，因而度电供电成本越低。相反，系统负荷率越低，备用用量越高，需要投入越多，因而度电供电成本越高。为了说明这个问题，下面列举两个极端的例子。负荷率与同时率存在一种极端的情况：例如电铃（2000 瓦），其负荷率接近于零，但分散率（与同时率呈倒数关系）非常高，同时率非常低，为零。再如计算机房的空调（2000 瓦），满负荷 24 小时连续生产，负荷率和同时率均为 1。在第一个例子中，为保障电力系统安全，电力系统需要为电铃准备 2000 瓦的备用容量，以备电铃瞬间用电，但电铃用电量少，计算机房的空调用电量大。如果电铃用电与计算机房的空调的电价相同，即 4000 瓦的容量成本由空调用户与电铃用户均摊，那么由电铃产生的备用容量成本将大部分由计算机房的空调用户承担，换言之，根据成本归属原理，本应由电铃分摊的固定成本却由空调用户分摊，这种违背成本归属原理的不合理分摊，就会产生同一电压等级不同负荷特性用户之间的电价交叉补贴。

供电成本与用户的负荷特性紧密关联，通常是负荷率越高，供电成本越低，如果电价定价不考虑用户用电负荷率差异，相同电压等级同类用户执行相同水平的电价，就会产生高负荷率用户补贴低负荷率用户的电价交叉补贴问题。另一种情况是，在实际定价过程中，大多数省市对于工商业用户，尤其是大工业用户采用最大需量、变压器容量来确定基本电价，实施两部制定价方式，由于传统的两部制定价只考虑了用电对峰荷的影响，而没有考虑同时率，这将使得低负荷率用户被执行较高的容量电价，从而产生低负荷率用户因执行电价水平过高而补贴高负荷率用户的情况。无论是高负荷率用户补贴低负荷率用户，还是低负荷率用户补贴高负荷率用户，均是不合理、不公平的交叉补贴形式。这类交叉补贴可以通过制定负荷率电价来消除或减少其交叉补贴程度，关于这个问题，本书将在后续内容中开展详细分析。

4. 相同电压等级相同负荷特性相同类型不同地区用户间的电价交叉补贴

不同区域或地理位置不同的用户由于其用电密度不同，输配电设备投入不同。例如，山区比城市投入成本要高，因而按照成本归属原理，用电密度低的地区，单位用电量应分摊的固定成本高，用电密度高的地区，单位用电量应分摊的固定成本低，而且低密度区域，由于用户分散，电力传输路径长，线损高，可变成本也高。如果相同电压等级相同负荷特性相同类型用户，处于不同区域或地理位置不同，但电价水平相同，就会产生电价交叉补贴。

目前我国绝大多数省区市各为独立电价区，省区市内同压同类用户执行相同的销售电价。各省区市、各地区间存在的电价交叉补贴形式有两种：一是一些省区市在独立价区内，执行统一电价，现实中会产生供电成本高的地区（如山区、农村等）执行统一的电价水平时实际电价水平相对较低，而供电成本低的地区（如平原、城镇等）执行统一的电价水平时实际电价水平相对较高，从而导致不同地区间用户的电价交叉补贴；二是部分省区市在独立价区内不同地区执行不同的电价，出于对各地区用户承受力的考虑，通常是针对经济发达地区用户，执行相对较高的电价水平，而针对经济欠发达地区的用户，执行相对较低的电价水平，从而导致前者补贴后者。

5. 其他交叉补贴类型

除了上述的四种情况使得电价水平与供电成本、用电成本背离，从而导致电价交叉补贴的类型外，还有两种常见的电价水平与供用电成本背离的情况。

一是用户在高峰、低谷用电等不同时段用电导致的电价交叉补贴类型。高峰时段，系统负荷攀升，电网企业需要投入较大备用容量以解决可能导致的用电堵塞问题，保障系统安全和保证供电可靠性，而这些固定投入是需要通过电价传导方式，由用户分摊（刘思强等，2016）。用户高峰用电越多，系统负荷越高，投入成本越大，按照成本归属原理，高峰用电的用户应分摊的成本应高于低谷用电用户。如果电价体系对高峰、低谷用电行为没有区分，那么本应由高峰用电用户产生的额外投入（固定成本）将由高峰用户与低谷用户分摊，这就造成了低谷用电用户对高峰用电用户的交叉补贴。对于这个问题，实施分时电价和季节性分时电价，即高峰电价高、低谷电价低的分时电价政策（刘思强和叶泽，2014）可以缓解或减少此类电价交叉补贴。

二是用户在丰水、枯水季节用电导致的电价交叉补贴类型。在我国，水电电量价格比火电价格相对要低，电量电价构成了销售电价的可变成本项。用户在丰水季节用电，可变成本低，在枯水季节用电，可变成本高。如果销售电价并未区分季节性用电行为，电网企业按照成本内部化方式经营，并执行全年统一电价，就会出现在丰水季节用电量大的用户补贴枯水季节或平常季节用电较多的用户。对于这类交叉补贴，可以采用丰枯季节性电价政策来减少或缓解交叉补贴程度。

3.2.2 我国主要电价交叉补贴类型之间的关系*

从上述分析来看，不同类型交叉补贴是由不同原因造成的，但不同类型的

---

* 部分论述参见：叶泽，吴永飞，李成仁，等. 我国销售电价交叉补贴的关键问题及解决办法［J］.价格理论与实践，2017（4）：20-24.

交叉补贴并不是孤立或独自产生，也不是一种叠加式或累进式的关系。不同类型的交叉补贴之间主要表现为一种交叉伴生的关系（叶泽等，2017）。与此同时，在我国不同省份（独立电价区），各种类型的交叉补贴主次不同，比如在居民用电量占社会用电量比例较高的省份（如湖南），不同类型用户之间的交叉补贴问题比较严重，即工业用户和商业用户对城乡居民用户的补贴程度高、补贴规模大；而另一些经济发展不平衡的省份（如福建），地区间的交叉补贴问题比较突出。下面对四种主要的电价交叉补贴类型之间的交叉伴生关系进行分析。

如图 3 - 3 所示，独立价区内不同地区，电力用户之间的交叉补贴类型与其他三种交叉补贴类型表现为一种伴生关系，即不同地区之间存在地区间的交叉补贴，各地区内又伴生其他三种交叉补贴。不同类型用户之间的交叉补贴、不同电压等级用户之间的交叉补贴、同一电压等级不同负荷特性用户之间的交叉补贴，在一个地区内表现为一种交叉关系，即这三种交叉补贴类型可能同时存在，只是交叉补贴程度不同。在各个省区市、各地区内，同时还伴生高峰低谷、丰水季节枯水季节型的电价交叉补贴，只是不同省区市由于采取的电价政策不同，各类交叉补贴的严重程度及规模不同而已。

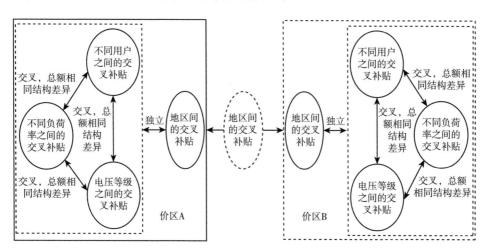

图 3 - 3　四种类型交叉补贴之间的关系示意图

资料来源：叶泽，吴永飞，李成仁，等．我国销售电价交叉补贴的关键问题及解决办法［J］．价格理论与实践，2017（4）：20 - 24.

造成交叉补贴的原因主要是行政定价方式使得电价水平背离用户供电成本或用电成本，当然也有一些电价交叉补贴是定价技术不成熟的原因造成的。电价交叉补贴政策往往具有公共政策目标导向，在处理交叉补贴的问题时，需要分主次、从属关系，也需要依据交叉补贴的层次，按照序列处理。从上面的分析可以看出，不同类型用户之间的交叉补贴是主要类型（即第一层次），补贴规模最大，各省区市、各地区均存在，处理这一类型的交叉补贴问题需要依据公共政策目标来调整电价政策。第二层次是不同电压等级用户之间的交叉补贴，这一类交叉补贴，需要从技术、政策层面处理，如先准确测量各类用户接入电压等级的固定成本，然后从政策层面调整容量电价（两部制电价）。第三层次是相同电压等级负荷特性不相同的用户之间的电价交叉补贴，这种类型的交叉补贴需要精细处理，需要采用技术层面的处理方式，如推出负荷率电价。第四种层次是不同地区用户间的电价交叉补贴，这种类型的交叉补贴的问题并非所有的省区市都突出，其可以单独处理，如通过电网企业内部成本化或成本转移的方式来处理。第五层次是高峰低谷、丰枯型的电价交叉补贴，各省区市均存在，只是问题的严重程度不同，这种类型的交叉补贴可以单独通过制定相应的电价政策（分时电价、季节性电价）来处理。

3.3 我国电价交叉补贴产生的主要原因及影响分析

从前面的分析可以看出，导致我国电价交叉补贴的原因主要是政策层面和定价技术方面的因素。政策层面，行政定价方式是产生电价交叉补贴的主要原因。不同制度安排下，产业结构不同、市场结构不同，从而电价体系及电价形成机制不同，因此在不同价格形成机制和电价结构下，处理电价交叉补贴的政策和路径应不同；其次是制度变迁过程中的路径依赖。例如，几十年来，我国各省区市目录电价表均是按照行业、用途和电压等级两个维度来编制的，一些反映用户用电特性的参数并未纳入。技术层面，我国的电价形成机制尽管体现了成本定价的基本思想，但在实际定价过程中对于成本测算与成本分摊并不科学，也不精细；电价体系，对于成本归属和成本分摊，也未清晰界定和严格执行。政策层面和定价技术方面，既影响电价交叉补贴的形成，也影响电价交叉补贴问题的处理效果。

3.3.1　电力体制改革及制度变迁对电价政策的影响

1. 我国电力工业制度变迁的基本历程

总的来说，我国电力工业制度变迁经历了两个时期（即政企合一和政企分开）（田志龙等，2002）和五个阶段。按照中央政府、地方政府以及各类电力企业在电力工业发展过程中，所处结构位置及市场主体职能不同，其历程可分为如下几个时期。

1）政企合一时期

第一阶段（1949～1985年），高度的政企合一，国家垄断经营阶段。在此阶段，中央政府实行政企监合一的电力系统运行体系，水利电力部行使资产管理、生产经营、政策制定、市场监管等所有职能。由于我国电力工业基础薄弱，需要集中力量发展电力事业，因此促进电源建设、保障电力供应，是当时经济建设的核心问题。

第二阶段（1987～1996年），政企合一改革试点和事实上的政企监合一阶段。在此阶段，一方面由于国家经济制度的改变，在中央政府的推动下，市场经济观念被各级政府、电力企业和企业经营者接受。国家通过制定和出台相关法律和制度明确了电力企业性质和使命，大量的决策和规章推出并实施。例如：1987～1988年，制定了"政企分开、省级为实体、联合电网、统一调度、集资办电""因地因网制宜"电力改革方针；1996年，颁布实施《中华人民共和国电力法》，使得电力企业作为商业实体得到法律确立。1993年，在国务院机构调整过程，为了更加有力地发展电力工业，撤销了能源部，成立了电力工业部。根据全国电网分布，成立了地区电力集团（如华中电力集团），各电力集团对下辖的省级电力公司（或称省级电力工业局）、区域内发电企业（火电厂、水电厂、电站等）行使一定的决策权和管理权。在各电力集团中，省级电力公司作为经营实体，保持了一定程度的独立性。在中央政府层面，电力工业部仍然行使政企合一的管理职能及实施垂直一体化的经营管理方式。

2）政企分开时期

第三阶段（1997~2001年），政企分开后企业化经营的"厂网合一"阶段和政企、政监合一过渡阶段。1997年，国家成立了国家电力公司，成为自主经营主体；次年撤销了电力工业部，其行政管理职能分别切块划分给了当时的国家经贸委、国家计委等部门，但此时国家电力公司实际上仍代理行使一部分行业监管和市场监管职能。在国家电力公司组织架构中，原来的区域电力集团改组为分公司，各省区市电力公司改组为国家电力公司的子公司。

第四阶段（2002~2015年），政企分开后企业化经营的"厂网分开""政企监分离"阶段（5号文件出台后电力体制改革阶段）。在此阶段，一方面，电力行业生产结构被强制性进行了调整；另一方面，电网企业和发电企业在政府的引导下不断进行内部制度的改革和调整，以巩固改革成效，并将改革重点从宏观层面调整到微观层面，落实政府各项改革意图。2002年4月，国务院提出了"厂网分开，竞价上网"电力改革政策性目标；次年将国家电力公司分拆成五家国有发电企业和两家电网公司。与此同时，2002年成立了国家电监会，2005年颁布了《电力监管条例》，国家电监会（2013后组建能源局）行使电力监督行政执法和市场监督职能。

随着我国开展多轮电力体制改革，电力产业结构和市场组织结构发生了巨大变化，这些变化体现为两种趋势：一是市场化和适度竞争趋势。电力企业（国家电力公司）去除了行政权力，发电企业引入了竞争，输电、配电垄断性削弱，市场结构从垂直一体化垄断市场，向寡头垄断市场（电网、发电均存在国家寡头企业）的方向发展。企业经营理念从"重发轻供不管用"的落后状态，开始转向需求导向型的经营理念。二是消费者和市场需求导向趋势。通过多年电力建设高速发展，尤其是发电厂建设，我国电力市场的供求关系发生了显著变化，1999年电力出现了首次过剩，2002年又出现了严重缺电情况。电力供需的显著波动使得市场各方开始关注需求特点，管电模式的重心从发电侧管理转向需求侧管理。

第五阶段（2015年至今），输配与售电分开、售电侧市场竞争阶段。2015年，推动新一轮电力体制改革的9号文件出台，意味着5号文件厂网分开的电力改革任务基本完成，新一轮电力改革启动。按照 9 号文件的精神，新一轮电力改革的任务是实现输配与售电分开，并实施售电侧改革，实现售电侧竞争。9 号文件是对 5 号文件中设计"抓住中间，放开两头"的改革步骤的落实。

2. 我国电力制度变迁特征及对电价政策的影响

1）我国电力制度变迁特征

电力是我国最重要的基础产业，其运行效率直接关系到整个国民经济顺利发展和社会福利增长。然而电力行业是自然垄断行业，具有显著的规模经济性、外部性等特点，是典型的市场失灵领域（王俊豪和王建明，2007；王俊豪和周小梅，2008）。为解决市场失灵所导致的电力短缺和效率不高，我国政府于 20 世纪 80 年代中后期开始了一系列的电力体制改革，也进行了一系列制度安排。电力行业是我国最早实行放松进入管制、政企分离的垄断行业，也是最早探索行政部门与监管机构职能分离（即政监分离）的代表性行业（王俊豪和周小梅，2008）。与此同时，在制度约束下和政府推动下，电力企业内部制度、文化特点、经营战略、经营理念也在发生变化，并最终使得制度的供给者（政府）同时也是出资人（股东）的改革意图和利益得以实现。我国推进电力体制改革的总体思路是，充分发挥市场对电力资源的配置作用，不断提高电力企业的生产效率，服务社会和经济发展。

从电力行业制度变迁的历程来看，我国电力制度变迁自上而下经历了从宏观层面到微观层、国家层面到企业层面、母公司（国家电力公司）到子公司（各省区市电力公司）的过程。如图 3-4 所示，为第三阶段到第四阶段电力制度变迁的路径。

从图 3-4 可以看出，电力制度变迁是否产生积极性影响，或者说由制度安排推动的电力改革是否取得成效，在很大程度上取决于代理人（电力企业管理层）与委托人（国资委为代表的政府）是否达成共同信念，并按照委托人意愿实施经营制度的改革。制度变迁路径最后一个环节，即电力企业是否依据外部制度变化来调整内部经营制度（包括电价制度），以及市场机制、经营理念、经营制度、经营行为、经营目标是否发生相应的变迁或变化，是制度变迁得以落实的关键。在电力制度变迁的各阶段（尤其是第四阶段），电力企业经营所

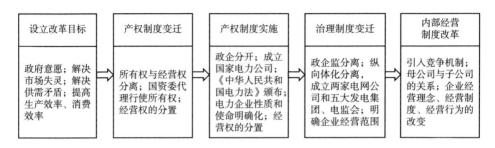

图 3-4　电力制度变迁的路径与特征

资料来源：笔者绘制。

依据的法律法规、经营观念、行业标准、商业惯例、企业文化等制度内容也发生了巨大变化。例如，国家电网公司提出了供电服务十项承诺、三公调度十项措施、员工服务十个不准等经营理念与工作准则。因此可以认为，我国电力制度是由政府主导的强制性制度变迁，并通过电力企业内部诱致性制度变迁来实现。

2）我国电力制度变迁对电价政策的影响

从上面的分析来看，我国电力制度变迁（或称为电力体制改革）总趋势是：一直在探讨一条解决电力供需矛盾—降低交易成本—电力企业降低管理成本并保障国民经济高速发展和社会稳定的路径。我国不同阶段的电力体制改革与制度变迁，与同期政府为解决电力工业发展与经济社会的主要矛盾相适应。由于我国长期缺电，在 2002 年以前，电力工业尤其是发电侧难以适应经济社会发展的需求，供需矛盾突出，电力工业成为经济社会发展的瓶颈。解决电力短缺问题成为当时电价政策需要解决的主要矛盾。例如，在发电侧为促进电力投资，1985 年出台了"还本付息电价"，企业成本照单全收；1997 年以"经营期电价"取代"还本付息电价"，但仍以保障电力企业利益为主。在销售侧，实施差别电价，对一些行业或企业实施优惠电价等产业扶持政策，电价政策服务于国家产业政策。在这些阶段，电价定价尽管采用的是成本加成定价方式，但从制度设计角度看，电价政策并不具有控制成本的激励效应，从而导致成本失控。针对电力制度设计，尤其是电价政策缺失效率的问题，2005 年 514 号文件出台，确定了电价改革的基本原则，后续也出台了一些关于电价分类改革、阶梯电价等政策，但现实中，这些政策并未得到有效执行。

　　在政企合一、垂直一体化的结构下，尽管产业政策替代电价政策，导致电价结构扭曲严重，但从同期经济社会发展的主要矛盾来看，电力工业的效率问题并不是重要的，或者说与经济社会发展比较起来，矛盾并不突出。由于电价政策的目标错位，或者说电价政策主要是服务其他目标，导致各种问题延续并积累至今。其中电价交叉补贴是其中一个突出问题，经多年积累并随着电力消费结构变化，越发严重和突出。

3.3.2　电力市场结构变化及电价交叉补贴处理方式

　　我国电力市场结构和电力产业结构的变化是电力制度变迁、制度设置，尤其是产权结构变迁的直接反映，不同时期和不同目标的电力体制改革，需要建立不同的、与其相适应的市场结构。电力市场结构反映了市场主体的关系，也体现了电力管理的层级。电力市场结构变化是电价体系调整的直接原因，并对电价政策产生深远影响。在我国不同阶段的电价体系下，电价交叉补贴的处理机制与路径存在不同。根据电力制度变迁及我国电力工业发展的不同阶段分析，电力市场结构主要存在以下形式。

1. 发输配垂直一体化垄断模式及电价交叉补贴处理方式

　　对于垂直一体化的垄断模式，在我国电力工业发展的过程中，出现过两种形式：一种是完全一体化（如图3-5所示），即发电、输电、配电企业全部归属于当时的水利电力部、电力工业部；另一种是存在独立电厂的垂直一体化，即发、输、配大部分属于当时的国家电力公司，但存在独立电厂，如图3-6所示。

　　完全垂直一体化模式下，生产、销售和服务一体化是电力经营的唯一模式，各类电价由政企合一的水利电力部、电力工业部、国家电力公司制定，销售电价采取捆绑一体的单一销售电价。在电力行业内部实施成本内部化、投资内部化的经营方式，电价交叉补贴也是捆绑一体化处理。

　　存在独立电厂的垂直一体化模式是一种从完全垂直一体化向单一购买者模式过渡的中间模式，我国在1985年前后出现了这种模式。绝大多数发电企业仍属于当时的国家电力公司，厂网不分，只是独立发电厂出现后，由于需要单独核定独立发电厂的成本和价格，上网电价从销售电价中分离出来，形成了独立的上网电价体系。独立发电厂上网电价和电力企业的销售电价均由政府制定，电力公司从发电企业购买电力商品，并转售给用户，"购销差价"是国家电力公司经营模式。电价交叉补贴通过购销差价的方式处理，由于是成本内部化，因而电价交叉补贴处理成为电力企业的一种经营行为。

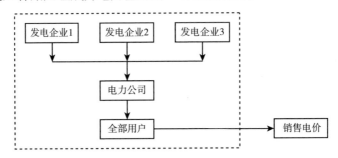

图 3 – 5　发输配售一体化垄断模式电价体系示意图

资料来源：笔者绘制。

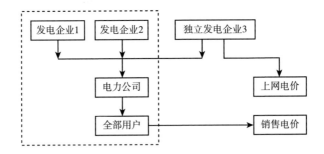

图 3 – 6　独立发电厂出现后垂直一体化模式的电价体系示意图

资料来源：笔者绘制。

2. 单一买方模式及电价交叉补贴处理方式

对于单一买方的垄断模式，在我国电力工业发展的过程中，也出现过两种形式：一种是厂网分开、输配合一、发电侧未引入竞争模式（如图 3 – 7 所示）；另一种是厂网分开、输配合一、发电侧引入竞争模式（如图 3 – 8 所示）。

2002 年及以后形成的厂网分开、输配合一、电厂未引入竞争的单一购买者模式，国家电网公司和南方电网公司在各自的区域内，在发电侧是唯一的买家，在售电侧也是唯一的卖家。该模式下的电价体系由上网电价、输配电价、销售电价等构成。厂网分开后，除保留少量调峰、调频电厂外，电厂完全从电网公司中分离，形成了完全独立的上网电价。分离后的电网企业主要从事电力购销和输配送业务，逐步形成了独立的输配电价。独立输配电价机制下，电价体系根据电力发输供的产业特性，呈现典型"三段式"政府定价方式，即：上网电价、输配电价、销售电价三种电价形式。购销差价仍是国家电网和南方电网公司的主要经营模式，电价交叉补贴通过购销差价的方式处理，对交叉补贴的处理，同样成为国家电网公司、南方电网公司或其他区域电网的一种经营行为。

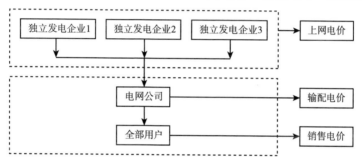

图3-7　厂网分开、输配售合一、未引入竞争的电价体系示意图

资料来源：笔者绘制。

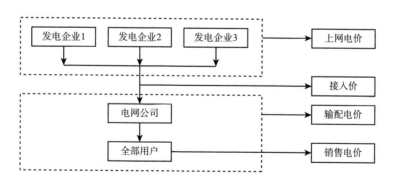

图3-8　厂网分开、输配售合一、电厂批发竞争模式的电价体系示意图

资料来源：笔者绘制。

厂网分开、输配合一、发电侧引入竞争的单一购买者模式，国家电网公司和南方电网公司在各自的区域内，在发电侧是唯一的买家，在售电侧也是唯一的卖家。该模式下电价体系同样由上网电价、输配电价、销售电价等构成。在发电市场上，发电企业通过电力市场交易机构（电力交易中心）竞价上网。为了促进发电企业公平竞争，输配电价中引入了接入电价。根据电力市场制度安排，竞价上网有多种模式，如部分电量参与市场竞价、部分电量按照发电计划采用政府定价的标杆电价等。此模式下，输配电价和销售电价由政府制定。发电侧，市场竞争较为充分，但零售市场仍处于垄断，购销差价仍是国家电网和南方电网公司的主要经营模式，电价交叉补贴通过购销差价的方式处理，对交叉补贴的处理，同样是国家电网公司、南方电网公司或其他区域电网的一种经营行为。

3. 直接交易模式及电价交叉补贴处理方式

直接交易模式是一种介入批发竞争与零售竞争市场结构之间的过渡模式（如图 3 – 9 所示），这种模式体现了我国电力市场从有限性的批发竞争模式向零售竞争模式转化的阶段性进程。

欧美一些国家或地区推进电力市场化改革的过程中，并未存在单独的直接交易形式，其只是整体市场结构中的一部分。在这些国家或地区的电力市场改革中，大用户同售电公司、有售电资格的代理机构等市场主体一样，共同参与零售市场交易。从本质上分析，大用户采用双边交易形式参与交易，基本不存在上网侧电价交叉补贴。

我国开展大用户电力直接交易，试点运营近十年，这种模式为我国电力市场实现零售竞争和输配电价的改革积累了经验。开展直接交易模式的经验主要有以下几点：由于直接交易是一种准市场化的交易形式，促进了电力资源的合理利用；直接交易还导致电价降低，从而可以拉动用电需求；从运营管理模式看，由于统一调度、供电方式、电费结算方式等不变，这不仅使交易机构能够平衡供需，调度维持电网安全稳定运行，也提高了电网运营效率。从用户特征看，基本都是 110 千伏及以上的大用户，用电需求大，但直接交易试点销售电量，占各省区市全社会电量的比例不高；从交易模式看，由点对点过渡到多对多交易，出现了双边协、集中竞价两种形式。从电价执行情况看，各省区市执行暂行的输配电价标准，而且有些省区市为鼓励用户参与直接交易，还减免一部分电价交叉补贴。由于在此阶段，电价交叉补贴是通过电网企业成本内部化的方式来处理的，这种交叉补贴减免方式损害了电网公司和其他用户的原有权益。例如，原电监会在《关于完善电力用户与发电企业直接交易试点工作有关问题的通知》中提出："在独立的输配电价体系尚未建立的情况下，大用户直接交易的输配电价原则上按电网企业平均输配电价（不含趸售县）扣减电压等级差价后的标准执行，其中110千伏（66千伏）输配电价按照10%的比例扣减，220千伏（330千伏）按照20%的比例扣减。输配电价执行两部制。"这种电价政策，改变了购销差价模式，使得电网企业在处理电价交叉补贴问题时，面临收入减少的困境。

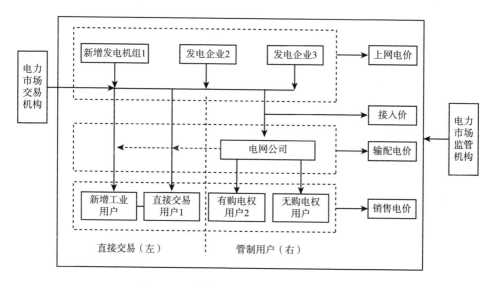

图 3-9 直接交易模式的电价体系示意图

资料来源：笔者绘制。

直接交易模式中，电网公司在直接交易中由原来交易主体（中间商和服务商）变为纯粹的服务商。在直接交易用户中，销售电价由电网公司按照准许收入的输配电价的定价机制组织定价。发电市场有竞争，但不充分；零售市场有竞争，也不充分。唯一不同的是，电网公司由于不是交易主体，在发电市场和直接交易零售市场上，缺少议价权。上网电价在传导至用户时并不发生变化，销售电价是上网电价、输配电价、政府基金的总和。与此同时，由于有了输配电价（中介电价），从而销售电价、上网电价可以实现联动，即销售电价与上网电价同步升降。在直接交易改革的过渡时期，按照定价方式的特性分析，存在两种形式的价格双轨制：一是发电企业与直接交易用户采用协议定价或竞价上网、发电企业与电网公司按照标杆电价结算，前者是市场定价，后者是管制定价，即上网电价存在双轨制；二是依据输配电价为中介的大用户直接交易电价，与管制用户购销差确定的销售电价，在电价形成机制存在双轨，即直接交易用户市场、管制用户市场存在销售电价双轨。两个市场，不同的定价机制，使得原来依据购销差价处理电价交叉补贴和电力普遍服务的问题变得相对复杂。

4. 零售竞争市场模式及电价交叉补贴处理方式

2015年9号文件出台，新一轮电力体制改革启动，构建零售竞争的市场模式是改革的主要内容和目标。9号文件确定了坚持市场化改革的基本原则，指出"区分竞争性和垄断性环节，在发电侧和售电侧开展有效竞争，培育独立的市场主体，着力构建主体多元、竞争有序的电力交易格局，形成适应市场要求的电价机制，激发企业内在活力，使市场在资源配置中起决定性作用"。与此同时，要求"电网企业应无歧视地向售电主体及其用户提供报装、计量、抄表、维修等各类供电服务，按约定履行保底供应商义务，确保无议价能力用户也有电可用""售电主体可以采取多种方式通过电力市场购电，包括向发电企业购电、通过集中竞价购电、向其他售电商购电等"等。

零售竞争改革模式的主要特点是：厂网分开、竞价上网、输配分开、零售竞争与直接交易并存的市场结构模式，如图3-10所示。零售竞争模式是我国电力市场改革进入纵深阶段的模式，体现了"抓住中间，放开两头"电力体制设置的要求与特征。单一买方模式下，厂网尽管分开，发电企业面对的是电网公司，不直接面对用户，发电计划内，采用上网标杆电价，但在零售竞争模式下，发电企业将面对终端用户，发电计划（电力生产）将采取竞争形式，上网电价体现为发电企业与用户或售电公司之间的交易议价。由于发电市场竞争相对激烈，电力需求影响电力供需关系，并对上网交易电价产生较大影响。输配分开后，电力输配功能按照产业链分开，即分为输电功能和配电功能，并可分别成立相对独立的输电业务、配电业务经营实体。输电公司提供输电服务，收取输电费用；配电公司（如增量配电）提供配电服务，收取配电费用。零售市场竞争充分，用户具有充分选择权，可以选择不同售电公司交易，也可以直接与发电企业交易。

零售竞争模式下，电力商品所有权交易与电力的物理输送实现了分离，即商流与物流分离。发电市场和零售市场放开，竞争充分；与此同时，电网对于管制用户用电，承担兜底责任。这样，市场就呈现市场化市场、管制市场双轨市场特征。

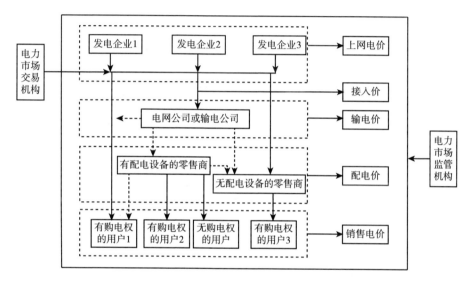

图 3 – 10　售电侧改革中发输配售分开、直接交易模式的电价体系示意图

资料来源：笔者绘制。

从图 3 – 10 可以看出，市场化市场与管制市场两种市场体系下，电力市场终端价格及销售电价存在管制定价、市场化定价两种定价方式和两种电价形成机制，即价格双轨。根据第 2 章成本定价原理，销售电价由购电成本（上网电价）、输配电成本、线损和政府性基金附加（外部成本）四部分组成。在两个市场中，输配电价是管制定价方式，由政府定价。在市场化市场中，上网电价采取竞价上网或由发电企业与用户或售电公司双边议价，即市场化定价；在管制市场，上网电价仍采用政府定价的标杆电价。在双轨市场和价格双轨的情况下，原来由电网公司采取购销差价、成本内部化处理电价交叉补贴和电力普遍服务的机制，难以为继。

对于电价交叉补贴，9号文件明确"过渡期间，由电网企业申报现有各类用户电价间交叉补贴数额，通过输配电价回收"。"各种电力生产方式都要严格按照国家有关规定承担电力基金、政策性交叉补贴、普遍服务、社会责任等义务"。9号文件明确了电价交叉补贴回收路径，也强调了市场主体责任，但与此同时这种处理方式也带来一些问题。由于电价交叉补贴需求方（居民用户、农业用电用户）在管制市场供电，电价交叉补贴的供给方（工商企业用户）分布在管制市场和市场化市场，且主要分布在后者，当两个市场定价机制不同时，如何协调、公平处理同一问题，尤其是如何实现电价交叉补贴供需平衡？电价交叉补贴与输配电价是两种不同性质的用电成本，两者如何界定？对于不同用户类型间的政策性电价交叉补贴，文件给予明确的政策性导向，但对于其他交叉补贴（暂且称其为技术性交叉补贴），如不同电压等级间的电价交叉补贴、不同负荷特性间的电价交叉补贴等，如何消除？关于这些问题，政策并未解决。本书将在后续内容中深入探讨。

3.3.3 目录电价分类体系与定价对电价交叉补贴的影响*

本书在第2章分析我国销售电价分类结构与电价交叉补贴的关系时发现，我国长期按照用途和行业来对销售电价进行分类，而不是完全按照电压等级、用户用电特性进行分类，在进行电价调整时，也是依据产业政策调整电价，而不是根据供电成本的变化进行调整，这种制度设计的路径依赖，导致电价交叉补贴处理过程中产生了诸多问题。本节将从我国电价目录的用户分类结构角度，来分析电价交叉补贴产生另一原因。

目前，各省区市的目录电价表均是按照用途和电压等级两个维度来编制的，这种传统分类标准，导致产生了横向和纵向路径的电价交叉补贴。下面以上海市2014年的销售电价表（见表3-2）为例来说明这个问题。

---

* 部分论述参见：刘思强，姚军，叶泽. 我国销售电价交叉补贴方式及改革措施——基于上海市电力户控数据的实证分析 [J]. 价格理论与实践，2015（8）：26-28.

表 3 - 2　　　　　　　　　　上海市目录电价表（2014 年）

用电分类		分时	电度电价单位：元/千瓦时				基本电价	
			不满1千伏	10 千伏	35 千伏	110 千伏及以上	最大需量（元/千瓦·月）	变压器容量（元/千伏安·月）
单一制	工商业及其他用电	不分时	0.962	0.937	0.912	0.892		
	农业生产用电	不分时	0.742	0.717	0.692			
	居民	不分时	0.617					
	非居民用户（学校、养老院、居民公建设施等）	不分时	0.641	0.636				
两部制	工商业及其他用电	平时段	0.782	0.752	0.722	0.697	42	28
	农业生产用电	平时段		0.544			42	28
	铁合金、烧碱（含离子膜）	不分时		0.703	0.678	0.658	42	28

资料来源：刘思强，姚军，叶泽. 我国销售电价交叉补贴方式及改革措施——基于上海市电力户控数据的实证分析 [J]. 价格理论与实践，2015（8）：26 - 28.

1. 横向交叉补贴产生的原因

根据目录电价结构，从横向路径分析，电价交叉补贴主要类型是，不同电压等级同类用户之间的电价交叉补贴。尽管作为独立电价区的各省区市考虑了电压等级不同、供电成本不同等因素，并按照电价水平与电压等级反向设计，即按照电压等级越高，电价水平越低，电压等级越低，电价水平越低的原则，来构建目录电价体系。但 2015 年前，我国还没有按照电压等级确定的输配电价体系（仅有部分试点），政府对不同电压等级的输电、变电、配电成本没有开展全面核定，各种类型的供电成本测算也不清晰、不精确，这导致不同电压等级间的电价级差较小。

如表 3 - 2 所示，上海市 10 千伏工商业及其他用户，以及 35 千伏工商业及其他用户的电价采用两部制定价方式，其中：容量电价均为 42 元/千伏安·月，电量电价分别为 0.752 元/千瓦时、0.722 元/千瓦时，两种电压等级用户电价水平相差仅 3 分/千瓦时。然而实际上，上海市 10 千伏绝大部分电量由高电压等级（35 千伏、110 千伏、220 千伏和 500 千伏分级转入）的电网输入。如前文所述，按照固定成本分压分级（序列）传导原理，10 千伏用户按照电量比例，应分摊上级（高电压等级）部分输电成本和全部本级变电成本，并与 10 千伏本级的部分（扣除 10 千伏向下级输出电量部分）输电、变电成本和 10 千伏全部配电成本合计，构成 10 千伏用户需要承担的总成本，因此 10 千伏受电用户应分摊的容量成本要远高于 35 千伏受电用户。本书依据固定成本分级分压传导机制、固定成本归属分摊原理以及输电、变电、配电固定资产折旧的方式，对上海市 10 千伏、35 千伏受电用户应分摊容量成本进行测算，结果显示，10 千伏、35 千伏受电用户的应分摊的度电容量成本，分别为 0.16 元/千瓦时与 0.07 元/千瓦时，两者相差 9 分/千瓦时，是现有目录电价中两个电价级差的 3 倍。数据显示，执行目录电价，两种电压等级的容量电价相同，电量电价只相差 3 分/千瓦时，说明 35 千伏受电用户电价水平高于其供电成本，而 10 千伏电用户电价水平低于其供电成本，这样就产生了不同电压等级间的电价交叉补贴。按照电价水平应体现供电成本原则，可变成本应按照从量成本计算，单位可变成本应相同，电压等级不同，电价水平应不同，主要是因为不同电压等级的容量责任成本（固定成本）不同，但各省区市目录电价将不同电压等级的价差反映在电量电价中，而不是容量电价中，这显然与成本定价及成本（尤其是联合成本）分摊原则相悖。从某直辖市两个电压等级的电价水平来看，电价没有充分反映不同电压等级的供电成本，不能合理拉开差距，从而导致了较大程度的电价交叉补贴。

通过案例分析发现，电力采用高压传输，线损和变损少，而且高压受电用户用电的负荷稳定，因此高压受电用户的供电成本（输配电成本）相对较低，而低压受电用户的供电成本则相反，故在确定电价水平时，需要随电压等级提高而降低电价水平。如果电价水平不能充分体现高、低电压等级用户应分摊的容量责任成本，电价级差小，就会导致不同电压等级间用户的电价交叉补贴。

2. 纵向交叉补贴产生的原因

根据目录电价结构，从纵向路径分析，存在相同电压等级不同类型用户间的电价交叉补贴问题。按照行业进行分类是我国目录电价体系分类的两个主要标准之一。用户所处行业不同，即便是受电电压等级相同，电价水平也会不同，这导致用户类别间存在普遍的交叉补贴现象。其中，交叉补贴规模最大、补贴程度最严重的是大工业、普通工商业用户补贴居民用户的问题。

从表 3－2 中可以看到，上海市的单一制电价分类按用途划分为商业及其他用电、农业生产用电、非居民用电、居民用电四类。如果认定相同电压等级供电成本大体相同，按照成本定价原则，相同电压等级下各类用户的电价水平应相差不大，但在表 3－2 中，不满 1 千伏的工商业及其他用电的电价是居民电价的 1.6 倍、是农业生产用电电价的 1.3 倍、是非居民用电电价的 1.5 倍；10 千伏的工商业及其他用电的电价是农业生产用电电价的 1.3 倍、是非居民用电电价的 1.47 倍，这就是差别定价。从目录电价来看，工商业用户补贴其他行业用户最多，居民与农业用户获得的补贴最多。

按照纵向电价交叉补贴产生的路径分析发现，相同电压等级不同类型用户之间的电价交叉补贴是一种较为普遍的现象。具体表现为：一是我国各省区市供电区域内长期存在工商业用户补贴城乡居民用户的情况，按照比价法，居民电价与工业电价的比为 0.9∶1，而大多数电价市场化的国家，居民电价与工业电价的比为 1.5∶1；二是城市用户补贴农村用户，如农业用电电价，普遍低于合理水平的 50%；三是按照产业政策，对同类用户中的部分用户执行电价优惠政策，如大工业用户中，优待电价用户低于非优待 30% 左右。我国最早的分类结构是 1976 年目录电价体系，当时销售电价的主要功能是产业结构调整，该分类体系基本特点是先按照用途和行业，后依据电压等级来分类，并对部分工业、农业用户设计优惠电价。这种电价体系体现产业政策和惠民政策的定价思路沿袭至今，使得各类用户间、行业间的电力交叉补贴问题改善不足。

同电压等级不同类型用户存在的纵向交叉补贴，主要是没有区分产业政策与电价政策的作用，电价分类体系和结构按照行业分类不能充分反映用电特性对供电成本的影响，从而产生事实上的不公平定价。

3.3.4　定价技术对电价交叉补贴的影响

定价技术也可称为电价设计方法，是指通过技术方式来合理测算、界定用户用电成本,并作为定价依据。定价技术对精细制定目录电价十分重要,常见的定价技术有分时电价定价技术、负荷率电价定价技术两种。下面将以负荷率电价定价技术为例,分析其对电价交叉补贴的影响。

在前面电价交叉补贴类型的分析中,即便准确实施了不同电压等级分摊,也没有对用户类别实施差别电价,但仍然可能产生同电压等级同类同价用户间的交叉补贴问题。为揭示这个问题,本书选择上海市作为研究对象。上海市按照分类改革要求,于2013年前已完成工商业及其他用电分类合并。通过上海市电网公司收集到30960个10千伏工商业及其他用电的户控数据,其中有效样本数为29446个。

本书运用SPSS 21.0统计工具对10千伏执行最大需量电价样本用户的负荷率和年利用小时进行二阶聚类,结果见表3-3。其中:用户的负荷率=年平均负荷/年峰荷;用户年利用小时=负荷率×8760小时。

表3-3   聚类分布及聚类质心

聚类		聚类分布		负荷率			利用小时	
序号	用户类型	N	组合(%)	总计(%)	均值(%)	标准差	均值	标准差
1类	低负荷率	17981	61.1	61.1	7.06	0.039	618.28	342.64
2类	中等负荷率	9023	30.6	30.6	23.41	0.056	2050.42	490.92
3类	高负荷率	2442	8.3	8.3	47.67	0.097	4175.99	848.36
组合	全样本	29446	100.0	100.0	15.44	0.132	1352.17	1.159

资料来源:笔者计算。

表3-3显示,用户负荷率相差较大,高负荷率及利用小时是低负荷率用户的6.8倍。从用户数量分析,高负荷率占比小,低负荷率用户占比大。本书利用真实电量、电费、目录电价数据,并按照最大需量、用电量及目录电价三个指标,对不同类型用户的容量电价、平均电价水平进行测算,结果见表3-4。表3-4中,用电量和最大需量采用实际的户控数据,电量电价与最大需量电价为目录电价。电量电费=用电量×电量电价;容量电费=最大需量×最大需量电价×12(月);总电费=容量电费+电量电费;平均电价水平=总电费÷用电量;单位电量的容量电价=容量电费÷用电量。

表 3 - 4   上海市 10 千伏工商业及其他各类用户用电数据及特性表

用户分类	最大需量和（百万千伏·安）	用电量（亿千瓦时）	电量电价（亿元）	最大需量电价（亿元）	电量电费（亿元）	容量电费（亿元）	总电费（亿元）	平均电价水平（元/千瓦时）	单位电量容量电价（元·千瓦时）
低负荷率	10.05	60.16	0.752	42	45.24	50.67	95.91	1.5942	0.8423
中等负荷率	4.96	100.86	0.752	42	75.85	24.97	100.82	0.9996	0.2476
高负荷率	1.90	83.04	0.752	42	62.45	9.60	72.04	0.8676	0.1156
全样本	16.91	244.06	0.752	42	183.54	85.24	268.77	1.1012	0.3493

资料来源：刘思强，姚军，叶泽. 我国销售电价交叉补贴方式及改革措施——基于上海市电力户控数据的实证分析 [J]. 价格理论与实践，2015 (8)：26 - 28. 其中：上海市实施分时与季节性电价，实际电价水平略低于理论电价水平。

按照国际能源署 IEA（1999）的价差法对补贴数额和补贴程度进行计算，其公式为：$S_i = (M_i - P_i) \times C_i$；$\eta_i = (M_i - P_i) / M_i$。其中，$S_i$ 为能源产品的补贴额；M_i 为基准价格，P_i 为终端消费价格（一般选择消费市场价格），C_i 为消费量，η_i 为价格补贴程度，i 为种类。如果以全部有效样本平均电价为基准价格，根据价差法计算各类用户的交叉补贴额和补贴程度见表 3 - 5。

表 3 - 5   某市 10 千伏工商业及其他各类用户间交叉补贴程度

用户分类	用电量（亿千瓦时）	平均电价（元/千瓦时）	交叉补贴额（亿元）	补贴程度（%）
低负荷率类	60.16	1.5942	- 29.66	- 44.77
中等负荷率类	100.86	0.9996	10.25	9.23
高负荷率类	83.04	0.8676	19.40	21.21

资料来源：刘思强，姚军，叶泽. 我国销售电价交叉补贴方式及改革措施——基于上海市电力户控数据的实证分析 [J]. 价格理论与实践，2015 (8)：26 - 28. 表中，负数表示补贴方，正数表示被补贴方。

从表 3 - 5 可以看出，低、中、高三种负荷率特性用户的平均电价水平之比为 1.84：1.15：1，度电容量电价之比为 7.29：2.14：1。数据显示，不同负荷率用电特性下，用户平均电价水平和度电容量电价水平差异很大。对于低负荷率用户，其容量电价超过了电量电价，这说明执行相同目录电价，相同电压等级且类型相同的用户间存在较大程度的隐性交叉补贴，其中低负荷率用户对中等负荷率用户、高负荷率用户的补贴程度为 44.77%；中、高负荷率用户接受补贴的程度分别为 9.23%、21.21%。数据显示，低负荷率用户承担了不合理的容量成本责任，其原因是低负荷率用户的利用小时低，用电量少，而容量较大，即存在突出的"大马拉小车"的现象。然而，按照现行目录电价的定价政策，在对容量电价定价时，只依据了用户的峰荷因素（可视为最大需量），没有考虑系统的同时率。事实中，用户的同时率越高，对系统负荷（尤其是峰荷）影响越明显。因此合理的定价方式是，用户同时率越高，用户需要承担的容量责任越大，换言之，同时率因素应使高负荷率用户承担的容量责任成本增加，而低负荷率用户责任降低。

算例结果表明，产生相同电压等级相同用户类型在执行同一电价用户间的电价交叉补贴主要是定价技术问题造成的，即：现行目录电价体系两部制电价中的容量电价只考虑了用户峰荷责任，如采用最大需量、变压器容量计费，而没有考虑同时率因素，从而导致容量责任分担不公平。

算例是以两部制电价用户为样本来测算的，如果是单一电价，高负荷率用户需要备用的容量少，成本低；低负荷率用户需要的备用容量多，成本高，高负荷率电价与低负荷率同压同价，就会导致相反的结果，即高负荷率用户补贴低负荷率用户。

减少此类电价交叉补贴，可以通过执行负荷率电价，并在一般工商业及其他用户类别中，按照相同电压等级相同负荷率制定相同价格水平的原则定价。对于单一电价，不同负荷率不同价格，高负荷率低价，低负荷率高价。对于两部制电价，既要考虑用户用电对峰荷的影响，又要考虑用户用电的同时率，即根据用户负荷率和同时率来确定基本电价。

3.3.5 价区划分方式对电价交叉补贴的影响

目前我国绝大多数省区市在供电区域内执行统一的销售电价及输配电价，只有少数省区市分地区定价，如山东、福建。在一个省区市内，由于地理位置不同，往往山区比平原地区、农村比城市、中小城市比大城市，输配电网投入大，线损高，成本高，如果全省区市域实施统一销售电价，就会导致不同地区的电价交叉补贴。下面以东部沿海某省为例做简单分析。

2016 年以前，某省将山区和沿海地区分为两个不同的价区。为方便分析，下面将某省平均葶售电价（0.4954 元/千瓦时）作为基准电价，采用价差法，测算可得到该省两个价区间的电价交叉补贴情况见表 3 - 6。

表 3-6		2016 年某省地区间交叉补贴数额			单位：万元
类别	电量	趸售价（实际电价）	基准价格	补贴程度	补贴额
山区县电网享受补贴	3371974.26	0.4324	0.4954	12.72%	212496.27
沿海县电网提供补贴	4541770.54	0.5321	0.4954	-7.41%	166616.63
省电网提供补贴	7913744.80	0.5012	0.4954	-1.17%	45879.64

　　从表 3-6 可以看出，山区各县的实际电价水平低于全省平均电价，而沿海各县的实际电价水平高于全省平均电价，经济发达的沿海地区执行电价水平高，是电价交叉补贴供给方。从案例分析来看，由于提供山区的电价交叉补贴规模过大，沿海电网用户提供的补贴额无法全部覆盖山区，故省级电网公司其他区域或领域也需要提供补贴。从电价交叉补贴供给端进行测量，该省地区间交叉补贴为 21.25 亿元。

　　按照成本归属原理，在一个省份依据成本的差异来划分不同的价区，可以减少或消除这种交叉补贴。区域内输配电成本差异越大，应划分的价区越多。例如，福建省省内输配电成本就存在较大差异，福建的输配电价和销售电价目录电价表序列中，既有省级电价表（见表 3-7①），也有市县电价表（见表 3-8、表 3-9②）。从福建省的输配电价目录表中可以看出，福建省存在多个电价区，甚至是一县（区）一价。

表 3-7		福建省电网输配电价表					
用电分类		电度电价(元/千瓦时)				基本电价		
		不满 1 千伏	1~10 千伏	35 千伏	110 千伏	220 千伏	最大需量（元/千瓦·月）	变压器容量（元/千伏安·月）
工商业用电	单一电价	0.1750	0.1550	0.1350	0.1150	0.0950		
	两部制电价		0.1593	0.1393	0.1193	0.0993	36	24
	其中：电解铝用电					0.0680	36	24

　　①② 表 3-7~表 3-9 的数据来源于国网福建省电力公司及其下属多地市电力公司网站。其中：(1) 表中电价含增值税、线损及交叉补贴，不含政府性基金和附加。(2) 表中电价为基准输配电价，参与电力市场化交易的电力用户电度输配电价 = 基准电度输配电价 + 调整系数，调整系数 = 燃煤机组标杆上网电价 - 参与直接交易机组政府核定上网电价（含相应超低排放电价，不含可再生能源电价补贴）。参与电力市场化交易的电力用户按规定征收政府性基金及附加，政府性基金及附加的具体征收标准以现行目录销售电价表中征收标准为准。(3) 2017~2019 年国网福建省电力有限公司综合线损率按 4.63% 计算，实际运行中线损率超过 4.63% 带来的风险由国网福省电力有限公司承担，低于 4.63% 的收益由国网福建省电力有限公司和用户各享 50%。

表 3 - 8　　　　　　　　　　福州市各县级电网输配电价表

用电分类		电度电价(元/千瓦时)				基本电价		
		不满1千伏	1~10千伏	35千伏	110千伏	220千伏	最大需量(元/千瓦·月)	变压器容量(元/千伏安·月)
工商业用电	单一电价	0.1750	0.1550	0.1350	0.1150	0.0950		
	两部制电价（除永泰县外）		0.1593	0.1393	0.1193	0.0993	36	24
	两部制（永泰县）		0.1163	0.0963	0.0763	0.0563	36	24

表 3 - 9　　　　　　　　　　南平市各县级电网输配电价表

用电分类		电度电价(元/千瓦时)				基本电价		
		不满1千伏	1~10千伏	35千伏	110千伏	220千伏	最大需量(元/千瓦·月)	变压器容量(元·千伏安·月)
工商业用电	单一电价	0.1750	0.1550	0.1350	0.1150	0.0950		
	两部制电价（延平区、光泽县、蒲城县）		0.1593	0.1393	0.1193	0.0993	36	24
	两部制（建阳区）		0.1495	0.1295	0.1095	0.0895	36	24
	两部制电价（政和县）		0.1445	0.1245	0.1045	0.0845	36	24
	两部制（松溪县）		0.1377	0.1177	0.0977	0.0777	36	24
	两部制电价（顺昌县）		0.1160	0.0960	0.0760	0.0560	36	24
	两部制（建瓯市、武夷山市）		0.1141	0.0941	0.0741	0.0541	36	24

3.4　电价交叉补贴存在合理性讨论 *

电价交叉补贴是电力企业是利用在盈利领域（工商业以及发达地区）的收益弥补在非盈利领域（居民、农业和贫困山区用户）的亏损，以承担电力普遍

---

* 部分论述参见：刘思强，叶泽，吴永飞，等. 减少交叉补贴的阶梯定价方式优化研究——基于天津市输配电价水平的实证分析［J］. 价格理论与实践，2017（6）：58－62.

服务任务和实现政府公共政策目标。作为公共政策，电价交叉补贴的存在具有合理性。通过前面的分析发现，用户间的电价交叉补贴以及不同地区间的电价交叉补贴的形成主要是政策原因，而其他类型的电价交叉补贴，有些是定价机制不完善或者定价技术不科学造成的。下面根据合理性理论对不同类型用户间的电价交叉补贴存在的合理性进行讨论。

合理性理论是现代公共政策制定的重要理论依据。现代公共行政学和社会学学者马克斯·韦伯（Max Weber）将社会制度的合理性分为目的合理性、价值合理性两种。目的合理性又分为选择合理性、工具合理性，前者是指根据构想的价值、可使用手段及相应限制条件等，合理地权衡和确定行为的目的及政策目标；后者是指针对既定目的或目标，合理和有效地选择实现目的的手段、工具。价值合理性是指以道德、政治、理想为取舍标准，遵守道德规则，履行社会责任。哈贝马斯（Habermas）此后又提出了交往行为合理性，即各主体遵守相应的规范和彼此承认的合理要求，尽可能采取一致行为，并能够相互理解。

从目的选择合理性角度分析，由于电力是公共产品，其定价显然需要符合公共政策目标的导向，并符合公众及政府的期望。从前文分析可以看到，电力采用行政定价方式会产生电价交叉补贴，使得电价水平背离电力商品价值和成本，导致较大的社会福利净损失。尽管如此，但作为保障民生、促进经济发展、维护社会稳定等多重目标的公共政策，电价交叉补贴政策显然又具有一定的合理性。依据合理性理论，这种合理性可以从以下几个方面得到解释。

电价交叉补贴政策是实现电力普遍服务的重要手段或途径，即具有目的的合理性。"普遍服务"这一术语最早由美国 AT&T 总裁威尔先生针对电信在1907 年年度报告中提出，他指出维护全体公民的基本权益、缩小贫富差距是一个国家或政府的基本职责和职能，因此无论成本多高，都需要通过法律和行政的方式，保障或保证不同收入层次（高收入、低收入）、不同地区（包括农村、边远地区等）的公民，以普遍可以接受的价格水平，获得能够满足公民基本生活需求的产品或服务。目前大多数国家或地区，在与人们生活密切相关的公益性、垄断性行业中，如邮政、电信、电力、供水等，实施和执行普遍服务政策。电力普遍服务主要包括三种特性：一是人们无论何时，也无论处于何地，都应当能够得到电力服务，即电力普遍服务具有可获得性；二是无论用户为何种类型、收入层次如何，都应当被同等对待，即电力普遍服务具有非歧视性；三是供电服务的价格水平应当为绝大多数用户所能接受，即电力普遍服务可承受性。

对于交叉补贴合理性的讨论，国内外相关文献也有体现。马修等（Matthew et al.，1998）对美国电力零售市场交叉补贴问题开展了研究，认为通过一定的形式，给予低收入群体一定数量的电力消费补贴，是实现社会公平所必需的，但交叉补贴政策是否达到相应的政策目标，关键是选择的补贴方式是否有效。马丁和茨文斯基（Martin & Tsyvinski，2002）研究独联体国家能源过度消耗问题时发现，低能源价格造成了交叉补贴，他们提出必须提高能源价格，与此同时还需要对低收入群体进行补贴，以保障低收入群体的基本生活需求。国内学者郑新业和傅佳莎（2015）认为，因为环境税缺位，我国电价交叉补贴政策实际上是一种中国模式的"环境税"，具有节能和保障民生的双重红利。李云卿（2021）研究指出，近年来，我国工业消耗的电力占全国总量的74%左右，而且50%以上的电力消耗来自有色金属、钢铁、建材、化工、石化、电力六大高耗能产业。通过对高能耗企业执行高电价，相当于征收了环境税，通过价格杠杆的调整作用，促使高能耗企业转型和节约能源，减少环境污染，实现绿色红利。而对城乡居民执行低电价，实际是把从高耗能企业征收来的环境税，补贴给了城乡居民，实现了收入再分配红利。

9号文件明确电网企业需履行电力普遍服务义务。需要指出的是，我国电价交叉补贴与发达国家电力补贴的路径不同，目标也不同。发达国家通常通过提高高耗能企业电价，促使其采用节能技术，降低能耗，征收的交叉补贴主要用于补贴清洁能源企业，因而这种以促进技术进步和可再生能源发展为目标的电价交叉补贴政策符合环境保护和社会责任的价值理念，具有价值合理性。

从工具合理性角度分析，在实现电价交叉补贴公共政策目标的过程中，我国电价政策没有完全选择公平、科学、合理的手段与工具，具体定价机制、定价方法、定价手段、定价技术运用等方面还存在不合理、不公平的地方。这些不合理的具体表现为，在处理不同类型用户间的电价交叉补贴过程中，出现了"富人搭穷人便车"现象，交叉补贴程度日趋严重；在处理不同电压等级交叉补贴过程中，没有完全按照电压等级分摊成本；在处理不同负荷率用户间的电价交叉补贴过程中，没有考虑峰荷、同时率对供电成本的影响，也没有实施负荷率电价；在处理不同地区用户间的电价交叉补贴过程中，大多数省区市还没有根据供电成本差异来划分不同的价区，等等。通过前文分析发现，不同类型电价交叉补贴往往相互交叉、相互伴生，因此在处理交叉补贴问题时，需要选择合理性工具或多种工具，进行精细处理。

从价值合理性角度分析，尽管社会和市场主体认为电价交叉补贴有存在的合理性，但对于电价交叉补贴规模、交叉补贴程度、交叉补贴对象、交叉补贴责任承担对象等，仍然存在差异或争议，而且针对不同市场主体，取舍标准也不同。这说明以价值观念为导向的公共电价政策，在某些方面还存在不合理的内容；市场中，也或多或少存在逃避电价交叉补贴责任的工商企业用户。

从交往行为合理性角度分析，原有垂直一体化的垄断市场，电力企业采用购销差价的方式实现电价交叉补贴成本内部化是一种合理的方式；但当市场结构发生变化，在交易多样化的零售竞争模式下，成本内部化的方式显然就出现了不合理的地方，电价交叉补贴通过输配电价回收的方式也带来诸多问题，因此其合理性也值得探讨和商榷。

因此电力体制改革过程中，要妥善处理电价交叉补贴问题，首先需要确定合理性、公平性目标，其次需要选择科学、合理的工具，最后还需要有合理性行为。

3.5　本章研究结论及讨论

发达国家通常按照用户负荷特性来定价，用户类别间的电价交叉补贴程度较小，但我国及一些经济欠发达国家或地区，大多按照用途与行业分类标准，因而存在多种类型电价交叉补贴。我国电价交叉补贴类型及产生的原因如下。

1. 我国存在多种交叉伴生关系的交叉补贴类型

我国销售电价的价格形成机制没有完全体现成本定价原则，仍根据各类用户历史电价水平及需要的新增费采用行政定价方式。与此同时，我国电价分类标准和依据，是行业与用途，没有完全按照用户用电负荷特性分类，从而产生了多种类型、多种渠道的电价交叉补贴。本章通过梳理发现，我国电价体系中存在不同类型用户之间的电价交叉补贴、不同电压等级用户之间的交叉补贴、同一电压等级不同负荷特性用户之间的交叉补贴、相同电压等级相同负荷特性相同类型不同地区用户间的交叉补贴、高峰低谷用电不同时段用电导致的交叉补贴、丰枯季节用电导致的交叉补贴共六种。不同类型的电价交叉补贴并不是孤立或独自产生，也不是一种叠加式或累进式的关系，主要表现为一种交叉伴生关系。不同地区各类交叉补贴存在的严重程度不同，在处理电价交叉补贴的问题时，需要分主次、从属关系，也需要依据电价交叉补贴的层次，按照序列（如电压等级序列、影响供电成本的负荷特性）处理。

2. 电价政策和定价技术是电价交叉补贴产生的主要原因

造成交叉补贴的原因，首先是政府定价方式使得电价背离用户的供电成本或用电成本，其次是定价技术不成熟。政策层面，第一，不同制度安排下，产业结构不同、市场结构不同，电价体系及电价形成机制不同，电价交叉补贴政策和交叉补贴产生的路径不同。我国电力工业经历了"政企合一"和"政企分开"两个时期、五个阶段，各阶段常常以产业政策替代电价政策，导致目标错位、电价结构扭曲严重，电价交叉补贴问题经多年积累并随着电力消费结构的变化越发严重和突出。第二，制度变迁过程中的路径依赖，如几十年来我国各省区市目录电价表，均是按照行业和电压等级两个维度来编制的，而不是完全按照用户用电特性进行分类，导致产生了横向和纵向路径的交叉补贴。其中横向路径产生了不同电压等级同类用户之间的交叉补贴；纵向路径产生了相同电压等级不同类型用户间的交叉补贴。技术层面，第一，我国在实际定价过程中，成本归属界定不清，成本测算与成本分摊并不科学，也不精细；第二，对价区内各地区供电成本没有区分，我国绝大多数省区市在其供电区域内，执行统一的销售电价及输配电价，导致产生了不同地区的交叉补贴。政策层面和技术层面既影响电价交叉补贴的形成，也影响交叉补贴问题的处理效果。

3. 交叉补贴作为电力普遍服务的方式具有一定的合理性

作为保障民生、促进经济发展、维护社会稳定等多重目标的公共政策，电价交叉补贴政策具有合理性。这种合理性体现为：电价交叉补贴政策是实现电力普遍服务的重要手段或途径，即具有目的合理性；以促进技术进步和可再生能源发展为目标的电价交叉补贴政策，符合环境保护和企业社会责任的价值理念，具有价值合理性。尽管电价交叉补贴政策存在有一定的合理性，但多种类型电价交叉补贴相互交叉伴生，对电价结构扭曲严重，造成社会福利净损失。因此电力体制改革过程中，要妥善处理电价交叉补贴问题，首先要确定合理性、公平性目标，其次要选择科学、合理的工具，最后要有合理的行为。

第4章 交叉补贴计量方法及算例

4.1 交叉补贴计量方法

目前电价交叉补贴计量有两种常用方法,一种是比价法,另一种是价差法。比价法,通过对比用户电价与供电成本间比例,或不同用户类型电价水平的比值,判断电价交叉补贴比例的程度。价差法,通过计量实际电价与用于比较的基准电价的差异,判断电价交叉补贴程度,并计量电价交叉补贴规模。两种方法,从计量本质上,都采用的是比较法,但价差法相对精确且可以计量交叉补贴规模。

4.1.1 比价法[*]

1. 国际比较法

国际上将工业电价与居民电价之比作为判断一个国家或地区电价结构是否合理以及是否存在电价交叉补贴的指标之一。由于工商企业用户用电接入电压高,用电规模大,城乡居民用电处于电网的末端,用户分散,用电规模小,从

---

* 部分论述参见:吴永飞. 销售电价交叉补贴的计量及解决机制 [D]. 长沙:长沙理工大学,2019.

理论上分析，高电压等级受电的工商企业供电服务成本应小于城乡居民。因此按照电价反映供电成本的定价原则，城乡居民电价水平应高于工商企业用户，即居民电价水平与工商企业电价水平的比值应大于1。当大于1时，两类用户间不存在电价交叉补贴；若城乡居民电价水平/工商业电价水平的比值小于1，则两类用户间存在电价交叉补贴，比值越小，交叉补贴程度越严重。为了比较全球一些国家或地区的电价结构，下面列举了部分国家的居民电价与工业电价之比，见表4－1。

表4－1　　　　2016 年部分国家居民电价与工业电价的比较　　　单位：元/千瓦时

排名	国家	居民电价	工业电价	居民电价/工业电价	排名	国家	居民电价	工业电价	居民电价/工业电价
1	墨西哥	0.4234	0.4681	0.90	17	卢森堡	1.2059	0.4582	2.63
2	中国	0.5479	0.6438	0.85	18	法国	1.2139	0.7145	1.70
3	马来西亚	0.5651	0.5838	0.97	19	菲律宾	1.2195	0.8290	1.47
4	挪威	0.6939	0.2817	2.46	20	希腊	1.2667	0.6596	1.92
5	韩国	0.7908	0.6148	1.29	21	新西兰	1.3162	0.6648	1.98
6	美国	0.8335	0.4484	1.86	22	英国	1.3204	0.8319	1.59
7	匈牙利	0.8349	0.5877	1.42	23	瑞士	1.3502	0.8868	1.52
8	土耳其	0.8797	0.7017	1.25	24	日本	1.4715	1.0488	1.40
9	新加坡	0.9087	0.6250	1.45	25	奥地利	1.4846	0.7037	2.11
10	以色列	0.9725	0.6046	1.61	26	爱尔兰	1.6179	0.7880	2.05
11	波兰	1.0313	0.5498	1.88	27	葡萄牙	1.7363	0.8324	2.09
12	捷克	1.0360	0.5938	1.74	28	意大利	1.8386	1.2305	1.49
13	智利	1.1245	0.8278	1.36	29	比利时	1.9201	0.7461	2.57
14	芬兰	1.1283	0.4855	2.32	30	德国	2.1900	0.9381	2.33
15	瑞典	1.1570	0.4001	2.89	31	丹麦	2.1916	0.6525	3.36
16	荷兰	1.1698	0.5672	2.06					

资料来源：笔者根据中国台湾电力公司网站数据整理。

表4－1和图4－1显示，大部分国家居民电价水平与工业电价水平之比大于1，用户类别间的交叉补贴程度很轻或不存在用户类别间的电价交叉补贴问题。只有中国、马来西亚、墨西哥等少数国家居民电价水平与工业电价水平之比小于1。对数据做平均值分析，表4－1所列31个国家的居民电价平均水平为

1.2455 元/千瓦时，工业电价平均水平为 0.6947 元/千瓦时，居民电价水平与工业电价水平之比的平均值为 1.9。数据分析显示，在 31 个国家中，中国居民电价水平较低，为平均值的 0.43 倍；但工业电价水平为平均值的 0.93 倍，处于 31 个国家的平均水平。总体上，中国电价水平不高，但电价结构失衡严重，用户类之间的电价交叉补贴问题比较突出。

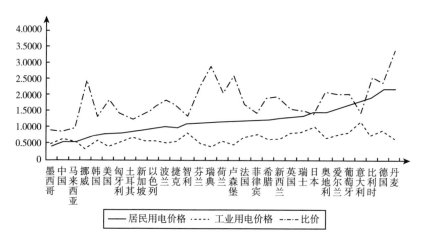

图 4 - 1　部分国家居民电价与工业电价比价示意图

资料来源：笔者绘制。

2. 财务平衡法

电费支出与 GDP 的比值法主要用于评估一个国家或地区的能源补贴程度。一些国家或地区的政府进行财政核算、财政预算，实现财务平衡时，经常用到这一指标。财务平衡法因为采用两个指标，因而简单方便，但与此同时由于电费支出并没有反映供电成本，因而评估电价交叉补贴时，准确性欠佳。因此这种方法目前仅用于能源补贴程度的宏观性估计。下面列举了一些国家的能源补贴规模，见表 4 - 2。

表 4 - 2　　　　　　　　GDP/GNE 占比估计能源补贴法

国家	能源补贴占 GDP 比例（%）	能源补贴占 GNE 比例（%）	电力补贴额（亿美元）
印度尼西亚	0.50	0.50	15.00
墨西哥	1.10	0.80	88.76

续表

国家	能源补贴占 GDP 比例（%）	能源补贴占 GNE 比例（%）	电力补贴额（亿美元）
印度	1.20	1.20	100.00
南非	1.70	1.60	40.00
沙特阿拉伯	1.80	2.70	55.00
俄罗斯	1.80	2.10	140.00
伊朗	1.80	2.00	35.00
埃及	2.80	2.70	25.00
乌克兰	4.20	4.30	35.00

资料来源：世界银行（GDF）和 IEA。

3. 供电成本覆盖法

对于发展中国家，由于城乡居民承受能力较弱，保障人们基本生活用电是政府制定电价政策时面临的重要任务，因此发展中国家的电价交叉补贴现象比较普遍。在解决电价交叉补贴问题的过程中，一些国家或地区对国际比较法中将工业电价水平与居民电价水平的比值作为判断标准的方法进行了改进，引入成本概念。供电成本覆盖法也称为销售电价与成本比值法，是指平均销售电价（ABR）与平均供电成本（ACOS）之间的比值，具体计算公式如下：

$$R = ABR \div ACOS \tag{4.1}$$

式中，R 为各类用户平均电价水平与供电成本比值，反映了电价水平背离供电成本的程度，即电价交叉补贴程度。实际平均销售电价（ABR）减去平均供电成本（ACOS）的差，再乘上某类用户的销售电量 Q，就可以测算出这类用户的交叉补贴额，值如果为正，显示电价水平高于供电成本，说明该类用户是电价交叉补贴承担者，值如果为负，显示电价水平低于供电成本，说明该类用户是电价交叉补贴的被补贴者。电价交叉补贴额也可以用以下公式表示：

$$Sub = (R - 1) \times ACOS \times Q \tag{4.2}$$

这种方法类似价差法，基准价格采用供电成本，因而其比国际比价法相对精确。下面列举一些国家或地区的电价水平与供电成本的比较情况，见表4-3。

表4-3 2010 年一些国家或地区电价与成本比较 单位：塔卡/100 千瓦时

国家	实际平均电价	供电成本	交叉补贴额	交叉补贴/供电成本
巴基斯坦	322	752	430	57.18%
印度北方邦	366	544	178	32.72%
孟加拉国	260	380	120	31.58%

资料来源：吴永飞.销售电价交叉补贴的计量及解决机制 [D].长沙：长沙理工大学，2019.

供电成本覆盖法通常用于识别那些电价无法覆盖成本或弥补成本的用户类型。在具体政策和市场管理中，通常采用价格上限或价格下限的管制定价方式。例如，假定 R 的合理区间为 120%～80%，如果超过合理区间，则说明电价交叉补贴过高，当超过 120%，就需要调低电价，以减少用户承担交叉补贴的责任；低于80%则需要提高电价，以减少电价交叉补贴需求；如果在这个区间内，则认为各类用户电价水平是比较合理的，尽管存在电价交叉补贴，但补贴程度可以承受。显然，供电成本覆盖法是一种电价政策工具，其充分显示了在电力商品定价过程中，政府对电价交叉补贴存在合理性的认同。目前，印度采用这种方法对电价交叉补贴问题进行政策调控。这种方法实际上是差异评价法，即利用差异变化率来评价电价交叉补贴政策，如果变化率在一定变化范围内，则认为交叉补贴程度是可以承受的和接受的。

4.1.2 价差法*

1957 年，科登提出了价差法的理论框架，其基本思想是：如果对消费者进行能源补贴，实际上是降低了终端售价，更低价格会导致更多的能源消费。1992 年，拉森和沙阿（Larsen & Shah）将价差法的理论引入能源产品定价研究中，通过将补贴后的价差与需求价格弹性相结合，来研究能源补贴政策对环境

---

* 部分论述参见：刘思强，叶泽，于从文，等.我国分压分类电价交叉补贴程度及处理方式研究——基于天津市输配电价水平测算的实证分析 [J].价格理论与实践，2016（5）：65-68.

的影响及估计补贴政策产生的社会成本和环境成本。1999 年，国际能源署
（IEA）采用价差法分析了取消能源补贴政策的影响。在第 1 章中，本书根据理
论界及实践运用的广泛程度，得出：价差法是当前计量能源补贴最实用和最容
易被接受的方法。

国际能源署（IEA）使用的价差法公式为：

$$S_i = (M_i - P_i) \times C_i \tag{4.3}$$

$$\eta_i = (M_i - P_i)/M_i \tag{4.4}$$

式中，S_i 为能源产品的补贴额；M_i 为基准价格；P_i 为终端消费价格（一般选择
消费市场价格）；C_i 为消费量；η_i 为价格补贴程度；i 为种类。

价差法也是目前使用范围最广的方法。这种方法用于计量交叉补贴是否准
确，核心在于基准价格的选择标准是否符合计量目标。这种方法的优点就是直
观、简单易行，并体现了公平原则。

相比比价法，尽管价差法能够比较准确地计量能源补贴规模和补贴程度，
但也存在局限性：第一，价差法只能从净价格角度计算终端能源消费价格补贴。
但事实上，如果取消能源交叉补贴政策，很多因素会发生改变，取消补贴，价
格对消费的动态影响比静态影响更大。例如，取消价格补贴后，能源产品价格
透明度增加，市场竞争加剧，能源企业通过改进技术来提高生产效率，消费者
能源使用效率也会提升。第二，在价差法中，基准价格是一个关键参数，选取
方式及选取标准直接影响计量结果，间接影响社会净福利变化的分析结果，从
而影响对取消交叉补贴政策的判断。目前，基准价格采用何种方法确定以及应
考虑哪些因素，尚存在争议。例如，国际能源署（IEA）采用的基准价格是国
际市场价格，但欧佩克（OPEC）国家，由于能源资源丰富，它们使用的基准价
格是能源生产成本。在价差法计量电价交叉补贴的实际工作中或理论研究中，
通常会以电力长期边际成本、拉姆齐电价、平均供电成本、平均电价、基于用
户弹性定价的电价作为基准电价。由于数据的可获得性及实用性，这五种基准
电价选择方法各有优劣，其中选择平均供电成本是最为实际的一种方法。对于
平均供电成本的测算，也存在多种方式，但在实际计量过程中，需要根据交叉
补贴的计量用途及交叉补贴处理政策目标来选择不同的成本分摊与测算方法，
关于这个问题，第 2 章已做详细分析。

4.2 我国各类用户销售电价比值及电价交叉补贴计量

4.2.1 各类用户销售电价比值及变化趋势

根据国际比较法，城乡居民用户电价水平与工商企业用户电价水平的比值常用于判断一个国家或地区的电价结构是否合理性，以及用于估计用户类别间的电价交叉补贴程度。为了分析我国电价交叉补贴变化趋势，本书根据国家电网公司供电的 27 个省区市的销售电价数据，测算 2006~2018 年我国各类销售电价比值，见表 4-4。

表 4-4　　　　2006~2018 年我国各类用户销售平均电价水平比值

年份	居民电价水平/工业电价水平	农业电价水平/工业电价水平	居民电价水平/商业电价水平	农业电价水平/商业电价水平	居民电价水平/全社会用电电价水平	农业电价水平/全社会用电电价水平
2018	0.851	0.753	0.755	0.668	0.852	0.753
2017	0.765	0.684	0.543	0.486	0.738	0.660
2016	0.791	0.699	0.645	0.570	0.807	0.713
2015	0.768	0.685	0.610	0.544	0.783	0.698
2014	0.764	0.686	0.597	0.536	0.775	0.696
2013	0.771	0.648	0.591	0.497	0.781	0.657
2012	0.742	0.673	0.600	0.543	0.754	0.683
2011	0.780	0.660	0.614	0.519	0.782	0.662
2010	0.796	0.599	0.589	0.443	0.796	0.599
2009	0.835	0.546	0.589	0.385	0.834	0.546
2008	0.869	0.563	0.585	0.379	0.854	0.554
2007	0.907	0.642	0.585	0.414	0.883	0.625
2006	0.908	0.636	0.575	0.402	0.886	0.620

资料来源：笔者根据国家电网公司供电的 27 个省区市销售电价数据整理。

从表4-4的数据可以看出，居民平均电价水平、农业用电平均电价水平比工业用电均价、商业用电均价、全社会用电均价要低，比值小于1，说明我国存在用户类别间的电价交叉补贴现象。各类用户的补贴路径为：工业用户、商业用户补贴居民用户与农业用电用户，其中农业用电电价水平与工业电价水平、商业电价水平的比值，低于居民电价水平与工业电价水平、商业电价水平的比值，说明对农业用户补贴程度大于对居民用户的补贴程度；与此同时，农业用电电价水平比工业电价水平、居民电价水平与工业电价水平的比值，高于农业电价水平比商业电价水平、居民电价水平与商业电价水平的比值，说明商业用户承担交叉补贴的责任更大或义务更多。为了揭示我国电价交叉补贴程度的变化趋势，做比较趋势，如图4-2所示。

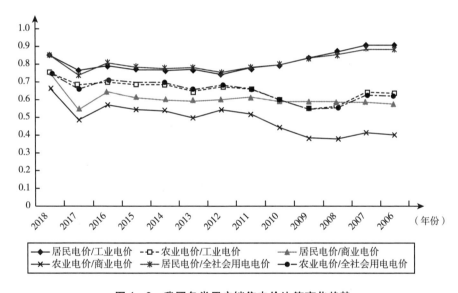

图4-2　我国各类用户销售电价比值变化趋势

资料来源：笔者根据表4-4绘制。

按照国际比较法的原理，居民电价水平与工业电价水平水平、居民电价与商业电价水平、农业用电电价水平与工业电价水平、农业用电电价水平与商业电价水平等的比值越低，电价交叉补贴程度越严重；比值越高，电价交叉补贴问题越趋向缓和。由图4-2可以看出，2006~2012年，居民电价水平与工业企业电价水平的比值呈现逐年降低的趋势，说明工业用电用户与居民用户间的电价交叉补贴程度逐年扩大，问题日趋严重；2012~2018年，居民电价水平比工业电价水平的比值逐年增大，说明工业用户与居民间的交叉补贴现象，逐年缓和，尤其是2018年降低工商业电价政策实施后，比值显著增大。

2006~2015年，居民电价水平与商业电价水平的比值在10年中变化不大；2016~2018年居民电价水平与商业电价水平的比值逐年增大，说明商业用户与居民间的交叉补贴现象，逐年缓和，尤其是2018年降低工商业电价政策实施后，比值显著增大。

2006~2009年，农业电价水平与工业电价水平的比值逐年降低，说明工业用户与农业用电用户间的交叉补贴逐年增加，问题日趋严重；2009~2018年，农业电价水平与工业电价的比值逐年增大，说明工业用户与农业用户用电间的交叉补贴现象逐年缓和。

2006~2018年，除2017年外，随着农业用电电价水平的逐年上升，农业用电电价水平与商业电价水平的比值呈现逐年降低的趋势，农业用电电价水平与工业电价水平的比值呈现逐年增大的趋势，说明商业用户与农业用电间的交叉补贴现象，逐年缓和。

总体看来，从2012年开始，在居民电价基本不变的情况下，我国电价交叉补贴现象随着工商电价有所降低，电价交叉补贴现象有所改善；对于农业用电，电价逐年上升，工商业电价有一定程度的降幅，工商用电补贴农业用电的问题呈现改善的迹象。

4.2.2 各省区市各类用户销售电价的比值（2016年）

我国各省区市为独立电价区，电价交叉补贴也大多是以省区市为实体进行处理，由于各省区市经济发展不平衡，电力消费结构不同，电力输送成本也不同，从而导致各省区市电价交叉补贴的程度也存在差异。为比较各省区市的差异，本书根据2016年由国家电网供电的26个省、区、市（其中河北分为冀北、河北两个电价区）销售电价数据，整理各省区市各类用户电价比值见表4-5。

表4-5　　　　　　　　2016年各省区市各类用户销售电价的比较

省区市	居民电价水平/工业电价水平	农业电价水平/工业电价水平	居民电价水平/商业电价水平	农业电价水平/商业电价水平	居民电价水平/全社会用电电价水平	农业电价水平/全社会用电电价水平
北京	0.545	0.702	0.499	0.642	0.609	0.784
天津	0.617	0.711	0.543	0.626	0.652	0.752
冀北	0.824	0.746	0.771	0.698	0.844	0.763
河北	0.783	0.904	0.762	0.879	0.822	0.948
山西	0.857	0.691	0.666	0.537	0.859	0.693
山东	0.742	0.75	0.686	0.694	0.77	0.779
上海	0.681	0.725	0.582	0.62	0.699	0.743
江苏	0.689	0.658	0.627	0.599	0.72	0.687
浙江	0.702	0.8	0.649	0.74	0.737	0.84
安徽	0.772	0.709	0.688	0.632	0.808	0.743
福建	0.822	0.985	0.694	0.831	0.842	1.008
湖北	0.805	0.669	0.666	0.554	0.827	0.687
湖南	0.793	0.706	0.678	0.604	0.838	0.746
河南	0.868	0.739	0.75	0.638	0.888	0.756
江西	0.828	0.841	0.801	0.814	0.863	0.877
四川	0.893	0.761	0.585	0.498	0.855	0.728
重庆	0.699	0.688	0.659	0.65	0.758	0.747
辽宁	0.791	0.749	0.59	0.558	0.796	0.754
吉林	0.756	0.687	0.568	0.516	0.775	0.704
黑龙江	0.695	0.691	0.543	0.54	0.724	0.719
内蒙古东部	0.928	1.156	0.581	0.724	0.879	1.095
陕西	0.773	0.532	0.579	0.398	0.792	0.545
甘肃	1.132	0.561	0.624	0.309	1.077	0.533
青海	1.057	0.755	0.573	0.409	1.034	0.739
宁夏	1.121	0.589	0.652	0.342	1.098	0.577
新疆	1.202	0.713	0.95	0.563	1.185	0.702
西藏	0.623	0.236	0.492	0.186	0.631	0.239
国家电网	0.791	0.699	0.645	0.57	0.807	0.713

从表 4-5 可以看出，根据居民电价水平与全社会用电电价水平的比值来看，新疆、宁夏、甘肃、青海四个地区的比值大于 1，按照社会成本理论，这些地区的居民交叉补贴较少或不存在交叉补贴；其他地区的比值均小于 1，说明存在居民交叉补贴问题，其中北京、西藏、天津、上海的比值低于 0.7，这些地区的居民交叉补贴程度相对较高。

根据农业用电电价水平与全社会用电电价水平比值来看，内蒙古东部、福建两个地区的比值大于 1，按照社会成本理论，这两个地区的农业用电交叉补贴较少或不存在交叉补贴；西藏、甘肃、陕西、宁夏、湖北、江苏、山西 7 个地区的值低于 0.7，这些地区的农业用电交叉补贴程度相对较高。2016 年各省区市各类用户交叉补贴比值如图 4-3 所示。

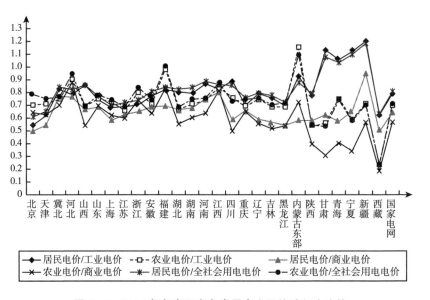

图 4-3 2016 年各省区市各类用户交叉补贴程度比值

资料来源：笔者根据表 4-5 绘制。

工业用户补贴居民用户、工业用户补贴农业用电用户是两种主要的交叉补贴类型，为更为准确地描述各地区的交叉补贴情况，将居民电价水平/工业电价水平、农业电价水平/工业电价水平的比值作为比较参数作图，如图 4-4 所示。通过分析发现，除西藏等少数几个地区外，经济越发达的地区，比值越小，用户类别间的电价交叉补贴程度越严重。

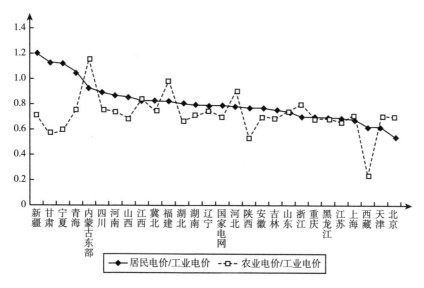

图 4-4　各省区市居民电价、农业电价与工业电价的比值

资料来源：笔者绘制。

4.3　基于比值法计量我国电价交叉补贴规模及变化趋势

销售电价与成本比值法可以用于计量交叉补贴规模。本节将社会用电的均价假定为全社会用电成本，根据居民电价均价、农业用电均价与社会用电均价之间的差异，按照价差法计量原理，估算我国历年来居民交叉补贴与农业交叉补贴规模（见表 4-6）及分析历年来电价交叉补贴规模的变化趋势（如图 4-5 所示）。

表 4-6　　　　　2006～2018 年交叉补贴规模（居民、农业用电）

年份	全社会售电均价(元/千瓦时)	居民用电均价(元/千瓦时)	居民电量(亿千瓦时)	居民交叉补贴规模(亿元)	农业用电均价(元/千瓦时)	农业用电量(亿千瓦时)	农业用电交叉补贴规模(亿元)	合计(亿元)
2018	0.6382	0.5437	10058	-950.58	0.4808	1243	-195.72	-1146.3
2017	0.7363	0.5433	9072	-1751.7	0.4859	1175	-294.29	-2046
2016	0.6715	0.5419	8421	-1091.4	0.4786	1092	-210.6	-1302.05
2015	0.6919	0.5417	7565	-1136.5	0.483	1040	-217.22	-1353.71
2014	0.6997	0.5422	7176	-1130	0.4873	1027	-218.15	-1348.15

续表

年份	全社会售电均价(元/千瓦时)	居民用电均价(元/千瓦时)	居民电量(亿千瓦时)	居民交叉补贴规模(亿元)	农业用电均价(元/千瓦时)	农业用电量(亿千瓦时)	农业用电交叉补贴规模(亿元)	合计(亿元)
2013	0.699	0.5461	6989	-1068.6	0.459	1013	-243.12	-1311.74
2012	0.698	0.5261	6219	-1068.7	0.4766	1013	-224.27	-1293
2011	0.6607	0.5169	5620	-808.27	0.4376	1013	-226.07	-1034.34
2010	0.6453	0.5135	5125	-675.73	0.3863	979	-253.56	-929.292
2009	0.6138	0.512	4872	-495.77	0.335	976	-272.08	-767.854
2008	0.5981	0.5111	4396	-382.67	0.3311	947	-252.83	-635.502
2007	0.5828	0.5143	3623	-248.07	0.364	940	-205.68	-453.748
2006	0.5671	0.5024	3252	-210.6	0.3517	887	-191.09	-401.686

注:(1) 2006~2018年居民电量、农业用电量,作者根据统计年鉴电力平衡表整理。(2) 电价数据,根据国家电网公司销售数据整理。(3) "-"代表存在交叉补贴。

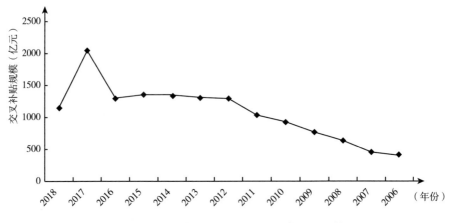

图 4-5 我国历年电价交叉补贴规模变化趋势

资料来源:据表 4-6 绘制。

从表 4-6 和图 4-5 可以看出,随着居民用电量及农业用电量增长,我国电价交叉补贴规模逐年增长,2006~2012 年增长速度较快,2012~2016 年增速放缓,2017 年增长显著,超过 2000 亿元,2018 年因为降低工商业电价,社会平均电价下降,交叉补贴规模下降显著,逼近 1000 亿元。通过 13 年的数据分析,交叉补贴的构成中,居民交叉补贴平均占 3/4,农业交叉补贴占 1/4。

需要说明的是,将社会用电均价作为全社会用电成本,这种测算方式可以用来初步判断不同类型用户间交叉补贴规模的变化趋势,但社会用电均价并不能完全体现社会平均成本。另外，除了用户类别之间的交叉补贴外，还存在其他类型交叉补贴，因此本书将在后续研究中做更精细的计量。

4.4　基于用户需求定价模型计量电价交叉补贴

将依据用户需求定价的价格，作为计量电价交叉补贴的基准价格，这种确定基准电价的方式与以成本为基础确定基准价格的方式不同。其计量思路是，在电力企业（电网电业）财务收支平衡约束下，根据不同类型用户需求价格弹性等因素，制定销售价格（销售电价）。这种定价方式，由于考虑了电力企业财务收支平衡，因而通过电价能够充分弥补电力企业成本。另外，由于考虑了用户需求价格弹性，因而在消费端，定价对资源配置能够达到最优状态。

具体计量方式与步骤为：第一步，构建动态价差法来计量电价交叉补贴规模；第二步，电网企业在收支平衡和实现社会消费最优状态约束条件下，分别以居民用户和工业用户的需求价格弹性构建电力商品定价模型；引入城乡居民用户和工业用户自价格弹性系数及用户间交叉价格弹性系数，计算各类用户需求电价，并将其作为计量电价交叉补贴的基准价格；第三步，采用价差法计量方式，结合实际电价、电量数据、需求电价等参数，计量电价交叉补贴规模及交叉补贴程度。

4.4.1　需求定价方法及理论原理

1. 拉姆齐定价法*

与传统按边际成本最优定价方式相比，拉姆齐定价方式是一种追求社会福利最大化目标下的次优定价方案，通常应用于不以盈利为目标的企业或行业定价策略。这种定价原理要求实现社会福利最大化和允许电力企业能够回收供电固定成本。拉姆齐最先证明，按照逆弹性实施差别定价是垄断企业管制定价中

---

* 部分论述参见：刘思强，叶泽，于从文，等. 我国分压分类电价交叉补贴程度及处理方式研究——基于天津市输配电价水平测算的实证分析 [J]. 价格理论与实践，2016 (5)：65 – 68.

最富有效率的方式。逆弹性定价方式具体为：价格与用户需求－价格弹性成反比，弹性越高，定价越低。在具体定价过程中，对需求价格弹性低的消费者定高价，对需求价格弹性高的消费者定低价。拉姆齐定价的具体公式为：

$$\frac{P(q) - MC(q)}{P(q)} = \frac{\alpha}{\eta[P(q)]} \tag{4.5}$$

式中，$P(q)$ 是拉姆齐理想电价；$MC(q)$ 是供电边际成本；$\eta[P(q)]$ 是用户自弹性系数；α 是拉姆齐指数。尽管从理论上分析，由于拉姆齐价格是建立在边际成本定价并充分考虑了用户需求价格弹性因素基础上的，因而被认为是最优价格。然而我国的实际情况是，电力市场覆盖面广、供电环境复杂，不同区域、不同用户类别和用电特性差异很大，因此准确计量边际成本以及用户需求价格弹性系数，是一个相当困难并难以实现的事情。因此在实际计量电价交叉补贴时，通常需要对这种方法实施调整，在数据可获得性前提下，使基准价格尽可能接近拉姆齐价格。

采用拉姆齐价格测算交叉补贴的方法是，先计算出拉姆齐价格，然后按照以下公式计算交叉补贴：电价交叉补贴＝实际电价－拉姆齐价格。

唐要家和杨健（2014）的一项研究表明，我国目录电价结构存在明显"逆拉姆齐"现象。居民用户需求价格弹性低、商业用户弹性高，工业用户弹性位居中间。根据拉姆齐价格定价原则，居民电价应该高于工业电价，商业电价应该高于工业电价，然而实际电价水平则相反。正如前文分析，拉姆齐定价原理在实际运用过程中存在两大难题：一是边际成本确定与计算；二是用户需求价格弹性。与此同时，拉姆齐定价在电力消费领域也存在不足，即拉姆齐定价的需求价格弹性系数为用户自弹性，没有考虑不同用户间的交叉弹性及其他因素，如居民需求收入弹性的影响。因此，采用将拉姆齐电价作为基准电价，计量交叉补贴规模及价格扭曲时，相关研究结果存在较大差异。唐要家和杨健（2014）以我国2007~2010 年的各类用户的电力消费数据为样本，测得不同年份的居民拉姆齐电价为0.6564 元/千瓦时、0.6690 元/千瓦时、0.6820 元/千瓦时、0.6333 元/千瓦时、0.6352 元/千瓦时，电价扭曲程度为－40.997%、－47.9365%、－38.9647%、－34.5759%、－29.5957%，居民用户电价交叉补贴规模为784.10 亿元、988.68 亿元、887.22 亿元、841.46 亿元、843.57 亿元。齐放等（2010）以

2005 年国家电网公司相关数据为依据，测得工业用户需求价格弹性系数为 −0.60，居民用户需求价格弹性系数为 −0.158，测得居民用户拉姆齐电价为 1.010 元/千瓦时、工业用户拉姆齐电价为 0.399 元/千瓦时，价格扭曲程度分别为 −139.22%、19.18%。陈甫军和左源（2018）以 2015 年 31 个省区市的电力消费数据为样本，测得工业用户需求价格弹性系数为 −0.431，居民用户需求价格弹性为 −0.556，居民用户拉姆齐电价为 0.922 元/千瓦时、工业用户拉姆齐电价为 0.570 元/千瓦时，全年工业用户承担的电价交叉补贴规模为 2482 亿元，居民享受的电价交叉补贴规模为 2954 亿元。

2. 静态价差法与动态价差法比较[①]

由于固定成本是一个历史数值，因此理论上，以供电成本作为计价基准的电价交叉补贴测量模型是一个静态计量模型（林伯强和蒋竺均，2011）。这种静态计量模型并未反映价格变动与需求电量的关系。事实上，电价交叉补贴规模取决于基准价格、电量规模两个主要因素。尽管在需求价格弹性较小的情况下，如居民用电，电价变动对单个用户用电需求量影响较小，但是对于全社会用电规模大，电价轻微变动，造成总电量变化非常大。从这个角度来看，价格变动对电价交叉补贴总规模存在显著影响。

鉴于静态价差法存在一些问题，一些学者将动态影响因素纳入定价和测量范畴，提出了改进的计量模型。布什利和沃尔根特（2012）在分析科威特居民电价补贴对社会福利的影响时，提出了价格与消费量（电量）的动态关系模型：

$$Q^n = Q^i + \Delta Q = Q^i \times \left[1 + \varepsilon \times \Delta P / P^i\right] \tag{4.6}$$

式中，$\Delta Q = Q^n - Q^i$；$\Delta P = P^n - P^i$；ε 表示价格弹性。动态关系模型将需求价格弹性因素考虑其中。

如果充分考虑各类用户需求响应，即价格对需求的影响，依据需求价格弹性测算出基准价格和理论消费电量，然后按照价差法，计量电价交叉补贴规模，那么相关模型可以构建如下：

$$Sub = BpBQ - ApAQ \tag{4.7}$$

[①]　部分论述参见：吴永飞. 销售电价交叉补贴的计量及解决机制［D］. 长沙：长沙理工大学，2019.

$$DSub = (BpBQ - ApAQ)/BpBQ = 1 - ApAQ/BpBQ \qquad (4.8)$$

式中，Sub 为对居民用户的电价交叉补贴额；$DSub$ 为交叉补贴程度；Bp 为居民用户基准电价；AQ、BQ 则分别为实际电量和理论电量。当存在交叉补贴时，需要满足不同价格水平下计量得到交叉补贴额绝对值相等的条件，即：

$$|Ap_1Aq_1 - Bp_1Bq_1| = |Ap_2Aq_2 - Bp_2Bq_2| \qquad (4.9)$$

动态计量电价交叉补贴规模及交叉补贴程度的关键环节为：一是考虑需求价格弹性影响，测算理论上的用户基准价格；二是通过需求函数，测算基准用电价格下的各类用户需求电量。下面考虑用户需求响应因素，构建电价定价模型，并利用电力需求函数、需求价格弹性开展实证研究。

4.4.2　用户需求定价模型构建及实证研究*

1. 基本假设

（1）假设某电网企业仅为居民用户和工业用户两类用户供电，其中前者为被补贴方，后者为补贴方。

（2）假设仅考虑不同用户类别间的电价交叉补贴，暂不考虑不同电压等级、不同负荷率及不同地区间的电价交叉补贴形式。

（3）市场信息完全对称，电网企业能够完全掌握用户的用电成本、电量需求信息。

（4）假设两类用户的供电边际成本和固定成本为已知，其中，设居民用户、工业用户的边际成本分别为 c_h 和 c_e，固定成本为 F。

（5）假设电网企业采用经营目标定价方式来制定居民电价、工业电价。

2. 定价模型构建

定义效用函数 $V^i(p, w^i)$，即效用最大化。如果 p^* 能够满足约束条件并实现效应最大化，则 p^* 就是次优的定价基准。

---

　　* 部分论述参见：叶泽，姚军，吴永飞，等. 考虑用户需求的电价交叉补贴及社会福利计量研究[J]. 中国电力，2019，52（12）：113 – 122.

$$\max V^i(p,w^i)$$

$$\text{s. t.}\begin{cases} V^j(p,w^j) \geqslant V^j(p^*,w^j),j\neq 1,j=1,\cdots,n \\ pQ(p) - C(Q(p)) = 0 \end{cases} \tag{4.10}$$

同时，以 λ^i，$i\in N$ 表示最小效用下的影子价格，以 γ 表示零利润限制下的影子价格。引入拉格朗日函数，可得：

$$L = \sum_{i\in N}\lambda^i\big[V^i(p,w^i) - V^i(p^*,w^i)\big] + \gamma\big[pQ(p) - C(Q(p))\big] \tag{4.11}$$

一阶的必要条件为：

$$\sum_{i\in N}\lambda^i V_i^i(p^*,w^i) + \gamma\Big[Q_l^* + \sum_{k=1}^{m}(p_k^* - C_k)\partial Q_k^*/\partial p_l\Big] = 0 \tag{4.12}$$

其中：

$$Q_l^* = Q_l(p^*),C_k = \partial C(Q^*)/\partial Q_k \tag{4.13}$$

电网企业按用户需求定价，各类用户逆需求函数为：$q_i = D_i(p_h,p_e)$。那么居民用户消费者剩余可表示为：

$$CS_h = \int_0^{p_h}q_h\mathrm{d}p_h - p_h q_h \tag{4.14}$$

工业用户消费者剩余可表示为：

$$CS_e = \int_0^{p_e}q_e\mathrm{d}p_e - p_e q_e \tag{4.15}$$

式中，p_h、p_e 分别为居民用户电价和工业用户电价；q_h、q_e 分别为居民用户和工业用户在对应价格水平下的理论消费电量；CS_h、CS_e 分别为居民用户和工业用户的消费者剩余。

由于电力是公共产品，市场管制机构会提出消费者效用分配目标，因此定价时需要考虑公共政策目标，如出于保民生目标，管制机构在效用分配时会倾向居民用户。假设不同类别的消费者剩余对于社会效用存在差异，赋予不同的权重系数 η 和 $1-\eta$，此时总社会福利函数写为：

$$w = \eta CS_h + (1-\eta)CS_e \tag{4.16}$$

在单一用户类型的情况下，企业平衡预算要求决定了企业定价政策，但市场存在两个及以上户类型时需要多种预算平衡约束进行组合。其表达式为：

$$\max(w) = \eta\Big[\int_0^{p_h}q_h\mathrm{d}p_h - p_h q_h\Big] + (1-\eta)\Big[\int_0^{p_e}q_e\mathrm{d}p_e - p_e q_e\Big]$$

$$\text{s. t. } p_h q_h + p_e q_e - C(q_h, q_e) = 0 \tag{4.17}$$

引入拉格朗日表达式：

$$L = \eta \Big[\int_0^{p_h} q_h \mathrm{d}p_h - p_h q_h \Big] + (1 - \eta) \Big[\int_0^{p_e} q_e \mathrm{d}p_e - p_e q_e \Big]$$
$$+ \lambda [p_h q_h + p_e q_e - C(q_h, q_e)] \tag{4.18}$$

选取适当的 p_h、p_e，使得目标函数最大，那么一阶条件为：

$$\frac{\partial w}{\partial p_h} + \lambda \Big[(p_h - c_h) \frac{\partial q_h}{\partial p_h} + (p_e - c_e) \frac{\partial q_e}{\partial p_h} + q_h \Big] = 0 \tag{4.19}$$

$$\frac{\partial w}{\partial p_e} + \lambda \Big[(p_h - c_h) \frac{\partial q_h}{\partial p_e} + (p_e - c_e) \frac{\partial q_e}{\partial p_e} + q_e \Big] = 0 \tag{4.20}$$

$$p_h q_h + p_e q_e - C(q_h, q_e) = 0 \tag{4.21}$$

式中，c_h、c_e 分别为居民用户和工业用户的边际成本，表达式为：

$$C(q_h, q_e) = c_h q_h + c_e q_e + C_f \tag{4.22}$$

3. 模型求解

式（4.19）、式（4.20）显示，定价与用户自价格弹性系数以及用户间的交叉弹性系数均存在关系。下面对不同类型用户需求的交叉补贴情况进行讨论。其中，电力需求函数采用国际通用表达形式：

$$\begin{cases} \ln(q_h) = k_h + \alpha_h \ln(p_h) + \beta_h \ln(p_e) \\ \ln(q_e) = k_e + \alpha_e \ln(p_h) + \beta_e \ln(p_e) \end{cases} \tag{4.23}$$

取对数形式，需求函数如下：

$$\begin{cases} q_h = k_h p_h^{\alpha_h} p_e^{\beta_h} \\ q_e = k_e p_h^{\alpha_e} p_e^{\beta_e} \end{cases} \tag{4.24}$$

式中，α_h、β_e 分别为居民用户自需求价格弹性、工业用户自需求价格弹性；β_h、α_e 分别为居民用户和工业用户间的交叉价格弹性。

结合需求函数式（4.24），改写一阶条件式（4.19）、式（4.20）、式（4.21），可得：

$$- \eta \alpha_h p_h q_h - (1 - \eta) \frac{\alpha_e \beta_e}{\beta_e + 1} p_e q_e + \lambda [\alpha_h q_h (p_h - c_h) + \alpha_e q_e (p_e - c_e) + p_h q_h] = 0 \tag{4.25}$$

$$- \eta \frac{\alpha_h \beta_h}{\alpha_h + 1} p_h q_h - (1 - \eta) \beta_e p_e q_e + \lambda \left[\beta_h q_h (p_h - c_h) + \beta_e q_e (p_e - c_e) + p_e q_e \right] = 0$$

$$\text{(4.26)}$$

$$p_h q_h + p_e q_e - (c_h q_h + c_e q_e + C_f) = 0 \tag{4.27}$$

对上式求解，解得：

$$p_e = \frac{\left[(\lambda + \eta) \alpha_h - 1 \right] (c_h q_h + c_e q_e + C_f) + \lambda (\alpha_h c_h q_h + \alpha_e c_e q_e)}{\left[\eta \alpha_h - (1 - \eta) \dfrac{\alpha_e \beta_e}{\beta_e + 1} + \lambda (\alpha_e - \alpha_h - 1) \right] q_e} \tag{4.28}$$

$$p_h = \frac{\left[(1 - \eta) \dfrac{\alpha_e \beta_e}{\beta_e + 1} - \lambda \alpha_e \right] (c_h q_h + c_e q_e + C_f) + \lambda (\alpha_h c_h q_h + \alpha_e c_e q_e)}{\left[-\eta \alpha_h - (1 - \eta) \dfrac{\alpha_e \beta_e}{\beta_e + 1} + \lambda (\alpha_h - \alpha_e + 1) \right] q_h} \tag{4.29}$$

$$\lambda = \frac{\eta \dfrac{\alpha_e \beta_e}{\beta_e + 1} p_h q_h + (1 - \eta) \beta_e p_e q_e}{\beta_h q_h (p_h - c_h) + \beta_e q_e (p_e - c_e) + p_e q_e} \tag{4.30}$$

通过模型求解发现，基准价格确定取决于各类用户自需求价格弹性、用户间的交叉弹性以及不同用户福利加权数 η。因此，如果能够准确测量不同类型用户自需求价格弹性和用户间交叉价格弹性，那么就可以计算各类用户基准价格。然后通过需求函数计算理论用电量，在此基础上就可以计量电价交叉补贴规模。

4. 数据模拟和仿真分析

下面采用 2017 年我国电力销售数据，进行数据模拟与仿真分析。根据国家电网公司财务数据估计，2017 年居民用户消费电量 $q_{h0} = 8961.39$ 亿千瓦时，工业企业用户消费电量 $q_{e0} = 35006.61$ 亿千瓦时，居民电价 $p_{h0} = 0.5419$ 元/千瓦时，工业电价为 $p_{e0} = 0.6920$ 元/千瓦时。居民供电的边际成本 $c_h = 0.3216$ 元/千瓦时，工业供电的边际成本 $c_e = 0.3022$ 元/千瓦时，固定成本 $F = 15620$ 亿元。假设居民用户、工业用户福利权重系数 $\eta \in [0.48, 0.55]$，两类用户自需求价格弹性分别为 $\alpha_h \in [0.45, 0.50]$、$\beta_e \in [0.54, 0.59]$，用户间交叉价格弹性分别为 $\alpha_e = -0.001$、$\beta_h = -0.05$。通过 Matalab 仿真模拟分析，可以得到不同取值范围下居民用户基准用电价格、工业用户基准用电价格，同时也可得到不同取值范围下的社会福利及交叉补贴规模，如图 4 - 6 ~ 图 4 - 11 和

表4-7~表4-9所示①。

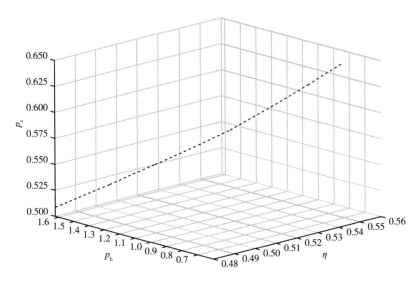

图4-6 不同权重下居民和工业基准电价

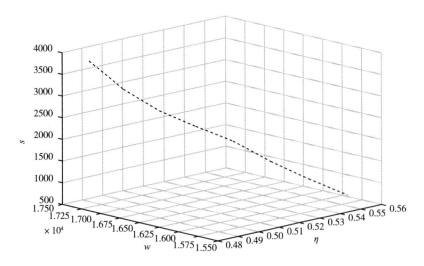

图4-7 不同权重下福利和交叉补贴

---

① 图4-6~图4-11和表4-7~表4-9来源：叶泽，姚军，吴永飞，等. 考虑用户需求的电价交叉补贴及社会福利计量研究 [J]. 中国电力，2019，52 (12)：113-122.

表 4 – 7 　　　　　　　不同福利权重下的基准电价、福利和交叉补贴规模

η	0.48	0.49	0.50	0.51	0.52	0.53	0.54	0.55
p_h（元/千瓦时）	1.6217	1.3995	1.2400	1.1289	1.0298	0.9005	0.7965	0.7066
p_e（元/千瓦时）	0.5087	0.5342	0.5549	0.5708	0.5863	0.6087	0.6290	0.6487
w（亿元）	17142.90	16961.58	16768.73	16566.03	16354.98	16135.08	15907.66	15672.88
s（亿元）	3960.09	3277.80	2758.01	2378.27	2025.21	1540.87	1128.20	751.52

通过分析图 4 – 6、图 4 – 7 及表 4 – 7 可以发现，福利权重系数对各类用户基准价格、交叉补贴规模的影响很大。福利权重系数越大，管制机构越偏向于居民用户，电网企业可通过工业用户回收的交叉补贴越少，而需要提供的电力普遍服务越多，社会福利不断减少。因此从社会福利的角度考虑，福利权重系数不能过大。下面进一步分析用户需求价格弹性的影响。

通过分析图 4 – 8、图 4 – 9 及表 4 – 8 可以发现，居民需求价格弹性增大，工业用户基准价格变大，居民用户基准价格变小，而且居民基准价格变化率远大于工业用户价格的变化率。还可以看出，居民需求 – 价格弹性对交叉补贴、社会福利影响很大。居民需求价格弹性与社会福利呈正相关、与交叉补贴呈负相关，居民用户需求价格弹性变化造成交叉补贴的变动率较大。

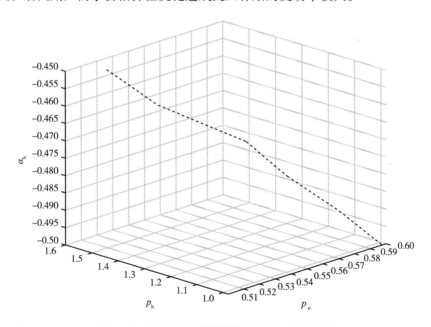

图 4 – 8　不同居民价格弹性下居民和工业电价

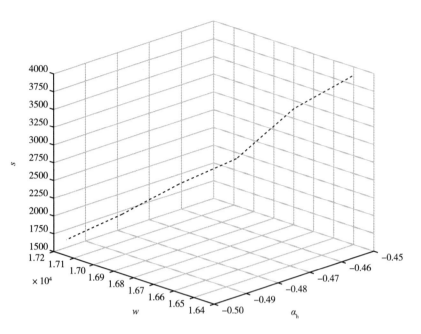

图4-9 不同居民价格弹性下福利和交叉补贴

表4-8 不同居民价格弹性下的电价、福利和交叉补贴

α_h	-0.45	-0.46	-0.47	-0.48	-0.49	-0.50
p_h（元/千瓦时）	1.5289	1.4230	1.2400	1.1612	1.0612	0.9801
p_e（元/千瓦时）	0.5144	0.5293	0.5549	0.5675	0.5836	0.5975
w（亿元）	16507.69	16639.89	16768.73	16893.82	17016.87	17138.44
s（亿元）	3863.26	3433.34	2758.01	2433.63	2043.87	1722.81

表4-9 不同工业价格弹性下的电价、福利和交叉补贴

β_e	-0.54	-0.55	-0.56	-0.57	-0.58	-0.59
p_h（元/千瓦时）	1.1935	1.2400	1.3888	1.4648	1.6148	1.7248
p_e（元/千瓦时）	0.5621	0.5549	0.5347	0.5247	0.5069	0.4945
w（亿元）	16218.43	16768.73	17340.88	17938.35	18561.62	19213.59
s（亿元）	2600.52	2758.01	3244.40	3484.28	3941.73	4265.74

　　通过分析图4-10、图4-11及表4-9可以发现，工业用户需求价格弹性增大，居民用户基准价格增大，工业用户基准价格减小，且居民基准价格变化率远大于工业用户价格变化率；还可以看出，工业用户需求价格弹性对电价交

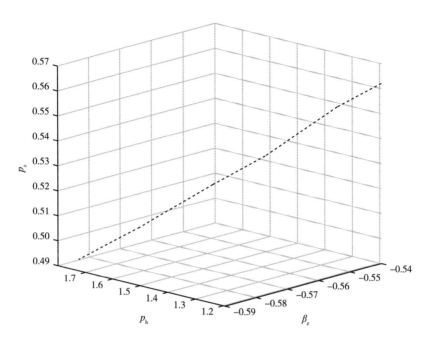

图 4 – 10　不同工业价格弹性下居民和工业电价

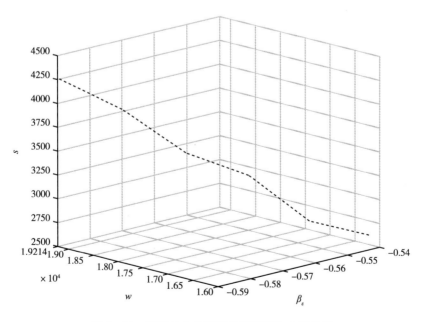

图 4 – 11　不同工业价格弹性下福利和交叉补贴

叉补贴规模、社会福利影响也很大。工业用户需求价格弹性与社会福利呈正相
关、与电价交叉补贴同样呈正相关，且工业用户需求价格弹性变化造成交叉补
贴的变动率也较大。

4.4.3 需求函数构建及电价交叉补贴计量实证研究[*]

通过仿真结果发现，需求价格弹性是计量分类用户间电价交叉补贴规模的
主要参数。然而，经过文献梳理发现，数十年间相关实证研究显示，从理论上
仍然很难找到具有一致性的估计电力用户需求价格弹性的方法（简·霍斯特·
开普勒等，2014）。尽管如此，各国学者对此问题进行了积极探索，并得到了一
些可以借鉴的需求价格弹性数据，见表4-10。

表4-10　　　　　　现有文献估计电力需求价格弹性的模型及结果

研究者（年份）	数据来源	测算模型	用户需求价格弹性系数
平迪克（Pindyck，1979）	1959～1973年	超对数模型	工业：[-0.540, -0.630]
贝尔林等（Beierlein et al.，1981）	1967～1977年美国东北部	OLS模型	居民：-0.1073；商业：-0.0308；工业：-0.1033
		误差分量法（EC）	居民：-0.1134；商业：-0.0091；工业：-0.1164
		误差分量—似不相关（EC-SUR）	居民：-0.0932；商业：-0.0046；工业：-0.1188
博希尼等（Bohi et al.，1984）	美国	连续选择模型	居民：-0.200（短期）；-0.700（长期）
康斯丁（Considine，1989）	1970～1985年美国	超对数模型	工业：-0.410
		线性对数模型	工业：-0.380
琼斯（Jones，1995）	1960～1992年美国	动态超对数模型	工业：-0.201
		动态线性对数模型	工业：-0.207

* 部分论述参见：吴永飞. 销售电价交叉补贴的计量及解决机制 [D]. 长沙：长沙理工大学，2019.

研究者（年份）	数据来源	测算模型	用户需求价格弹性系数
乌尔加（Urga, 1999）	1960～1992 年美国	超对数成本函数模型	工业：-0.080（短期）；-0.100（长期）
乌尔加等（Urga et al., 2003）	1960～1992 年美国	静态 logit 模型	工业：-0.096
		静态超对数模型	工业：-0.072
		动态 logit 模型	-0.071（短期）；-0.261（长期）
		动态超对数模型	-0.101（短期）；-0.104（长期）
秦祯芳，2004	2000～2002 年中国	OLS 模型	居民：-0.444
赛力特斯（Serleties, 2010）	1968～2007 年美国	局部均衡超对数模型	工业：-0.383
何等（He et al., 2011）	2007 年中国	一般均衡模型	居民：-0.315
阿尔贝尼等（Alberini et al., 2011）	1997～2007 年美国	静态线性对数模型	居民：[-0.860, -0.667]
		动态线性对数模型	居民：-0.763（短期）；-0.814（长期）
姚昕等（2011）	2007 年中国	线性计量模型	居民：-0.158；工业：-0.600
林伯强等（2013）	2003～2008 年中国	自回归分布滞后模型	居民：-0.0104
保罗（Paul, 2017）	2001～2015 年美国	三维面板数据线性对数模型	居民：-1.12；商业：-0.46；工业：-1.44
陈甬军等（2018）	2007～2015 年中国	静态线性对数模型	居民：-0.556；工业：-0.431

资料来源：吴永飞. 销售电价交叉补贴的计量及解决机制［D］. 长沙：长沙理工大学，2019.

1. 用户需求价格弹性系数概念及原理

用户自需求价格弹性，是指某类用户电价相对变动引起电力需求量的相对变动。可以表示为：

$$\varepsilon_{ii} = \frac{\Delta q_i / q_i}{\Delta p_i / p_i} \qquad (4.31)$$

式中，ε_{ii} 为第 i 类用户自需求价格弹性系数；q_i 和 p_i 分别为第 i 类用户需求电量和电价。

弗尔哈伯（2005）、索金斯和赖德（Sawkins & Reid, 2007）、阿吉雷和贝蒂亚（Aguirre & Beiti, 2008）认为针对垄断企业提供多产品或服务的交叉补贴实施管制时，需要考虑各种产品或服务间的交叉价格弹性。按照前文分析可以发现，居民用户用电量不仅与自身电价有关，还与工业电价相关。用户间交叉价格弹性可以表示为：

$$\varepsilon_{ij} = \frac{\Delta q_i / q_i}{\Delta p_j / p_j} \tag{4.32}$$

式中，ε_{ij} 为第 i 类用户对第 j 类用户交叉价格弹性；q_i 为第 i 类用户电量；p_j 为第 j 类用户电价。

需求函数采用国际通用表达形式，即：

$$乘法形式：\begin{cases} q_h = k_h p_h^{\alpha_h} p_e^{\beta_h} \\ q_e = k_e p_h^{\alpha_e} p_e^{\beta_e} \end{cases} \tag{4.33}$$

$$加法形式：\begin{cases} \ln(q_h) = k_h + \alpha_h \ln(p_h) + \beta_h \ln(p_e) \\ \ln(q_e) = k_e + \alpha_e \ln(p_h) + \beta_e \ln(p_e) \end{cases} \tag{4.34}$$

因此，用户自弹性和用户间的交叉价格弹性可以表示为：

$$\varepsilon_{hh} = \frac{\partial q_h}{\partial p_h} \cdot \frac{p_h}{q_h} = \frac{\partial \ln(q_h)}{\partial \ln(p_h)} = \alpha_h \tag{4.35}$$

$$\varepsilon_{he} = \frac{\partial q_h}{\partial p_e} \cdot \frac{p_e}{q_h} = \frac{\partial \ln(q_h)}{\partial \ln(p_e)} = \beta_h \tag{4.36}$$

$$\varepsilon_{ee} = \frac{\partial q_e}{\partial p_e} \cdot \frac{p_e}{q_e} = \frac{\partial \ln(q_e)}{\partial \ln(p_e)} = \beta_e \tag{4.37}$$

$$\varepsilon_{eh} = \frac{\partial q_e}{\partial p_h} \cdot \frac{p_h}{q_e} = \frac{\partial \ln(q_e)}{\partial \ln(p_h)} = \alpha_e \tag{4.38}$$

式中，ε_{hh}、ε_{ee} 分别表示居民用户自需求价格弹性和工业用户自需求价格弹性；ε_{he}、ε_{eh} 分别表示居民用户和工业用户之间的交叉价格弹性。

令 $Q_h = \ln(q_h)$，$Q_e = \ln(q_e)$，$P_h = \ln(p_h)$，$P_e = \ln(p_e)$，则各类用户需求函数可以进一步表示为：

$$\begin{cases} Q_h = \alpha_h P_h + \beta_h P_e + k_h + \mu_h \\ Q_e = \alpha_e P_h + \beta_e P_e + k_e + \mu_e \end{cases} \tag{4.39}$$

在此基础上，通过电价和电量等实际数据，采用普通最小二乘法（OLS）和似不相关回归方法（SUR），便可以估算居民用户和工业用户的自价格弹性以及两类用户之间的交叉价格弹性（Srivastava & Giles，1987）。

2. 用户需求函数模型构建

1）居民用户电力需求函数

居民用户电量需求与电价（居民电价和工业电价）、居民收入、拥有电器数量等因素相关，采用物价指数（CPI）对电价和收入进行平滑处理，需求函数可采用以下形式表示：

$$q_c = f(p_c, p_i, I, n) \tag{4.40}$$

对数形式为：

$$\ln q_c = \alpha + \beta_1 \ln p_c + \beta_2 \ln p_i + \beta_3 \ln I + \beta_4 \ln n + \varepsilon_t \tag{4.41}$$

式中，q_c 为居民用电量；p_c、p_i 分别为居民电价和工业电价；I 为居民人均收入；n 为居民拥有电器数量（如空调台数）；β_1 为居民用户自价格弹性；β_2 为工业用户电价对居民用电的交叉价格弹性；ε_t 为误差系数。

2）工业用户电力需求函数

工业用户电量需求与电价（工业电价和居民电价）、工业增加值、GDP 等因素相关，采用燃料价格指数对电价、工业增加值、GDP 进行平滑处理，需求函数可表示为：

$$q_i = f(p_i, p_c, V, g) \tag{4.42}$$

对数形式为：

$$\ln q_i = \alpha + \beta_1 \ln p_i + \beta_2 \ln p_c + \beta_3 \ln V + \beta_4 \ln g + \varepsilon_t \tag{4.43}$$

式中，q_i 为工业用电量；p_i、p_c 分别为工业电价和居民电价；V 为工业增加值；g 为 GDP；β_1 为工业用户自价格弹性；β_2 为居民电价对工业用电的交叉价格弹性；ε_t 为误差。

3. 数据来源及统计

本节实证研究运用的数据，为国家电网电力经营所在省区市的动态面板数据（1997~2016 年，共 20 年）。其中，各类用户电价和电量数据，通过 2010~

2017 年《国际能源与电力价格分析报告》整理得到；其他数据通过《中国统计年鉴》、《中国工业统计年鉴》、国家统计局以及前瞻网等相关数据内容整理得到。处理缺失值及纠正偏差的方法为：一是对电价、电量缺失的进行了剔除；二是通过对经济数据进行平减处理，减少通货膨胀的影响。各主要变量的描述性统计见表 4-11。

表 4-11 变量描述性统计

	变量	时间（年）	极小值	极大值	均值	标准差
电量	工业用电（亿千瓦时）	20	8395.66	40654.36	22211.25	11184.07
	居民用电（亿千瓦时）	20	1253.15	7961.39	4024.33	2287.81
电价	工业电价（元）	20	0.3650	0.6859	0.5518	0.1044
	居民电价（元）	20	0.3856	0.5461	0.4978	0.0437
工业变量	工业增加值（亿元）	20	33023.50	247877.70	120883.74	78969.68
	工业企业数（家）	20	162000.00	534000.00	312621.70	111358.00
	第二产业从业人员（万人）	20	15681.90	23241.00	19387.89	2936.72
	天然气消费量（亿立方米）	20	168.93	1315.77	574.55	400.98
	石油气工业用量（万吨）	20	19691.70	57242.40	35915.03	12332.41
	燃料价格指数（1996 年=100）	20	93.84	163.74	127.10	25.15
居民变量	总人口（万人）	20	123626.00	138271.00	131480.65	4373.88
	生产总值（亿元）	20	78973.00	744127.00	311884.09	222262.00
	居民消费水平（元）	20	3002.00	21228.00	8892.07	5872.29
	天然气家庭用量（亿立方米）	20	21.22	379.74	159.00	127.10
	生活煤气消费量（亿立方米）	20	60.00	186.00	123.33	39.73
	居民用水（万吨）	17	574.92	815.00	708.36	72.53
	石油家庭用量（万吨）	20	938.30	6737.63	2866.44	1796.33
	空调拥有量（台/百户）	20	16.30	153.70	85.48	44.61
	CPI 价格指数（1996 年=100）	20	100.55	146.03	117.57	16.42

资料来源：笔者整理。

从表 4-11 可以看出，20 年来居民最高电价与最低电价之差为 0.1605 元/千瓦时，工业用户最高电价与最低电价之差为 0.3209 元/千瓦时。而且，居民电价水平与工业电价水平的比值从大于 1 到小于 1，这说明我国用户间的交叉补贴是在工业电价涨幅较大、居民电价涨幅较小的情况下逐年形成的。

4. 交叉补贴计量及实证结论分析

现有相关文献一般采用 IEA 推荐的弹性不变下的需求函数，其公式为：$q = p^{\varepsilon}$。这个公式存在一些缺陷：一是没有包含一些必要的控制变量，因而不能测量用户或消费者自需求价格弹性；二是公式中也没有考虑用户间的价格交叉弹性。在资源稀缺情况下，工业用户与居民用户是相互影响的，用户之间存在内在联系，本书充分考虑用户需求函数之间的影响，采用最小二乘（OLS）回归方法，建立单一独立方程来测算用户用电价格弹性；使用似不相关回归方法（SUR）对工业用户需求价格弹性、居民用户需求价格弹性以及两类用户间的交叉价格弹性进行估计，结果见表 4 - 12。

表 4 - 12　　　　　工业和居民用户的用电价格弹性估计

变量	仅考虑自价格弹性		考虑交叉价格弹性	
	$\ln q_c$	$\ln q_i$	$\ln q_c$	$\ln q_i$
$\ln p_c$	- 0. 4827 *		- 0. 4706 **	- 0. 0012 *
	(0. 2721)		(0. 3771)	(0. 09445)
$\ln p_i$		- 0. 6207 ***	- 0. 059 **	- 0. 5586 ***
		(0. 1342)	(0. 3056)	(0. 0664)
常数项	2. 6726 ***	- 1. 2323 ***	0. 8287 *	- 0. 7505 ***
	(1. 5484)	(0. 3072)	(0. 4229)	(0. 4113)
观察数	20	20	20	20
R^2	0. 9956	0. 9937	0. 9957	0. 9948

注：* 表示在 10% 的置信区间内显著，** 表示在 5% 的置信区间内显著，*** 表示在 1% 的置信区间内显著。

表 4 - 12 数据显示，计量结果在相应的置信区间内显著。数据显示，如果只考虑各类用户自价格弹性，不考虑用户间的影响，则工业用户需求价格弹性系数为 - 0. 6207，城乡居民用户需求价格弹性系数为 - 0. 4827，前者大于后者。考虑用户间影响，即工业电价会影响居民电量需求，居民电价也会影响工业用电需求，两类用户的需求价格弹性（自弹性）系数变小。数据显示，居民需求价格弹性变化幅度较小，为 - 0. 4706，变化幅度为 2. 51%；而工业用户需求价格弹性变化幅度较大，为 - 0. 5586，变化幅度为 10. 00%。两类用户间的交叉价

格弹性系数分别为 -0.0012 和 -0.059，数据显示工业电价对居民用电量需求影响程度，小于居民电价对工业用电量需求的影响程度。

如果不考虑管制机构对居民用户和工业用户福利权重偏向（取 $\eta=0.5$），即无歧视，结合图 4-6~图 4-11 的仿真结果及表 4-12 需求价格自弹性及用户间的交叉弹性进行估计，可得到用户需求定价方式下我国电价交叉补贴规模，见表 4-13。

表 4-13　　　　　　　　考虑用户需求定价的电价交叉补贴规模

参数	α_e	α_h	β_h	β_e	p_e（元/千瓦时）	p_h（元/千瓦时）	w（亿元）	Sub（亿元）
取值	-0.001	-0.4700	-0.5500	-0.0500	1.2400	0.5549	16768.73	2758.01

表 4-13 显示，采用用户需求定价方式定价，我国电价交叉补贴规模约为 2758.01 亿元。

理论上，电网企业具有输配电环节自然垄断性，当电力市场处于完全信息状态时，企业可以根据各类用户需求价格弹性等用电信息来制定各类用户用电价格。实证研究结论表明，在需求定价方式中，影响因素主要有：用户需求价格弹性（自弹性）、用户间交叉价格弹性、管制机构赋予各类用户的福利权重系数。

4.5　基于供电成本分摊定价方法计量电价交叉补贴

电价交叉补贴是用户实际电价水平背离其供电成本产生的，因此如果能够计量不同类型的供电成本，就可以较为精确地测算电价交叉补贴规模与交叉补贴程度。由于用户在不同电压等级受电，其供电固定成本不仅由电压本级构成，还需要按照电压等级序列逐级分摊高电压等级传导的成本。按照成本加成定价原理，不同电压等级合理电价为可变成本（购电成本，约等于上网电价）加上应分摊的固定成本（输配电成本），再加上政府基金及税收。成本分摊的目的：按照供电成本归属原则和合理公平标准，将供电成本（可变成本、固定成本）分摊给不同类型和不同用电特性的用户。本节以供电过程中产生的可变成本、固定成本为基础，确定不同电压等级不同类型用户应分摊供电成本，并将各类用户供电成本（分摊后的成本）作为计价基准（基准电价），计量分类用户间电价交叉补贴规模及交叉补贴程度。

4.5.1　输配电成本分摊方法

目前，全球一些实施电力市场化改革的国家或地区，基本上建立了以独立输配电价为基础的电价体系。输配电价是否合理，取决于供电成本是否准确核定及是否合理分摊。一般而言，一个国家或地区的电力市场管制机构依据相应法律法规或政策（如成本监审办法）对电力企业供电总成本进行核定。对于成本核审，目前争议较少，然而如何进行成本分摊及相关标准选择是供电企业和用户关注的焦点，因为不同标准，用户需要承担的成本责任不同。供电成本分摊需要甄别影响供电成本规模（大小）和成本归属性因素，在协调各类用户利益和福利调整（如前文提及的不同用户福利加权数）的基础上，综合选择分摊标准。目前一些国家或地区采用的主要分摊方法有：基于电量比例进行分摊（即用电量分摊法）、基于高峰负荷的比值进行分摊（即峰荷责任分摊法）、基于潮流进行分摊（即潮流分摊法）、考虑货币指标因素（收益分摊）进行分摊（即预期收益分摊法）。这四种分摊方法在用户响应性、可理解性、可操作性、维持电价稳定性等方面存在差异，各种方法在实际运用中各有利弊，见表 4 – 14。因此在实际应用过程中，根据定价政策目标，需要将四种方式进行组合使用。下面对这四种方法进行简单介绍和比较。

1. 用电量分摊法

用电量分摊法是指在供电区域内，将各类用户用电量占比作为供电成本分摊的标准和依据。由于电力智能系统普及，各电压等级、各类用户以及个体用户的电量数据（户控数据）可以直接获得，因而通过用电量比例计算应分摊的供电成本操作简单，用户也比较容易理解。与此同时，按照用电量进行供电成本分摊，电价基本稳定，而且用户会根据分摊比例调整用电需求，因而用户需求响应性较好。例如，挪威 Statnett 公司以及纽约独立系统运营商（New York

ISO），选用的就是该方法。但用电量分摊法也存在一些缺陷，如：按照电量分摊，由于没有考虑各类用户用电特性及峰荷责任（前文分析，这些因素对电网固定成本影响很大），不能真实反映用户用电实际供电成本，尤其不能实现固定成本合理分摊。

2. 峰荷责任分摊法

峰荷责任分摊法就是依据用户最高负荷对系统负荷的影响，对供电成本进行分摊。峰荷责任分摊法通常将用户负荷率、系统负荷同时率作为重要指标，因而能够体现用户用电成本责任。峰荷责任分摊法因为考虑了用户用电对电力系统安全运行和供电可靠性的影响，因而又是一种将输配电成本社会化的分摊方式。峰荷责任分摊法的成本分摊比率是在考虑同时率的前提下，通过用户最高负荷和系统最高负荷比值得到的。当系统最高负荷变化不大时，电价能够保持稳定，而当系统最高负荷显著增大时，供电总成本上升，用户应分摊成本也提高，电价上涨，因此按照这种方法定价，用户具有较好响应程度，如降低最高峰荷、提高负荷率等。这种方法还具有数据可获得性、可理解性等特征，操作也相对简单，但也有一个关键问题，即如何匹配用户负荷率与同时率的影响。目前，新英格兰电力公司（ISO New England）主要基于月度高峰负荷来分摊。但这种方法也存在一些不合理性，如没有将用电距离、用电量等影响供电成本的因素考虑在内。

3. 潮流分摊方法

潮流分摊方法就是根据潮流、位置因素对输配电系统的影响程度，来分摊供电成本。相对于前两种方法，潮流计算难度较大，用户不易理解。电力系统条件变化及技术完备性，对供电成本分摊影响较大。因为不直接相关，按照潮流分摊成本，用户响应程度较低；而且电价需要随潮流变化而变化（有时是瞬间变化），电价稳定性较差，这种方法在操作和管理上难以实现。因此较少有国家或地区独立使用这种方法来分摊供电成本，仅将其作为一种辅助。例如，韩国用这种方法分摊50%的传输成本，澳大利亚用这种方法分摊大约一半的传输成本，与此同时，这两个国家还辅以其他供电成本分摊法。

4. 预期收益分摊法

预期收益分摊法就是依据货币指标（如电力投资）进行市场模拟，根据用户预期收益的比例，进行供电成本分摊。预期收益分摊法需要进行市场模拟以及开展交易场景分析。用户类别差异大，市场交易场景变化也较大，并且电力投资产生的是联合成本，确定受益人也比较困难，导致按照预期收益进行供电成本分摊，操作和管理均比较复杂。但由于定义收益和受益者具有前瞻性，可以保持电价相对稳定及能够较好地对电价变化趋势进行判断，因而这种方法也具有一些优势，并可以作为其他方法的补充。目前，尚无国家或地区单独采用该方法。

根据以上分析，四种输配电供电成本分摊方法优缺点比较见表 4-14。

表 4-14　　　　　　　　　输配电供电成本分摊方法比较

评价标准	用电量分摊法	峰荷责任分摊法	潮流分摊法	预期收益分摊法
可理解性	容易	容易	困难	困难
应用便利性	容易	容易	困难	困难
是否能反映系统变化情况	能够反映	能够反映	部分反映	不能反映
费率的稳定性	相对稳定	相对稳定	不确定	稳定

资料来源：笔者绘制。

4.5.2　成本传导原理及输配电准许收入分摊方法

1. 成本传导机制及成本在各电压等级之间分摊原理

在电力输配过程中，往往以高电压等级（容量大）进行远距离输送，以降低线损；并通过低电压等级变电站，使用户能够在低电压受电。这种高压输送、低压受电的方式使得用户需要按照电压等级序列逐级分摊上级输配电成本。具体情况是，低电压等级受电用户，其电量来自两个渠道：一是本级受电的电压等级直接上网电量，二是通过上级（多个高电压等级）经过逐级降压转供本级的电量。因此，低电压等级受电用户还需要按照一定比例分摊高电压等级容量成本。在电网逐级传输（网对网）过程中，用户用电特性对供电成本影响并不明显，因而是次要因素，电量是主要因素。按照用电量分摊方法，固定成本分摊比例为上级电压向本级转供电量的比例。某一电压等级受电用户（用户群）需要分摊输配电的容量总成本主要由输电线路成本、变电成本及其运营成本构成。不同电压等级用户群分摊容量总成本（固定成本）流程[1]如下。

（1）500 千伏用户总成本。

$$C_{c,大工,500} = C_{c,大工} \times \frac{FA_{500}}{\sum FA} - C_{c,大工} \times \frac{FA_{500变电}}{\sum FA} \times k_{500 \to 220} \tag{4.44}$$

$C_{c,大工}$——用户总成本；

（2）220 千伏用户总成本。

$$C_{c,大工,220} = C_{c,大工} \times \frac{FA_{220}}{\sum FA} + C_{c,大工} \times \frac{FA_{500变电}}{\sum FA} \times k_{500 \to 220}$$
$$- C_{c,大工} \times \frac{FA_{220变电}}{\sum FA} \times k_{220 \to 110} - C_{c,大工} \times \frac{FA_{220变电}}{\sum FA} \times k_{220 \to 35} \tag{4.45}$$

（3）110 千伏用户总成本。

$$C_{c,大工,110} = C_{c,大工} \times \frac{FA_{110}}{\sum FA} + C_{c,大工} \times \frac{FA_{220变电}}{\sum FA} \times k_{220 \to 110}$$
$$- C_{c,大工} \times \frac{FA_{110变电}}{\sum FA} \times k_{110 \to 35} - C_{c,大工} \times \frac{FA_{110变电}}{\sum FA} \times k_{110 \to 10} \tag{4.46}$$

（4）35 千伏用户总成本。

$$C_{c,大工,35} = C_{c,大工} \times \frac{FA_{35}}{\sum FA} + C_{c,大工} \times \frac{FA_{220变电}}{\sum FA} \times k_{220 \to 35}$$
$$+ C_{c,大工} \times \frac{FA_{110变电}}{\sum FA} \times k_{110 \to 35} - C_{c,大工} \times \frac{FA_{35变电}}{\sum FA} \times k_{35 \to 10} \tag{4.47}$$

（5）10 千伏用户总成本。

$$C_{c,大工,10} = C_{c,大工} \times \frac{FA_{10}}{\sum FA} + C_{c,大工} \times \frac{FA_{110变电}}{\sum FA} \times k_{110 \to 10}$$
$$+ C_{c,大工} \times \frac{FA_{35变电}}{\sum FA} \times k_{35 \to 10}$$

---

[1] 公式参见：姚赛. 考虑负荷率因素的销售电价模型及应用 [D]. 长沙：长沙理工大学，2014.

为了更直观地显示电力输送及成本传导路径，以某省电量平衡图（图 4-12）加以说明。某省从外省购电 88.81 亿千瓦时电量，并通过 500 千伏高电压输送，其中 0.76 亿千瓦时为线损，9.55 亿千瓦时转售外省，78.50 亿千瓦时传输到本省 220 千伏。根据电量输送路径，500 千伏输电成本（假定为 A 元）和 0.76 亿千瓦时线损成本（假定为 B 元）的分摊方式为：220 千伏受电电量（78.35 亿千瓦时）应分摊 500 千伏输电成本和线损成本的 89.15%，即：89.15%（A + B）元；转售外省电量应分摊 500 千伏输电成本和线损成本的 10.85%，即 10.85%（A + B）元。由于电力从 500 千伏输送至 220 千伏时还需要变压，会产生变电成本（假定为 C 元），同时产生变损成本 0.15 亿千瓦时（假定为 D 元），220 千伏实际受电为 78.35 亿千瓦时。因此 220 千伏从高电压等级传导的成本为：89.15%A + 89.15%B + C + D。

220 千伏本级上网电量为 289.51 亿千瓦时，由 500 千伏输送电量 78.35 亿千瓦时，共计电量 367.86 亿千瓦时，其中发生线损 5.12 亿千瓦时，在本级售电 56.46 亿千瓦时，输送到 110 千伏电压等级 306.28 亿千瓦时。假定 220 千伏的输电成本为 E 元，线损成本（线损 5.12 亿千瓦时）为 F 元，则 220 千伏的输配电成本及线损成本为：89.15%A + 89.15%B + C + D + E + F（元）。成本分摊方式为：本级售电的用户群（电量 56.46 亿千瓦时）应分摊成本 15.56% ×（89.15%A + 89.15%B + C + D + E + F）；传导至 110 千伏电压等级的成本为 84.44% ×（89.15%A + 89.15%B + C + D + E + F）。

其他电压等级用户群应分摊输配电成本的原理与 220 千伏相似。

2. 输配电准许收入分摊方法

1）输配电价准许收入的概念及内涵

在实际工作中，对于成本传导，除了容量成本、线损成本之外，还有高电压等级运行成本，而输配电价准许收入核定方式体现了成本定价和成本传导的原理，因此可以用输配电价准许收入的分摊来替代容量成本分摊以及线损、变损成本分摊。

发展和改革委员会于 2020 年对《省级电网输配电价定价办法（试行）》作了修订，形成了《省级电网输配电价定价办法》（发改价格规〔2020〕101 号）

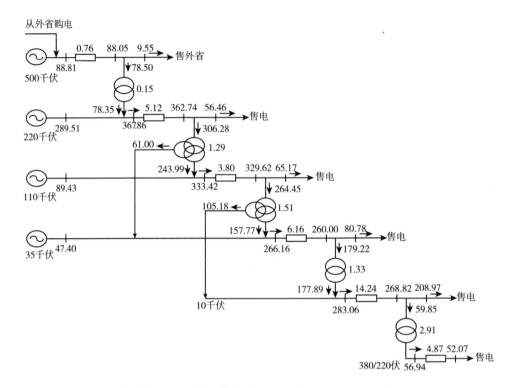

图4-12　某年某省电量平衡图（单位：亿千瓦时）

资料来源：李成仁，李英，郑后清，等. 输配电价理论与实务［M］. 北京：中国电力出版社，2012.

（以下简称"101号文件"）。定价办法指出"省级电网输配电价，是指省级电网企业在其经营范围内为用户提供输配电服务的价格"。电网输配电准许收入由准许成本、准许收益和税金构成，并按照"准许成本加合理收益"方法核定。从输配电价定价依据来看，输配电准许收入实际上反映的就是输配电成本。输配电成本包括：固定成本即容量成本，如线路成本、变电成本等；可变成本即输配环节的变动成本，如运行成本、线损成本等。输配电环节的变动成本与电量变动成本（购电成本）不同，其中购电成本（约等于电量电价）是一种可以完全确定归属的成本，输配电环节的变动成本是一种联合成本，难以准确确定成本归属，因而也需要随同输配电环节的固定成本进行分摊。

（1）准许成本的概念与内容。

根据《国家发展改革委　国家能源局关于印发〈输配电定价成本监审办法〉的通知》规定，"输配电定价成本是指政府核定的电网企业提供输配电服务的合理费用支出，包括折旧费和运行维护费"。其中，折旧费是对电网企业为开展输配电业务投入的固定资产，按照规定的折旧方法和折旧年限，可以计提的费用。运行维护费是维持电网正常运行的费用，包括修理费、材料费、企业人员费以及其他运营费用。

（2）准许收益的概念与内容。

准许收益 = 有效资产 × 加权平均资本成本率。按照输配电价定价办法，权益资本成本由无风险报酬率 + 风险报酬率确定，通常在同期长期国债利率基础上加一定百分点；债务资本成本按国家规定的长期贷款利率确定。

对于有效资产，101 号文件规定："可计提收益的有效资产是指电网企业投资形成的输配电线路、变电配电设备以及其他与输配电业务相关的资产，包括固定资产净值、无形资产净值和营运资本。"

可计提收益的有效资产 = 基期可计提收益的有效资产 + 监管周期预计新增可计提收益的有效资产 − 监管周期减少可计提收益的有效资产。准许收益率的计算公式为：准许收益率 = 权益资本收益率 × （1 − 资产负债率）+ 债务资本收益率 × 资产负债率。其中，权益资本收益率一般参考上一监管周期省级电网企业实际平均净资产收益率，但不超过国资委业绩考核确定的资产回报率。在总体收益率控制的前提下，考虑东西部差异，对涉及互助帮扶的省级电网企业收益率可做适当调整。债务资本收益率的核定依据是：实际融资结构、借款利率、同期贷款利率等。如电网企业实际借款利率高于市场报价利率，则按照市场报价利率核定；如实际借款利率低于市场报价利率，则按照实际借款利率加二者差额的 50% 核定。资产负债率，依据国资委考核标准、上一监管周期资产负债率的平均值等核定。

（3）税金。

税金是指除增值税外的其他税金，包括所得税、城市维护建设税、教育费附加，依据现行国家相关税法规定核定。其中：

所得税 = 可计提收益的有效资产 × （1 − 资产负债率）× 权益资本收益率 ÷（1 − 所得税税率）× 所得税税率；所得税税率，按照税法有关规定核定。

城市维护建设税及教育费附加 =（不含增值税的准许收入 × 增值税税率 − 准许成本进项税抵扣额）×（城市维护建设税税率 + 教育费附加计征比率）。

企业所得税 = 权益回报 × 企业所得税税率。

增值税 = 销项税 – 进项税 = 准许收入 × 增值税税率 – 进项税；主营业务税金及附加 = 增值税 ×（城市建设维护税税率 + 教育费附加费率）。

2）输配电准许收入测算模型及分摊方法

（1）分电压等级和分用户类别输配电价定价原则。

101 号文件对输配电准许收入的核定方法及分摊方式为：先核定电网企业输配电业务的准许收入，再以准许收入为基础，核定分电压等级和各类用户输配电价。依据不同电压等级和用户的用电特性和成本结构，分别制定分电压等级、分用户类别输配电价。其中，电压等级序列分为 500 千伏（750 千伏）、220 千伏（330 千伏）、110 千伏（66 千伏）、35 千伏、10 千伏（20 千伏）和不满 1 千伏 6 个电压等级。用户数较少的电压等级电价标准，可与相邻电压等级归并核定。用户类别分类，原则上分为大工业用电、一般工商业及其他用电、居民用电和农业用电类别；有条件的地区，可实现工业、商业用户同价。在具体分摊时，坚持基于各类用户对输配电系统成本的耗费，兼顾其他公共政策目标，确定输配电价格，优化输配电价结构，实现用户公平合理分摊成本。

分电压等级输配电价的计算公式为：各电压等级输配电价 = 该电压等级总准许收入 ÷ 本电压等级的输配电量。某一电压等级总准许收入由本电压等级准许收入和上一电压等级传导的准许收入构成。其中，准许成本按固定资产原值、输送电量等因素归集、分摊比例等，分摊至各电压等级；准许收益、税金按固定资产净值等因素归集、分摊比例等，分摊至各电压等级。

（2）共用网络准许收入及输配电价理论测算模型。

根据 101 号文件关于分电压等级和分用户类别输配电价定价原则，可以推导出共用网络总的输配电价水平的理论公式，为：

输配电价 = 准许收入 ÷ 核价电量。其中，准许收入 = 准许成本 + 准许收益 + 税金。准许成本、准许收益、税金计算公式如下：

准许成本 = 折旧费 + 运行维护费用；折旧费 = 可以计提折旧的固定资产原值 × 计价折旧率；运行成本费用 = 固定资产原值 × 运行维护费费率。

准许收益 = 有效资产 × 加权平均资金成本；有效资产 = 流动资产 + 固定资产净值 + 无形资产；固定资产原值 = 年初固定资产净值 + 当年在建工程有效投

资 – 当年折旧；无形资产 = 年初无形资产 + 当年新增无形资产 – 当年无形资产摊销额；加权平均资金成本收益率，即准许收益率 = 权益资本收益率 ×（1 – 资产负债率）+ 债务资本收益率 × 资产负债率。

税金 = 所得税 + 增值税 + 城建税及教育费附加。其中，各项税金计算公式如下：

所得税 = 可计提收益的有效资产 ×（1 – 资产负债率）× 权益资本收益率 ÷（1 – 所得税税率）× 所得税税率；所得税税率按照税法有关规定核定；城市维护建设税及教育费附加 =（不含增值税的准许收入 × 增值税税率 – 准许成本进项税抵扣额）×（城市维护建设税税率 + 教育费附加计征比率）；企业所得税 = 权益回报 × 企业所得税税率；增值税 = 销项税 – 进项税 = 准许收入 × 增值税税率 – 进项税；主营业务税金及附加 = 增值税 ×（城市建设维护税税率 + 教育费附加费率）。

（3）供用电平衡计算。

从前文关于成本传导机制及成本在各电压等级之间分摊原理的分析可以看到，成本传导与成本分摊涉及一个重要指标——供用电平衡的计算。供用电平衡是通过测算全年高压电网转供低压电网的供电量以及各级线损率和变损率，从而保持总损失电量不变。计算步骤如下：

首先，根据上年度不同电压等级电网发生的购电量、售电量、高压电网转供低压电网的电量比例、分压电网的线损率和变损率，从高压逐级向低压计算分压电网的供电量、用电量、转供下级电量、线损量、变损量及各低压电网从高压电网接受的转供电量。

其次，如果各分压电网的供电量、用电量、售电量达到平衡，同时各分压电网线损量、变损电量相加，等于电量总损，进入最后核算。否则，等比例调整高压电网的线损率及变损率，直至满足供用电平衡条件。

最后，计算各分压电网的供电量、用电量、线损率、变损率等。

（4）分电压等级的准许收入计算公式及分摊方式。

某电压等级的准许收入计算总体公式为：

某电压等级的准许收入 = 共用网络的准许收入 × 该电压等级固定资产（输电、变电、配电）原值的比例（%）。其中：

某电压等级输电线路的准许收入 = 公用网络的准许收入×该电压等级线路固定资产原值占总固定资产的比例。某电压等级输电线路的准许收入由本电压等级受电用户和转供到相关低压电网的受电用户共同分摊。

某电压等级变电承担的准许收入 = 公用网络的准许收入×该电压等级变电固定资产原值占总固定资产的比例。此项全部由转供到相关低压电网的受电用户分摊。

分摊比例 = 某电压等级固定资产原值/总的固定资产原值。因为变电主要服务下一低电压等级用户，故需要将变电资产计入主要受电电压等级固定成本中，总容量成本由受电电压等级的用户分摊。

某电压等级配电承担的准许收入 = 公用网络的准许收入×该电压等级配电固定资产原值占总固定资产的比例。此项全部由本电压等级受电用户分摊。

（5）分电压等级分用户类型的准许收入分摊模型。

按照成本传导机制及成本在各电压等级之间分摊原理，由于低压电网部分电量或全部电量来源于高压电网，因此低压电网受电用户（用户群）需要分摊高压电网输电变电环节的成本，并与本级供电成本合并，形成应分摊的输变配总成本。低压电网在分摊高压电网的输变配成本时，可按负荷特性分摊或按照电量比例进行分摊。为方便理解，本节按照受电电量比例分摊（前文已分析这种方法对于不同电压等级应分摊总成本计量的合理性），后面的章节在讨论负荷率电价交叉补贴问题时，将采用负荷特性分摊，即在依据电压等级分摊之后，根据用户不同负荷特性将各电压等级输配电总成本进一步分摊至各类用户。

某电压等级分摊高压电网的变电成本 = 某高电压等级变电成本×高压电网向本级转供电量的比例。

某电压等级输配电成本 = 该电压等级线路成本 + 该电压等级分摊高压变电成本。

因此各电压等级准许收入分摊模型为：

高一级电压等级实际准许收入 = 高压电网准许收入×[高压电网的实际售电量÷（高一级电压等级实际售电量 + 转售电量）]。其中，高压电网准许收入 = 高一级电压等级线路承担的准许收入 + 高一级电压等级配电承担的准许收入。

低一级电压等级实际准许收入 = [高一级电压等级准许收入×（高一级电压

等级转售本级电压等级的电量÷本级电压等级总电量）+高一级电压等级变电承担的准许收入]+{（本级电压等级线路承担的准许收入+本级电压等级配电承担的准许收入）×[本级电压等级的实际电量÷（本级电压等级总电量+高一级电压转售本级电压等级的电量)]}。

由于电网企业资产的高联合性，以及不同电压等级是交叉供电（即存在转供），因此从理论上分析，分用户类别的独立输配电价几乎不存在。误差尽管存在，但将输配电的准许收入按照成本分摊原则分摊到不同电压等级，计量分电压等级的供电总成本，仍存在现实意义。准入收入分压分摊过程如图4-13所示。

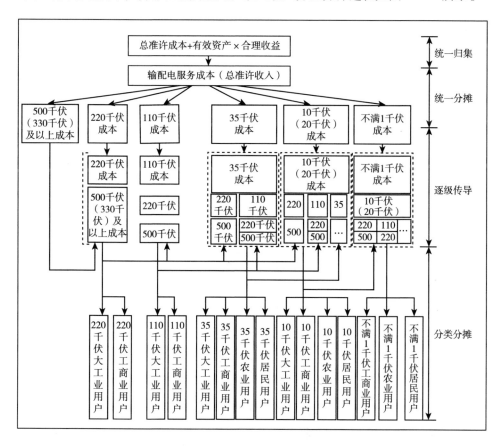

图4-13 准许收入下分压分类分摊过程

资料来源：吴永飞.销售电价交叉补贴的计量及解决机制[D].长沙：长沙理工大学，2019.

如前所述，在输配电成本或准许收入分摊过程中，各电压等级准许收入总额可以依据高电压等级送电量和受电量比例、峰荷责任两个指标来分摊，这样就存在两种方法。一种方法是，按照低电压等级接受高电压等级的电量比例分摊。第二种方法是，在方法一的基础上，考虑负荷特性，如峰荷责任因素，进行分摊。按照第二种方法，可以设计出基于负荷率特性的输配电价。

根据发改价格规〔2020〕101号文件的规定，用户原则上分为大工业用电用户、一般工商业及其他用电用户、居民用电用户和农业用电用户类别，有条件的地方可实现工商业同价。工商业同价的定价原则，实际上是按照电压等级定价，即相同电压等级的用户（工业、大工业、商业等企业）用电成本相同、电价相同。

某电压等级某类用户输配电成本＝本级电压总成本×（某类用户用电量÷某电压等级总的售电量）。其中，在具体分摊时，可以通过采集各类用户的峰荷和户控数据，考虑峰荷和同时率责任等因素进行分摊。

3. 分电压等级分用户类别输配电价测算步骤

分电压等级分类别输配电价测算主要包括四个环节：一是测算不同供电类别（如共用网络、专用网络等）的准许收入；二是按照成本传导原理和公平分摊规则，将共用网络准许收入分解到各电压等级，测算分压输配电价水平，然后测算分压用户输配电价水平；三是考虑现有用电分类，测算分压分用户类别的输配电价水平；四是根据用户负荷特性，测算分压、分类、分负荷率的输配电价水平。具体测算步骤如下：

第一步，数据收集与整理。数据包括资产负债、固定资产折旧、税收、运营成本数、购电电量、售电电量、供用电平衡数据等。

第二步，进行供用电平衡分析。依据历史数据，确定不同电压等级的供电量及转供电量比例，建立供电平衡表。

第三步，按照输配定价办法测算总准许收入。

第四步，测算输配电价总水平。

第五步，将准许收入在各电压等级之间进行分摊。在第二步和第三步的基础上，进行分压输配电价计算。按照省级电力公司分压线路和分压变电资产原值占总资产原值的比例，对总准许收入进行分摊，形成分压线路和分压变电的准许收入。

第六步，分压电网输配电总成本测算。低压电网用户应分摊高压电网一部分输变电成本。根据具体情况有两种方式：一种是由于影响电网扩容，增加固定资产投资的主要因素取决于电网最大峰荷，据此可采用"峰荷责任法"来分摊高压电网的成本。另一种是，由于系统最高负荷与电量之间存在显著相关性，因此如果缺少峰荷数据，可依据电量比例分摊。

第七步，计算分压输配电价。在第六步的基础上，可以依据分压售电量数据，测算分压输配电价。

第八步，测算分压分用户类型的输配电价水平。在测算出各电压等级输配电价后，可根据各类用户电压等级负荷率、同时率等数据，测算基于负荷特征的分电压等级的各类用户输配电价。

4.5.3　基于成本传导原理的输配电准许收入分摊实证研究*

1. 数据来源

根据发改价格规〔2020〕101 号文件规定"省级电网输配电价在每一监管周期开始前核定，监管周期为三年，省级电网输配电准许收入由准许成本、准许收益和税金构成，其中准许成本为基期准许成本加上监管周期预计新增（减少）准许成本；可计提收益的有效资产为基期可计提收益的有效资产加上监管周期预计新增可计提收益的有效资产，并减去监管周期减少可计提收益的有效资产"。由此看来，输配电准许收入是基于基期的预测值，而且在即将实施的监管周期内是一个基于预测的动态变化值。

本书选择某省电力公司作为样本，采集 2012 ~ 2014 年电量数据、负荷数据、户控数据、资产数据、成本数据等企业数据，根据时间序列，并以 2014 年作为基期，对 2015 ~ 2018 年各项数据进行预测，计算该省电力公司的不同电压

---

* 部分论述，包括表 4 - 15 ~ 表 4 - 32 的数据来源：刘思强，叶泽，刘宇哲，等. 湖北省独立输配电价设计与研究报告［R］. 长沙：长沙理工大学中国电价研究中心，2018. 其中，各电压等级售电量之和与各年度售电量总量之间有一点差距，但差距不大。

等级受电用户应分摊的准许收入及输配电价,以确定不同电压等级的输配电成本,从而计算各电压等级基于供电成本的合理价格;以此价格为基准电价,采用价差法,计量各电压等级的电价交叉补贴规模与交叉补贴程度。采用预测方式测算,与输配电价监管周期的管制思路相同,因而具有较强的实践意义。根据电力消费市场销售特征,一般是定价在前,消费在后,而且在输配电价定价体制中,各电压等级准许收入会随着投资、折旧等定价参数变化以及电力消费结构变化而发生变化。也就是说,各电压等级的供电成本是一个动态值,采用预测方式,能够消除各种定价参数变化的影响,尽可能使计量结果接近监管周期动态情况。以动态计量结果作为政策制定的参考依据,比较容易实现电价交叉补贴收支平衡,关于这一问题,将在后续章节讨论。

由于各电压等级准入收入计量方式,并非本书的重点,因此本节并未涉及。本节只是将前期研究成果,即各电压等级的准许收入数据运用于电价交叉补贴计量中。另外需要说明的是,本书的主要目标是研究基于输配电准许收入的分摊方法,数据时效性问题并不影响研究目标的实现。

2. 电量预测

电量是计量输配电价和进行准许收入分摊的基础,本书采集了某省 2012～2014 年各电压等级的销售电量数据,并在此基础上,预测 2015～2018 年的各电压等级的销售数据。预测方式为:2015 年预测值 = 2014 年基值 × (1 + 平均增长率);2016 年预测值 = 2015 年预测值 × (1 + 平均增长率);2017 年预测值 = 2016 年基值 × (1 + 平均增长率);2018 年预测值 = 2017 年基值 × (1 + 平均增长率)。预测结果见表 4 - 15。

表 4 - 15　　　　某省 2015～2018 年分电压等级售电量预测　　　电量单位:万千瓦时

电压等级	2012 年实际电量	2013 年实际电量	2014 年实际电量	平均增长率(%)	2015 年预测电量	2016 年预测电量	2017 年预测电量	2018 年预测电量
500 千伏及以上	76605	49927	53678	-13.66	46348	40018	34553	29835
220 千伏	1301261	1093343	984108	-12.98	856326	745136	648383	564194
110 千伏	2175710	2433234	2653094	10.44	2929971	3235744	3573426	3946350
35 千伏	1082279	1158994	1319576	10.47	1457759	1610413	1779052	1965350

电压等级	2012 年实际电量	2013 年实际电量	2014 年实际电量	平均增长率（%）	2015 年预测电量	2016 年预测电量	2017 年预测电量	2018 年预测电量
10 千伏	4665496	5301847	5323311	7.02	5697123	6097185	6525341	6983562
<1 千伏	2610696	2915935	2881844	5.26	3033468	3193070	3361070	3537908
全网售电量	11912047	12953280	13215611	5.38	13927022	14676728	15466793	16299387

资料来源：笔者绘制。

表 4-15 显示，500 千伏及以上、220 千伏的本级销售电量逐年降低，而其他电压等级销售电量逐年增加，其中 110 千伏、35 千伏增长率最高，这两个电压等级用户主要为工商业及其他、大工业用户等。各电压等级销售电量的变化会显著影响输配电价，从而使得各电压等级在各年度应分摊的供电成本不同。

3. 分电压等级供用电比例关系及供用电平衡测算

分电压等级供电比例关系影响各电压等级准许收入分摊的公平性，是成本分摊关键参数。根据成本传导及分摊原理，需要测算电压等级的供用电比例，本书采用供用电平衡测算方法来测算供用电比例。计量各电压等级供电比例，需要根据某省实际供电结构确定。由于本书将 2014 年电量作为基期进行电量预测，因此可以依据该年度的供电用电结构来预测监管周期各年度分压供电用电的比例及其关系。

2014 年（基期）某省级电力公司各电压等级电量及输送关系见表 4-16。高电压等级的输入电量，一部分在本级销售，另一部分电量传输到低电压等级。电压等级越低，来自高电压等级电量的层级越多，按照成本分摊原理，其需要分摊的输配电成本源越多。

表 4-16　　　　2014 年各电压等级电量及输送关系　　　单位：万千瓦时

各电压等级电量输送关系	500（330）千伏及以上	220 千伏	110 千伏	35 千伏	10 千伏	不满 1 千伏	合计
500 千伏及以上电压等级电量及向其他电压等级输电电量	53678	5975256					6028935
220 千伏电量及向其他电压等级输电电量		984108	10078404	234937	846752		12144201

续表

各电压等级电量 输送关系	500（330） 千伏及以上	220 千伏	110 千伏	35 千伏	10 千伏	不满 1 千伏	合计
110 千伏电量及向其他电压等 级输电电量			2653094	1923830	6540314		11117238
35 千伏电量及向其他电压等 级输电电量				1319576	1031682		2351258
10 千伏电量及向其他电压等 级输电电量					5323311	3116037	8439348
不满 1 千伏电压等级电量						2881844	2881844

资料来源：笔者绘制。

根据表 4 - 16 可以测算本级（电压等级）销售电量比例及向低电压等级转出比例，计算结果见表 4 - 17。某一电压等级电网本级销售电量与向下级（低电压等级电网）转出电量的比例关系用作低电压等级电网对高电压等级电网供电服务总成本的分摊依据。例如，500 千伏（330 千伏）及以上受电用户，只需分摊 0.89% 的 500 千伏（330 千伏）输电成本及线损成本，而 99.11% 的成本由低电压等级分摊。

表 4 - 17   2014 年各电压等级电网向下级电网转出电量与本级售电量的比例关系

电压等级	购电量（本级电网上 网电量）（万千瓦时）	本级销售电量 （万千瓦时）	本级销售电 量占比（%）	向下级（低电压等级 电网）转出比例（%）
500 千伏（330 千伏）及以上	6028935	53678	0.89	99.11
220 千伏	12144201	984108	8.10	91.90
110 千伏	11117238	2653094	23.86	76.14
35 千伏	2351258	1319576	56.12	43.88
10 千伏	8439348	5323311	63.08	36.92
<1 千伏	2881844	2881844	100	0.00

资料来源：笔者绘制。

高电压等级电网除了向本级电网受电用户供电外，还向下级电网（1 个或多个低电压等级电网）转出或转供电量。低电压等级电网受电用户应分摊高电压等级电网的输配电（主要是输电、变电）准许收入，按照表 4 - 18 中的比例分摊。表中对角线为本电压等级向本级电网受电用户供电比例，其他为向低电压等级电网的转供电量比例，其计算公式为：本电压等级电网向某低电压等级

转供电量比例 = 本电压等级电网转出电量比例 × 本电压等级电网向某电压等级电网转出电量比例。

表 4 – 18　　　各电压等级电网向本级用户供电及下级转供电量比例

序号	电压等级	上级供电电压等级供电关系及供电量比例（%）				
		500（330）千伏及以上	220 千伏	110 千伏	35 千伏	10 千伏
1	500（330）千伏及以上	0.89				
2	220 千伏	99.11	8.104			
3	110 千伏		82.99	23.86		
4	35 千伏		1.93	17.31	56.12	
5	10 千伏		6.98	58.83	43.88	63.08
6	<1 千伏					36.92

资料来源：笔者绘制。

在电力传输的过程中，来自高电压等级的电力还需要经过变电，输入低电压等级电网，因此输配电成本构成中，除了输电线路成本和线损成本外，还包括变电成本及变损成本。因此，需要测算各电压等级电网（高电压等级电网）向下级电压等级电网（1 个或多个低电压等级）转出电量的比例，用于低电压等级对高电压等级变电成本分摊，具体测算见表 4 – 19。

表 4 – 19　　　各电压等级电网向下级电压等级电网转供电量比例

序号	电压等级	上级供电电压等级供电关系及供电量比例（%）				
		500（330）千伏及以上	220 千伏	110 千伏	35 千伏	10 千伏
1	220 千伏	100				
2	110 千伏		90.31			
3	35 千伏		2.10	22.73		
4	10 千伏		7.59	77.27	100	
5	<1 千伏					100

资料来源：笔者绘制。

4. 各电压等级不同类型输配电准许收入分摊测算

电力输送过程中，需要经过输电和变电两个环节，高电压等级、低电压等级的输电、变电资产的价值均存在很大差异，因此需要测算不同电压等级输电设备、变电设备资产原值的比例，并依据此比例将政府核准的准许收入分解为各电压等级下的输电准许收入及变电准许收入，即输电成本与变电成本。需要说明的是，按照此方法进行分摊的前提是：假定准许收入中的变动成本，如运行维护费等，与固定资产紧密关联。这种分摊方法与现实比较，会带来一些误差，如低电压等级往往比高电压等级的运营维护费要高，这需要在核定准许收入的变动成本时开展分类分级核定，并给予一定系数调整。关于系数调整问题，属于输配电价核审问题，不是本书研究范畴，在此不予讨论。

依据各电压等级的线路、变电资产的实际数值，就可以测算出准许收入分摊依据的资产原值比例，本书采用政府管制部门核准某省输配电（输电、变电、配电）资产原值比例，并将2014年作为预测基期，按照历史年度平均增长率来预测监管周期年度的固定资产原值。

对于2015~2018年某省电力公司监管周期的准许收入分别为3349291.87万元、3521058.77万元、3706922.14万元、3908282.85万元。根据2014年各电压等级固定资产原值比例，可以测算各电压等级各类输变配电资产准许收入分摊值。各电压等级各类输电变电配电准许收入分摊值=总的准许收入×各电压等级各类输电变电配电资产比例。根据某省输配电资产结构，测算得到2015~2018年各电压等级各类输变配电资产准许收入分摊值见表4-20。

表4-20 　　　　某省2015~2018年分压输变配电资产准许收入分摊　　　金额单位：万元

电压等级	资产名称	比例（%）	2015年	2016年	2017年	2018年
500千伏	输电线路	5.58	186892	196475	206846	218082
	变电设备	2.31	77369.3	81336.5	85629.9	90281.3
220千伏	输电线路	11.64	389861	409851	431486	454924
	变电设备	5.91	197945	208095	219079	230980
110千伏	输（配）电线路	10.91	365411	384148	404425	426394
	变电设备	9.10	304788	320416	337330	355654
35千伏	配电线路及设备	3.72	124595	130983	137898	145388
	变电设备（110千伏以下）	7.56	253209	266192	280243	295466
1~10千伏	配电线路及设备	30.97	1037285	1090472	1148034	1210395
1千伏以下	配电线路及设备	12.30	411967	433090	455951	480719
合计		100	3349322	3521059	3706922	3908283

资料来源：笔者整理。

5. 不同电压等级分摊后的输配电总成本测算

电力在高电压等级电网、低电压等级电网传输供给过程中，低电压等级电网除了本级电网输入电力（上网电量）外，还接受高电压等级电网电量输入（转供），因此高电压等级电网、低电压等级电网的输配变电服务成本构成不同。依据表 4 - 18、表 4 - 19 的供电比例，将表 4 - 20 测算得到的 2015 ~ 2018 年分压状态下输配变电资产准许收入，在不同电压等级电网间进行分摊，从而得到各电压等级输配电服务总成本。

（1）500 千伏电网输配电服务总成本。

由于 500 千伏变电主要服务于下级用户，因此 500 千伏电网输配电服务总成本全部由输电线路成本构成，具体数据见表 4 - 21。

表 4 - 21　　　　　　　　**2015 ~ 2018 年 500 千伏及以上电网总成本**

电压等级	资产名称	2015 年	2016 年	2017 年	2018 年
500 千伏	500 千伏输电线路（万元）	186892	196475	206846	218082
	分摊比例（%）	100	100	100	100
	总成本（万元）	186892	196475	206846	218082

资料来源：笔者整理。

（2）220 千伏及以上电压等级电网输配电服务总成本。

220 千伏电网输配电服务总成本由本电压等级电网成本及应分摊的上级高电压等级电网成本构成：220 千伏电网输配电成本及应分摊 500 千伏电网输配电服务总成本。

其中，220 千伏电网输配电（输电变电配电）成本包括：100% 的 220 千伏输电成本（线路成本）及 500 ~ 220 千伏的变电成本。因为 500 千伏向下级输电，其变电成本由下级分摊，其中 500 千伏转出电量全部供应 220 千伏，比例为 100%，因此 500 千伏变电成本全部由 220 千伏承担。

分摊 500 千伏电网输配电服务总成本的成本额为：500 千伏向 220 千伏供电比例为 99.11%（见表 4 - 18），因此 220 千伏应分摊 99.11% 的 500 千伏电网输配电成本。2015 ~ 2018 年 220 千伏电压等级输配电成本分摊情况及总成本，具体数据见表 4 - 22。

表4－22　　　　　**2015～2018年220千伏电压等级电网输配电总成本**

电压等级/千伏	资产名称	2015年	2016年	2017年	2018年
分摊500千伏输配电服务总成本	500千伏服务总成本（万元）	186892	196475	206846	218082
	220千伏分摊比例（%）	99.11	99.11	99.11	99.11
	分摊值（万元）	185229	194726	205005	216141
220千伏输配电成本	220千伏输电线路（万元）	389861	409851	431486	454924
	220千伏分摊比例（%）	100	100	100	100
	分摊值（万元）	389861	409851	431486	454924
	500千伏变电成本（万元）	77369	81336	85629.9	90281
	220千伏分摊比例（%）	100	100	100	100
	分摊值（万元）	77369	81336	85629.9	90281
合计	220千伏输配电总成本（万元）	652459	685914	722121	761347

资料来源：笔者整理。

（3）110千伏电压等级电网输配电服务总成本。

110千伏电网输配电服务总成本由本级电网及应分摊上级电网的成本构成：110千伏电网输配电成本及分摊的220千伏电网输配电服务总成本。

其中，110千伏电网输配电成本包括：100%的110千伏输电成本（线路成本）；220千伏转出电量向110千伏供电的比例为90.31%（见表4－19），因此应分摊90.31%的220千伏变电成本。

110千伏电网受电用户应分摊220千伏电网输配电服务总成本的成本为：220千伏电网转供110千伏电网供电的电量比例为82.99%%（见表4－18），所以110千伏受电用户应分摊220千伏电网输配电总成本的比例为82.99%。

2015～2018年110千伏电压等级输配电成本分摊情况及总成本，具体数据见表4－23。

表4－23　　　　　**2015～2018年110千伏电压等级电网总成本**

电压等级	资产名称	2015年	2016年	2017年	2018年
分摊220千伏输配电总成本	220千伏总成本（万元）	652459	685914	722121	761347
	110千伏分摊比例（%）	82.99	82.99	82.99	82.99
	分摊值（万元）	541476	569240	599288	631842

续表

电压等级	资产名称	2015 年	2016 年	2017 年	2018 年
110 千伏输配电成本	110 千伏输电线路（万元）	365411	384148	404425	426394
	110 千伏分摊比例（%）	100	100	100	100
	分摊值（万元）	365411	384148	404425	426394
	220 千伏变电成本（万元）	197945	208095	219079	230980
	110 千伏分摊比例（%）	90.31	90.31	90.31	90.31
	分摊值（万元）	178764	187930	197850	208598
合计	110 千伏输配电总成本（万元）	1085651	1141318	1201564	1266833

资料来源：笔者整理。

（4）35 千伏电压等级电网输配电服务总成本。

35 千伏电网输配电服务总成本由本级电网及应分摊高电压等级电网（二级）的成本构成。其中，35 千伏本级电网输配电成本：100% 的 35 千伏输电成本（线路成本）；应分摊两级变电成本，即：应分摊 220～110 千伏向 35 千伏输送的变电成本（由高电压等级向本级输电的变电成本）比例，为 2.10%；应分摊 110～35 千伏向 35 千伏输送的变电成本（由高电压等级向本级输电的变电成本）比例，为 22.73%，见表 4－19。

35 千伏本级电网应分摊 220 千伏电网输配电服务总成本：220 千伏电网向 35 千伏电网转供电量比例（见表 4－18）为 1.93%，因此 35 千伏电网应分摊 1.93% 的 220 千伏输配电总成本。

35 千伏本级电网分摊 110 千伏电网输配电服务总成本：110 千伏电网向 35 千伏电网转供的电量比例为 17.31%（见表 4－18），因此 35 千伏电网应分摊 17.31% 的 110 千伏电网输配电总成本。2015～2018 年 35 千伏电压等级电网输配电成本分摊情况及总成本，具体数据见表 4－24。

表 4－24　　　　　2015～2018 年 35 千伏电压等级电网总成本

电压等级	资产名称	2015 年	2016 年	2017 年	2018 年
分摊 220 千伏输配电成本	220 千伏输配电总成本（万元）	652459	685914	722121	761347
	35 千伏分摊比例（%）	1.93	1.93	1.93	1.93
	分摊值（万元）	12592.5	13238.1	13937	14694

电压等级	资产名称	2015 年	2016 年	2017 年	2018 年
分摊 110 千伏输配电成本	110 千伏输配电总成本（万元）	1085651	1141318	1201564	1266833
	35 ~ 110 千伏及以下分摊比例（%）	17.31	17.31	17.31	17.31
	分摊值（万元）	187926	197562	207991	219289
35 ~ 110 千伏以下输配电成本	35 千伏线路成本（万元）	124595	130983	137898	145388
	35 ~ 110 千伏及以下分摊比例（%）	100	100	100	100
	分摊值（万元）	124595	130983	137898	145388
	220 千伏变电成本（万元）	197945	208095	219079	230980
	35 千伏分摊比例（%）	2.10	2.10	2.10	2.10
	分摊值（万元）	4156.84	4369.99	4600.7	4850.57
	110 千伏变电设备（万元）	304788	320416	337330	355654
	35 千伏分摊比例（%）	22.73	22.73	22.73	22.73
	分摊值（万元）	69278.4	72830.6	76675	80840.1
合计	35 千伏输配电总成本（万元）	398549	418984	441101	465062

资料来源：笔者整理。

（5）1 ~ 10 千伏电压等级电网输配电服务总成本。

1 ~ 10 千伏及以下电网输配电服务总成本由本级电网成本及应分摊高电压等级电网成本，共四个部分构成，见表 4 - 25。

1 ~ 10 千伏电网输配电成本：100% 的 1 ~ 10 千伏配电成本（配电线路及设备），应分摊三级变电成本（见表 4 - 19），即：应分摊 220 千伏变电成本比例为 7.59%；应分摊 110 千伏变电成本的比例为 77.27%；应分摊 110 千伏以下（35 千伏）变电成本的比例为 100%。

应分摊 220 千伏电网总成本：应分摊 220 千伏电网输配电服务总成本的比例为 6.98%，见表 4 - 18。

应分摊 110 千伏电网总成本：应分摊 110 千伏电网输配电服务总成本的比例为 58.83%，见表 4 - 18。

应分摊 35 千伏电网总成本：分摊 35 千伏电网输配电服务总成本的比例为 43.88%，见表 4 - 18。

2015 ~ 2018 年 1 ~ 10 千伏电压等级输配电成本分摊情况及总成本具体数据见表 4 - 25。

表 4 – 25   **2015～2018 年 1～10 千伏电压等级电网输配电服务总成本**

电压等级	资产名称	2015 年	2016 年	2017 年	2018 年
分摊 220 千伏输配电成本	220 千伏输配电总成本（万元）	652459	685914	722121	761346.7
	1～10 千伏分摊比例（%）	6.98	6.98	6.98	6.98
	分摊值（万元）	45541.65	47877	50404	53142
分摊 110 千伏输配电成本	110 千伏输配电总成本（万元）	1085651	1141318	1201564	1266833
	1～10 千伏分摊比例（%）	58.83	58.83	58.83	58.83
	分摊值（万元）	638689	671437	706880	745278
分摊 35～110 千伏以下输配电成本	35 千伏总成本（万元）	398549	418984	441101	465062
	1～10 千伏分摊比例（%）	43.88	43.88	43.88	43.88
	分摊值（万元）	174883	183850	193555	204069
1～10 千伏输配电成本	1～10 千伏配电线路及设备成本（万元）	1037285	1090472	1148034	1210395
	1～10 千伏分摊比例（%）	100	100	100	100
	分摊值（万元）	1037285	1090472	1148034	1210395
	220 千伏变电成本（万元）	197944.9	208095	219079	230980
	1～10 千伏分摊比例（%）	7.59	7.59	7.59	7.59
	分摊值（万元）	15024	15794	16628	17531
	110 千伏变电设备（万元）	304788	320416	3373210	355654
	1～10 千伏分摊比例（%）	77.27	77.27	77.27	77.27
	分摊值（万元）	235510	247586	260655	274814
	35 千伏变电设备（万元）	253209	266192	280243.3	295466
	1～10 千伏分摊比例（%）	100	100	100	100
	分摊值（万元）	253209	266192	280243	295466.2
合计	1～10 千伏输配电总成本（万元）	2400141	2523208	2656399	2800695

资料来源：笔者整理。

（6）1 千伏以下电压等级电网输配电服务总成本。

1 千伏以下受电用户全部由 1～10 千伏及以下电网供电，因此 1 千伏以下电网输配电服务总成本由本级电网成本及应分摊上级电网成本（一级）两部分构成：

1 千伏以下电网输配电成本：100%的 1 千伏以下电网的配电成本（配电线路及设备成本），见表 4 – 19。

应分摊 1～10 千伏以下电网总成本：应分摊 1～10 千伏以下电网输配电服

务总成本的比例为 36.92%, 见表 4-18。2015~2018 年 1 千伏以下电压等级电网输配电成本分摊情况及总成本具体数据见表 4-26。

表 4-26   **2015~2017 年 1 千伏以下电压等级总成本**

电压等级	资产名称	2015 年	2016 年	2017 年	2018 年
分摊 1~10 千伏以下输配电成本	1~10 千伏总成本（万元）	2400141	2523208	2656399	2800695
	1 千伏以下分摊比例（%）	36.92	36.92	36.92	36.92
	分摊值（万元）	886132	931569	980743	1034017
1~10 千伏以下输配电成本	1 千伏以下配电线路及设备成本（万元）	411967	433090	455951	480719
	1 千伏以下分摊比例（%）	100	100	100	100
	分摊值（万元）	411967	433090	455951	480719
合计	1 千伏以下输配电总成本（万元）	1298099	1364659	1436694	1514735

资料来源：笔者整理。

6. 各电压等级向本级供电服务成本测算

前文测算的是各电压等级的总供电成本，由于各电压等级输入电量并不全部在本级销售，因此各电压等级用户只需按照本电压等级的售电比例分摊成本即可。其计量公式为：各电压等级向本级供电成本＝各电压等级输配电服务总成本×各电压等级向本级供电比例。

按照表 4-18 测算的各电压等级向本级供电服务成本见表 4-27。

表 4-27   **各电压等级向本级供电成本表**

电压等级	项目	2015 年	2016 年	2017 年	2018 年
500 千伏	供电总成本（万元）	186892	196475	206846	218082
	向本级供电比例（%）	0.89	0.89	0.89	0.89
	本级供电成本（万元）	1663	1749	1841	1941
220 千伏	供电总成本（万元）	652459	685914	722121	761346.7
	向本级供电比例（%）	8.10	8.10	8.10	8.10
	本级供电成本（万元）	52875	55587	58521	61700
110 千伏	供电总成本（万元）	1085651	1141318	1201564	1266833
	向本级供电比例（%）	23.86	23.86	23.86	23.86
	本级供电成本（万元）	259036	272318	286693	302266

续表

电压等级	项目	2015 年	2016 年	2017 年	2018 年
35 千伏	供电总成本（万元）	398549	418984	441101	465062
	向本级供电比例（%）	56.12	56.12	56.12	56.12
	本级供电成本（万元）	223666	235134	247546	260993
1~10 千伏	供电总成本（万元）	2400141	2523208	2656399	2800695
	向本级供电比例（%）	63.08	63.08	63.08	63.08
	本级供电成本（万元）	1514009	1591640	1675657	1766679
<1 千伏	供电总成本（万元）	1298099	1364659	1436694	1514735
	向本级供电比例（%）	100	100	100	100
	本级供电成本（万元）	1298099	1364659	1436694	1514735

资料来源：笔者整理。

　　为便于观测与检验分摊的合理性，将表 4-27 简化，得出各电压等级向本级供电成本汇总表，见表 4-28。

表 4-28　　　　　　　　各电压等级向本级供电成本汇总表　　　　　　单位：万元

电压等级	项目	2015 年	2016 年	2017 年	2018 年
500 千伏	本级供电成本	1663	1749	1841	1941
220 千伏	本级供电成本	52875	55587	58521	61700
110 千伏	本级供电成本	259036	272318	286693	302266
35 千伏	本级供电成本	223666	235134	247546	260993
1~10 千伏	本级供电成本	1514009	1591640	1675657	1766679
<1 千伏	本级供电成本	1298099	1364659	1436694	1514735
合计		3349348	3521086	3706951	3908313

资料来源：笔者整理。

　　通过不同电压等级电网成本分摊后，分压电网的供电成本之和等于总的输配电准许收入，满足供用电平衡要求，因此以上供电成本分摊测算方式是合理的。

7. 包含线损的分电压等级独立输配电价测算

　　不同电压等级电网包含线损的输配电价，用各电压等级应分摊的准许收入除以本级售电量。不包含线损的电压等级电网输配电价，用各电压等级应分摊的准许收入除以本级购电量，前者比后者要高。计算公式如下：包含线损的分压输配电价水平 = 本电压等级电网输配电成本/本级电网售电量；不包含线损的

分压输电电价水平 = 本电压等级电网输电成本/本级电网购电量。根据表 4 - 28 测算得到的各电压等级向本级供电的成本以及各电压等级的售电量，测算得到各电压等级输配电价水平见表 4 - 29。按照前文的分析，各电压等级输配电价水平实际体现了各电压等级的供电成本。

表 4 - 29　　　　　　　　　分压输配电价水平测算表

电压等级	项目	2015 年	2016 年	2017 年	2018 年
500 千伏	本级供电成本（万元）	1663.34	1748.63	1840.93	1940.93
	售电量（万千瓦时）	46347.62	40018.28	34553.30	29834.63
	输配电价水平（元/千瓦时）	0.0359	0.0437	0.0533	0.0651
220 千伏	本级供电成本（万元）	52875.30	55586.48	58520.68	61699.54
	售电量（万千瓦时）	856325.95	745135.83	648383.25	564193.57
	输配电价水平（元/千瓦时）	0.0617	0.0746	0.0903	0.1094
110 千伏	本级供电成本（万元）	259036.33	272318.44	286693.11	302266.33
	售电量（万千瓦时）	2929971.31	3235743.57	3573426.28	3946349.61
	输配电价水平（元/千瓦时）	0.0884	0.0842	0.0802	0.0766
35 千伏	本级供电成本（万元）	223665.50	235133.98	247545.80	260992.54
	售电量（万千瓦时）	1457759.19	1610412.64	1779051.63	1965350.13
	输配电价水平（元/千瓦时）	0.1534	0.146	0.1391	0.1328
1~10 千伏	本级供电成本（万元）	1514008.89	1591639.88	1675656.53	1766678.51
	售电量（万千瓦时）	5697123.33	6097185.43	6525340.60	6983561.58
	输配电价水平（元/千瓦时）	0.2657	0.261	0.2568	0.253
<1 千伏	本级供电成本（万元）	1298098.62	1364658.79	1436693.96	1514735.45
	售电量（万千瓦时）	3033468.41	3193070.34	3361069.51	3537907.74
	输配电价水平（元/千瓦时）	0.4279	0.4274	0.4275	0.4281
全网	全网成本（万元）	3349347.98	3521086.20	3706951.01	3908313.30
	全网售电量（万千瓦时）	13932483.58	14688241.17	15484994.28	16324966.70
	全网平均输配电价水平（元/千瓦时）	0.2404	0.2397	0.2394	0.2394

资料来源：笔者整理。

由于某省电力公司目录电价表中没有 500 千伏的电价，只有 220 千伏以上的目录电价。为了与目录电价对应，下面将 500 千伏与 220 千伏合并处理，见表 4 - 30。

表 4 – 30　　　　　　　分压（合并）输配电价水平测算表

电压等级	项目	2015 年	2016 年	2017 年	2018 年
220 千伏及以上	本级供电成本（万元）	54538.64	57335.11	60361.61	63640.47
	售电量（亿千瓦时）	902673.57	785154.11	682936.55	594028.20
	输配电价水平（元/千瓦时）	0.0604	0.073	0.0884	0.1071
110 千伏	本级供电成本（万元）	259036.33	272318.44	286693.11	302266.33
	售电量（亿千瓦时）	2929971.31	3235743.57	3573426.28	3946349.61
	输配电价水平（元/千瓦时）	0.0884	0.0842	0.0802	0.0766
35 千伏	本级供电成本（万元）	223665.50	235133.98	247545.80	260992.54
	售电量（亿千瓦时）	1457759.19	1610412.64	1779051.63	1965350.13
	输配电价水平（元/千瓦时）	0.1534	0.146	0.1391	0.1328
1～10 千伏	本级供电成本（万元）	1514008.89	1591639.88	1675656.53	1766678.51
	售电量（亿千瓦时）	5697123.33	6097185.43	6525340.60	6983561.58
	输配电价水平（元/千瓦时）	0.2657	0.261	0.2568	0.253
<1 千伏	本级供电成本（万元）	1298098.62	1364658.79	1436693.96	1514735.45
	售电量（亿千瓦时）	3033468.41	3193070.34	3361069.51	3537907.74
	输配电价水平（元/千瓦时）	0.4279	0.4274	0.4275	0.4281
全网	全网成本（万元）	3349347.98	3521086.20	3706951.01	3908313.30
	全网售电量（亿千瓦时）	13932483.58	14688241.17	15484994.28	16324966.70
	全网平均输配电价水平（元/千瓦时）	0.2404	0.2397	0.2394	0.2394

资料来源：笔者整理。

为了便于比较，对表 4 – 29、表 4 – 30 进行整理，得到表 4 – 31、表 4 – 32。

表 4 – 31　　　　　　　某省分压输配电价表　　　　　　　单位：元/千瓦时

电压等级	项目	2015 年	2016 年	2017 年	2018 年
500 千伏	输配电价水平	0.0359	0.0437	0.0533	0.0651
220 千伏	输配电价水平	0.0617	0.0746	0.0903	0.1094
110 千伏	输配电价水平	0.0884	0.0842	0.0802	0.0766
35 千伏	输配电价水平	0.1534	0.146	0.1391	0.1328
1～10 千伏	输配电价水平	0.2657	0.261	0.2568	0.253
<1 千伏	输配电价水平	0.4279	0.4274	0.4275	0.4281
全网	全网平均输配电价水平	0.2404	0.2397	0.2394	0.2394

资料来源：笔者整理。

表 4 – 32	某省分压（合并）输配电价表				单位：元/千瓦时
电压等级	项目	2015 年	2016 年	2017 年	2018 年
220 千伏及以上	输配电价水平	0.0604	0.073	0.0884	0.1071
110 千伏	输配电价水平	0.0884	0.0842	0.0802	0.0766
35 千伏	输配电价水平	0.1534	0.146	0.1391	0.1328
1 ~ 10 千伏	输配电价水平	0.2657	0.261	0.2568	0.253
<1 千伏	输配电价水平	0.4279	0.4274	0.4275	0.4281
全网	全网平均输配电价水平	0.2404	0.2397	0.2394	0.2394

资料来源：笔者整理。

表 4 – 31、表 4 – 32 显示，高电压等级输配电价低，低电压等级输配电价高，其中小于 1 千伏的输配电价是 220 千伏及以上、110 千伏、35 千伏、1 ~ 10 千伏的 5.4 倍、5.2 倍、3.0 倍、1.7 倍。通常居民用户在 1 千伏以下受电，供电成本最高；工商业用户通常在高电压等级受电，供电成本相对低。如果居民电价实际水平低于工商业电价，就会导致高供电成本低电价，低供电成本高电价，这是电价交叉补贴及电价结构扭曲产生的主要原因。

从表 4 – 31 中可以看出，500 千伏的输配电价水平为 0.0359 ~ 0.0651 元/千瓦时，而 1 ~ 10 千伏输配电价水平为 0.2657 ~ 0.2530 元/千瓦时，小于 1 千伏的输配电价水平为 0.4279 ~ 0.4281 元/千瓦时，差距很大，这主要是由于 1 ~ 10 千伏和小于 1 千伏的供电中包含了配电资产，而且低电压等级供电是经过了多次成本传导和分摊，从而使得低电压等级输配电价高出高电压等级电价很多。

从表 4 – 31、表 4 – 32 中还可以看出，2015 ~ 2018 年的全网输配电价水平、110 千伏、35 千伏、1 ~ 10 千伏、小于 1 千伏的输配电价水平呈现下降趋势，这主要是因为准许收入的增长率小于售电量的增长率，但 500 千伏、220 千伏却相反。

4.5.4 基于实际平均电价计量交叉补贴

我国按照用途及行业对电价进行分类定价，而不是按照用户特性，导致我国不同类型用户间的电价交叉补贴现象比较普遍，其中，电价交叉补贴程度最严重领域是大工业用户、普通工商业用户补贴居民。2014 年某省目录电价，按用户用电行业和用途划分为商业、非工业与普通工业、非居民照明、大工业、居民生活、农业生产、贫困县农业排灌八大类，从目录电价（见表4-33）来看，电价水平按照以上次序依次递减。工商业用户补贴其他类型用户最多，而居民用户与农业用电用户获得的补贴规模最大。从目录电价表，可以直观地看到，相同电压等级不同类型用户的电价水平相差较大，存在纵向电价交叉补贴。如同第3章分析的一样，这主要是分类结构不科学和定价政策没有无歧视体现用户（市场主体）公平造成的。

表4-33　　　　　　　　　某省2014年电网销售电价表

用电分类			电价单位：元/千瓦时						基本电价	
			不满1千伏	1~10千伏	20~35千伏以下	35~110千伏以下	110~220千伏及以下	220千伏以上	最大需量（元/千瓦·月）	变压器容量（元/千伏安·月）
一、居民生活用电	城乡居民用电	年用电2160千瓦时以内	0.5700							
		年用电2161~4800千瓦时	0.6200							
		年用电4800千瓦时以上	0.8700							
	居民合表用电		0.5920	0.5820	0.5820	0.5820				
二、一般工商业及其他用电			0.9200	0.9000	0.8950	0.8800				
其中：中小化肥生产用电			0.6960	0.6760	0.6710	0.6560				
三、大工业				0.6448	0.6398	0.6248	0.6048	0.5848	42	28
其中	离子膜法烧碱生产用电			0.6178	0.6128	0.5978	0.5778	0.5578	42	28
	中小化肥生产用电			0.5580	0.5530	0.5380	0.5230	0.5080	42	28
四、农业生产用电			0.5587	0.5387	0.5337	0.5187				
其中：贫困县农业排灌用电			0.3917	0.3717	0.3667	0.3517				

注：表中包括各类基金，详见表4-34。
资料来源：笔者整理。

根据某省基金情况，将各类用电基金收取额汇总，见表4-34。

表4-34　　　　　　　　　某省各类用户承担政府基金数　　　　　　单位：元/千瓦时

用电类别	农村低压电网维护费	大中型水库移民后期扶持资金、地方水库移民后期扶持资金	可再生能源电价附加	含城市公用事业附加费	基金合计数
居民用电	0.0188	0.0088	0.001	0.012	0.0406
一般工商业及其他用电	0.0188	0.0088	0.0015	0.01	0.0391
大工业	0.0188	0.0088	0.0015	0.01	0.0391
农业生产用电	0.0188				0.0188

资料来源：笔者整理。

　　本书将某省全社会全样本的平均电价作为基准价格，将各类用户的实际平均价格作为终端消费价格（实际价格），按照国际能源署的价差法，测算得到某省政策性交叉补贴（纵向交叉补贴）结果，见表4-35。其中，平均电价 = 全社会全样本的电费收入/全社会全样本售电量。经测算，某省2014年全社会平均电价为0.58007元/千瓦时（实际电价）。

表4-35　　　　某省电力公司分类分用途售电交叉补贴额及补贴程度

用电分类		售电量（千千瓦时）	电费收入（元）	平均电价（元/千瓦时）	交叉补贴额（万元）	补贴程度（%）
一、居民生活用电		28222512.53	13193839200.13	0.4675	317719.364	19.41
二、一般工商业及其他用电（合计）		23245093.59	18479133306.21	0.795	-499535.19	-37.05
一般工商业及其他用电（合计，剔除中小化肥生产用电）		23236874.10	18475145293.46	0.7951	-499613.173	-37.07
其中：中小化肥生产用电		8219.49	3988012.75	0.4852	77.987	16.36
三、大工业	大工业（合计）	76298339.99	42806365615.86	0.561	145201.246	3.28
	大工业（合计，剔除中小化肥生产、离子膜法烧碱生产用电）	66848066.69	39210594508.52	0.5866	-43403.65	-1.12
	其中：（1）离子膜法烧碱生产用电	795782.94	402845924.24	0.5062	5876.389	
	（2）中小化肥生产用电	8654490.36	3192925183.10	0.3689	182728.504	36.40
四、农业生产用电（合计）		2078183.97	839286136.68	0.4039	36620.604	30.38
其中：贫困县农业排灌用电		848390.10	282335766.36	0.3328	20978.988	42.63
合计*		129844130.08	75318624258.88	0.58007		

　　注：（1）负数表示电价交叉补贴供给方，正数表示电价交叉补贴需求的被补贴方。（2）合计*表示分类用户相关指标之和。

　　资料来源：笔者整理。

通过表 4 – 35 可以看到，一般工商业及其他用户是电价交叉补贴的主要供给方，补贴程度为 37. 05%，提供的交叉补贴总额占其总电费支出的 27. 03% ；其他用户均为电价交叉补贴需求方，或称为被补贴方。居民用电用户、农业生产用电用户、大工业用户被补贴程度分别为 19. 14% 、30. 38% 、3. 28% ，享受电价交叉补贴总额占其总电费支出的比例分别为 24. 08% 、43. 63% 、3. 39% 。

进一步分析发现，如果剔除享受优惠电价的中小化肥生产用电、离子膜法烧碱生产用电的电价补贴额，那么大工业用户实际上也是电价交叉补贴的供给方，补贴额度是 4. 34 亿元。

如果根据平均电价测算，电力企业归集交叉补贴为 54. 29 亿元，支出补贴为 70. 92 亿元，归集相比支出，少归集 16. 63 亿元。

将平均电价作为基准电价，体现了定价的公平性，但正如前文分析的那样，不同电压等级的供电成本不同，因此按照平均电价测算电价交叉补贴规模及交叉补贴程度并不准确。因此，下面按照准许收入分摊原理测算居民等用户间的电价交叉补贴额及交叉补贴程度。

4.5.5　基于准许收入分摊计量居民等用户享受的交叉补贴

1. 基于成本分摊原理测算居民等用户销售电价

减少电价交叉补贴的路径就是使用户电价尽可能体现其用电成本，按照成本分摊原理及准许收入测算原理计算的输配电价体现了各电压等级的输配电成本，因此以独立输配电价为基础，就可以测算出能够体现用户用电成本的销售电价。体现用电成本的各电压等级销售电价计算公式为：体现用电成本的各电压等级销售电价 ＝各电压等级输配电价 ＋政府基金 ＋平均上网电价。

2012 ～2014 年某省平均上网电价（购电价）如下，根据平均增长趋势可以计算 2015 ～2018 年购电成本见表 4 – 36。其中，平均购电成本 ＝购电费用/年购电量，即每度电的购电成本。

见表 4 – 34，某省目录电价显示，居民用户承担的各项基金为 0. 0406 元/千瓦时；农业生产用电电价应加基金 0. 0188 元/千瓦时；抗灾救灾用电、中小化肥生产用电,电价降 2 分钱。

表 4－36 某省 2012～2018 年平均购电价

变量	平均上网电价(购电价)			平均增长率/%	平均上网电价(购电价)			
	2012 年	2013 年	2014 年		2015 年	2016 年	2017 年	2018 年
购电成本(元/千千瓦时)	358.43	367.68	356.62	－0.43	355.10	353.58	352.07	350.56
购电费(万元)	4570475	5054679	4991345	9.34	5457596	5967401	6524827	7134324
购电量(亿千瓦时)	1275.15	1374.74	1399.62	9.62	1534.26	1681.85	1843.64	2020.996

资料来源:笔者整理。

某省分电压等级的输配电价见表 4－32。将居民、农业生产等享受交叉补贴的用户所在电压等级输配电价、平均购电价格、各类用户电价应加基金等加总,得到能够反映输配电成本的居民及农业用电分电压等级销售电价,结果见表 4－37。计量公式为:基于独立输配电价的用户(居民及农业生产)分压销售电价 = 购电平均价格 + 分压独立输配电价 + 政府基金。

表 4－37 反映输配电成本的居民及农业用电分电压等级销售电价表 单位:元/千瓦时

用户类别	电压等级	2015 年	2016 年	2017 年	2018 年
居民用电	1～10 千伏	0.6614	0.6552	0.6495	0.6442
	不满 1 千伏	0.8236	0.8216	0.8202	0.8193
农业生产	35～110 千伏	0.5273	0.5184	0.51	0.5022
	1～10 千伏	0.6396	0.6334	0.6277	0.6224
	不满 1 千伏	0.8018	0.7998	0.7984	0.7975
大工业化肥生产	110 千伏	0.4826	0.4769	0.4714	0.4663
	35～110 千伏	0.5476	0.5387	0.5303	0.5225
	1～10 千伏	0.6599	0.6537	0.648	0.6427
一般工商业化肥生产	1～10 千伏	0.6599	0.6537	0.648	0.6427
	不满 1 千伏	0.8221	0.8201	0.8187	0.8178
离子膜法烧碱生产用电(大工业)	1～10 千伏	0.6599	0.6537	0.648	0.6427

注:因没有离子膜法烧碱生产用电的户控数据,此类按大工业 1～10 千伏处理。以上含基金。
资料来源:笔者整理。

2. 居民及农业生产等用电电量预测

2014 年某省居民阶梯用电情况见表 4-38。根据 2012~2014 年分电压等级的实际电量预测 2015~2018 年电量增长率，见表 4-15，按照各电压等级销售电量平均增速和户控数据对分压分类的销售电量进行估计。整理 2015~2018 年各类用户分压销售电量，见表 4-39。

表 4-38　　　　　　　　　　2014 年某省居民阶梯电价实施情况统计表

用户分类	分档		不满 1 千伏		1~10 千伏	
	档次	电量水平(千瓦时/户·年)	销售总电量(千千瓦时)	电费总收入(元)	销售总电量(千千瓦时)	电费总收入(元)
城乡一户一表居民用户	第一档	0~2160	21045186.06	11904180075.32	17925.18	8941246.48
	第二档	2160~4800	—	100839944.24		
	第三档	超过 4800	—	345378888.22		
合表用户	居民		—		4528599.04	2636219927.82
	非居民		396112.66	232827823.46	2234689.60	1304010593.96

注：销售总电量是指本档次所有居民的总电量；电费总收入是指本档次所有居民的电费总支出。

资料来源：笔者整理。

表 4-39　　　　　　　　　　2015~2018 年某省各类用户分压用电量估计

用电类别	电压等级	电价平均水平(元/千瓦时)	2014 年(万千瓦时)	分压售电量增长率(%)	2015 年(万千瓦时)	2016 年(万千瓦时)	2017 年(万千瓦时)	2018 年(万千瓦时)
居民用电	1~10 千伏	0.58259	676328.9	7.02	723807.2	774618.4	828996.6	887192.2
	不满 1 千伏	0.58687	2144130	5.26	2256911	2375625	2500582	2632113
居民合计	居民合计	0.58584	2820459		2980718	3150243	3329579	3519305
农业生产	35~110 千伏（样本 18 个）	0.5193	1784.317	10.47	1971.135	2177.513	2405.498	2657.354
	1~10 千伏（样本 7446 个）	0.5409	59437.82	7.02	63610.36	68075.81	72854.73	77969.13
	不满 1 千伏（分解得到，电价为目录电价）	0.5587	61757.25	5.26	65005.68	68424.98	72024.13	75812.6
	小计（农业生产）		122979.4		130587.2	138678.3	147284.4	156439.1

续表

用电类别	电压等级	电价平均水平（元/千瓦时）	2014 年（万千瓦时）	分压售电量增长率（%）	2015 年（万千瓦时）	2016 年（万千瓦时）	2017 年（万千瓦时）	2018 年（万千瓦时）
贫困县农业排灌	35~110 千伏（贫困县农业排灌，样本 154 个）	0.35697	9111.463	10.47	10065.43	11119.28	12283.47	13569.55
	1~10 千伏（贫困县农业排灌，样本 11117 个）	0.3949	37627.27	7.02	40268.71	43095.57	46120.88	49358.56
	不满 1 千伏（分解得到，电价为目录电价）	0.3917	38100.28	5.26	40104.35	42213.84	44434.29	46771.53
	小计（贫困县农业排灌）		84839.01		90438.49	96428.69	102838.6	109699.6
合计	农业用电合计		207818.4		221025.7	235107	250123	266138.7
中小化肥生产	110 千伏（样本 18 个）	0.4583	689902.1	10.44	761927.9	841473.1	929322.9	1026344
	35 千伏（样本 20 个）	0.4762	123940.6	10.47	136917.1	151252.4	167088.5	184582.6
	1~10 千伏（样本 71 个）	0.5275	51606.4	7.02	55229.17	59106.26	63255.52	67696.06
	小计（大工业）		865449		954074.2	1051832	1159667	1278623
中小化肥	1~10 千伏（样本 78 个）	0.6012	813.13	7.02	870.212	931.301	996.678	1066.645
	不满 1 千伏	0.6960	8.819	5.26	9.283	9.771	10.285	10.826
	小计（中小化肥，一般工商业）		821.949		879.495	941.072	1006.963	1077.471
烧碱生产	1~19 千伏离子膜法烧碱生产用电（大工业）	0.6178	79578.29	7.02	85164.69	91143.25	97541.51	104388.9

资料来源：笔者整理。

3. 居民及农业生产等用户享受交叉补贴规模及程度计量

我国目前各省区市执行的电价政策中，城乡居民用户、农业生产用电用户、化肥生产用电用户是电价交叉补贴需求方，即享受交叉补贴方；一般工商业及其他用户、大工业用户是电价交叉补贴供给方，即承担交叉补贴义务的用户类别。按照输配电价定价办法可以判断，独立输配电价反映的是分电压等级输配电成本，因此以基于城乡居民用户、农业用电用户、化肥生产用户等相对应电压等级的独立输配电价为基础，测算的销售电价，可视为这三类用户的供电成本，并将其作为基准电价。目录电价（或平均电价）与基准电价的差额可认为是各类用户享受的电价交叉补贴。按照价差法，测算得到某省居民、农业、化肥生产等用户享受政策性交叉补贴额及补贴程度，见表 4 - 40。

表 4 - 40　　　　某省居民等用户享受的交叉补贴额及补贴程度　　　金额单位：千元

用户类别		电压等级	2015 年	2016 年	2017 年	2018 年
居民用电	1 ~ 10 千伏居民用电交叉补贴	售电量	7238071.50	7746184.12	8289966.25	8871921.88
		用电成本	0.6614	0.6552	0.6495	0.6442
		实际电价	0.58259	0.58259	0.58259	0.58259
		交叉补贴程度（%）	11.92	11.08	10.30	9.56
		交叉补贴额	570432.41	562450.43	554681.64	546599.11
	不满 1 千伏居民用电交叉补贴	售电量	22569111.03	23756246.27	25005824.83	26321131.21
		用电成本	0.8236	0.8216	0.8202	0.8193
		实际电价	0.58687	0.58687	0.58687	0.58687
		交叉补贴程度（%）	28.74	28.57	28.45	28.37
		交叉补贴额	5342785.65	5576303.69	5834609.11	6117820.53
	居民享受补贴额（合计）		5913218.06	6138754.12	6389290.75	6664419.64
农业生产用电	35 ~ 110 千伏农业生产交叉补贴	售电量	19711.35	21775.13	24054.98	26573.54
		用电成本	0.5273	0.5184	0.51	0.5022
		实际电价	0.5193	0.5193	0.5193	0.5193
		交叉补贴程度（%）	1.52	- 0.17	- 1.82	- 3.41
		交叉补贴额	157.69	- 19.5976	- 223.711	- 454.408

续表

用户类别		电压等级	2015 年	2016 年	2017 年	2018 年
农业生产用电	1 ~ 10 千伏农业生产交叉补贴	售电量	636103.59	680758.06	728547.28	779691.30
		用电成本	0.6396	0.6334	0.6277	0.6224
		实际电价	0.5409	0.5409	0.5409	0.5409
		交叉补贴程度（%）	15.43	14.60	13.83	13.09
		交叉补贴额	62783.42	62970.12	63237.90	63544.84
	不满 1 千伏农业生产交叉补贴	售电量	650056.77	684249.76	720241.29	758125.99
		用电成本	0.8018	0.7998	0.7984	0.7975
		目录电价	0.5587	0.5587	0.5587	0.5587
		交叉补贴程度（%）	30.32	30.15	30.02	29.94
		交叉补贴额	158028.80	164972.62	172641.84	181040.49
	35 ~ 110 千伏（贫困县农业排灌）	售电量	100654.34	111192.84	122834.73	135695.53
		用电成本	0.5273	0.5184	0.51	0.5022
		实际电价	0.35697	0.35697	0.35697	0.35697
		交叉补贴程度（%）	32.30	31.14	30.01	28.92
		交叉补贴额	17144.45	17949.86	18797.40	19707.06
	1 ~ 10 千伏（贫困县农业排灌）	售电量	402687.05	430955.69	461208.77	493585.63
		用电成本	0.6396	0.6334	0.6277	0.6224
		实际电价	0.3949	0.3949	0.3949	0.3949
		交叉补贴程度（%）	38.26	37.65	37.09	36.55
		交叉补贴额	98537.52	102782.93	107369.40	112290.73
	不满 1 千伏（贫困县农业排灌）	售电量	401043.50	422138.39	444342.87	467715.30
		用电成本	0.8018	0.7998	0.7984	0.7975
		目录电价	0.3917	0.3917	0.3917	0.3917
		交叉补贴程度（%）	51.15	51.03	50.94	50.88
		交叉补贴额	164467.94	172274.68	180714.25	189798.87
	农业用电享受补贴额（合计）		501119.82	520930.61	542537.08	565927.58
中小化肥生产	110 千伏中小化肥生产（大工业）	售电量	7619278.51	8414731.18	9293229.12	10263442.24
		用电成本	0.4826	0.4769	0.4714	0.4663
		实际电价	0.4583	0.4583	0.4583	0.4583
		交叉补贴程度（%）	5.04	3.90	2.78	1.72
		交叉补贴额	185148.47	156514.00	121741.30	82107.54

续表

用户类别		电压等级	2015 年	2016 年	2017 年	2018 年
中小化肥生产	35 千伏中小化肥生产（大工业）	售电量	1369171. 36	1512523. 60	1670884. 82	1845826. 46
		用电成本	0. 5476	0. 5387	0. 5303	0. 5225
		目录电价	0. 4762	0. 4762	0. 4762	0. 4762
		交叉补贴程度（%）	13. 04	11. 60	10. 20	8. 86
		交叉补贴额	97758. 84	94532. 72	90394. 87	85461. 77
	1～10 千伏中小化肥生产（大工业）	1～10 千伏售电量	552291. 72	591062. 60	632555. 20	676960. 57
		1～10 千伏用电成本	0. 6599	0. 6537	0. 648	0. 6427
		1～10 千伏实际电价	0. 5275	0. 5275	0. 5275	0. 5275
		交叉补贴程度（%）	20. 06	19. 31	18. 60	17. 92
		交叉补贴额	73123. 42	74592. 10	76222. 90	77985. 86
	1～10 千伏中小化肥生产（一般工业）	售电量	8702. 12	9313. 01	9966. 78	10666. 45
		用电成本	0. 6599	0. 6537	0. 648	0. 6427
		实际电价	0. 6012	0. 6012	0. 6012	0. 6012
		交叉补贴程度（%）	8. 90	8. 03	7. 22	6. 46
		交叉补贴额	510. 81	488. 93	466. 45	442. 66
	不满 1 千伏中小化肥生产（一般工业）	售电量	92. 83	97. 71	102. 85	108. 26
		用电成本	0. 8221	0. 8201	0. 8187	0. 8178
		实际电价	0. 6960	0. 6960	0. 6960	0. 6960
		交叉补贴程度（%）	15. 34	15. 13	14. 99	14. 89
		交叉补贴额	11. 71	12. 13	12. 62	13. 19
小计	化肥用电受补贴额（合计）		356553. 25	326139. 88	288838. 14	246011. 02
	离子膜法烧碱生产用电（大工业）	售电量	851646. 90	911432. 51	975415. 08	1043889. 22
		用电成本	0. 6599	0. 6537	0. 648	0. 6427
		目录电价	0. 6178	0. 6178	0. 6178	0. 6178
		交叉补贴程度（%）	6. 38	5. 49	4. 66	3. 87
		交叉补贴额	35854. 33	32720. 43	29457. 54	25992. 84
小计	烧碱生产补贴		35854. 33	32720. 43	29457. 54	25992. 84
全社会交叉补贴总额	（居民、农业化肥、烧碱用电）		6806745. 46	7018545. 04	7250123. 51	7502351. 08

注：负数表示补贴方，正数表示被补贴方。

资料来源：笔者整理。

将表4-40汇总精简并计算交叉补贴的总规模得到表4-41。

表4-41　某省居民、农业、化肥生产等享受的政策性交叉补贴额　金额单位：亿元

用电类别	2015 年	2016 年	2017 年	2018 年	用电平均占比（%）
居民用电	59.13	61.39	63.89	66.64	87.89
农业用电	5.01	5.21	5.43	5.66	7.49
化肥生产用电	3.57	3.26	2.89	2.46	4.20
烧碱用电	0.36	0.33	0.29	0.26	0.41
全社会交叉补贴总额	68.07	70.19	72.50	75.02	100.00

资料来源：笔者整理。

按照某省2014年各类用电的实际电价水平（如果缺失户控数据，采用目录电价）测算，2015~2018年某省全社会电价交叉补贴规模为68亿~75亿元，其中城乡居民用户享受交叉补贴额最高，占87.89%。其后，依次为农业用电用户、化肥生产用电用户、烧碱用电用户。

2014年某省电力公司电费收入为766亿元，因此可以估计电价交叉补贴占电费收入的比例为8.9%~9.8%。按照当年度全国电费收入2.5万亿元估计，电价交叉补贴总体规模为2200亿~2500亿元。

4.5.6　基于准许收入分摊计量工商业等用户承担的交叉补贴

1. 基于成本分摊原理测算工商业等用户销售电价

工商业用户是交叉补贴的承担方，即供给方。按照成本分摊原理及准许收入分摊测量输配电价，体现了各电压等级的输配电成本，因此以独立输配电价为基础，就可以测算出体现工商业用电成本的销售电价。

体现成本的各电压等级销售电价计算公式为：体现成本的各电压等级销售电价＝各电压等级的输配电价＋政府基金＋平均上网电价。其中，根据平均增长趋势计算得到的2015~2018年购电成本见表4-36；各电压等级的输配电价见表4-32。按照某省电价政策，一般工商业及其他、大工业用电应加的政府基金为0.0391元/千瓦时。根据测算，反映输配电成本的一般工商业及其他、大工业用电的销售电价见表4-42。

表 4 – 42　　　反映输配电成本的工商业用电分电压等级销售电价表　单位：元/千瓦时

电压等级		2015 年	2016 年	2017 年	2018 年
220 千伏及以上	大工业	0.4546	0.4657	0.4796	0.4968
110 千伏	大工业	0.4826	0.4769	0.4714	0.4663
35 千伏	一般工商业及其他	0.5476	0.5387	0.5303	0.5225
	大工业	0.5476	0.5387	0.5303	0.5225
1 ~ 10 千伏	一般工商业及其他	0.6599	0.6537	0.648	0.6427
	大工业	0.6599	0.6537	0.648	0.6427
<1 千伏	一般工商业及其他	0.8221	0.8201	0.8187	0.8178

资料来源：笔者整理。

从表 4 – 42 可以看出，按照成本定价原理，高电压等级电价低，低电压等级电价高。

2. 工商业用户用电量预测

表 4 – 15 测算了各电压等级电量平均增长率。2014 年分电压等级的工商业用户用电量是根据户控数据统计得到，其中小于 1 千伏一般工商业及其他用户用电电量估计方法为：小于 1 千伏售电量（见表 4 – 15）减去小于 1 千伏的居民售电量、农业生产、化肥生产量（见表 4 – 39）得到。预测电量的公式为：预测期电量 = 基期电量 × （1 + 电量平均增长率）。2015 ~ 2018 年某省工商业用户分电压等级用电量估计值见表 4 – 43。

表 4 – 43　　2015 ~ 2018 年某省工商业用户分电压等级用电量估计　电量单位：万千瓦时

电压等级		2014 年样本的电量	平均增长率（%）	2015 年	2016 年	2017 年	2018 年
220 千伏及以上	大工业（样本数 59 个）	866121.22	– 12.98	753698.7	655868.6	570736.9	496655.2
110 千伏	大工业（样本数据 326）	1826419.91	10.44	2017098	2227683	2460253	2717104
35 千伏	一般工商业及其他（样本数据 705）	47587.29	10.47	52569.68	58073.72	64154.04	70870.97
	大工业（样本数据 465 个）	933775.17	10.47	1031541	1139544	1258854	1390656

电压等级		2014 年样本的电量	平均增长率（%）	2015 年	2016 年	2017 年	2018 年
1~10 千伏	一般工商业及其他（样本 109915）	1704501.51	7.02	1824158	1952213	2089259	2235925
	大工业（样本数据 14697 个）	2892381.02	7.02	3095426	3312725	3545278	3794157
<1 千伏	一般工商业及其他（估计）	637847.79	5.26	671398.6	706714.1	743887.3	783015.8

资料来源：笔者整理。

3. 工商业用户承担交叉补贴规模及程度计量

根据前文分析，由于独立输配电价反映的是分电压等级的输配电成本，因此可以将分电压等级工商业用户的基于独立输配电价测算的销售电价作为供电成本，并将其作为基准价格。本书将分电压等级工商业用户的平均电价作为实际电价，其中：平均电价 = 用户电费支出/销售电量。供电成本与实际电价的差额，即可认为是分压工商业用户需要承担的电价交叉补贴。按照价差法，测算得到某省不同电压等级受电工商业用户承担的政策性交叉补贴额及补贴程度见表 4 – 44。

表 4 – 44   某省工商业用户承担的政策性交叉补贴额及补贴程度　　　金额单位：万元

电压等级及用户类型		测算项	2015 年	2016 年	2017 年	2018 年
220 千伏及以上	大工业	售电量	753698.7	655868.6	570736.9	496655.2
		用电成本	0.4546	0.4657	0.4796	0.4968
		实际电价	0.7300	0.7300	0.7300	0.7300
		交叉补贴程度（%）	−60.58	−56.75	−52.21	−46.94
		交叉补贴额	−207568.6	−173346.1	−142912.5	−115820
110 千伏	大工业	售电量	2017098	2227683	2460253	2717104
		用电成本	0.4826	0.4769	0.4714	0.4663
		实际电价	0.6948	0.6948	0.6948	0.6948
		交叉补贴程度（%）	−43.97	−45.69	−47.39	−49.00
		交叉补贴额	−428028	−485412	−549621	−620858

续表

电压等级及用户类型		测算项	2015 年	2016 年	2017 年	2018 年
35 千伏	一般工商业及其他	售电量	52569.68	58073.72	64154.04	70870.97
		用电成本	0.5476	0.5387	0.5303	0.5225
		实际电价	0.8830	0.8830	0.8830	0.8830
		交叉补贴程度（%）	-61.25	-63.91	-66.51	-69.00
		交叉补贴额	-17631.9	-19994.8	-22627.1	-25549
	大工业	售电量	1031541	1139544	1258854	1390656
		用电成本	0.5476	0.5387	0.5303	0.5225
		实际电价	0.6691	0.6691	0.6691	0.6691
		交叉补贴程度（%）	-22.19	-24.21	-26.17	-28.06
		交叉补贴额	-125332	-148597	-174729	-203870
1~10 千伏	一般工商业及其他	售电量	1824158	1952213	2089259	2235925
		用电成本	0.6599	0.6537	0.648	0.6427
		实际电价	0.9030	0.9030	0.9030	0.9030
		交叉补贴程度（%）	-36.84	-38.14	-39.35	-40.50
		交叉补贴额	-443453	-486687	-532761	-582011
	大工业	售电量	3095426	3312725	3545278	3794157
		用电成本	0.6599	0.6537	0.648	0.6427
		实际电价	0.8006	0.8006	0.8006	0.8006
		交叉补贴程度（%）	-21.32	-22.47	-23.55	-24.57
		交叉补贴额	-435526	-486639	-541009	-599097
<1 千伏	一般工商业及其他	售电量	671398.6	706714.1	743887.3	783015.8
		用电成本	0.8221	0.8201	0.8187	0.8178
		实际电价	0.9230	0.9230	0.9230	0.9230
		交叉补贴程度（%）	-12.27	-12.55	-12.74	-12.86
		交叉补贴额	-67744.1	-72720.9	-77587.4	-82373.3

注：负数表示补贴方，正数表示被补贴方。
资料来源：笔者整理。

从表 4-44 可以看出，对于相同类型用户，如大工业、一般工商业及其他用户，高电压等级用户承担交叉补贴程度高，低电压等级用户承担交叉补贴程度较低，也就是高电压等级电价水平偏离成本定价程度越高，分担的责任越多。对于相同电压等级，如 35 千伏、1~10 千伏，一般工商业及其他用户承担交叉补贴的程度高于大工业用户。将表 4 – 44 汇总精简并计算电价交叉补贴归集规模，结果见表 4 – 45。

表 4 – 45　　　　某省分电压等级工商业用户承担的政策性交叉补贴额　　　单位：万元

电压等级	用户类别	2015 年	2016 年	2017 年	2018 年
220 千伏及以上	大工业	– 207568.6	– 173346.1	– 142912.5	– 115820
110 千伏	大工业	– 428028	– 485412	– 549621	– 620858
35 千伏	一般工商业	– 17631.9	– 19994.8	– 22627.1	– 25549
	大工业	– 125332	– 148597	– 174729	– 203870
1 ~ 10 千伏	一般工商业	– 443453	– 486687	– 532761	– 582011
	大工业	– 435526	– 486639	– 541009	– 599097
<1 千伏	一般工商业	– 67744.1	– 72720.9	– 77587.4	– 82373.3
合计		– 1517715	– 1873397	– 2041247	– 2229578

注：负数表示补贴方，正数表示被补贴方。
资料来源：笔者整理。

按照某省 2014 年各类用电的实际电价水平，测算工商用户承担交叉补贴规模可以看出，2015 ~ 2018 年全社会交叉补贴额为 152 亿 ~ 223 亿元，占电费收入的 19.8% ~ 29.1%。从表 4 – 41 可以看出，2015 ~ 2018 年全社会交叉补贴支出额为 68 亿 ~ 75 亿元。比较发现，在购销差价的电价机制下，电价交叉补贴收支并不平衡，其中收入远大于支出，这显然增加了工商企业用户的负担。

4.6　本章研究结论及讨论

本章采用实证研究方法从不同角度对我国电价交叉补贴规模及交叉补贴程度进行了计量，主要结论如下。

4.6.1　计量方法比较

交叉补贴计量方法主要有比值法与价差法，其中比值法主要用于国际间电价结构比较及不同类型用户电价水平的比较，能够揭示电价的扭曲程度、电价的合理程度以及初步判断电价交叉补贴的变化趋势，但不能计量交叉补贴的规模。价差法相较于比值法更为精确，其能够用于计量电价交叉补贴规模与交叉补贴程度，因而是一种更适合实际使用的计量方法。

采用价差法计量交叉补贴，基准价格是关键参数。参数的选择影响计量准确性。通常被选为基准价格的有边际成本、拉姆齐电价及平均供电成本。通过文献与实证研究发现，尽管按照边际成本定价是最优定价方式，但由于边际成本定价无法回收固定成本，不具有实施可行性；而且电力作为公共产品，具有广泛使用、地域差异大、用电特性差异显著等特征，测算边际成本是一件非常困难的事情。因此，选择边际成本作为基准价格并不能准确计量电价交叉补贴。拉姆齐电价是一种次优定价，但计算拉姆齐电价需要计量边际成本及各类用户的需求价格弹性，同样由于不同类型用户用电特性不同、不同地区存在较大差异等原因，计量边际成本、拉姆齐电价，也是一件困难的事情。文献研究表明，已有研究对居民需求价格弹性系数的测量存在显著差异。因此，选择拉姆齐电价作为基准电价测算交叉补贴，从理论上是精确的，但实际上并不准确也不实用。另外，以拉姆齐电价作为基准电价是一种静态价差法，难以反映价格微小变化、电量规模大、交叉补贴规模发生较大差异的情况。因此本书改进了这种静态价差法，建立了用户需求定价的动态计量模型，并进行了仿真测量和实证分析。动态价差法比静态价差法的优点主要是纳入了交叉弹性，能够很好地反映需求响应，但仍然存在边际成本计量的准确性及获得性问题。

按照平均电价计量交叉补贴是一种比较简单易于操作的方法，体现了电力作为公共产品的供给公平性，但这种方法没有考虑成本传导及分摊原理，平均电价并不能体现不同电压等级、不同用户类别的真实用电成本。

本书按照成本传导原理，对输配电成本按照电压等级进行分摊，并确定各电压等级的供电成本，在此基础上测算各电压等级基于供电成本的销售电价，将其作为基准电价，计量电价交叉补贴规模与交叉补贴程度。这种计量方法主要优点为：一是基于成本传导机制确定基准电价，体现了成本定价原理；二是与独立输配电价原理一致，接近于现行电价体系定价原则；三是进行分电压等级分用户类型计量，可以核准两类交叉补贴，即：不同电压等级的交叉补贴、同电压等级不同类型的交叉补贴；四是既能够计量交叉补贴需求，也能计量交叉补贴供给，从而能够判断交叉补贴供需是否平衡；五是采用预测电量变化趋势及成本变化趋势的方式，可以解决电价定价滞后的问题，预测随电量结构变化、电量总量变化、输配成本变化等参数的变化，动态反映了交叉补贴变化趋势，便于及时通过定价，以解决未来时期（监管周期）内交叉补贴的平衡问题。因此，这种计量方法更贴近电力消费市场实际情况，具有较好的实用价值。但这种方法也存在一些问题，如没有考虑需求价格弹性对需求的影响。从原理分析，输配电价的准许收入实际上体现的是输电变电配电环节的成本，既有固定成本，也有可变成本，因此，按照准许收入分摊实际上就是输配电成本分摊。

4.6.2 计量结果比较

采用居民电价与工业电价的比值法，并与国际电力市场比较，发现我国是少数几个比值小于 1 的国家之一，电价交叉补贴程度较高，电价扭曲严重。国内比较发现，各省区市电价交叉补贴程度不同，地区差异较大；依据历史数据比较发现，从 2006 年到 2017 年交叉补贴规模呈现逐年扩大趋势，但 2018 年因为工商业降低电价政策，电价交叉补贴规模急剧减少。

按照用户需求定价模型测算基准电价，并依据价差法计量得到我国电价交叉补贴规模为 2758 亿元。

按照成本传导原理及输配电成本（准许收入分摊）分摊原理测算基准电价，通过某省实例，计量得到某省 2015～2018 年全社会电价交叉补贴额为 68 亿~75 亿元，电价交叉补贴占电费收入的比例为 8.9%~9.8%，按照当年度全国电费收入 2.5 万亿元估计，全国电价交叉补贴规模为 2200 亿~2500 亿元。其中居民用户享受交叉补贴额最高，其次为农业、化肥生产等。采用同样的方法，计量得到某省 2015～2018 年工商用户承担电价交叉补贴规模为 152 亿~223 亿元，占电费收入的 19.8%~29.1%，其中高电压等级电价水平偏离成本定价程度高，从而导致高电压等级用户承担交叉补贴程度高，低电压等级用户承担交叉补贴程度低。通过比较发现，在购销差价的电价机制下，交叉补贴收支并不平衡，其中收入（交叉补贴归集）远大于支出，这显然增加了工商企业的负担。

　　以平均电价作为基准电价，计量得到某省 2014 年的交叉补贴规模为 70.92 亿元（占某省电费收入的 9.3%），归集交叉补贴为 54.29 亿元，归集少于支出。按照平均电价估算，当年全国电价交叉补贴规模约为 2300 亿元。将平均电价作为基准电价，体现了定价的公平性，但不同电压等级的供电成本不同，因此按照平均电价测算的交叉补贴规模及交叉补贴程度，并不准确。

第5章 交叉补贴对经济社会发展的影响及实证研究

5.1 电价交叉补贴对社会福利的影响

国内外大多数关于能源交叉补贴影响的研究文献指出，电价交叉补贴带来社会福利损失，不利于实现对电力稀缺资源进行优化配置的目标（Chatto-padhyay，2004，2007；林伯强等，2009；唐要家和杨健，2104；叶泽等，2017；乔晓楠和王一博，2018）。电价交叉补贴对社会福利的影响主要表现为：

一是电价交叉补贴导致电价结构扭曲，从而导致电力使用效率低下。交叉补贴一方面降低了居民电价水平，刺激居民用电，提高电力消费量；另一方面，隐性交叉补贴会导致工商企业用能成本攀升，使得工商业用户降低用电需求，进而约束其生产能力，降低产品生产规模，减少一般商品的供给；与此同时，工商企业通过提高其产品价格，转嫁成本（叶泽等，2017）。城乡居民是几乎所有商品的终端消费者，电力交叉补贴通过商品成本的传导作用最终会体现在商品或服务价格中，即补贴以推高商品或服务价格的方式仍由居民承担。城乡居民在电力能源成本传导机制中，承担更大的福利损失。乔晓楠和王一博（2018）运用 CGE 模型对我国多种电力终端消费中的电价交叉补贴情境进行了模拟分析，研究发现工业用户对居民用户电价交叉补贴幅度增大时，由于提高了工业用电电价水平，用电成本增加导致工商业部门产出呈现下趋势。交叉补贴幅度越大，各产业产出降幅也就越大。而且，工业电价上升导致产出下降的情景具有产业溢出效应，即电价交叉补贴率并未调整的农业生产和服务业行业产出也呈现下降趋势。与此同时，工商企业补贴居民的电价交叉补贴上升时，全部农业产品、工业产品及大部分服务产品价格均有所上升。

二是交叉补贴在一定程度上扭曲了生产要素价格对资源的配置作用，并最终对环境产生影响，降低环境和资源福利效应，阻碍绿色发展。一方面，因居民电价定价低，导致居民过度消费，增加了电力总需求量，并增加了碳排放；另一方面，电价交叉补贴政策导致工商企业电价升高，成本增加，企业可能通过能源替代方式，选择燃烧煤炭、石油、天然气等化石能源，导致废气和二氧化碳的更多排放，从而造成更严重的环境污染。与此同时，工商企业可能降低生产，从而影响商品的供给。阿贝里斯（Abeberese，2017）采用 2001~2008 年印度工业的面板数据，通过模型计量，研究发现提高工业电价水平将对企业经营绩效产生较大影响，高电价会导致企业减少用电规模或转移到电力密集度较低的商品生产，以降低电力消耗，减少成本，而电力低密度的产业技术往往先进性较低，从而导致企业生产效率低下，并对增长率产生负面影响。

根据微观经济学原理进一步分析，电价交叉补贴政策导致的福利及效率损失包括两个方面：一方面，因享受了交叉补贴，供电成本较高的用户执行相对较低的电价，低价格导致需求量增加，进而刺激过度消费，不仅浪费了稀缺的电力资源，还会给环境带来影响；另一方面，供电成本较低用户，因承担交叉补贴，执行相对较高的电价，而这些用户多为生产经营用户，高价格导致需求量减少，会抑制生产及服务企业的生产规模，从而使得社会商品或服务供给不足，带来社会福利损失。下面对这两个方面的损失进行具体分析。

5.1.1　电价交叉补贴产生的过度消费损失与抑制生产损失 *

如前分析，供电成本高的城乡居民、农业用电等用户执行相对较低的电价，供电成本较低的工商企业等用户执行高电价，电价水平背离供电成本，均会造

* 部分论述参见：叶泽，吴永飞，李成仁，等. 我国销售电价交叉补贴的关键问题及解决办法 [J]. 价格理论与实践，2017（4）：20－24.

成社会福利净损失。如图 5－1 所示，分析了供电成本较低而执行高电价的工商企业等用户，当企业用能成本增长，企业通过压缩生产规模或减产来减少用电量需求。社会商品或服务供给减少，会造成社会福利损失。按照交叉补贴成本内部化的政策，虽然此时电力企业有一定程度的获利，生产者剩余增加，但是从电力供需侧分析，工商企业作为电力消费者，其剩余减少规模与程度均大于电力企业剩余增加规模与程度。从电力供需侧来看，减少的社会总福利为图中阴影面积 C。如图 5－2 所示，则分析了因享受了交叉补贴，供电成本较高的城乡居民等用户执行相对较低的电价，从而产生过度消费，导致社会福利损失，损失的社会福利为图中阴影面积 D。C 与 D 之和为总社会福利净损失。

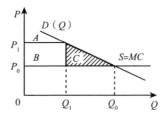

图 5－1　抑制生产的损失分析

资料来源：吴永飞. 销售电价交叉补贴的计量及解决机制［D］. 长沙：长沙理工大学，2019.

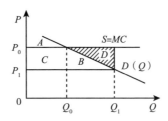

图 5－2　过度消费的损失分析

资料来源：吴永飞. 销售电价交叉补贴的计量及解决机制［D］. 长沙：长沙理工大学，2019.

假设电力供给呈线性，供给曲线为 $S = MC_i$，最优定价为 $P_i = MC_i$，即价格（电价）等于边际成本；假设电力需求曲线为 $D(Q_i)$。供给曲线与需求曲线的交点即为市场供需的均衡点，对应电量为 Q_{i0}；社会总福利 $TS = CS + PS$，即消费者剩余与生产者剩余之和。

如果各类用户均不存在电价交叉补贴，电价等于边际成本，社会福利为：

$$TS_0 = \sum TS_{i0} = \sum \int_0^{Q_{i0}} (D(Q_i) - MC_i)\,\mathrm{d}Q_i + 0 \qquad (5.1)$$

如果存在电价交叉补贴情况，某类用户电价为 P_{i1}，低于市场均衡价格，即边际成本，电力消费量增加，市场达成新的供需均衡。社会总福利为：

$$TS_1 = \sum TS_{i1} = \sum \left[\int_0^{Q_{i1}} (D(Q_i) - P_{i1})\,\mathrm{d}Q_i + Q_{i1}(P_{i1} - MC_i) \right] \qquad (5.2)$$

因此，存在交叉补贴将产生社会福利损失为：

$$\Delta T = TS_0 - TS_1 = \sum \left[\int_{Q_{i1}}^{Q_{i0}} D(Q_i)\,\mathrm{d}Q_i + MC_i(Q_{i0} - Q_{i1}) \right] \qquad (5.3)$$

根据以上分析，下面对福利净损失进行估算。国际能源署在分析能源补贴影响时，假定需求价格弹性不变，需求函数为：

$$q = kp^{\varepsilon} \qquad (5.4)$$

式中，q 为需求电量；p 为电价；ε 为长期需求价格弹性系数；k 为常数。

在第 4 章通过文献梳理发现，不同计量方法，电力需求价格弹性系数不同。结合我国电力消费市场实际情况，综合考虑，下面采用林伯强等（2009）、何永秀等（2003）、程瑜等（2003）估计的电力需求价格弹性系数取值范围，其中工业用户需求价格弹性为 [-1.31，-0.60]；城乡居民需求价格弹性区间为 [-0.86，-0.16]；假设商业用户与工业用户需求价格弹性系数一致，农业生产用电用户与城乡居民用户需求价格弹性系数一致。依据交叉补贴福利损失模型，分析得到 2016 年某省各类电力用户社会福利净损失，见表 5-1。

表 5-1　　　　　某省存在交叉补贴时各类用户的社会福利净损失　　　　　单位：亿元

	价格弹性	-1.31	-1.17	-1.03	-0.89	-0.74	-0.60
抑制生产的造成的社会福利净损失	大工业抑制生产	1.96	1.73	1.52	1.30	1.08	0.87
	一般工商业抑制生产	1.27	1.13	0.99	0.85	0.71	0.57
	合计	3.23	2.86	2.51	2.15	1.79	1.44
过度消费造成社会福利净损失	价格弹性	-0.86	-0.72	-0.58	-0.44	-0.30	-0.16
	居民过度消费	5.96	5.05	4.11	3.16	2.18	1.18
	农业生产过度消费	0.03	0.02	0.02	0.01	0.01	0.00
	合计	5.99	5.07	4.13	3.17	2.19	1.18
总社会福利净损失区间	[2.62，9.22]						

资料来源：叶泽，吴永飞，李成仁，等. 我国销售电价交叉补贴的关键问题及解决办法 [J]. 价格理论与实践，2017（4）：20-24.

　　为便于直观分析，把表5-1绘制成图5-3。图中显示，工商业用户需求价格弹性高于城乡居民需求价格弹性，导致供电成本高的城乡居民、农业用电等用户执行相对较低电价的情况下，其因低电价过度消费带来的社会福利净损失，明显大于供电成本较低工商企业等用户执行高电价的情况下，抑制生产所产生的社会净损失。

　　两种福利损失的差异说明，如果公共定价政策将福利损失最小化作为目标，那么在定价政策上，制定提高城乡居民用户电价水平政策应优先于降低工商业用户电价水平。

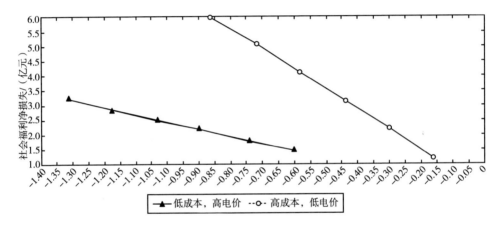

图5-3　各类电力用户交叉补贴的社会福利净损失

资料来源：叶泽，吴永飞，李成仁，等，我国销售电价交叉补贴的关键问题及解决办法［J］. 价格理论与实践，2017（4）：20-24.

　　按照上面的推算方法，根据2016年全国用电量规模，可以估计得到每年电价交叉补贴造成的社会福利净损失为90.10亿~316.50亿元。从社会福利损失规模上看，净损失严重。按照平均值推算，每一单位交叉补贴，产生福利净损失约为0.095元。

　　通过数据分析发现，电价交叉补贴的程度大于福利净损失程度。其原因是：社会福利损失与用户需求价格弹性相关，由于工商业用户需求价格弹性高于城乡居民用户（见前文分析）且其用电量规模远大于居民用电量，当电价交叉补贴导致工商业电价水平上升，工商业用电量需求的减少规模相对于城乡居民等用户用电量增加要大得多，从而导致作为补贴方的工商企业用户福利损失规模远大于被补贴方因执行低电价水平增加的福利规模。这个研究结论显然为解决电价交叉补贴问题提供了方向。

5.1.2　电价交叉补贴产生的转嫁损失*

各类电力用户属性存在差异，工商业用户既是电力商品的消费者，又为城乡居民提供一般商品与服务（即是生产者）。前文分析显示，由于存在电价交叉补贴，工商企业电价升高，增加了用能成本，工商企业通过产品或服务成本传导方式，又将电价交叉补贴成本转嫁到其生产的一般商品或服务中，并最终由居民消费者承担，这样便造成了转嫁福利损失。假设市场需求曲线为 $D_{商品}$，市场供给曲线由 $S_{商品2}$ 移动到 $S_{商品1}$，转嫁的福利损失表现图中的阴影部分，如图 5 - 4 所示。

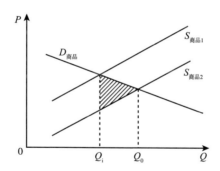

图 5 - 4　电价交叉补贴的福利转嫁损失

资料来源：叶泽，姚军，吴永飞，等，考虑用户需求的电价交叉补贴及社会福利计量研究 [J]. 中国电力，2019，52（12）：113 - 122.

由于一般商品与服务市场很复杂，其供给曲线和需求曲线难以精确绘制，下面用生产法下的增加值损失近似代替：

$$\Delta S_3 = \sum_{i=1}^{n} \frac{P_i - C_i}{C_i} \times \varepsilon_i \times \frac{1}{\varepsilon_j} \times V_i \tag{5.5}$$

式中，P_i、C_i、ε_i、ε_j、V_i 分别表示各类用户的实际电价水平、理论供电成本、

---

* 部分论述参见：吴永飞. 销售电价交叉补贴的计量及解决机制 [D]. 长沙：长沙理工大学，2019.

需求价格弹性、电力消费弹性系数以及增加值。

根据《中国电力统计年鉴》，2016 年我国电力消费弹性系数约为 0.75；根据中国统计年鉴，2016 年我国的大工业、一般工商业、农业生产等增加值分别为 24.79 万亿元、38.42 万亿元、11.21 万亿元。测算电价交叉补贴的转嫁福利损失见表 5 - 2。

表 5 - 2   电价交叉补贴的转嫁福利损失

变量	居民用户	农业生产用电用户	大工业用户	一般工商业用户
实际价格（元/千瓦时）	0.5419	0.4786	0.6896	0.8383
实际用电量（万亿千瓦时）	0.796	0.105	4.065	0.835
用电成本（元/千瓦时）	0.8006	0.7523	0.6305	0.7043
理论电量（万亿千瓦时）	0.737	0.096	4.171	0.904
转移损失（万亿元）	—	- 1.25	0.86	4.22

资料来源：叶泽、吴永飞、李成仁，等，我国销售电价交叉补贴的关键问题及解决办法［J］. 价格理论与实践，2017（4）：20 - 24. 表中，转移损失为负表示福利增加，为正表示福利损失。

5.1.3 电价交叉补贴和福利损失比较

通过上面分析，交叉补贴导致的福利总损失为：

$$S = \Delta S_1 + \Delta S_2 \tag{5.6}$$

设电价交叉补贴额为 s_i，定义福利损失额与电价交叉补贴额之比为 $\eta = S/s_i$，其表示每一单位电价交叉补贴所造成的福利损失。若 $\eta > 1$，则说明电价交叉补贴政策是非效率低；若 $\eta < 1$，则说明相对合理。仍以我国 2016 年电力消费及生产数据为例进行分析，估计电价交叉补贴规模及社会福利总损失，见表 5 - 3。

表 5 - 3   电价交叉补贴和福利损失规模比较

变量	居民	农业生产	大工业	一般工商业
实际价格（元/千瓦时）	0.5419	0.4786	0.6896	0.8383
实际用电量（亿千瓦时）	7961.39	1048.00	40654.36	8352.25
用电成本（元/千瓦时）	0.8006	0.7523	0.6305	0.7043
理论电量（亿千瓦时）	7369.70	960.31	42483.52	9115.02
交叉补贴（亿元）	1585.90	220.86	1249.39	581.98

续表

变量	居民	农业生产	大工业	一般工商业
交叉补贴合计（亿元）	1806.77		1831.37	
社会损失合计（亿元）	39170.82			
福利损失/交叉补贴	21.68			

资料来源：叶泽，吴永飞，李成仁，等．我国销售电价交叉补贴的关键问题及解决办法［J］．价格理论与实践，2017（4）：20 - 24. 表中，转移损失为负表示福利增加，为正表示福利损失。

表 5 - 3 显示，由于福利损失额与电价交叉补贴额之比远大于 1，为 21.68，从经济效率方面而言，显示为非效率性。

5.2　电价交叉补贴对收入再分配及社会公平的影响

电价交叉补贴政策目标是电力普遍服务，而电力普遍服务是政府为了维护所有公民的基本权益、缩小贫富差距，通过对公共产品实施价格管制，使得全体公民能够以普遍接受的价格水平获得可靠的、持续的供电服务。因此，缩小贫富差距和维持电力消费公平是电价交叉补贴政策的主要目标。按照罗尔斯（Rawlsian）主义观点，最公平的资源配置方式是使社会中境况最糟的人的效应最大化；按照平均主义思想，公平的方式是社会所有成员得到同等数量的商品，即平均配置资源。但这两种资源配置方式，并不能增加社会福利，或者最大限度地改善"穷人"的境况。例如，正如前文分析的一样，如果电力资源更多地配置给工商企业用户，会更多地增加社会福利，然后以税收的方式，进行收入再分配，可能更能改善"穷人"的境况，提高电力普遍服务的水平。巴塔查里亚和甘古里（Bhattacharyya & Ganguly，2017）运用 CGE 模型对减少电价交叉补贴的影响进行评估，研究发现如果减少工业对农业用电的交叉补贴，将导致农村居民家庭收入下降，他们还发现以渐进税率取代电价交叉补贴可以弥补一部分因收入下降而导致的负面影响。

我国目前的交叉补贴政策是基于平均主义"普惠制政策"与"暗收暗补"的隐性补贴政策。基于平均主义的交叉补贴政策使得我国电价交叉补贴政策效果并不理想，在牺牲工商业增长和付出较高环境代价后，低收入消费群体并不是最大的受益者，普惠制电价交叉补贴政策存在较大的"漏出"效应（唐要家和杨健，2014）。一些研究表明，我国目标群体受益指数远低于发达国家，如美国、阿根廷、匈牙利等的目标群体受益指数为 20% ~ 150%（Komives et al.，2007），而我国的目标群体受益指数为 0.63%（唐要家和杨健，2014）。林伯强等（2009）研究发现，低收入、较高及高收入占补贴比例分别为 28.5%、71.5%，其中低收入居民（占 22%）享受了电价交叉补贴的 10%，而高收入群体（占 27%）却享受了 45%，远高于低收入群体。我国特别贫穷、富裕家庭占电价总补贴的比例为 10.2%、35.4%（Feng Wang & Bing Zhang，2016）。我国享受电价交叉补贴最多的群体是比较富裕的消费群体，而不是真正贫穷的 20%（谭真勇，2013；孙传旺，2014；李虹等，2015；张昕竹和刘自敏，2015；冯永晟和王俊杰，2016）。

5.2.1 电价交叉补贴的"溢出"效应分析

电价交叉补贴非公平性主要体现为补贴"溢出"效应，即本应补贴低收入群体的收益，收入水平较高群体却获得更多。原因在于我国执行的是按照消费电量进行"普惠制"补贴政策，高收入用户群体消费电量大，获得补贴多；低收入用户群体消费电量小，获得补贴少。这种按照消费电量的补贴方式，导致最大受益主体是高收入群体，而不是真正的低收入者，造成"穷人补贴富人"的现象。

不同收入的消费者群体，其基本需求电量是不同的。例如，比较富裕的居民拥有较多的家用电器（如空调），电气化程度高，基本需求电量大。收入层级不同，家庭基本需求电量不同，需求价格弹性对消费者剩余变化影响不同。由于按照电量进行补贴，基本需求电量越大，获得交叉补贴越多，消费者剩余增量越大；相反，基本需求电量越小（如"穷人"），获得交叉补贴越少，消费者剩余增量越小。下面针对高、低收入层次的差异，分析居民接受电价交叉补贴的福利情况的变化。如图 5 - 5 所示，供给价格为 P_0 时，低收入群体的基本用电需求为 $Q_{低收入0}$，高收入群体的基本用电需求为 $Q_{高收入0}$，后者高于前者。当实施电价交叉补贴政策后，居民电价水平整体降低，假设从 P_0 降至 P_1，两者电量需求均会增加，但高收入居民群体消费电量增加远大于低收入居民群体。现实生活中，富裕家庭电器的使用率会大大提高。与此同时，高收入居民群体的消费者剩余增量也远大于低收入居民群体，两者之差为阴影面积 ABCD。显然，按照消费电量进行补贴的"普惠制"，使得电价交叉补贴政策表现为非公平性，其溢出效应规模为面积 ABCD。

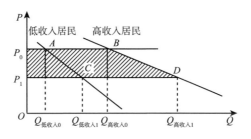

图5－5 电价交叉补贴的溢出效应分析

资料来源：叶泽，姚军，吴永飞，等．考虑用户需求的电价交叉补贴及社会福利计量研究［J］．中国电力，2019，52（12）：113－122.

5.2.2 交叉补贴的收入再分配效应分析

交叉补贴产生的主要原因是电价定价采用政府管制定价，从定价目标来看，基本出发点是保障社会公平（唐要家和杨健，2014；孙传旺，2014）。政府补贴是一种促进收入再分配的调整手段。交叉补贴政策作为收入再分配方式，并非像税收、社会保障等方式一样，由政府直接进行收入调整。交叉补贴对收入的调整方式是一种通过电价水平来进行的再分配方式。从目标指向来看，其特性是一种社会保障政策，即保障低收入居民群体获得基本的用电权益。正如前文分析的那样，目前电价交叉补贴政策仍存在制度缺陷，使得这种收入再分配效应存在较大的"漏出"效应，"穷人"并没有得到更多的保障，而"富人"搭上了政策的"便车"。与其他收入再分配方式不同，电价交叉补贴不是一种典型的转移支付方式，即不是由收入较高的消费群体提供交叉补贴收入，并转移支付给收入较低群体，而是由工商企业用户提供交叉补贴收入。在电价交叉补贴政策中，"穷人""富人"均是交叉补贴的受益方，交叉补贴支付方是工商企业。从 5.1 节的分析可以看出，工商企业用户会通过提高普通商品的价格来转移交叉补贴成本，因此最终的表现是：交叉补贴的供给方为全社会。追本溯源的结果表明，由全社会承担的电价交叉补贴的成本，最终被"富人"享受了绝大部分，显示基于公平目标的电价交叉补贴政策的制度安排，结果会带来更大的不公平。相比而言，采用"直接补贴"的转移支付方式可能更公平，如惠农补贴、最低生活保障（即低保）等。因此，明收明补方式会带来收入再分配的公平性，本书将在后续的内容中开展讨论与分析。

在判断补贴政策的收入再分配效用公平程度方面，目前主要采用基尼系数（Gini index）及 MT（Musgrave & Thin）指数（徐静等，2018）。1912 年，科拉多·基尼（Corrado Gini）提出基尼系数的概念；1943 年，赫希曼发展了这个理论，其根据洛伦茨曲线提出了一个判断分配平等程度的指标。基尼系数的基本思想是：根据收入分配绝对平等曲线与实际收入分配曲线的比较来判断。具体计算方式是：设实际收入分配曲线和收入分配绝对平等曲线之间的面积为 A，实际收入分配曲线右下方的面积为 B，$A/(A+B)$ 即可表示不平等（不公平）程度。基尼系数在 [0,1]，基尼系数越趋近 0，表明收入分配趋向平等、公平；相反，越趋近 1，趋向不公平、不平等。国际惯例判断收入分配是否平等的标准为：基尼系数为 0.2 以下，表示收入是绝对平均分配的；基尼系数位于 [0.2，0.3]，表示收入是比较平均分配的；基尼系数位于 [0.3，0.4]，表示收入分配相对合理；基尼系数位于 [0.4，0.5]，表示收入分配差距较大，不平等；基尼系数大于 0.5，则表示收入相差悬殊，分配很不平等。

交叉补贴是一种收入再分配方式，这种补贴政策是否增加了公平，可以用MT 指数来初步判断。MT 指数是指实施交叉补贴政策前的收入基尼系数减去实施补贴政策后的基尼系数（徐静等，2018）。如果指数为正，则说明收入差距经过交叉补贴政策调节后变小了，即表明交叉补贴政策对于缩小收入差距具有正向作用，否则具有反向的扩大收入差距的作用。根据电价交叉补贴政策的目标指向，对居民实施补贴后，MT 指数应为正，即通过采用低电价，补贴较低收入居民群体，减少收入差距。因此，MT 指数也可用于判断交叉补贴处理政策的公平改善程度的指标，即如果 MT 指数大于 0，则表明政策增加了公平性；否则，则政策导致更不公平。

5.3　电价交叉补贴对节能减排及绿色发展的影响

5.3.1　相关文献综述

我国"十四五"规划提出，力争 2030 年二氧化碳排放达到峰值以及努力争取 2060 年前实现碳中和。碳达峰和碳中和目标将成为我国未来经济增长的一个重要约束条件。这意味着未来的几十年中，在碳峰值约束下，我国碳强度下降幅度需要大于 GDP 增长的幅度，才有可能保证碳排放总量不再增长。而碳强度主要取决于能源结构和能源强度等因素。从能源发展趋势及我国能源发展战略来看，大规模发展太阳能、风电等清洁能源会改善我国能源结构。但与此同时，由于风电、光电等清洁能源消纳及能源供给具有不稳定性与不确定性特征，这必然会增加用能成本，尤其是用电成本攀升。在用能成本增加的情况下，为了尽可能降低成本对经济和人民生活的影响，降低能源强度将成为减少碳排放的重要途径。诺德豪斯（Nordhaus，2005）研究认为，在面对成本攀升与碳排放约束矛盾时，能源价格政策是各种减排政策中较为可行和有效的政策。科伯等（Kober et al.，2016）研究认为，可以通过碳税实现收入再分配，从而使其对消费者支出和 GDP 产生正面影响。张友国和郑玉歆（2014）研究认为，促进节能减排的能源价格政策与碳税政策协同实施，可以降低碳强度约束对经济的负面影响。周亚敏和冯永晟（2017）利用 2006～2014 年 36 个地级市工业与居民的电价、电力消费、电力企业排放因子等数据分析发现，单纯地解决电价交叉补贴，理顺电价结构并不能有效减少碳排放量和应对气候变化压力，需要在工商业电价降低的同时引入碳成本。

电价交叉补贴是一种通过影响资源配置从而影响电力强度的价格政策，也会影响工商企业、居民等全社会消费群体的节能减排意识和用能行为。乔晓楠（2018）借助开放经济条件下的博弈模型研究发现，在国与国之间，如果一国通过改进电力交叉补贴定价，将有利于合理配置有限的碳排放资源以及促进能源结构的改善，最大化本国福利。乔晓楠（2016）认为随着我国环境压力增大，碳排放成本将不断攀升。他以 2012 年为基期进行测算，到 2030 年我国农业、采掘业、高端制造业、其他工业、服务业的累积增幅将为 2.57 倍、2.33 倍、2.66 倍、3.06 倍、3.09 倍。我国现阶段单位 GDP 电耗高，能源利用效率低，如 2011 我国单位 GDP 电耗为 1.06 度/美元，同期世界平均单位 GDP 电耗则为 0.39 度/美元，这将导致我国在实现碳达峰和碳中和目标和兑现减排承诺时付出更高成本。他预计，如果 2030 年我国单位二氧化碳排放比 2005 年下降 63%，到 2020 年的单位二氧化碳排放成本为 38.81 美元、到 2025 年为 65.60 美元、到 2030 年为 97.90 美元。他还预计，如果各国均兑现承诺，到 2025 年我国累计损失 6.51% 的 GDP，美国 GDP 损失 2.10%、日本 GDP 损失 4.29%、欧盟 GDP 损失 2.32%、加拿大 GDP 损失 2.21%、巴西 GDP 损失 1.96%、印度 GDP 损失 2.10%、俄罗斯 GDP 损失 1.00%。能源利用的低效率，将使得我国的成本高于其他国家。

电价交叉补贴对节能减排与绿色发展的影响，存在两个主要观点：一是郑新业和傅佳莎（2015）认为电价交叉补贴能够带来"双重红利"，即一方面通过对工商业用户执行高电价，倒逼高能耗企业进行产业转型，从而减少有害物质排放和对环境的污染，实现绿色发展红利；另一方面，通过交叉补贴降低居民电价，增加居民社会福利，实现对居民的分配红利。这种观点的逻辑基础是，电价交叉补贴实际上是对高能耗、重污染企业征收环境税，把工商企业环境污染的负外部性内部化，与此同时通过降低所得税，以减少扭曲性税收，并将环境税所产生的收入，用于补偿社会福利成本。目前，我国工业电力消费总量占全国消费总量的比例一直维持在 70% 以上，而且高耗能产业占工业能耗超过 50%，因此他们认为，在环境税暂时缺位的情况下，电价交叉补贴其实是一种中国模式的环境税。如果在没有实现经济结构转型情况下，过早取消电价交叉补贴，会加剧生态环境的恶化。

"双重红利"的观点是一种反常规思维，但并未有相关的实证研究来验证这种双红利的存在。"双重红利"中的绿色发展红利，显然是基于电力消费领域中居民电价、工商业电价的"跷跷板"现象得出的结论。但实际中，在我国居民电价和工商业电价一直是单行政策，如居民电价多年维持不变，但 2018 年开始工商业输配电价开始单向降价 10%。电价单向调整政策，使得居民电价和工商业电价彼此间对节能减排及能源绿色发展的关联程度减弱，因此在评价电价政策绿色发展红利时，应分开来分析，即非"跷跷板"效应。

二是大多数研究（林伯强等，2009；林伯强和杜克锐，2013；唐要家和杨健，2014；谢品杰等，2015；林伯强和刘畅，2016；谢品杰等，2017；魏楚和郑新业，2017）认为电价交叉补贴降低了能源使用效率，阻碍了绿色发展。我国电力装机及发电结构并不利于减少碳排放，煤电占比仍居高不下。据中电联统计，"十三五"时期全国全口径发电装机容量年均增长7.6%，2020年达到22亿千瓦，其中火电装机容量为12.45亿千瓦，占全部装机容量的56.58%；水电装机容量为3.7亿千瓦，占16.82%；风电装机容量为2.82亿千瓦，占12.79%；太阳能发电装机容量达2.53亿千瓦，占11.52%；核电装机容量达0.50亿千瓦，占2.27%。从装机结构看，"十三五"期间非化石能源装机年均增长13.1%，占比从2015年34.8%上升至2020年底的44.8%；煤电装机容量年均增速为3.7%，但占比从2015年的59.0%下降至2020年的49.1%。从发电量的结构看，2020年全国发电量为7.62万亿千瓦时，其中火力发电占比在70%左右，规模以上工业水电、核电、风电、太阳能发电等占比为28.8%。尽管"十三五"时期我国非化石能源装机和发电量增速较快，但火电仍占主导地位。而根据EIA的数据，2020年美国燃煤电厂总发电量比例从2010年的45%下降至24%，降至1979年以来的最低水平。火电为主的发电结构，导致我国电力行业排放占比很高。据相关研究，我国电力行业排放的二氧化碳超过全国碳排放总量的50%，排放的二氧化硫占全国总排放量的40%以上，因此电力行业是影响碳排放达峰目标的主要领域。唐要家和杨健（2014）根据2007~2011年《中国统计年鉴》中煤、电、排放等各项指标之间的关系，测算得到它们的转换系数为：每度电需要消耗0.1229千克标准煤、每千克标准煤产生0.023千克二氧化硫以及3.568千克二氧化碳。他们根据煤、电、排放兑换系数测算，如果取消居民电价交叉补贴，每年将减少13万吨二氧化硫以及2000万吨二氧化碳气体排放。他们还从工业用电角度研究了取消交叉补贴对环境的影响，如果提取消交叉补贴，降低工商业电价，将增加工业电力消费，每年增加2.3亿吨二氧化碳和148万吨二氧化硫气体排放，带来45.94亿~689.08亿元的环境成本，每度电的环境成本为0.01~0.13元。在环境税缺失的情况下，为了不产生交叉补贴处理政策的"跷跷板"效应,取消居民电价交叉补贴并不导致工业节能减排恶化,他们认为在工商业电价定价中,应增加相应的环境成本,工业电价每降低0.10元/千瓦时,环境成本约为工业电价的15%。林伯强和杜克锐(2013)运用SFA模型和反事实计量,采用1997~2009年面板数据进行实证研究。研究结论表明,要素价格扭曲会导致24.9%~33.1%能源总损失量,如果消除价格扭曲,每年将使得能源效率提高10%,并可以减少能源浪费,约合计1.45亿吨标准煤。他们研究发现,造成要素扭曲配置的主要原因是电力、天然气等自然资源价格,长期以来处于低估状态,并存在严重的价格扭曲。因此,在政策层面上,首先推动要素价格改革,纠正能源价格扭曲。谢品杰等(2015)采用C-D生产函数,测算了我国1978~2012年的电价扭曲程度,研究发现,我国电价出现了非常明显的负向扭曲,电价扭曲程度每变化1%,电力强度将同向波动0.22%,电力强度增加,严重影响节能减排效应。谢品杰等(2017)采用1995~2014年省级面板数据,运用系统广义矩阵估计模型实证研究发现,碳排放与电力需求量之间具有显著正向关系,即电力需求越大,碳排放越多,温室气体等气候问题越严重。因此需要纠正和降低电价扭曲程度,提高电力资源利用效率、降低单位产品能耗,引导低碳绿色消费。魏楚和郑新业(2017)利用美国能源署数据(EIA),并通过汇率法折算各国产出、采购力平价等方法,对各国能源强度开展对比。按照第一种方法比较,我国能源强度为世界平均水平的25倍,为德国、日本等发达国家的5~6倍。按照第二种方法比较,我国能源强度是德国和日本的1倍左右,是世界平均强度的1.3~1.5倍。他们运用我国1995~2012年省级面板数据实证研究发现,由于能源市场价格的缺位,我国采用"政府指导价"的能源价格定价方式对能源市场进行有限调整。政府定价方式导致了地方政府寻租行为和能源扭曲价格,一方面地方政府出于不同目的,干预能源要素配置,导致市场分割;另一方面由于能源分属于不同省区市管理,市场分割严重,地方政府对能源价格干预程度高,或直接或间接干预能源定价,或采用隐性补贴、交叉补贴形式,或出台一些地方性能源价格优惠政策,扭曲不同要素间的相对价格,引导本区域内企业对要素的需求和生产配置。这种通过行政手段的非市场化能源配置方式,使得价格无法反映能源稀缺性,在行政干预下,相对其他要素价格,能源价格较低,企业就会用能源来替代资本、劳动等要素，从而导致过度使用能源要素，降低了能源效率。林伯强等（2009）研究认为，我国电价交叉补贴由于缺少针对性，补贴机制不公平、缺少效率，电价没能反映电力资源稀缺，也没有体现环境治理成本，从而导致了电力不合理消费。他们测算出 2007 年我国对居民的电价交叉补贴为 2097.6 亿元，占当年 GDP 的 0.84%，如果取消对居民电价交叉补贴，居民电力消费将减少 357 亿千瓦时左右，从而可以减少二氧化碳排放 2327 万吨。林伯强和刘畅（2016）研究认为在应对气候变化和低碳发展背景下，化石能源补贴对环境的影响是一个全球性难题。他们以 2015 年我国能源消费数据及能源补贴数据分析发现，我国化石能源补贴主要存在电力消费和天然气消费领域。他们测算得到 2015 年我国居民电价交叉补贴为 4868.1 亿元、农业用电交叉补贴为 167.94 亿元，同年度工业企业、商业企业、其他部门则分别付出了 3070 亿元、463 亿元、150 亿元左右的成本，即使考虑到居民、农业生产的民生保障需要，无效补贴仍高达 6054 亿元。他们还发现 2001～2015 年由于发电成本上升及税费增加，工业电价上涨近 50%，而居民电价仅提价 15% 左右；与此同时，随着我国城市化进程加速，使得居民电力消费量大幅增加，导致电力交叉补贴居高不下。2015 年我国能源消费总量为 43 亿吨标准煤。其中，一次电力及其他能源消耗 5.1 亿吨标准煤，占 12%。我国煤炭的环境外部成本分别为 15 美元/吉焦，折合约 2738.80 元/吨，煤炭环境外部成本主要包括碳排放成本和二氧化硫、氮氧化物、PM2.5 三种空气污染成本，其中空气污染成本约为 117 美元/吉焦，二氧化硫和 PM2.5 分别占 54%、38%。因此他们建议政府相关部门实施清洁（绿色）发展和进行能源价格机制改革，进一步减少电力等交叉补贴，通过有目标、有效能、合理、透明的补贴政策，兼顾效率和公平，提高电价交叉补贴的收益。谢里和张斐（2017）以 2007～2013 年我国 30 个省区市为样本，实证分析发现，电价交叉补贴通过要素投入和成本机制对我国工业绿色发展效率产生消极影响，其中对东部地区负面影响大于中西部地区。

"十三五"期间，我国能源消费结构得到较大改善，单位 GDP 能耗持续降低。据国家统计局统计，我国 2019 年、2020 年全年能源消费总量为 48.6 亿吨标准煤、49.8 亿吨标准煤；2019 年、2020 年煤炭消费量占能源消费总量的

57.7%、56.8%。2019 年、2020 年天然气、水电、核电、风电等清洁能源消费量占能源消费总量的 23.4%、24.5%。我国 2020 年单位 GDP 能耗比 2015 年下降 87.1%，以 2015 年价格计算，约为 0.55 吨标准煤/万元。这些数据显示，我国能源消费总量仍处于增长趋势，煤炭消费占比仍然很高，增加了我国节能减排的压力。因此，我国要实现 2030 年碳达峰和 2060 年碳中和目标，在能源消费方面，既要调整能源消费结构，也要坚定不移地实施能源消费革命，减少不合理消费，抑制能源消费总量急剧攀升的趋势。从已有的研究可以看出，减少居民用电不合理交叉补贴可以抑制不合理消费，有利于节能减排和绿色低碳发展。

5.3.2 电价交叉补贴影响节能减排的实证研究

从前面的分析可以看出，居民电力消费量受到电价的影响关系，可以用居民电力需求价格弹性系数来刻画，公式为：居民电力需求价格弹性系数 = 居民消费电量变化的百分比 ÷ 电价变化的百分比。

按照需求规律，电价和电力需求量是呈相反方向变化，即价格下跌，需求量增加；价格上升，需求量减少。交叉补贴政策实际上是降低了居民电价，增加了电力消费。交叉补贴程度反映的就是电价变化的百分比。

本书第 4 章对居民电力需求价格弹性进行了分析和讨论，已有文献基于不同的方式、方法测得我国居民电力需求价格弹性存在差异。唐要家和杨健（2014）测得居民电力需求价格弹性为 -0.324；林伯强等（2009）测得城镇居民电力需求价格弹性为 -0.2149；姚昕等（2011）测得居民电力需求价格弹性为 -0.158；陈甫军等（2018）测得的居民电力需求价格弹性为 -0.556。李瑜敏等（2020）使用 AIDS 模型和 Log-Log 模型分别估计了我国居民需求价格弹性系数为 -0.062。本书以 1997 ~ 2016 年的样本数据为基础，测得居民用户自需求价格弹性为 -0.4827，在考虑交叉价格弹性下，居民用户自价格需求弹性为 -0.4706。下面将考虑交叉价格弹性的居民用户的自价格弹性系数（-0.4706）作为测算价格对居民电力消费的影响。

本书的研究团队按照分压分类原则，测算得到各电压等级各类用户的输配电价水平，以此为基础计量得到居民的实际用电成本，并将其作为基准电价，以居民电费支出与居民用电量测算得到居民的实际电价（考虑了阶梯电价的影响），先后计量得到江西省居民电价交叉补贴程度为 33.97%、湖北省居民电价交叉补贴程度为 28.74%、天津市居民电价交叉补贴程度为 51.13%。为便于计量交叉补贴程度对减排的影响，本书取这三省（市）的均值，即 38%。具体测算方法见第 4 章。

居民电价交叉补贴，实际上是降低了居民电价，导致居民消费电量增加，从而导致碳排放增加。尽管电力在终端使用环节中是清洁能源，不会带来环境污染，但电力在生产（尤其是火电）与传输过程中会产生大规模碳排放，因此碳排放权目前只在发电企业间交易，但碳排放却可能传导至终端消费领域（叶泽等，2018）。国家发展和改革委员会应对气候变化司组织专家从 2008 年开始，确定和发布我国区域电网的基准线排放因子（OM）。本书按照 2017 年电网基准线排放因子（OM）均值 0.9224 吨 CO_2/兆瓦时测算。

下面按照不同交叉补贴程度，测量每年交叉补贴导致居民增加用电量（ΔQ）及增加二氧化碳的排放量（ΔT），具体数据见表 5-4。

从表 5-4 可以看出，2006~2020 年，由于存在电价交叉补贴，增加居民消费电量 1.98 万亿千瓦时（按照交叉补贴程度 38% 测算），平均每年增加 1235 万千瓦时；15 年间增加二氧化碳排放量 18.25 亿吨，平均每年增加二氧化碳排放量 1.14 亿吨，按照国家发展改革委估计的"真正能够发挥低碳绿色引导作用"的碳价标准 300 元/吨，估计每年增加环境治理成本 343 亿元。还可以看出，随着居民消费电量逐年增加，因电价交叉补贴导致增加的二氧化碳排放量也逐年增加，即对环境的影响越来越大。增加二氧化碳的变化趋势如图 5-6 所示。

为了揭示交叉补贴程度对碳排放量的影响，即增加的碳排放量对交叉补贴程度的敏感性，表 5-4 测算了交叉补贴程度在 38%~47% 的二氧化碳排放增加量，数据显示交叉补贴程度每提高 1%，年平均增加二氧化碳排放量 300 万吨，当交叉补贴程度提高 10%，年平均增加二氧化碳排放量 2700 万吨。交叉补贴程度对碳排放影响敏感性分析图（见图 5-7）显示了二氧化碳排放增加量与交叉补贴程度高低的关系。

表5-4 居民电价交叉补贴程度对二氧化碳排放的影响

单位:亿吨

年份	居民电量(亿千瓦时)	38%		39%		40%		41%		42%		43%		44%		45%		46%		47%	
		ΔQ	ΔT	ΔQ	ΔT	ΔQ	ΔT	ΔQ	ΔT	ΔQ	ΔT	ΔQ	ΔT	ΔQ	ΔT	ΔQ	ΔT	ΔQ	ΔT	ΔQ	ΔT
2006	3252	582	0.54	597	0.55	612	0.56	627	0.58	643	0.59	658	0.61	673	0.62	689	0.64	704	0.65	719	0.66
2007	3623	648	0.60	665	0.61	682	0.63	699	0.64	716	0.66	733	0.68	750	0.69	767	0.71	784	0.72	801	0.74
2008	4396	786	0.73	807	0.74	828	0.76	848	0.78	869	0.8	890	0.82	910	0.84	931	0.86	952	0.88	972	0.90
2009	4872	871	0.80	894	0.82	917	0.85	940	0.87	963	0.89	986	0.91	1009	0.91	1032	0.95	1055	0.97	1078	0.99
2010	5125	916	0.85	941	0.87	965	0.89	989	0.91	1013	0.93	1037	0.96	1061	0.98	1085	1.00	1109	1.02	1134	1.05
2011	5620	1005	0.93	1031	0.95	1058	0.98	1084	1.00	1111	1.02	1137	1.05	1164	1.07	1190	1.10	1217	1.12	1243	1.15
2012	6219	1112	1.03	1141	1.05	1171	1.08	1200	1.11	1229	1.13	1258	1.16	1288	1.19	1317	1.21	1346	1.24	1376	1.27
2013	6989	1250	1.15	1283	1.18	1316	1.21	1348	1.24	1381	1.27	1414	1.30	1447	1.33	1480	1.37	1513	1.40	1546	1.43
2014	7176	1283	1.18	1317	1.21	1351	1.25	1385	1.28	1418	1.31	1452	1.34	1486	1.37	1520	1.40	1553	1.43	1587	1.46
2015	7565	1353	1.25	1388	1.28	1424	1.31	1460	1.35	1495	1.38	1531	1.41	1566	1.44	1602	1.48	1638	1.51	1673	1.54
2016	8421	1506	1.39	1546	1.43	1585	1.46	1625	1.50	1664	1.54	1704	1.57	1744	1.61	1783	1.64	1823	1.68	1863	1.72
2017	9072	1622	1.50	1665	1.54	1708	1.58	1750	1.61	1793	1.65	1836	1.69	1878	1.73	1921	1.77	1964	1.81	2007	1.85
2018	10058	1799	1.66	1846	1.70	1893	1.75	1941	1.79	1988	1.83	2035	1.88	2083	1.92	2130	1.96	2177	2.01	2225	2.05
2019	10250	1833	1.69	1881	1.74	1929	1.78	1978	1.82	2026	1.87	2074	1.91	2122	1.96	2171	2.00	2219	2.05	2267	2.09
2020	10949	1958	1.81	2010	1.85	2061	1.90	2113	1.95	2164	2.00	2216	2.04	2267	2.09	2319	2.14	2370	2.19	2422	2.23
均值	6906	1235	1.14	1267	1.17	1300	1.20	1332	1.23	1365	1.26	1397	1.29	1430	1.32	1462	1.35	1495	1.38	1527	1.41
合计		19759	18.25	20279	18.69	20800	19.19	21319	19.66	21838	20.13	22358	20.62	22878	21.09	23399	21.58	23919	22.06	24440	22.54

资料来源:2006~2018年居民电力消费数据根据我国统计年鉴电力平衡表整理;2019~2020年居民电力消费数据根据我国电力企业联合会全国电力供需形势分析预测报告整理。

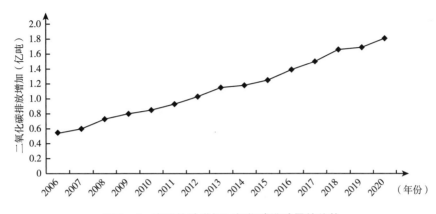

图 5 - 6　交叉补贴增加二氧化碳排放量的趋势

资料来源：笔者根据表 5 - 4 绘制。

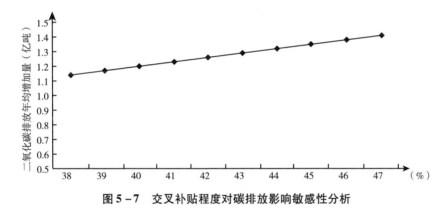

图 5 - 7　交叉补贴程度对碳排放影响敏感性分析

资料来源：笔者根据表 5 - 4 绘制。

5.4　本章研究结论及讨论

交叉补贴扭曲了电价结构及生产要素价格对资源配置作用，从而导致电力使用效率低下，降低了环境和资源福利效应，进而阻碍绿色发展。具体影响如下。

1. 交叉补贴导致过度消费、抑制生产、转嫁损失等多种福利损失

居民电价降低是以工商企业电价提高为代价，工商企业用电成本攀升，降低了工商业企业用电需求，约束其生产能力，降低产品生产规模，减少社会一般商品服务供给。与此同时，工商企业用户通过提高其产品或服务价格，又向消费者转嫁交叉补贴成本。本章通过数理模型及实证研究发现，供电成本高的居民、农业用电等用户执行低电价，供电成本较低的工商企业等用户执行高电价，使得各类用户电价水平严重背离供电成本，造成较大的社会福利净损失。与此同时，工商企业通过成本传导方式，将交叉补贴成本转嫁到其生产的一般商品或服务中，并最终由居民消费者承担，这样便造成了转嫁福利损失。

2. 交叉补贴政策存在典型"溢出"效应导致收入再分配不公平

按照消费电量进行"普惠制"的补贴政策，背离了电力普遍服务政策基本原则，本应补贴低收入群体的收益，收入水平较高群体却获得更多，存在典型"溢出"效应。本章通过数理模型和理论推导发现，收入层级不同，需求价格弹性对消费者剩余变化影响不同，需求电量越大，获得交叉补贴越多，消费者剩余增量越大；需求电量越小（如"穷人"），获得交叉补贴越少，消费者剩余增量越小。按照电量实施补贴的政策，使得高收入居民群体的消费者剩余增量远大于低收入居民群体。与此同时，由于补贴不均，导致基尼系数增大，收入再分配呈现不公平。

3. 交叉补贴导致过度消费增加了碳排放不利于绿色发展

电价交叉补贴扭曲了电价结构，使得居民电价过低，进而导致居民用户过度消费。通过文献研究表明，我国现行电价交叉补贴政策增加的二氧化碳排放规模很大，大大增加了环境治理成本。实证研究表明，由于存在交叉补贴，2006～2020年15年间增加二氧化碳排放量18.25亿吨，平均每年增加1.14亿吨，估计每年增加环境治理成本343亿元。而且随着居民消费电量逐年增加，二氧化碳排放量增速显著，对环境影响越来越大。敏感性分析显示，交叉补贴程度每提高1%，年平均增加二氧化碳排放量300万吨。因此，电价交叉补贴问题的存在，严重阻碍了绿色发展。

第6章 交叉补贴处理政策存在的问题及实证分析

6.1 我国电价交叉补贴处理政策梳理

本书3.3节关于我国电价交叉补贴产生原因的分析中指出，销售电价公平性体现为电价水平（用户的用电成本）等于长期边际成本，但长期边际成本很难确定以及电力需承担公共政策多目标任务（如电力普遍服务）等原因，我国销售电价仍然没有依据用户负荷特性及供用电成本定价。多数情况下，仍根据不同类别用户的历史电价水平及新增成本，由相关电价管理部门采取行政定价方式。行政定价方式导致我国现行目录电价体系中存在复杂的交叉补贴类型，而且交叉补贴程度与交叉补贴规模越来越大，问题日趋严重。交叉补贴电价政策与补贴路径，不仅显失公平，而且使定价机制不清晰，电价的调节机制能力减弱，阻碍了电力改革进程。

以政策目标为导向，而不是以市场目标为导向的行政定价方式，是产生交叉补贴的主要原因。以行政定价为手段的交叉补贴机制使得电价水平往往背离电力商品价值和成本。行政定价方式，尽管能够较好地实现公共产品普遍服务目标或职能，在一定程度上扩大用电范围和提升居民支付能力，保障了居民基本生活，但交叉补贴如果不合理或者政策使用不当、路径错位，会引发系列问题。本书5.1节分析发现，扭曲的电价结构不仅降低了资源配置效率，存在不公平，也给社会带来了巨大福利损失。电力体制改革以降低工商业用电成本、保障民生和电价可负担、提升市场效率为目标导向，多重目标约束给妥善处理电力交叉补贴问题提出了更高要求。尽管我国电价定价方式正在不断调整，但是电价仍然以行政定价方式为主导，市场化程度较低。

随着我国新一轮电力体制改革向纵深推进，妥善处理电价交叉补贴成为电力体制改革是否取得最终成效的关键问题（杨娟，2018；叶泽，2016；刘思强等，2021）。9号文件将"单独核定输配电价""分步实现公益性以外的发售电价格由市场形成""妥善处理电价交叉补贴"作为近期"有序推进电价改革，理顺电价形成机制"的重点任务之一。据中电联统计，"十三五"期间，全国电力市场存在两种交易机制，其中按照直接交易、竞价上网等市场化机制交易的电量，累计达10.3万亿千瓦时，降低工商企业用户用电成本近3000亿元。近年来随着电力体制改革不断深入，市场化交易电量快速增长，其中2019年市场化交易电量2.3万亿千瓦时，占全社会用电量的32%；2020年市场化交易电量3.2万亿千瓦时，占全社会用电量的42%；2021年市场化交易电量3.7万亿千瓦时，占全社会总用电量的44.6%。与此同时，启动了8个电力现货市场建设和推进483个增量配电网改革试点，辅助服务市场和电力中长期交易进一步推广，实现全国范围全覆盖。市场投资主体出现了多元化的趋势，一万多家售电公司注册成立，其中在各省份交易机构注册的售电公司超过4500多家。数据显示，新一轮电力体制改革迈出重大步伐，取得重大成效。9号文件中关于"有序推进电价改革，理顺电价形成机制"确定了三项任务，随着我国以输配电价为基础的电力市场化交易规模扩大，前两项改革任务有序推进并基本达到预期目标，但第三项任务"妥善处理电价交叉补贴"成效并不明显，电价交叉补贴成为新一轮电力体制改革推向纵深发展的瓶颈。

电价交叉补贴降低了资源配置效率，不利于资源节约和环境保护，阻碍了电力市场化改革，已引起政府及其相关部门的高度重视，从2011年起我国相继出台政策，尤其是新一轮电力体制改革启动后出台了一系列文件，希望能够减少电价交叉补贴，缓解因电价交叉补贴带来的问题与矛盾。本书将我国处理电价交叉补贴政策进行了梳理，见表6-1。

表 6 - 1　　　　　　　　　　　我国电价交叉补贴处理政策梳理

时间	文件名称	文号	与交叉补贴相关内容
2011 年 11 月	居民生活用电试行阶梯电价的指导意见	发改价格〔2011〕2617 号	长期以来，我国对居民电价采取低价政策。近年来我国能源供应紧缺、环境压力加大等矛盾逐步凸显，煤炭等一次能源价格持续攀升，电力价格也随之上涨，但居民电价的调整幅度和频率均低于其他行业用电，居民生活用电价格一直处于较低水平。从而造成用电量越多的用户，享受的补贴越多；用电量越少的用户，享受的补贴越少，既没有体现公平负担的原则，也不能合理体现电能资源价值，不利于资源节约和环境保护。为了促进资源节约型和环境友好型社会建设，逐步减少电价交叉补贴，引导居民合理用电、节约用电，有必要对居民生活用电试行阶梯电价
2013 年 5 月	关于调整销售电价分类结构有关问题的通知	发改价格〔2013〕973 号	为健全和完善销售电价体系，促进电力用户公平负担，合理配置电力资源，将销售电价由现行主要依据行业、用途分类，逐步调整为以用电负荷特性为主分类，逐步建立结构清晰、比价合理、繁简适当的销售电价分类结构体系。 将现行销售电价逐步归并为居民生活用电、农业生产用电和工商业及其他用电价格三个类别。 销售电价分类结构调整，要考虑用户及电网企业承受能力，分步实施，平稳过渡
2015 年 3 月	中共中央国务院关于进一步深化电力体制改革的若干意见	中发〔2015〕9 号	妥善处理交叉补贴问题，完善阶梯价格机制，确保居民、农业、重要公用事业和公益性服务等用电价格相对平稳，切实保障民生。 妥善处理电价交叉补贴。结合电价改革进程，配套改革不同种类电价之间的交叉补贴。过渡期间，由电网企业申报现有各类用户电价间交叉补贴数额，通过输配电价回收。 各种电力生产方式都要严格按照国家有关规定承担电力基金、政策性交叉补贴、普遍服务、社会责任等义务。 拥有自备电厂的企业应按规定承担与自备电厂产业政策相符合的政府性基金、政策性交叉补贴和系统备用费
2015 年 11 月	关于推进输配电价改革的实施意见	国家发展改革委国家能源局关于印发电力体制改革配套文件的通知（发改经体〔2015〕2752 号）	还原电力商品属性，按照"准许成本加合理收益"原则，核定电网企业准许总收入和分电压等级输配电价，明确政府性基金和交叉补贴，并向社会公布，接受社会监督。 分类推进交叉补贴改革。结合电价改革进程，配套改革不同种类电价之间的交叉补贴，逐步减少工商业内部交叉补贴，妥善处理居民、农业用户交叉补贴。过渡期间，由电网企业申报现有各类用户电价间交叉补贴数额，经政府价格主管部门审核后通过输配电价回收；输配电价改革后，根据电网各电压等级的资产、费用、电量、线损率等情况核定分电压等级输配电价，测算并单列居民、农业等享受的交叉补贴以及工商业用户承担的交叉补贴。鼓励试点地区积极探索，采取多种措施保障交叉补贴资金来源。各地全部完成交叉补贴测算和核定工作后，统一研究提出妥善处理交叉补贴的政策措施

续表

时间	文件名称	文号	与交叉补贴相关内容
2015 年 11 月	关于有序放开发用电计划的实施意见	发改经体〔2015〕2752 号	直接交易价格。对于发电企业与用户、售电企业直接交易的电量，上网电价和销售电价初步实现由市场形成，即通过自愿协商、市场竞价等方式自主确定上网电价，按照用户、售电主体接入电网的电压等级支付输配电价（含线损、交叉补贴）、政府性基金等。 用电逐步放开。现阶段可以放开 110 千伏（66 千伏）及以上电压等级工商业用户、部分 35 千伏电压等级工商业用户参与直接交易。下一步可以放开全部 35 千伏及以上电压等级工商业用户，甚至部分 10 千伏及以上电压等级工商业用户参与；允许部分优先购电的企业和用户自愿进入市场。具备条件时，可以放开全部 10 千伏及以上电压等级用户，甚至允许所有优先购电的企业和用户自愿进入市场；也可以通过保留一定交叉补贴，使得无议价能力用户价格比较合理，在市场上具有一定竞争力，通过市场解决；供电企业仍承担保底供电责任，确保市场失灵时的基本保障
2015 年 11 月	关于推进售电侧改革的实施意见	发改经体〔2015〕2752 号	电网企业按规定向交易主体收取输配电费用（含线损和交叉补贴），代国家收取政府性基金；按照交易中心出具的结算依据，承担市场主体的电费结算责任，保障交易电费资金安全。 拥有自备电源的用户应按规定承担国家依法合规设立的政府性基金，以及与产业政策相符合的政策性交叉补贴和系统备用费。 参与市场交易的用户购电价格由市场交易价格、输配电价（含线损和交叉补贴）、政府性基金三部分组成。 电力交易机构负责提供结算依据，电网企业负责收费、结算，负责归集交叉补贴，代收政府性基金，并按规定及时向有关发电公司和售电公司支付电费
2015 年 11 月	关于加强和规范燃煤自备电厂监督管理的指导意见	发改经体〔2015〕2752 号	承担社会责任。企业自备电厂自发自用电量应承担并足额缴纳国家重大水利工程建设基金、农网还贷资金、可再生能源发展基金、大中型水库移民后期扶持基金和城市公用事业附加等依法合规设立的政府性基金以及政策性交叉补贴，各级地方政府均不得随意减免或选择性征收。 鼓励企业回收利用工业生产过程中产生可利用的热能、压差以及余气等建设相应规模的余热、余压、余气自备电厂。此类项目不占用当地火电建设规模，可按有关规定减免政策性交叉补贴和系统备用费。 按规定承担国家依法合规设立的政府性基金以及与产业政策相符合的政策性交叉补贴，平等参与购电。拥有自备电厂但无法满足自身用电需求的企业，按规定承担国家依法合规设立的政府性基金以及与产业政策相符合的政策性交叉补贴后，可视为普通电力用户，平等参与市场购电。 各省级价格、能源主管部门及国家能源局派出机构加强对拥有自备电厂缴纳政策性交叉补贴情况的监督检查。对存在欠缴、拒缴问题的，要通报批评、限期整改，并依法依规予以处理

续表

时间	文件名称	文号	与交叉补贴相关内容
2015 年 10 月	中共中央国务院关于推进价格机制改革的若干意见	中发〔2015〕28 号	加快推进能源价格市场化。按照"管住中间、放开两头"总体思路，推进电力、天然气等能源价格改革，促进市场主体多元化竞争，稳妥处理和逐步减少交叉补贴，还原能源商品属性
2016 年 12 月	省级电网输配电价定价办法（试行）	发改价格〔2016〕2711 号	分用户类别输配电价，应以分电压等级输配电价为基础，综合考虑政策性交叉补贴、用户负荷特性、与现行销售电价水平基本衔接等因素统筹核定。条件成熟的地区，可在不扩大交叉补贴规模情况下，结合政策性交叉补贴的理顺，逐步调整到合理水平。 结合电力体制改革进程，妥善处理政策性交叉补贴。输配电价改革初期，暂按居民和农业用电量乘以其合理输配电价与实际输配电价之差计算居民、农业用电享受的政策性交叉补贴总额。具备条件的地区，可进一步测算更加准确合理的分电压等级、分用户类别政策性交叉补贴。 政策性交叉补贴由省级电网企业测算并申报，经省级政府价格主管部门审核后报送国家发展和改革委员会
2017 年 11 月	关于全面深化价格机制改革的意见	发改价格〔2017〕1941 号	深化公用事业和公共服务价格改革。加快理顺城市供水供气供热价格。研究逐步缩小电力交叉补贴，完善居民电价政策
2019 年 10 月	关于深化燃煤发电上网电价形成机制改革的指导意见	发改价格规〔2019〕1658 号	健全销售电价形成机制。通过市场化方式形成上网电价的工商业用户用电价格，包括市场化方式形成上网电价、输配电价（含交叉补贴和线损，下同）、政府性基金，不再执行目录电价。 规范交叉补贴调整机制。以 2018 年为基数，综合考虑电量增长等因素，在核定电网输配电价时统筹确定交叉补贴金额，以平衡电网企业保障居民、农业用电产生的新增损益
2020 年 1 月	省级电网输配电价定价办法	发改价格规〔2020〕101 号	"网对网"省外购电用户承担的输电价格，按照与省内用户公平承担相应电压等级准许收入的原则确定，不承担送出省省内用户间交叉补贴的责任。 分用户类别输配电价，应以分电压等级输配电价为基础，综合考虑政策性交叉补贴、用户负荷特性等因素统筹核定。根据各省具体情况，逐步缩减不同地区、不同电压等级、不同类型用户间的交叉补贴。 结合电力体制改革进程，合理测算政策性交叉补贴规模，完善政策性交叉补贴的范围和运行机制

资料来源：笔者根据相关文件整理。

通过表 6-1 可以看出，我国处理电价交叉补贴的政策主要包括以下内容：

一是电价交叉补贴处理机制及总体思路。按照还原电力商品属性总体思路，明确政府性基金和电价交叉补贴的性质，分类推进电价交叉补贴改革，妥善处理工商企业用户补贴居民、农业用电等用户间的交叉补贴。根据各省区市具体情况，逐步缩减不同地区、不同电压等级、不同类型用户间的电价交叉补贴。规范电价交叉补贴调整机制。

二是妥善处理电价交叉补贴的具体措施。通过实施递增式阶梯电价政策，引导居民合理用电节约用电，逐步减少电价交叉补贴，并解决"普惠制"补贴政策存在明显不公平的问题。通过销售电价分类改革，配套改革不同用户类别之间的交叉补贴问题，按照负荷特性定价以逐步减少工商业用户之间的交叉补贴问题。

三是电价交叉补贴的测算方式及审核机构。改革初期，主要按照实际输配电价与合理输配电价之间的差额，计算居民电价与农业用电电价的交叉补贴。分别测算居民、农业等可以享受的交叉补贴及工商业用户应承担的交叉补贴责任。对于具备条件的地区，按照分压分类途径，精准测算政策性交叉补贴。交叉补贴测算机构是省级电网企业，审核单位是省级政府价格主管部门，并报送国家发展和改革委员会。考虑到市场电量变化，文件指出以 2018 年为基数，在核定电网输配电价时，综合考虑电量增长等因素，统筹确定电价交叉补贴金额，以平衡电网企业保障居民、农业用电产生的新增损益。

四是电价交叉补贴的供给方及交叉补贴来源。文件指出，各种电力生产方式均承担政策性交叉补贴等义务，鼓励采取多种措施保障交叉补贴资金来源。文件明文规定，外购电的用户所需承担的交叉补贴，即省外购电用户按照与省内用户公平承担相应电压等级准许收入的原则确定，不承担送出省省内用户间交叉补贴的责任。

五是电价交叉补贴回收途径及归集。过渡期间由电网企业归集各类用户电价间的交叉补贴，其方式是：电网申报，主管部门审核，经输配电价回收。电网企业负责收费、结算，负责归集交叉补贴，代收政府性基金。

六是对于自备电厂的交叉补贴责任的规定。文件指出，企业自发自用电量应承担并足额缴纳政策性交叉补贴，不得随意减免或选择性征收。文件要求各省级价格、能源主管部门及国家能源局派出机构，加强对缴纳政策性交叉补贴情况的监督检查。但对于企业回收利用余热、余压、余气的自备电厂，可按政策减免政策性交叉补贴。

综合来看，新一轮电力体制改革相关文件对交叉补贴的供给、需求、测算、归集及处理路径等做了较为明确的规定，但由于我国各省区市对于处理交叉补贴政策执行情况并不一样，而且现有政策没有充分考虑到我国电力市场的变化，如市场双轨与价格双轨，从而导致在处理交叉补贴时出现了一些新的问题，效果并不理想。

6.2　现行阶梯电价政策存在的问题 *

6.2.1　阶梯电价与电价交叉补贴 **

尽管出于实现电力普遍服务目标，实施电价交叉补贴政策有一定的合理性，但过度或者严重的交叉补贴带来诸多问题。自 20 世纪 70 年代以来，世界各地在减少电价交叉补贴规模和交叉补贴程度，降低电价交叉补贴对经济社会发展带来的负面影响；理顺本国或本地区电价结构，实现供电成本合理补偿；提高能源使用效率，促进节能减排；提高收入再分配公平性等多个政策目标驱动下（陈剑、王自力，2013），在电力消费领域实施了非线性递增阶梯定价方式。阶梯定价的基本思想是：依据用户需求电量区间段，划分不同阶梯，制定不同价格，对用电量较低的区间（档次），执行较低电价，对用电量较高的区间（档次），执行较高电价。由于低收入消费者群体，用电量小，因而电价低；高收入消费者群体，用电量大，因而电价高。阶梯电价政策也是一种典型的二级价格歧视，同为居民类别的用户，用电量不同，电价水平不同，只是居民阶梯电价

---

* 部分论述参见：刘思强，叶泽，吴永飞，等. 减少交叉补贴的阶梯定价方式优化研究——基于天津市输配电价水平的实证分析 [J]. 价格理论与实践，2017（6）：58 – 62.

** 部分论述参见：叶泽，吴永飞，张新华，等. 需求响应下解决交叉补贴的阶梯电价方案研究——基于社会福利最大化视角 [J]. 中国管理科学，2019，27（4）：149 – 159.

与一般的二级价格歧视政策不同，企业在销售一般商品时，价格随消费者购买商品数量的增加而降低，而电力是随消费量增加而增加，这主要是因为电价存在交叉补贴，消费越多，享受的补贴越多；与此同时在一些电力工业不是很发达的国家或地区（如孟加拉国，见 3.1 节），用电量很高的用户（如孟加拉国居民月用电超过 600 千瓦时），电价水平高于供电成本，实施阶梯电价的目标是抑制过度使用电力。总体看来，各国或地区执行阶梯电价政策，目的是通过收入再分配效应，降低价格对消费者需求收入弹性的影响，遏制电力过度消耗，实现电力资源公平分配。

非线性递增式阶梯定价方式中，对于阶梯划分，是在消费者基本电力需求的基础上，将每一个递增的消费电量（阶梯）作为不同商品，制定不同价格。由于每个消费者收入不同，对电力消费需求不同，如基本需求、满足型、奢华型等。理论上，只要电力供给足够，每一个增量（阶梯）都可以划分为一个市场，实施不同定价。当然在实际定价过程中，为了工作方便，并没有制定过多的阶梯，而是根据城乡居民用户承受力及实际用电情况进行分类，一般分为 3~5 个阶梯。由于居民电价存在交叉补贴（居民享受补贴），非线性递增式阶梯定价更为公平，在一定程度上可以避免价格歧视纠纷。这种定价方式不仅考虑到供给成本，而且兼顾了不同收入层次的城乡居民支付意愿和承受力。

2004 年，我国在浙江、四川、福建等省开展非线性递增式阶梯电价试点。2011 年国家发展和改革委员会根据当时我国能源供应紧缺、环境压力加大、煤炭价格持续攀升、电力价格上涨、居民电价格一直处于较低水平、电量越多的用户享受补贴越多等情况与矛盾，出台了《居民生活用电试行阶梯电价的指导意见》（发改价格〔2011〕2617 号），试行阶梯电价是为了促进资源节约型和环境友好型社会建设，逐步减少电价交叉补贴，理顺电价关系，引导居民合理、节约用电。2617 号文件对居民阶梯电价做了明确定义："居民阶梯电价是指将现行单一形式的居民电价，改为按照用户消费的电量分段定价，用电价格随用电量增加呈阶梯状逐级递增的一种电价定价机制。"指导意见出台后，在起步阶段，各省区市大多按照指导意见中确定的居民生活用电阶梯电价试行方案来实施，即第一档价格不变，覆盖 80% 的居民用户；第二档加 5 分，按照覆盖 95% 居民用户的月均用电量确定；第三档加 0.3 元，为超出第二档的电量。目前已有 29 个省区市实施了该项政策。

自我国试行阶梯电价政策以来，国内学者对指导意见所确定的政策目标实现程度，开展了广泛研究，主要包括两个方面：一是采用实证研究方式，证实了非线性递增式阶梯电价在调整收入再分配、减少电价交叉补贴程度、促进节能等方面具有积极作用。张昕竹和刘自敏（2015）运用 DCC 模型，研究了非线性递增式阶梯电价政策对杭州、上海两地居民电力消费的影响。研究发现一定程度上，阶梯电价政策提高了电力需求价格弹性，促进了节约用电意识的形成，而且改善了收入再分配效应，促进了补贴公平性。孙传旺（2014）基于 CRECS，对 9 个省区市的城乡居民能源消费情况开展了实地调查。研究数据表明，阶梯电价可以减少电价交叉补贴程度及补贴规模，缓解电价扭曲程度，而且对城乡居民用户节能意识及节能行为，具有激励的正效应。伍亚和张立（2015）以广东省居民电力消费为例，研究证实阶梯电价政策有利于提高居民节能意愿，而且电价政策影响居民的用电行为，居民电力市场短期内节能效果明显。二是分析和讨论现有阶梯电价政策（依据指导意见框架制定的政策）的局限性。刘树杰和杨娟（2017）认为低电价同样会导致不公平，阶梯电价政策是解决目前城乡居民电价过低、电价交叉补贴严重等问题的通道，但是由于"中国式阶梯定价"存在制度设计局限，绝大多数居民电力消费并未受到阶梯定价政策的制约或影响，因而电价对节能减排目标的实现，效果并不明显。谭真勇（2013）通过对浙江、福建、四川三省 2011~2013 年执行阶梯电价政策前后居民电力消费情况开展了调查。研究发现，在阶梯电价政策实施的第一年，城乡居民用电量环比增长率出现了下降，电价政策促进节能减排效果明显，但随着时间推移，城乡居民用电量受到电价政策影响变小，节能减排效应相比第一年，大大降低。

从现有文献研究来看，我国自 2004 年实施非线性递增式阶梯电价政策以来，电价政策促进了居民电力消费市场的节能减排。关于这一点，已得到实证研究证实。因此理论上，基于机制设计的非线性递增式阶梯定价理论是比较成熟的。但对于阶梯电价是否有效缓解了电价交叉补贴问题、成效如何，目前还停留在理论推测上，并未有相关的实证研究。下面以某直辖市居民电力消费市场为例，对此问题开展实证研究。

6.2.2 阶梯电价减少交叉补贴效果实证分析

按照前文分析，供电边际成本很难确定，输配电价实际上是按照成本定价原则来定价，其反映了各电压等级输电、配电等供电服务成本。因此本书以各电压等级度电输配电价、度电平均购电成本、度电应纳基金、度电应纳税收等，测算出平均供电成本。将平均供电成本作为基准电价，采用价差法，测算电价交叉补贴。在此基础上，以某直辖市居民电力消费市场为例，对现行阶梯电价政策处理交叉补贴的效果进行实证研究和评价。

现行目录电价中城乡居民电价、农业用电电价与其对应的平均供电成本差额，即可认为是不同电压等级下各类用户享受的电价交叉补贴，这种测算思路与输配电价定价办法中按照实际输配电价与合理输配电价之间的差额，计算居民电价与农业用电电价的交叉补贴的思路一致。

1. 某直辖市算例

刘思强等（2016）采用 2015 年某直辖市输配电价及平均上网电价等数据，经测算得到某直辖市不满 1 千伏、1～10 千伏平均供电成本分别为 0.9502 元/千瓦时、0.8793 元/千瓦时。按照价差法，测得某直辖市居民用户、农业生产用电用户享受的电价交叉补贴额分别为 42.19 亿元、3.26 亿元，合计 45.45 亿元。

2015 年某直辖市不满 1 千伏、1～10 千伏两个电压等级城乡居民三个阶梯的售电量数据（收费电量）、实际电价水平数据见表 6-2。采用价差法，对不满 1 千伏、1～10 千伏两个电压等级，三个阶梯的电价交叉补贴额及程度进行测算。

根据表 6-2 的数据分析，可以得到如下结论：

（1）现行阶梯电价政策缓解电价交叉补贴程度有限。

从表 6-2 可以看出，某直辖市实施阶梯电价政策后，按照受电电压平均供电成本测算，不满 1 千伏、1～10 千伏居民用户享受的交叉补贴额分别为 34.45 亿元、5.26 元，合计 39.71 亿元。某直辖市如果没有实施阶梯电价政策，居民用户享受的交叉补贴为 42.19 亿元，前后相差 3.02 亿元。实施阶梯电价政策减少电价交叉补贴的比例为 7.2%。数据显示，现行阶梯电价政策对于减少电价交叉补贴有一定效果，但影响程度有限。

表6-2　2015年某直辖市分压分档居民用户享受交叉补贴的程度及补贴额

用户分类	分档		不满1千伏					1~10千伏				
	档次	电量水平（千瓦时/户·月）	收费电量（万千瓦时）	目录电价（元/千瓦时）	用电成本（元/千瓦时）	交叉补贴程度（%）	交叉补贴额（万元）	收费电量（万千瓦时）	目录电价（元/千瓦时）	用电成本（元/千瓦时）	交叉补贴程度（%）	交叉补贴额（万元）
一户一表居民用户	第一档	0~220	640817	0.4900	0.9502	48.43	294904	3.1	0.4800	0.8793	45.41	1.24
	第二档	221~400	61339	0.5400	0.9502	43.17	25161	2.6	0.5300	0.8793	39.72	0.89
	第三档	超过400	20181	0.7900	0.9502	16.86	3233	62	0.7800	0.8793	11.29	6.12
其他	合表居民（0.51）		8097	0.5100	0.9502	46.33	3564	33673	0.5000	0.8793	43.14	12772
	非居民（0.515）		40427	0.5150	0.9502	45.8	17594	106505	0.5050	0.8793	42.57	39865
合计			770861				344456	140246				52645

　　资料来源：刘思强，叶泽，吴永飞，等. 减少交叉补贴的阶梯定价方式优化研究——基于天津市输配电价水平的实证分析［J］. 价格理论与实践，2017（6）：58-62. 其中，正数表示被补贴方。

　　（2）阶梯电价政策下补贴"漏出"效应和不公平性仍很明显。

　　按照受电电压平均供电成本测算，不满1千伏的第二档用电、第三档用电，城乡居民用户享受交叉补贴程度分别为43.17%、16.86%；1~10千伏的第二档用电、第三档用电，城乡居民用户享受交叉补贴程度分别为39.72%、11.29%。数据显示，实施阶梯电价政策后，居民电价交叉补贴程度仍然很高。

　　为了分析现行阶梯电价政策中，补贴的"漏出"效应，本书设计以下算例：

　　假如1千伏以下受电的某一户居民一个月的用电量是220千瓦时（第一档），另一户居民一个月的用电量是600千瓦时，达到第二档电量，则：

　　第一户享受交叉补贴额为：$220 \times (0.9502 - 0.4900) = 101.244$（元）；

　　第二户享受交叉补贴额为：$220 \times (0.9502 - 0.4900) + (400 - 220) \times (0.9502 - 0.5400) + (600 - 400) \times (0.9502 - 0.7900) = 207.12$（元）。

　　数据显示，达到第二档消费电量的居民享受的补贴是第一档用户的两倍，即用电量越多，享受交叉补贴越多，按照电力普遍服务要义，补贴结果显然不公平性。电价补贴是一种收入再分配方式，数据说明现行阶梯电价政策在实现收入再分配时存在较大"漏出"效应，即本该补贴"穷人"，结果"富人"享受更多。

（3）受益用户数与各阶梯补贴电量错位明显。

从表6-2中可以看出，某直辖市在执行居民阶梯电价一户一表居民用户中，一档电量占88.71%，二档电量占8.49%，三档电量占2.80%。另外，某直辖市电力公司数据显示，一档用户覆盖率91.77%，二档用户覆盖率6.89%，三档用户覆盖率1.34%。

刘树杰和杨娟（2010）对多省实地调查，发现我国居民用户电力消费结构呈现倒金字塔形的特点，第一档、第二档、第三档用户数占比为7：2：1；而用电量占比关系为2：3：5。第一档消费电量用户数占70%，用电量只占20%；第二档消费电量用户数占20%，用电量占30%；第三档消费电量用户数占10%，用电量却占50%，呈现金字塔特点。

数据显示，某直辖市实施阶梯电价政策后，分档电量过大，导致用户数与用电量占比同向变化，都是倒金字塔。事实上，在确定分档电量标准时，不能同时使用用电量占比、用户覆盖率两个指标，而只需使用用户覆盖率（如第一档占80%），采用聚类，按照各阶梯用户实际总用电量测算占比即可。

2. 某省算例

根据表4-33、表4-38、表4-40的相关数据整理并测算某省阶梯电价各档电价交叉补贴程度及交叉补贴额见表6-3。

表6-3　　　　　2015年某省阶梯电价各档享受交叉补贴的程度及补贴额

用户分类	分档		不满1千伏					1~10千伏				
	档次	电量水平（千瓦时/户·月）	收费电量（万千瓦时）	目录电价（元/千瓦时）	用电成本（元/千瓦时）	交叉补贴程度（%）	交叉补贴额（万元）	收费电量（万千瓦时）	目录电价（元/千瓦时）	用电成本（元/千瓦时）	交叉补贴程度（%）	交叉补贴额（万元）
一户一表居民用户	第一档	0~2160	2104519	0.5700	0.8236	30.79	533706	1793	0.5700	0.6614	16.04	164
	第二档	2160~4800	16265	0.6200	0.8236	24.72	3312					
	第三档	超过4800	39699	0.8700	0.8236	-5.63	-1842					
其他	合表居民		39611	0.5920	0.8236	28.12	9174	452860	0.5820	0.6614	13.64	35957
合计		2200094					544350					36121

注：正数表示补贴方；负数表示被补贴方。
资料来源：笔者整理。

表6-3数据显示，某省居民阶梯电价的各阶梯用电用户中，不满1千伏第一档补贴程度达到30.79%，第二档补贴程度达到24.72%，第三档补贴程度为-5.63%。表4-40中显示，某省2015年不满1千伏的居民交叉补贴程度为28.74%，总体上执行阶梯电价降低了交叉补贴程度，尤其是第三档电价，高于用电成本。不满1千伏居民交叉补贴总额为54.43亿元，1~10千伏居民交叉补贴总额为3.61亿元，执行阶梯电价后居民交叉补贴总额为58.04亿元。表4-41显示，某省居民电价交叉补贴为59.13亿元，执行阶梯电价政策减少电价交叉补贴1.09亿元，减少幅度为1.84%，说明现行阶梯电价政策对减少交叉补贴的影响较小。

某省第一档电量占居民消费总电量的97.41%，第二档电量占居民消费总电量的0.75%，第三档电量占居民消费总电量的1.84%。这些数据说明某省阶梯电价政策中，第一档电量确定为2160千瓦时/年的上限过高。

3. 现行阶梯电价存在的问题分析

从两个算例实证分析显示，第一档分档电量过大，导致用户覆盖率高；但与此同时，用电量占比也高，违背了用户数与用电量互为"倒金字塔形"的原理，从而导致现行阶梯电价政策处理交叉补贴的效果有限。

第一档分档电量过大是目前阶梯电价政策存在的主要问题。第一档分档电量过大，一方面使得减少交叉补贴的效果较小，另一方面使得交叉补贴政策仍然体现为一种"普惠"政策，电力普遍服务功能减弱或者并不突出。

过低的分档价差使补贴"漏出"效应仍很明显，显示现行阶梯电价政策在进行电价补贴时并不公平，消费越多补贴越多，即"富人"得到的补贴高于"穷人"，扭曲了电价交叉补贴政策的收入再分配目标。

6.3 居民电价不变与电力消费结构变化耦合产生的问题

随着新一轮电力体制改革向纵深推进，我国电价交叉补贴纾解目标或妥善处理电价交叉补贴的电价改革目标，面临居民电价不调整政策及电力消费结构变化耦合作用，带来的工商业用户负担加重及交叉补贴供需失衡的问题。

一方面，居民电价多年没有实际性调整，随着居民消费电量的增加，电价交叉补贴规模呈快速增长趋势。伴随我国经济 40 余年高速增长，在城镇化率不断提升、居民收入快速增长、家庭电气化水平提升、农网改造升级等多种因素的作用下，我国城乡居民生活用电量快速增长。下面列举 2018～2020 年我国电力需求及增长情况，见表 6－4。

表 6－4 　　　　　　　　　2018～2020 年各类用电量规模及增速

类型	2018 年		2019 年		2020 年	
	用电量 （万亿千瓦时）	同比增速 （%）	用电量 （万亿千瓦时）	同比增速 （%）	用电量 （万亿千瓦时）	同比增速 （%）
全社会	6.84	8.5	7.23	4.5	7.51	3.1
第一产业	0.073	9.8	0.078	4.5	0.086	10.2
第二产业	4.72	7.2	4.94	3.1	5.12	2.5
第三产业	1.08	12.7	1.19	9.5	1.21	1.9
城乡居民生活	0.97	10.4	1.02	5.7	1.09	6.9

资料来源：根据中国电力企业联合会各年度全国电力供需形势分析预测报告整理。

从 2018～2020 年的电力消费数据及其增长数据来看，城乡居民生活用电量规模快速增长，且增速显著大于第二产业及制造业用电量的增长，这将导致居民电价交叉补贴需求增加。

另一方面，由于作为交叉补贴主要供给方的工业用户的用电量增速相对较低，导致交叉补贴供给不足，工商企业用户加重，并最终导致电价交叉补贴供需失衡。

6.4　市场双轨及价格双轨机制下存在的问题

6.4.1　电价交叉补贴通过输配电价回收产生的问题*

9 号文件及配套文件《关于推进输配电价改革的实施意见》规定："过渡期

---

* 部分论述参见：刘思强，叶泽，吴永飞，等. 双轨市场电价定价模型及交叉补贴处理机制［J］. 中国电力，2021，54（6）：62－70.

间，电价交叉补贴由电网企业申报，并经政府价格主管部门审核后，通过输配电价回收"，这种制度安排与交叉补贴处理方式会带来如下问题。

一是电价交叉补贴规模随城乡居民用电量的增长而增大，但输配电价是三年一核审，当城乡居民用电量增长与工商业用电量增长存在差异时，通过电网企业成本内部化的"暗箱"处理方式，会导致交叉补贴归集与支出不平衡。101号文件规定，省级电网输配电价在每一监管周期开始前核定，监管周期为三年。与此同时，按照《输配电定价成本监审办法》规定，构成准许收入重要组成部分的输配电成本监审办法是："以经政府有关部门或会计师事务所审计（审核）的监审期间年度财务报告、会计凭证、账簿，以及电网投资、生产运行、政府核准文件等相关资料为基础。"其中，对于计入定价成本的折旧费，是按照监审期间最末一年的可计提折旧输配电固定资产原值和监审办法规定的输配电固定资产分类定价折旧年限，采用年限平均法分类核定；对于核定单位输配电定价成本所对应的电量，省级电网按监审期间最末一年省级电网公司输配电量核定，区域电网按监审期间区域电网线路资产最末一年实际输送电量核定，专项工程按照监审期间该工程企业的平均实际输送电量和设计电量的较高值核定。省级电网平均输配电价（含增值税）＝通过输配电价回收的准许收入（含增值税）÷省级电网输配电量。从输配电价定价方法与成本监审办法来看，由于输配电价是事前核定，交叉补贴与输配电价"打捆"回收，正如前文所述，会导致交叉补贴回收并不能反映市场消费电量的结构变化，当居民电量增长与工商业电量增长存在差异时，交叉补贴成本内部化的"暗箱"处理方式会导致电价交叉补贴归集与支出不平衡。当居民电量增长低于工商业电量增长速度时，按照成本监审周期内消费电量结构核定的输配电价水平，会导致交叉补贴多收，增加工商企业等经营性用户负担；当居民电量增长高于工商业电量增长速度时，造成交叉补贴支出增加幅度大于归集增加幅度，会导致承担兜底义务的电网企业"暗亏"。

二是电力市场进入市场化市场与管制市场双轨市场并存、市场定价与政府定价的价格双轨并行阶段，多数承担电价交叉补贴责任的工商业企业，通过直接交易或市场化交易，进入市场化市场和市场定价轨道，留在管制市场上的"优质"用户数量和成交电量显著减少，电网公司兜底供电，面临压力。配套文件《关于推进售电侧改革的实施意见》规定："参与市场交易的用户购电价格由市场交易价格、输配电价（含线损和交叉补贴）、政府性基金三部分组成""电力交易机构负责提供结算依据，电网企业负责收费、结算，负责归集交叉补贴，代收政府性基金，并按规定及时向有关发电公司和售电公司支付电费"。按照配套文件的制度安排，尽管参与市场化交易的电量按照政策规定承担了义务，但在管制市场上，由于低电价的发电企业参与市场竞争，而高电价的电量（比如清洁能源）仍由电网企业消纳，导致电网企业平均购电成本增加。与此同时，大用户参与市场化交易，在管制市场上交易电量减少，通过购销差价形式或途径回收的交叉补贴数额减少。平均购电成本增加与按照购销差价成交的电量减少，使得电网企业可以用于弥补交叉补贴收入减少，承担"兜底"售电的难度增加。

三是电价交叉补贴与输配电价是两种不同性质的供电或用电成本，前者是外生性、政策性成本要素，由电网企业申报，政府审核；后者是内生性、实际产生的成本要素，需经过严格核准和监审。"暗收"处理机制模糊了输配电价概念，既不能明确承担电价交叉补贴责任主体，也无法体现义务大小。《关于推进输配电价改革的实施意见》规定："按照准许成本加合理收益原则，核定电网企业准许总收入和分电压等级输配电价，明确政府性基金和交叉补贴""过渡期间，由电网企业申报现有各类用户间电价交叉补贴数额，经政府价格主管部门审核后通过输配电价回收"，按照实施意见的制度安排，输配电价是经过严格核准和监审，电价交叉补贴采用的是申报制度，两种不同性质的电价形成要素最终却通过同一种方式归集。显然，现有政策模糊了电价交叉补贴作为公共政策补贴和电价普遍服务的性质，也模糊了公共基金与企业经营收入的回收主体的边界，即交叉补贴作为公共基金，应由政府主导归集和支付；输配电价是企业经营收入，应由企业收支。

四是自备电厂自用电量的交叉补贴与输配电价中的交叉补贴的归集渠道和核定机制并不相同，导致全社会同类主体承担的责任并不均等。9号文件规定，各种电力生产方式都要严格按照国家有关规定承担政策性交叉补贴，但拥有自备电厂的企业应按规定承担与自备电厂产业政策相符合的政策性交叉补贴。配套文件《关于加强和规范燃煤自备电厂监督管理的指导意见》规定，企业自备电厂自发自用电量应承担并足额缴纳政策性交叉补贴,各级地方政府均不得随意减免或选择性征收,各省级价格、能源主管部门及国家能源局派出机构加强对拥有自备电厂缴纳政策性交叉补贴情况的监督检查。由此看来,自备电厂自发自用电量应承担的交叉补贴与其产业政策相关,与全社会公共责任所需承担的交叉补贴政策不同,而且其监管机构为省级价格、能源主管部门及国家能源局派出机构,这也与通过输配电价回收的交叉补贴的监管主体存在差异。政策不同和回收路径不同,导致自备电厂自发自用电量在承担交叉补贴责任时,或责任不到位,或归集不到位,或政策执行力度不够,从而导致不公平。

目前,在我国大多数高能耗行业的企业建有自备电厂,如钢铁、电解铝、水泥等行业的企业。2016 年国家发展和改革委员会数据显示,各省区市自备电厂装机为 1.42 亿千瓦,其中煤电机组占 81%。自备电厂装机占全国电力总装机的 8.6%。由于我国大多数燃煤自备电厂建设分散、运行参数低、脱硫脱硝技术力量弱、专业化运行较低等,普遍存在能耗高、排放不达标等问题。自备电厂因对环境造成严重污染及未公平承担社会责任等问题,一直备受争议。

2018 年 7 月 19 日国家发展和改革委员会发布了《关于利用扩大跨省区电力交易规模等措施降低一般工商业电价有关事项的通知》,文件要求各省区市督促自备电厂承担政策性交叉补贴,并将电价空间用于降低一般工商业电价水平。2018 年 9 月 14 日山东省物价局、山东省经信委发布《关于完善自备电厂价格政策的通知》,提出自备电厂企业自发自用电量缴纳政策性交叉补贴,标准为0.1016 元/千瓦时;将 2018 年 7 月 1 日至 2019 年 12 月 31 日作为过渡期,过渡期标准暂按每千瓦时 0.05 元执行。按照山东省自备电厂的规模,据估计每年将征收 245 亿元的交叉补贴。目前已经公布政策性交叉补贴标准的省市有:吉林0.15 元/千瓦时、上海 0.103 元/千瓦时、福建 0.1012 元/千瓦时、四川 0.015元/千瓦时等。

6.4.2   双轨市场电量转移对电价交叉补贴处理的影响

根据第 3.3.2 节的分析,新一轮电力体制改革后,我国电力市场出现了市场双轨和价格双轨的特征。双轨市场是指管制市场与市场化市场并存,价格双轨是指政府定价与市场化定价并存。如前文分析，根据政策分析发现，随着市场化交易规模扩大，一方面低成本发电企业的电量将转移参加市场竞争和市场化交易，电网公司购电成本持续升高，采用购销差价所带来的利润空间将逐步缩小。另一方面，随着大用户等优质客户参加直接交易及市场化交易数量的增加，采用购销差价所带来的利润总额也将减少。在这双重作用下，电网企业平衡交叉补贴收支的能力日趋减弱，使得建立在电网企业补贴成本内部化基础上的电价交叉补贴"暗收暗补"机制将难以为继。下面将分情景讨论双轨市场电量转移对电网企业收入、电价交叉补贴收支的影响。

1. 管制市场用户不发生变化，低成本发电企业电量转移参加市场化交易

设管制市场中平均销售电价为 P_{X0}；电网企业平均购电价为 P_{C0}；购销差价为 $P_{S0} = P_{X0} - P_{C0}$；国家电网或南方电网全网销售总电量为 $Q_总$；管制市场销售电量为 Q_0；准许收入为 $R_准$，按照准许收入核准的输配电价为 $P_S = R_准/Q_总$；管制市场（政府定价）毛利收入为 R_0；则有：

$$R_0 = P_{S0} \times Q_0 = (P_{X0} - P_{C0}) \times Q_0 \tag{6.1}$$

在不考虑优质用户转移参加直接交易（即 Q_0 不变化）的情况下，低成本发电企业转移参加市场化交易增加，即具有低价优势的发电企业参加市场交易，高价上网电量（如可再生能源）由管制市场接受，这样导致管制市场平均购电价 P_{C0} 持续上升，当 $P_{S0} \leq P_S$，即 $P_{X0} - P_{C0} \leq R_准/Q_总$ 时，即供电成本上升到：$P_{G0} \geq P_{X0} - R_准/Q_总$，则管制市场需要从政府定价机制向按照以输配电价为基础的市场化定价机制转换，否则电网企业实际收入将低于准许收入。

2. 管制市场优质客户转移参加市场化交易的电量增加

管制市场部分优质客户转移参加市场化交易增加，设转移电量为 ΔQ，管制市场电网企业盈利模式为政府定价下的购销差价模式，电网企业毛利收入减少：

$$\Delta R_1 = \Delta Q \times P_{S0} = \Delta Q \times (P_{X0} - P_{C0}) \tag{6.2}$$

但参与市场交易的电量，电网企业仍可以按照输配电价定价机制获得收入：

$$\Delta R_2 = \Delta Q \times P_S = \Delta Q \times R_准/Q_总 \tag{6.3}$$

则电网企业毛利收入变化 ΔR_3 为：

$$\Delta R_3 = \Delta R_1 - \Delta R_2 = \Delta Q \times (P_{X0} - P_{G0}) - \Delta Q \times R_{准}/Q_{总}$$
$$= \Delta Q \times (P_{X0} - P_{G0} - R_{准}/Q_{总}) \tag{6.4}$$

由于政府定价一般高于市场化定价，即 $P_{X0} > P_{G0} + \dfrac{R_{准}}{Q_{总}}$，因此 $\Delta R_3 > 0$，也即电网企业收入减少。ΔQ 越大，电网企业毛利收入减少越多。

3. 管制用户一部分优质客户和低成本发电企业转移参加市场化交易

设管制用户转移参加直接交易的电量为 ΔQ；按照现有购销差价的定价机制，电网企业的收入变化减少 ΔR_1，按照输配电价定价机制收入变化为 ΔR_2；以上两者的差异为 ΔR_3。则有：

$$\Delta R_1 = \Delta Q \times P_{S0} = \Delta Q \times (P_{X0} - P_{G0}) \tag{6.5}$$
$$\Delta R_2 = \Delta Q \times P_S = \Delta Q \times R_{准}/Q_{总} \tag{6.6}$$
$$\Delta R_3 = \Delta R_1 - \Delta R_2 = \Delta Q \times (P_{X0} - P_{G0}) - \Delta Q \times R_{准}/Q_{总}$$
$$= \Delta Q \times (P_{X0} - P_{G0} - R_{准}/Q_{总}) \tag{6.7}$$

由于 $P_{G0} \geqslant P_{X0} - R_{准}/Q_{总}$，因此 $\Delta R_3 < 0$。

换句话说，管制用户一部分优质客户和低成本发电企业转移参加市场化交易增加，购电成本增加，而管制用户的定价机制不发生转化，电网企业收入损失扩大。

通过以上三种情景分析发现，随着市场化交易数量的扩大，为获取电量，低成本发电企业将转移电量参加市场化交易竞争，这样电网公司购电成本将逐步升高，采用购销差价所带来的利润空间将逐步缩小；另外，随着大用户参加直接交易数量增加，采用购销差价所带来的利润总额也将减少。新一轮电力体制改革导致出现双轨市场和价格双轨，会使购销差价所带来的利润率和总额减少，从而使得在管制市场承担兜底业务的电网公司按照成本内部化处理电价交叉补贴的方式，面临收支平衡挑战。

6.5　本章研究结论及讨论

自 2011 年以来，我国出台了多个与电价交叉补贴处理有关的文件，对电价交叉补贴的供给、需求、测算、归集及处理路径等做出了较为明确的规定，但由于这些文件均是从某个方面或某个角度来规定电价交叉补贴相关处理方式，政策之间并未很好衔接，也没有形成系统的交叉补贴处理机制，从而导致处理交叉补贴时，出现了一些新问题，效果并不理想。具体来说有以下问题。

1. 现行阶梯电价政策对减少交叉补贴程度及电价扭曲程度的效果有限

目前，实施阶梯电价政策是处理不同类型交叉补贴的主要方式。本书通过对 2 个省区市的阶梯电价政策开展实证分析，得出：第一档分档电量过大，用户覆盖率高，受益用户数与各阶梯补贴电量错位明显，导致电价扭曲程度仍很严重，交叉补贴处理效果微弱；由于分档价差过低，补贴的"漏出"效应仍很明显，消费越多补贴越多，"富人"得到的补贴高于"穷人"，扭曲了交叉补贴政策的收入再分配目标。与此同时，"普惠制"补贴政策，降低了电力普遍服务功能。

2. 居民电价不调整及电力消费结构变化耦合导致交叉补贴供需失衡

交叉补贴规模与被补贴用户电价及用电量有关，我国城乡居民电价十多年没有实际性调整，但居民消费电量呈快速增长趋势，导致交叉补贴需求增加；此外，作为电价交叉补贴的主要供给方的工业用户的用电量增速相对较低，导致交叉补贴供给不足，最终导致交叉补贴供需失衡。

3. 交叉补贴成本内部化处理方式使得电网企业面临收支平衡挑战

输配电价与电价交叉补贴是两种不同属性的成本，电价交叉补贴通过输配电价并按照电网企业成本内部化方式处理，会带来交叉补贴归集与支出不平衡、市场化市场与管制市场不能协同处理、自备电厂等同类主体承担责任不均等、不能实现"明收明补"等问题。本书通过情景模拟和数理推导发现，随着市场化交易数量扩大和大用户参加直接交易数量增加，电网采用购销差价所带来的利润总额将减少，在管制市场承担兜底业务的电网公司，面临交叉补贴收支平衡挑战。

第7章　交叉补贴处理机制及实证研究

7.1　输配电价定价模型及其对交叉补贴的影响

7.1.1　输配电价定价对交叉补贴的影响

根据第4章相关理论及实证分析显示，按照输配电价准许收入进行分摊，能够较好地反映和计量分电压等级的平均供电成本；9号文件强调，过渡期间的电价交叉补贴通过输配电价回收，因此科学合理测算输配电价是准确计量供用电成本及建立电价交叉补贴处理机制的基础。

9号文件的配套文件《关于推进输配电价改革的实施意见》指出："过渡期间，由电网企业申报现有各类用户电价间交叉补贴数额，经政府价格主管部门审核后通过输配电价回收；输配电价改革后，根据电网各电压等级的资产、费用、电量、线损率等情况核定分电压等级输配电价，测算并单列居民、农业等享受的交叉补贴以及工商业用户承担的交叉补贴。"101号文件指出："分用户类别输配电价，应以分电压等级输配电价为基础，综合考虑政策性交叉补贴、用户负荷特性等因素统筹核定。"通过政策分析可以判断，按照"准许成本加合理收益"原则，单独核定输配电价是"管住中间、放开两头"新一轮电力体制改革的关键环节，也是准确计量输配电价和电价交叉补贴的基本环节。

刘宝华等（2009）以及姜庆国等（2016）研究认为，对于开展市场化交易过程的电力批发市场和电力零售市场，输配电价是电力价格形成机制的纽带，是完善电价改革和推进市场建设的关键因素，其不仅影响撮合交易、直接交易的方式（王漪等，2016），也影响零售市场电力营销模式（白杨等，2016）及电价交叉补贴的处理机制（刘思强等，2016）。以平均供电成本为定价基准的销售电价形成机制及交叉补贴处理机制，需要准确核定输配电价。如果输配电价正向偏离实际成本，那么测算得到的供电成本及用电成本偏高，以此成本为基准电价，计量得到的交叉补贴程度偏高，交叉补贴总额偏大，从而放大交叉补贴的影响；如果输配电价负向偏离实际成本，那么测算得到的供电成本及用电成本偏低，以此成本为基准电价，计量得到的交叉补贴程度偏低，交叉补贴总额偏低，从而降低电价交叉补贴的影响。因此，输配电价水平测算及核准，需要准确、客观地反映输电、变电、配电等供电服务成本，也需要体现电价管制政策。合理核定输配电价水平和实施有效监管，既关系到电价形成机制改革的成败，也关系到新一轮电力体制改革目标的实现。

目前，发达国家存在投资回报率管制、最高上限管制和收入上限三种主要的输配电价管制模式（白玫和何爱明，2016；赵会茹等，2003）。输配电价定价办法所确定的"准许成本加合理收益核定输配电准许收入"以及"实现用户公平分摊成本。基于各类用户对输配电系统成本的耗费，兼顾其他公共政策目标，确定输配电价格"的原则，体现的是成本加成定价思想。本质上，准许成本加合理收益的定价方式是一种投资回报率管制模式（叶泽，2016；施子海等，2016）。白玫和何爱明（2016）以及叶泽（2016）研究认为，对投资回报率进行管制，能够消除电力企业的垄断利润，但投资回报率管制方式下，容易产生 A–J 效应，会导致电网企业利用信息不对称虚报成本、企业过度投资推高电价、管制成本偏高等问题，因此我国需要建立体现激励相容机制的输配电价监管体系（王成文等，2008；蔡建刚和叶泽，2014）。这些问题产生的具体路径是，投资回报率管制模式下存在的 A–J 效应，会引导电网企业通过扩大投资，提高准许收入，从而推高输配电价，并通过成本传导的机制，最终提高销售电价。A–J 效应使得计量得到的交叉补贴程度偏低，交叉补贴总额偏小，进而降低了电价交叉补贴的影响。因此对输配电价实施管制，关系到交叉补贴妥善处理问题。刘思强等（2017）认为输配电价的管制，既有定价管制，也有调控管制。接下来将以 101 号文件和《输配电定价成本监审办法》为依据，在共用网络准许收入核定方法和输配电价定价测算公式的基础上，逐一分析输配电价构成的各参数的属性以及参数对输配电价水平的影响，通过改变参数属性，引入可调控变量，研究输配电价的定价模型及其调控机制与方式。

7.1.2　输配电价定价模型及定价参数属性*

101 号文件指出："省级电网输配电准许收入由准许成本、准许收益和税金构成。"省级电网平均输配电价的计算公式为："省级电网平均输配电价（含增值税）=通过输配电价回收的准许收入（含增值税）÷省级电网输配电量"。其中，省级电网的输配电量（包含线损）按照电网企业销售电量（此电量不包含线损，小于上网电量）计算，并依据监管周期前的历史电量及其增长、电力供需变化、电力投资增长等因素进行预测并核定。税金包括所得税、城建税、教育费附加，但不包括增值税。由于输配电价形成机制中，价内税金不受电价定价政策影响，其依据现行国家相关税法规定核定，因此税金是一个后置的、不由价格主管部门调控的参数，为了直观简便，下面的研究内容不讨论税金对输配电价定价的影响。

核算输配电价是一个复杂过程，决定电价水平的准许收入与销售电量或输电电量受到众多参数影响。根据各参数性质，本书将影响输配电价定价的参数分为调控属性型参数、监管属性型参数两种类型参数。监管属性型参数是由电网企业经营实际情况（如资产、运行维护、线损等）以及市场供需（如销售电量等）真实情况决定的影响参数（变量）。对于监管属性参数，应依据成本监审和有效资产核审政策及原则，进行有效监管和审核，以真实客观反映各定价参数的实际情况。调控属性型参数是指监管部门，为了使输配电价水平处于合理范围内，通过监管政策和行政手段确定定价参数取值大小或取值范围的影响参数（变量）。调控属性型参数是一种政府为实现公共产品定价目标，通过政

---

　　* 主要内容参见：刘思强，叶泽，范先国，等. 定价参数对输配电价的影响及调控模型［J］. 电力系统自动化，2017，41（24）：58－65.

策干预且可控输入的政策性决策变量。下面将依据省级电网输配电价定价办法，引入可调控变量，建立基于参数的输配电价定价模型，并分析与界定影响电价水平的各参数属性。

1. 准许成本测算模型及其影响参数

省级电网输配电价定价办法规定，计算电网企业输配电价的准许成本由变电、线路等资产的折旧费及其运行维护费（运行成本）构成，其中基期（通常是指监管周期前一年）准许成本和监管周期新增（减少）准许成本分别核定。计量电网企业输配电价的准许成本模型如下：

$$PC_t = DA_t + OC_t \tag{7.1}$$

式中，t（$t = 1$，2，3）为监管周期（新周期）的年份，通常为三年；PC_t、DA_t、OC_t 分别为第 t 年的计量电网企业输配电价的准许成本；变电资产、线路资产等资产按照政策规定的折旧率计算的折旧费；电网企业运行维护费。

在实际监管过程中，对于电网企业运行维护费，通常是以新的监管周期开始前三年历史数据来预测（如以三年平均值为基础进行预测）。为反映运行维护费的变化，本书引入运行维护费率参数 OCR_t，以揭示运行维护成本与输配变电资产间的内在关系。将式（7.1）优化为下式：

$$PC_t = \left[FA_0' \times (1 + FA_{AAGR}')^t \right] \times DR_t + \left[FA_0 \times (1 + FA_{AAGR})^t \right] \times OCR_t \tag{7.2}$$

式中，FA_0' 为基期固定资产原值，即上一个监管周期最后一年期末固定资产原值，其也是新监管周期首年可计提折旧的固定资产原值；FA_{AAGR}' 为上一个监管周期（三年）可计提折旧的固定资产原值的平均增长率或变化率；FA_0 为监管周期基期（上一个监管周期最后一年）的固定资产净值；FA_{AAGR} 为上一个监管周期（三年）或起始监管周期前三年固定资产净值的平均增长率或变化率。

式（7.2）显示，影响电网企业输配电价的准许成本的参数共 6 个，这些参数通常依据参数的属性来核审。其中，FA_0' 和 FA_0 是遵循输配电定价成本监审办法，通过清产核资方式，由政府相关的监审部门核定企业历史资产，因此这两个参数是一个反映企业经营状况实际情况且客观存在的实际值，尤其是当第一个输配电价监管周期完成后的监管周期，这两个参数的变化只跟新增资产有关，并表现为企业资产的平均增长趋势。因此这两个参数属于监管属性型参数，政府主管部门只需要监管企业申报的资产是否与输配电有关,是否真实可信即可。对这两个参数核定,主要影响输配电价的固定成本的真实属性。

式（7.2）中,参数 FA'_{AAGR}、FA_{AAGR} 对输配电价的影响反映为企业在监管周期内新增投资的情况。按照输配电价定价办法,新增投资情况属于有权限的政府主管部门需要核审的项目,其办法是根据固定资产投资增长与规划电量增长、负荷增长、供电可靠性相匹配的原则统筹核定。如前所述,如果对新增投资不加核审,容易导致 A - J 效应,推高电价水平,因此这两个参数是政策调控参数,即政府有关部门通过允许投资规模限制或鼓励企业投资,避免电网企业过度投资。

根据输配电成本监审办法,DR_t 为计价折旧率,其计算与确定通常采用的方法是年限平均法。通常来说,不同资产折旧率不同,折旧年限根据输配电固定资产的类别、设备运行环境和实际使用情况等因素确定。例如,输配电常规资产类可以采用固定折旧率,技术设备资产类可以采用弹性折旧率。当电力行业出现重大技术革新时,应加快技术设备资产类折旧。因此固定资产计价折旧率,属于调控属性型参数,即政府根据电力发展政策和技术进步等因素,调整计价折旧率,从而影响电网企业的资产回收情况,也即成本（尤其是固定成本）回收的周期。

根据定价办法,对于电网企业运行维护费 OC_t 的核定,主要依据电网企业过去三年成本发生的客观数据（历史成本数据）,企业只需要反映实际经营情况,以获得政府有关部门的核准。运行维护费的核定遵循历史,从计价和成本监审角度来看,具有充分的合理性,也具有可操作性,但按照历史成本核准,显然不具有激励效应,难以引导企业控制运行成本,也容易导致不公平。例如,一些资产规模小的企业,相应的运行维护工作量少,如果历史成本高,反而准许的运行成本高（高估）,而一些资产规模大的企业或技术先进的企业,历史成本低,准许运行成本低（低估）。因此,本书通过引入运行维护费率 OCR_t,使电力企业运行维护费与输配电资产总量挂钩,这样就可以较好解决成本高估或低估的问题。引入运行维护费率后,使得运行维护费参数的性质发生了变化,即从监管属性型参数变为政策调控属性型参数。政府可以依据电力工业发展及技术进步等目标,调整或确定合理的 OCR_t,引导企业控制运行成本。

2. 准许收益测算模型及其影响参数

按照输配电价定价办法，准许收益计算公式为：

$$PR_t = AA_t \times WACC \tag{7.3}$$

式中，PR_t 为第 t（$t=1$，2，3）年输配电价准许收益；AA_t 为 t 年的可计提收益的有效资产；$WACC$ 为输配电价有效资产准许收益率，通常是管制收益率。

从性质上看，计提收益的有效资产由电网企业自查后上报，并需要经过政府有关部门核审；政府有关部门审核，主要是监管资产真实性及资产与输配电供电服务的关联性。正如前文分析的一样，静态审核计提有效资产，也存在 A－J 效应的问题，因此下面引入监管周前三年有效资产的平均增长率或变化率 AA_{AAGR} 参数，从而使得资产规模成为可以调控和评估的对象，当基期有效资产经过核审后，监管机构只需要核审增量资产即可或调控资产增长率。根据有效资产构成之间的关系及准许收益率的计算公式，将式（7.3）优化为：

$$PR_t = \left[AA_0 \times (1 + AA_{AAGR})^t \right] \times \left[R_e \times (1 - ALR_0) + R_d \times ALR_0 \right] \tag{7.4}$$

式中，AA_0 为基期有效资产，即监管周期前一年年末有效资产；R_e 为权益资本收益率；ALR_0 为资产负债率；R_d 为债务资本收益率。

式（7.4）显示，影响电网企业输配电价准许收益的参数有 5 个，AA_0 是由电网企业经过清资核产后向政府主管部门申报，然后经政府有关部门（通常会聘请中介机构）核定，因而 AA_0 是一个客观值，属于监管属性型参数。客观上，电网企业有效资产增长率反映了企业的投资率，为避免盲目投资或过度投资，推高输配电价水平，有效资产增长率需要根据电力规划新增输配电固定资产投资额核定后（通常由政府有关部门核定）再换算，因此 AA_{AAGR} 属于政策性调控属性型参数。

按照输配电价定价办法规定，对于权益资本收益率，需要参考省级（省、自治区或直辖市等独立价区）电网企业上一个监管周期净资产收益率实际平均值，并在此基础上核定，为了避免过度激励，原则上"按不超过同期国资委对电网企业经营业绩考核确定的资产回报率"，因此从参数性质上分析，R_e 为政策性调控属性型参数。

ALR_0 为监管周期前三年的平均资产负债率；R_d 由同期人民币贷款基准利率

与电网企业实际融资结构和借款利率核定。通常贷款基准利率与借款利率会发生变化，不同资产的投资，利率不同。为解决差异性问题，输配电价定价办法给出了相应的处理方式，即："如实际借款利率高于市场报价利率，按照市场报价利率核定；如实际借款利率低于市场报价利率，按照实际借款利率加二者差额的 50% 核定"。由于利率是由金融市场确定的，因此从属性上分析，ALR_0、R_d 两个均为客观值，监管的目的是使得参数反映真实情况，这两个参数属于监管属性型参数。

3. 输配电价定价测算模型

根据输配电价定价办法，省级电网输配电价定价模型为：

$$P_t = \frac{I_t}{Q_t} \tag{7.5}$$

式中，P_t、I_t 为分别为第 t 年的输配电价、输配电价准许收入；Q_t 为监管周期中预测的第 t 年省级电网输配电量，即核价电量，与监管周期开始前一年的电量 Q_0 存在以下关系：$Q_t = Q_0(1 + Q_{AAGR})^t$，其中 Q_{AAGR} 为有权限的省级政府主管部门根据电力投资增长和电力供需情况预测的电量增长率。正如前文所述，核价电量选择电网输电量将降低输配电价水平，如果选择销售电量，则更贴近市场需求，销售电量通常比输电量要小。因此不同情景下，输电量与销售电量存在一个换算关系。下面对这种换算关系进行分析。

Q_t 采用输配电量，由于存在线损（线路损失和变电损失等），在输配电价准许收入核定时，一方面测算出来的输配电价水平将偏低，如果输配电价按照此方法核定的电价水平执行后，电网企业将难以足额回收，两者的差值（差额）为变损电量、线损电量等损失的收入；但另一方面，采用此方法核准输配电价水平，线损变损成本（电量损失）将内化于电网企业，电网企业为了降低损失、提高效益，需要控制线损变损。

如果 Q_t 采用售电量，则输配电准许收入（即供电成本）可以得到足额回收，但由于线损变损与输配电价水平关系不大，电网企业在经营过程中就没有控制线损变损的意愿，因此按照销售电量核准的方法缺少激励作用，即缺少效率。

然而，第 t（$t=1$，2，3）年的输电电量（用 Q_{Tt} 表示）与售电电量（用 Q_{Ct} 表示）及监管周期前三年的平均线损、变损率或政府监管线损、变损率目标 $\Delta P\%$ 存在以下关系：$Q_{Ct}=Q_{Tt}\times(1-\Delta P\%)$。于是根据准许收入的构成，可以将式（7.5）优化为以下模型：

$$P_t=\frac{PC_t+PR_t+T_t}{\left[Q_{T0}\times(1+Q_{TAAGR})^t\right]\times(1-\Delta P\%)} \tag{7.6}$$

式中，T_t 为第 t 年的税金；Q_{T0} 为基期输电量，也即监管周期开始前一年的输电电量；Q_{TAAGR} 为有权限的省级政府主管部门根据电力投资增长和电力供需情况预测的输电电量增长率。

从参数属性分析，Q_{T0} 反映的是市场需求的客观情况、Q_{TAAGR} 反映的是市场需求客观变化情况，两个参数均是客观数值，因此在监管过程中，只需要据实核审即可，两个参数属于监管属性型参数。$\Delta P\%$ 是线损变损率，在一定程度上，既反映了输电线路的技术水平（如高压高参数线损变损低，低压低参数线损变损高），也反映了电网企业经营努力程度（如在技术水平一定的情况下），输配电价定价办法中规定，省级电网综合线损率参考监管周期初始年前三年实际综合线损率平均值核定，其也属于监管属性型参数。

根据式（7.5）、式（7.6），可以推知用于审核输配电价水平的核价电量 $Q_t=Q_{T0}\times(1+Q_{TAAGR})^t\times(1-\Delta P\%)$ 是一个与经营有关，即与线损变损率有关的售电量。通过输电量与销售电量换算后，使得制定的输配电价既可以保证电网企业输配电成本（供电成本）得到回收，也可以建立激励机制，促使电网企业降低线损变损，同时还可以作为政府主管部门机构在核准输配电准许收入后，开展电价水平调控的依据。例如按照定价办法的相关规定，监管周期初始年前三年，电网综合线损率平均值为 6%，政府监管部门参照此数值，并将其作为核价依据来核准输配电价（事前核准），但在实际经营过程中，电网企业可以通过提高管理经营效率等降低线损变损率（如降低 0.5%）来增加企业收益，增加的收入总额 = 降低的线损变损电量 × 事前核定输配电价。如果政府监管部门认为综合线损率按照 6% 的标准高了，将 5.5% 作为综合线损目标，并依据其定价，那么在核准的输配电价准许收入不调整的情况下，按照式（7.6），输配电价水平将降低。在监管部门对综合线损率确定的目标（调控目标）下，电网企业获得的收入不变少，就需要降低线损变损，以弥补输配电价水平降低对企业经营收入的影响。通过以上分析可以发现，变损线损率实际上是一个客观数值，但转化为监管目标考核后，其属性发生了变化，即从监管属性型参数转化为调控属性型参数。各参数符号及含义见表 7 - 1。

表 7 - 1　　　　　　　　　　　　参数符号及参数含义

参数符号	参数含义	参数符号	参数含义
PC_t	第 t 年的准许成本	R_e	权益资本收益率
DA_t	第 t 年的折旧费	ALR_0	监管周期前三年的平均资产负债率
OC_t	第 t 年的运行维护费	R_d	债务资本收益率
OCR_t	第 t 年的运行维护费率	T_t	第 t 年的税金
FA'_{t-1}	上年期末可用于第 t 年可计提折旧的固定资产原值	IT_t	所得税
DR_t	第 t 年计价折旧率	VAT_t	增值税
FA_{t-1}	有效资产中的上年期末固定资产净值	$UCET$	城建税及教育附加
FA'_0	监管周期开始前一年期末（基期）用于监管周期头年可计提折旧的固定资产原值	ITR	所得税率
FA'_{AAGR}	监管周期前三年可计提折旧的固定资产原值的平均增长率或变化率	$VATR$	增值税率
FA_0	监管周期开始前一年期末（基期）的固定资产净值	$UCETR$	城建税率及教育附加费率
FA_{AAGR}	监管周期前三年固定资产净值的平均增长率或变化率	I_t	准许收入
PR_t	准许收益	Q_t	监管周期中预测第 t 年的核价电量
AA_t	t 年的可计提收益有效资产	Q_0	监管周期开始前一年的电量
$WACC$	准许收益率	Q_{AAGR}	省级政府主管部门预测的电量增长率
CA_{t-1}	第 $t-1$ 年期末流动资产	Q_{Tt}	第 t 年的输电电量
NFA_t	第 t 年期末的可计提收益的固定资产净值	Q_{Ct}	第 t 年的售电电量
IA_t	第 t 年无形资产	$\Delta P\%$	监管周期前三年的平均线损率或政府监管线损率目标

续表

参数符号	参数含义	参数符号	参数含义
NFA_{t-1}	第 $t-1$ 年期末的可计提收益的固定资产净值	Q_{T0}	监管周期开始前一年的输电电量
CPC_t	第 t 年的新增有效资产	I_S	电网企业实际收入
DAT_t	第 t 年新增有效资产的当年折旧	Q_S	实际售电量
IA_{t-1}	第 $t-1$ 年的无形资产	ΔI	电网企业实际收入与准许收入的差额
IAC_t	第 t 年无形资产增加值	P_w	价格上限（政府监管目标）
AIA_t	第 t 年无形资产摊销值	P_{r0}	基期输配电价
AA_0	监管周期前一年年末有效资产（基期有效资产）	ΔP_r	价格调控目标
AA_{AAGR}	监管周前三年有效资产的平均增长率或变化率		

资料来源：笔者绘制。

7.1.3 输配电价调控模型及调控机制 *

1. 触发平衡账户和调价机制的关键参数

按照输配电价定价办法，平衡输配电价准许收入的规定，即相应的制度设计为"在一个监管周期内，电网企业因新增投资、售电量增长（或减少）、售电结构变化等因素，引起实际收入发生变化时，由省级价格主管部门组织进行年度统计，在下一监管周期统筹处理"。具体处理方式为：当一监管周期（三年）结束后，经过输配电准许收入核算，如果电网企业三年中实际获得的准许收入超过或低于事前核准的输配电价准许收入时，收入差额（正数或负数）部分在本监管周期结束期末（也可以是第一年结束后）或后续的监管周期核准输配电价水平时，进行相应的平滑处理，或根据国家政策调整使用。这种制度安排与制度设计显然不具体，但从管制理论的角度分析，这种处理实际收入与事前核准收入差异的制度设计及方式实际上与试点城市（深圳）平衡账户的处理

---

　　* 主要内容参见：刘思强，叶泽，范先国，等. 定价参数对输配电价的影响及调控模型［J］. 电力系统自动化，2017，41（24）：58－65.

机制相同。因此，本书按照平衡账户的处理机制开展探讨。

式（7.5）显示，输配电价水平是一个因变量，如果自变量中准许收入 I_t 的增长（或增长率）小于核价输电量 Q_t 的增长（或增长率），那么第 $t+1$ 年核准的输配电价水平将低于第 t 年，否则输配电价水平将上升。当政府有关部门根据核定的某电网企业准许收入和通过预测方式核准的核价输电量这两个自变量，核准了输配电价水平 P_t，那么某电网企业实际获得的输配电经营收入（设为 I_S）就只与实际售电量有关；如果实际售电量（设为 Q_S）超过预测的核准电量 Q_t，电网获得的实际收入将超过政府核准的准许收入，实际收入与准许收入的差额为 $\Delta I = (Q_S - Q_t) \times P_t$；如果实际售电量低于预测的核准电量，则实际收入将低于政府核准的准许收入。按照深圳市、蒙西政策的处理办法，如果 $\Delta I / I_t$ 的超过了 $\pm 6\%$，将触发平衡账户之后的调价机制。而且有：$I_t = Q_t \times P_t$，因此输配电价调价机制的启动条件为：

$$\frac{(Q_S - Q_t) \times P_t}{Q_t \times P_t} = \frac{Q_t}{Q_S} - 1 \geqslant \pm 6\% \tag{7.7}$$

由于电力生产和电力消费的同时性，输配电价准许收入平衡账户的科学意义或真实内涵在于，其反映出准许收入的本质上体现不是一般财务意义的收入含义，而体现的是供电固定成本，这一点与前面章节分析的一致。电力需求（售电量）的大幅下降并不会减少电力供给的固定成本（因为已经发生），但电力需求的大幅增长，为了保证电网安全和供电可靠性，则需要增加电网投入，即输配电固定成本增长具有不可逆转性。

从式（7.6）中可以看出用于核准输配电价的核价电量是跟 Q_{TAAGR} 和 $\Delta P\%$ 两个参数相关的预测值。从理论模型分析发现，假定综合线损率 $\Delta P\%$ 是一个准确值（如政府监管的线损目标），那么是否启动输配电价准许收入平衡账户或输配电价调价机制，就只与实际的电量增长率与预测的电量增长率之间的差距有关。从式（7.7）推知，当实际电量（输电量或售电量）与预测电量（输电量或售电量）存在差异时，如在 [0.94，1.06] 变动，将触发并启动输配电价准许收入平衡账户机制，如果实际电量与预测电量之比偏离 [0.94，1.06] 变动，即低于 0.94 或高于 1.06，则需启动输配电价调整机制。由于预测电量是一个随电力投资与电力需求等因素发生变化的可变值，通过变量之间的关系换算，则有实际电量增长率或变化率超出 $\left[Q_{TAAGR} - 6\% , \ Q_{TAAGR} + 6\% \right]$ 变动，就需要启动输配电价的调价机制。

2. 输配电价调控模型

前文对输配电价准许成本、准许收益及输配电价定价测算模型、影响输配电价的定价参数及其属性进行了分析，下面将式（7.2）、式（7.4）代入式（7.6）（不考虑税收），整理得到不含税收的输配电价定价测算模型：

$$P_t = \{ \left[FA_0' \times (1 + FA_{AAGR}')^t \right] \times DR_t + \left[FA_0 \times (1 + FA_{AAGR})^t \right] \times OCR_t$$
$$+ \left[AA_0 \times (1 + AA_{AAGR})^t \right] \times \left[R_e \times (1 - ALR_0) + R_d \times ALR_0 \right] \}$$
$$\div \{ \left[Q_{T0} \times (1 + Q_{TAAGR})^t \right] \times (1 - \Delta P\%) \} \tag{7.8}$$

理论上，输配电价水平应体现输变配电环节的供电成本，而且要反映电力供给与需求的关系，但由于电力生产的特殊性，输配电环节或输电环节具有自然垄断属性。正如前文分析的那样，按照准许收入核准输配电价水平，如果对有效资产核准不到位或者缺少监管，就会产生"A－J"效应，从而推高电价水平。世界各国或地区为了避免"A－J"效应，通常采用最高上限价格管制方式（白玫和何爱明，2016）。假如政府主管部门期望输配电价水平不超过 P_w（价格上限或政府监管目标），则输配电价的价格调控模型需要符合以下约束条件，即：

s. t. $P_t \leq P_w$ (7.9)

式（7.8）、式（7.9）联立，就是基于价格上限管制方式下的输配电价定价参数的调控模型。

如果期望 P_w 是一个动态值（符合调控目标或调控机制），即政府有关部门对于电价水平在不同时期的目标值不同，需要降低电价或提高电价（价格调控），那么可以在约束条件中引入 ΔP_r，将式（7.9）改写为：

s. t. $P_t \leq P_{r0}(1 \pm \Delta P_r)^t$ (7.10)

式中，P_{r0} 为基期电价；ΔP_r 为价格调控目标参数，通常根据政府定价或调价目标确定。

将式（7.8）、式（7.10）联立，就是基于价格调控目标的输配电价定价参数的调控模型。其含义为，已核准输配电价水平实施的监管周期（三年）内，

在基期电价水平 P_{r0} 的基础上，输配电价水平逐年下降或逐年升高 ΔP_r 时，政府主管部门如何确定输配电价定价参数的取值。下面以折旧率参数为例进行说明。在调控目标下，通过推导，折旧率参数的调控模型如下：

$$DR_t \leqslant \left\{ P_{r0}(1 \pm \Delta P_r)^t \times \left[Q_{T0} \times (1 + Q_{TAAGR})^t \right] \times (1 - \Delta P\%) \right.$$
$$- \left[FA_0 \times (1 + FA_{AAGR})^t \right] \times OCR_t - \left[AA_0 \times (1 + AA_{AAGR})^t \right]$$
$$\left. \times \left[R_e \times (1 - ALR_0) + R_d \times ALR_0 \right] \right\} \div \left[FA_0' \times (1 + FA_{AAGR}')^t \right] \quad (7.11)$$

同理，也可以推导出其他参数的调控模型。

在政府对输配电价水平实施调控的约束条件下，式（7.8）中的 FA_0'、FA_0、AA_0、ALR_0、R_d、$\Delta P\%$、Q_{T0}、Q_{TAAGR} 8 个影响输配电价定价的参数，从取值方式上看，它们均是依据电网企业经营历史数据、电力需求实际情况来确定客观数值；从属性上看，这 8 个参数显然不是由政府监管部门依据监管目标决定的，是非决策变量，即监管属性型参数，只需要电网企业据实上报，监管部门依据相关政策或规则审核即可。在这 8 个参数中，前 6 个参数反映了电网企业的实际经营状况，为企业可控因素；后 2 个参数，受到电力消费需求的影响，为企业不可控因素，不可控因素会随市场供需变化而变化，因此需要建立输配电价准许收入平衡账户来平衡不可控因素造成的影响。正如前所述，对于综合线损率 $\Delta P\%$，可以转化参数属性，变为调控属性型参数，从而使其成为决策变量，用于激励企业降低线损。

在政府对输配电价水平实施调控的约束条件下，式（7.8）中的 FA_{AAGR}'、FA_{AAGR}、AA_{AAGR}、DR_t、OCR_t、R_e 6 个影响输配电价的参数，从参数属性来看，价格调控属性型参数属于决策变量。其中，政府主管部门通过调整 DR_t、R_e 引导技术进步和引导企业投资，这两个参数调整会在第二个监管周期对 FA_{AAGR}'、FA_{AAGR}、AA_{AAGR} 3 个参数产生影响，而且会影响资产结构 ALR_0，因此 DR_t、R_e 是主要的决策变量和调控参数。政府主管部门通过调整 OCR_t 来引导电网企业控制运行成本，因此这个参数是一种具有激励效应的决策变量。

通过以上分析可以发现，在政府期望的目标价格 P_w 之内（价格上限）或基于价格调控目标 ΔP_r（调控机制），主管部门可以使用某个单一参数或选择参数组合等手段来实施输配电价水平调控，引导电网企业投资、激励电网企业控制成本、激励电网降低线损，从而实现多项监管目标。

7.1.4 输配电价测算实证研究

1. 输配电价测算

本书采集了 2012 ~ 2014 年某省电力公司原始数据开展输配电价定价测算[①]。通过原始报表分析,得到:2012 ~ 2014 的 FA'_{AAGR} 值为 11.22%;FA_{AAGR} 值为 6.82%;AA_{AAGR} 值为 6.03%;平均 DR_t 值为 9.00%;平均 OCR_t 值为 30.68%;平均 ALR_0 值为 66.05%;平均 $\Delta P\%$ 值为 6.04%;平均 Q_{TAAGR} 值为 4.81%。另外,R_e 为 2014 年五年期国债利率(5.41%,共五期)加 4%,为 9.41%;R_d 为 2014 年五年期以上贷款利率 6.15%。将各参数取值代入式(7.8)定价测算模型,得到 2015 ~ 2017 年省级共用网络输配电价水平及各定价参数值,见表 7 - 2。

表 7 - 2　　　　　　　　参数取值及输配电价测算

参数	2012 年实际值	2013 年实际值	2014 年实际值(基期 $t=0$)	2015 年预测值 $t=1$	2016 年预测值 $t=2$	2017 年预测值 $t=3$
FA'_{t-1}	729.96	818.62	902.86	1004.2 (FA'_0)	1116.8	1242.1
DR_t	8.89%	8.88%	9.22%	9.00%	9.00%	9.00%
FA_{t-1}	588.03	631.09	679.12	725.43 (FA_0)	774.91	827.76
OCR_t	33.12%	29.43%	29.51%	30.68%	30.68%	30.68%
PC_t	259.62	258.41	283.63	312.93	338.25	365.75
AA_t	647.65	689.21	732.2	774.84 (AA_0)	821.56	871.1
R_e	9.41%	9.41%	9.41%	9.41%	9.41%	9.41%
R_d	6.15%	6.15%	6.15%	6.15%	6.15%	6.15%
ALR_0	66.12%	66.18%	65.85%	66.05%	66.05%	66.05%
$WACC$	7.254%	7.253%	7.263%	7.257%	7.257%	7.257%
PR_t	46.98	49.99	53.18	56.23	59.62	63.22
I_t	306.6	308.4	336.81	369.16	397.87	428.97
Q_{Tt}	1466.42	1580.95	1609.56	1686.98	1768.12	1853.17

---

① 主要内容参见:刘思强,叶泽,范先国,等. 定价参数对输配电价的影响及调控模型 [J]. 电力系统自动化,2017,41(24):58 - 65.

续表

参数	2012 年实际值	2013 年实际值	2014 年实际值（基期 $t=0$）	2015 年预测值 $t=1$	2016 年预测值 $t=2$	2017 年预测值 $t=3$
ΔP	6.66%	5.89%	5.58%	6.04%	6.04%	6.04%
Q_{Ct}	1368.76	1487.83	1519.75	1585.09	1661.33	1741.24
P_t	0.224	0.2073	0.2216	0.2329	0.2395	0.2464

注：① 资产、成本、收入等单位为亿元；电量单位为亿千瓦时；电价单位为元/千瓦时。② 因涉及企业商业秘密，以上成本、资产数据、电量数据在原始数据的基础上做同向倍数处理，其他采用案例原始数据，这不影响参数间内在结构和联系，也不影响对问题的探讨。表中，FA'_{t-1} 为上年期末可用于第 t 年可计提折旧的固定资产原值；FA_{t-1} 为有效资产中的上年期末固定资产净值；AA_t 为 t 年的可计提收益有效资产。

资料来源：刘思强，叶泽，范先国，等. 定价参数对输配电价的影响及调控模型 [J]. 电力系统自动化，2017，41（24）：58－65.

表 7－2 反映了各输配电价定价参数对电价水平的综合影响，数据显示 2015～2017 年某省的输配电价水平呈现上升趋势，但增长幅度不大。根据式（7.5）可以判断，在输配电价各定价参数的综合影响下，输配电价准许收入的增长快于电量增长。表 7－2 也反映了各输配电价定价参数对电价水平的影响程度。下面将对影响输配电价水平的定价参数敏感性及输配电价准许收入平衡账户进行分析。

2. 输配电价定价参数对电价水平影响程度及平衡账户测算

为了揭示输配电价定价参数对电价水平的影响程度，选择销售电量（属于监管参数，但具有不确定性）和主要调控定价参数，开展敏感性分析。敏感性分析（又称灵敏度分析）就是针对模型 $y=f(x_1, x_2, \cdots, x_i)$（$x_i$ 为模型第 i 个参数属性值），令每个参数属性值在可能的取值范围内变动，研究和预测这些参数属性变动对模型输出值的影响程度，这种程度称为敏感性系数。

针对式（7.8）的定价模型，选择表 7－2 中的某一输配电价定价参数值（2017 年），假定除这一定价参数之外的其他定价参数值不变，将这一定价参数值调低 $1‰－10‰$，研究和测算输配电价水平的变动情况。表 7－2 中，2017 年某省输配电价水平为 0.2464 元/千瓦时（P_{r0}），假定这一定价参数发生变化后，输配电价水平变为 P_r，那么有：变动额 $\Delta P_r = P_r - 0.2464$ 元/千瓦时；敏感性系数 $= \Delta P_r / 0.2464$，测算结果见表 7－3。对各定价参数敏感性系数取绝对值，绘制输配电价定价参数敏感性比较图,如图 7 - 1 所示。

表 7 - 3 影响输配电价水平定价参数的敏感性比较

参数	变动额及变动率	-1‰	-2‰	-3‰	-4‰	-5‰	-6‰	-7‰	-8‰	-9‰	-10‰
Q_{TAAGR}	变动额（元/千瓦时）	0.0002	0.0004	0.0007	0.0009	0.0011	0.0014	0.0016	0.0019	0.0021	0.0023
	敏感性系数（‰）	0.79	1.75	2.71	3.67	4.63	5.59	6.56	7.53	8.5	9.47
$\Delta P\%$	变动额（元/千瓦时）	-0.0003	-0.0006	-0.0008	-0.0011	-0.0013	-0.0016	-0.0019	-0.0021	-0.0024	-0.0026
	敏感性系数（‰）	-1.23	-2.29	-3.35	-4.4	-5.46	-6.51	-7.56	-8.61	-9.65	-10.69
DR_t	变动额（元/千瓦时）	-0.0008	-0.0015	-0.0022	-0.0029	-0.0036	-0.0043	-0.005	-0.0057	-0.0065	-0.0072
	敏感性系数（‰）	-3.06	-5.96	-8.85	-11.75	-14.64	-17.5	-20.43	-23.33	-26.22	-29.12
OCR_t	变动额（元/千瓦时）	-0.0005	-0.001	-0.0015	-0.0019	-0.0024	-0.0029	-0.0034	-0.0038	-0.0043	-0.0048
	敏感性系数（‰）	-2.1	-4.03	-5.96	-7.89	-9.82	-11.75	-13.68	-15.61	-17.54	-19.47
AA_{AAGR}	变动额（元/千瓦时）	-0.00008	-0.00011	-0.00015	-0.00018	-0.00021	-0.00025	-0.00028	-0.00032	-0.00035	-0.00039
	敏感性系数（‰）	-0.32	-0.45	-0.59	-0.73	-0.87	-1.01	-1.15	-1.29	-1.43	-1.57
R_e	变动额（元/千瓦时）	-0.0002	-0.0004	-0.0006	-0.0007	-0.0009	-0.0011	-0.0012	-0.0014	-0.0016	-0.0017
	敏感性系数（‰）	-0.87	-1.56	-2.25	-2.95	-3.64	-4.34	-5.03	-5.73	-6.43	-7.12

注:因为税收为不可调控参数,因此本书采用不含税的输配电价。表中,正数表示上升和增加,负数表示下降和降低。

资料来源:刘思强,叶泽,范先国,等. 定价参数对输配电价的影响及调控模型 [J]. 电力系统自动化,2017,41 (24):58 -65.

表 7 – 3 显示，当预测售电量增速下降，将推高电价，而其他输配电价定价参数增速下降均会降低电价水平。

输配电量（本书采用销售电量，两者的关系见前文分析）增长率是由有权限的省级主管部门预测，其与市场需求紧密相关，尽管根据历史数据可以预测，但仍存在不确定性。因此电量参数是不确定性参数，这也是建立平衡账户的原因。在前面的算例（表 7 – 3）第 2 行第 12 列中，对 2017 年的事前预测 Q_{TAAGR} 为 4. 81% ，如果 2017 年底监管周期结束时，比预测的下降了 1% ，实际上为 3. 81% ，则有：

$$Q_{Ct} = Q_{T2} \times (1 + Q_{TAAGR}) \times (1 - \Delta P\%) = 1768. 12 \times (1 + 3. 81\%) \times (1 - 6. 04\%)$$
$$= 1724. 62 (亿千瓦时)$$

合理电价水平应为 0. 2487 元/千瓦时，但如果电价水平按 0. 2464 元/千瓦时收取，由于没有考虑预测电量与实际电量增速的变化，那么电网企业将约有 1724. 62 亿千瓦时 × 0. 0023 元/千瓦时 = 3. 97 亿元的输配电价准许收入（合理输配供电成本）不能通过输配电价回收；在财务上，其表现为"欠收"的形式，因此这部分收入应以"负数"形式记入输配电价准许收入平衡账户。

从前文分析可以看出，综合线损率是一个具有激励效应决策变量，政府主管部门可以用来调控电价水平。在前面算例第 4 行第 12 列，对 2017 年的事前预测 $\Delta P\%$ 为 6. 04% ，如果 2017 年底监管周期结束时，实际综合线损率比预测线损率下降 1% ，如实际综合线损率为 5. 04% ，则对应的合理输配电价水平为 0. 2438 元/千瓦时，但如果电价仍按 0. 2464 元/千瓦时执行，那么按照输配电价定价办法，实际运行中综合线损率超过核定值，即实际综合线损率大于核定线损率，风险（主要是输配电价准许收入减少的风险）由电网企业承担；实际运行中，综合线损率低于核定线损率，由此多出的收益应由电网企业和电力用户分享，分享比例为 50% 。根据这个规定，当实际综合线损率低于核定线损率 1% 时，电网企业收益将增加，其值为：

1741. 24 亿千瓦时 × 0. 0026 元/千瓦时 × 50% = 2. 3 (亿元)

图 7 – 1 显示，输配电价定价参数对电价水平影响的敏感性程度（敏感性系数）依次（降低）为：折旧率、运行成本费率、线损率、电量增长、权益资本收益率、有效资产增长率。从敏感性系数分析，折旧率参数、运行成本费率两

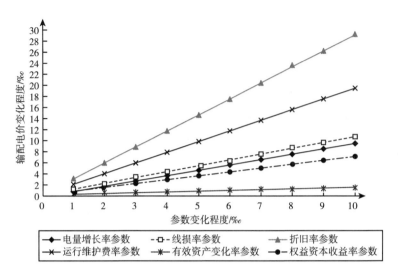

图 7-1   参数对输配电价影响程度的敏感性比较

资料来源：据表 7-3 绘制。

个定价参数对电价水平影响效应分别为 3 倍、2 倍，因而是显著性影响定价参数；线损率、电量增长率两个定价参数对电价水平影响效应约为 1 倍，因而是一般显著性影响参数；权益资本收益率、有效资产增长率两个参数对电价水平影响效应小于 1，为弱影响参数。

随着输电电量或销售电量增长，电网企业需要增加投资，以确保电力系统安全和供电可靠性。表 7-3 数据显示，按照定价模型测算，电量增长将会降低核定输配电价水平，而有效资产增长（通常有效资产规模与投资率关联）将会提高输配电价水平，即这两个电价参数对于输配电价水平的影响效应互为相反；而且从数据分析来看，电量增长率平均敏感性系数是有效资产增长率平均敏感性系数的 5.4 倍，根据电量增长率、有效资产增长率对电价水平影响效应的强弱差异较大的情况，可以粗略估计，当预测的电量需求（输电量或销售电量）增加时，有效资产增长率低于电量增长率，且介于 1~5.4 倍，输配电价水平将不会被推高。然而问题是，输配电环节投入的固定资产，具有不可逆转性，当预计电量增长下滑时会导致电价水平升高。根据电量增长率、有效资产增长率相互关系及其对输配电价水平的影响效应，准确预测电量变化和引导电网企业合理投资是非常重要的。

3. 定价参数调控及策略选择讨论

对输配电价定价参数实施调控，是实施电价监管的重要手段。从前文分析可以看到，预测电量往往与实际电量不一致，因此电量（输电量与销售电量）参数是一个不确定性变量。与此同时，反映输电量和销售电量关系的综合线损率是一个激励性变量。下面仅讨论在政策目标之下，折旧率参数、运行成本费率、权益资本收益率、有效资产增长率等可用于电价调控的定价参数如何取值，从而来分析调控参数实施机制问题。

首先讨论折旧率定价参数，假定其他定价参数取值不变，政府期望监管周期（3 年）中，输配电价水平比 2014 年（P_{r0}）0.2216 元/千瓦时，逐年下降 1%（ΔP_r），则 2015 ~ 2017 年目标性输配电价水平见表 7 - 4 中的第 2 行。

将表 7 - 2 中各参数取值代入折旧率调控模型式（7.11）中，得到折旧率的上限取值，见表 7 - 4 中的第 3 行。同理，也可以求得其他参数的上限取值。

表 7 - 4　　　　　　　　　目标价格下的参数调控　　　　　　　价格单位：元/千瓦时

参数	2015 年（$t=1$）	2016 年（$t=2$）	2017 年（$t=3$）	均值
目标价格	0.2194	0.2172	0.2150	
$DR_t \leqslant$	6.87%	5.68%	4.6%	5.72%
$OCR_t \leqslant$	27.73%	25.9%	24.08%	25.91%
$AA_{AAGR} \leqslant$	−38.04%	−59.82%	−84.68%	−60.84%
$R_e \leqslant$	1.28%	−3.87%	−9.05%	−3.88%

资料来源：笔者计算。

表 7 - 4 显示，折旧率、运行成本费率、权益资本收益率、有效资产增长率四个定价参数的变化趋势，与输配电价水平（用于核准的电价水平）同向。因此如果目标价格降低，即要降低输配电价，那么调控措施就是调低这四个定价参数。前文分析显示，折旧率参数是显著性影响电价参数，对输配电价水平影响效应大，在其他定价参数按照表 7 - 2 的取值不变的情况下，如果要实现价格监管目标，输配电价水平逐年降低 1%，则需要将监管周期的折旧率从 9.00% 调低为 5.72%。同样，运行维护费率也是显著性影响定价参数，如果其他定价

参数不变,则需要将运行维护费率从 30.68% 调低到 25.91%。

前文分析显示,有效资产增长率、权益资本收益率两个定价参数,对输配电价水平影响效应弱,原因是:有效资产增长率需要通过 WACC(通常小于 0.1)的乘数效应,因而降低了其对输配电价水平的影响程度。在显著性影响定价参数和其他变量呈现增长趋势,而电价要调低(驱使准许收入减少),要实现价格调控目标,就需要大幅度降低准许收益,此时有效资产增长率需要从 6.03% 调低为 -60.84%,但增长率最小值只能取"0",因此"负数"含义在此情况下将表现为"有效资产核减"。同样,权益资本收益率要从 9.41% 调低为 -3.88%,权益资本收益率最小只能取"0"。通过数据分析发现,在实施价格调控时,单一使用权益资本收益率调控(目前通用的一种方式,即收益率调控方法),无法实现价格调控目标;要使得调控政策具有效应,就需要将权益资本收益率与其他定价参数同时使用,实施综合调控。

实证分析显示电价水平对各定价参数的敏感性差异较大,因此当调控目标价格与基期价格差异较大时,就需要将多个定价参数进行组合,即实施组合调控策略,方可取得较好效果。

7.1.5 实证结论及对电价交叉补贴处理的启示

输配电价水平是否充分、真实反映输配电环节的供电成本,不仅影响销售电价水平,而且影响电价交叉补贴计量依据,即基准电价。在投资回报率的管制方式下,容易产生过度投资和产生 A - J 效应,使得输配电价正向偏离实际成本。如果以偏高投资下的供电成本为基准电价,将使得电价交叉补贴程度和交叉补贴总额偏小,缩小了电价交叉补贴的影响。因此,需要依据成本定价原理及公共政策目标对影响输配电价定价参数实施监控和调控。另外,由于影响输配电价定价的参数较多,且各定价参数之间相互影响,要使电价水平真实体现输配电环节的供电成本,具有很大难度。核准输配电价的基本原则是以"反映供电成本"为目标和约束,而电价交叉补贴是以"普遍服务等公共政策"为目标和约束,如果电价交叉补贴通过输配电价回收,在测算时,又通过同一渠道、采用同一管制方式,显然会模糊两者的本质区别,放大输配电价定价误差。因此，输配电价、交叉补贴应独立成项、单独测算、独立管制。

实证研究显示，输配电价定价参数存在相互联系和相互作用。影响输配电价定价的参数有两种属性：一是监管属性型参数，反映的是电网企业经营实际情况以及电力市场供需客观状态，由于电网企业与用户间、政府与电网企业间，均存在信息不对称，因此在输配电价准许收入核准过程以及输配电价定价过程中，需要依据相关政策并通过成本监审和有效资产核审等方式，使得输配电价定价参数符合客观实际情况，真实可信；二是调控属性型参数，是可以用于政策有关部门进行决策的变量。电价政策往往指向多个目标，因此政府需要使用组合调控方案（即多参数组合），实现有效引导投资、引导技术进步、激励企业控制成本、激励降低线损、规制输配电价水平等多重目标。通过优化输配电价定价模型，可以将部分监管属性型参数转化为调控属性型参数，如综合线损率、运行维护费率，从而驱动或激励企业提高经营管理水平，降低输配电价，使用户受益。通过直接降低输配电价或提高输配电价的监管方式，是一种典型的行政定价方式，容易导致电网企业抵触或用户不满，也难以达到调控目标。如果引入输配电价定价参数调控机制，显然可以提高调控效率和政策目标的达成度。实施定价参数调控是一种管制定价方式。管制定价方式如果实施恰当，将有利于发挥电价政策对企业经营行为和用户用电行为的引导作用，因而更为科学合理。正如实证研究显示的一样，如果通过对调控属性的定价参数实施监管，不仅能够实现定价办法中确定的"促进电网企业加强管理降低成本"，还将实现"助力行业和用户提高能效降低能耗"的公共政策目标。

实证研究显示，由于输配电价定价参数的属性不同，各定价参数对电价水平影响效应的敏感性存在较大差异，因此要实现电价政策目标，就需要精准选择定价参数实施组合式调控，例如，在价格上限管制下，需要根据目标价格水平，依据参数对输配电价水平的影响程度，选择不同参数或多参数组合，制定相应的调控措施。

电量增长率反映了电力市场需求趋势，但具有不确定性特性，其是触发平衡账户和调价机制的主要定价参数关系输配电价水平的合理程度，因此需要精准预测市场供求关系。

7.2 双轨市场定价及电价交叉补贴处理机制[*]

7.2.1 双轨市场结构及价格双轨

本书第3章探讨了我国电力市场结构变化及对处理电价交叉补贴政策的影响，有关研究显示，在9号文所确立的电力体制改革的制度安排中，我国电力市场将形成以输配电价为基础的"管住中间，放开两头"的电力产业组织模式与电力市场结构，这种两头呈现开放型的市场结构，要求有序、有步骤地放开售电市场，并不断增加用户的自主选择权。这种产业组织模式与市场结构，导致电力市场呈现双轨市场结构及价格双轨特征。双轨市场结构及价格双轨示意图如图7-2所示。

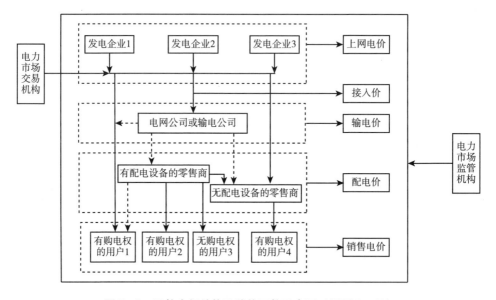

图7-2 双轨市场结构及价格双轨示意图（同图3-10）

资料来源：笔者绘制。

---

* 本节主要内容参见：刘思强，叶泽，吴永飞，等. 双轨市场电价定价模型及交叉补贴处理机制[J]. 中国电力，2021，54（6）：62-70.

　　在图 7 - 2 所示的产业组织模式与市场结构中，除输电环节外，两端呈现市场竞争特性。一部分符合市场化交易准入条件的用户（以下称之为"有购电权的用户"），按照市场化交易规则，自主选择交易对象，通过直接交易或市场化交易方式，从发电企业购电或各类独立售电公司或电网购电（孔祥瑞等，2016），形成了市场化市场。例如图中，有购电权的用户 1（用户 1 的数字代表一种类别，下同），可以与发电侧的任意企业（发电企业）开展直接交易；有购电权的用户 2 和用户 4，可以任意选择售电公司或由电网企业供电。另一部分符合市场化交易准入条件但未选择参与市场化交易的工商业用户、无议价能力用户（以下称无购电权的用户）等，由电网企业供电。无购电权的用户 3，由电网企业兜底供电。电网企业承担其供电营业区保底供电服务，履行确保居民、农业、重要公用事业和公益性服务等用电的基本责任，构成管制市场。市场化市场与管制市场，按照不同交易规则、不同交易方式和不同渠道进行交易（孔祥瑞等，2016），即构成了双轨市场交易情景。

　　市场化交易情景下，各类用户（主要是工商企业用户）购电价格，由市场化成交的上网电价（目前存在双边议价、市场出清价格等两种形式）、含线损输配电价、政府性基金、税金四部分组成。按照"管住中间，放开两头"的制度设计，在销售电价的价格形成机制中，输配电价与上网电价、售电价是分开独立项（刘思强等，2017），其中上网电价按照市场定价机制，由用户与售电公司或发电企业通过协商议价和交易机构竞价等方式确定，即按照双边协议价或市场出清价成交。在管制市场中，发电端交易的电量（各种电源电量）执行当地标杆电价或政府电价，其中：火电有标杆电价，水电电价、清洁能源等参照标杆电价均有上网核价；在销售侧，居民、农业用电、没有参与市场化交易的工商企业等各类用户，继续执行政府定价的目录电价（刘思强等，2017）。以输配电价为基础的市场定价，以议价（价差返还）为交易方式（蒋磊等，2021）；以购销差价为特征的销售电价，采用政府定价。无论是上网电价还是销售电价，两种定价方式的价格形成机理不同，形成了价格双轨制。如有购电权的用户 1 与发电企业的交易、有购电权的用户 4 与售电公司的交易，其电价形成机制是市场机制；无购电权的用户 3 和有购电权的用户 4 与电网公司的交易，采取的是购销差价，其电价形成机制是政府定价。

7.2.2　双轨市场定价模型与交叉补贴明收明补机制

双轨市场上，销售电价的价格形成机制不同。电价如要反映电力的商品属性，就需要按照供电成本定价，这是理顺电价形成机制的核心环节。按照供电成本或用电成本定价，需要厘清供给侧、需求侧的成本构成和界定成本性质，这是问题的关键。在供给侧，电网企业与发电企业交易产生的购电成本、输电变电配电成本、税金是电网企业的内生成本；政府基金、电价交叉补贴是电网企业外生性成本（政府项目或政策项目）。对于外生成本项目，电网企业可以依据成本传导方式，通过销售电价传导至电力消费终端，实现转移式消化，不属于实际供电成本项（刘思强等，2021）。在需求侧，对于工商业企业等用户，电价交叉补贴、政府基金是一种外生性用电成本（政策性项目或政府项目）。从成本属性角度分析，电网公司既不是电价交叉补贴供给方，也不是需求方，仅是交叉补贴归集方。因此，电价交叉补贴采取电网企业成本内部化机制并不合理。多收，会形成电网企业的不合理收益，产生政策性寻租；少收，会导致电网企业暗亏。从这个角度分析，我国电力市场需要建立成本性质清晰的电价交叉补贴"明收"归集机制。

在消费端，不同类型用户间消化政策性成本，应坚持以支定收、收支平衡的原则，即根据被补贴的规模来明确电价补贴标准。目前，电价交叉补贴（补贴与被补贴）隐含在销售电价中的"隐性补贴"方式（唐要家和杨健，2014）导致了电价交叉补贴供需失衡。电价交叉补贴供给方是工商业用户，由于对不同用电成本用户（如不同电压等级、不同负荷特性、不同电网供电等）需要承担的责任划分不清晰，导致一部分工商业用户交叉补贴负担过重，另一部分工商业用户承担交叉补贴责任过低，不公平现象普遍存在。电价交叉补贴需求方是城乡居民用户和农业用电用户，由于采用"普惠制"的补贴方式没有精准甄别补贴对象（普遍服务对象）和精准确定各层次消费者的补贴程度，补贴的"漏出"效应明显，电力普遍服务效能降低（李虹等，2011）。从这个角度分析，我国电力市场需要建立电价交叉补贴"明补"机制。

本书对"明收明补"机制的设计思路为：根据电价交叉补贴对于工商企业

用户是一种外生性用电成本及一种社会公共义务的特征，将电价交叉补贴作为
"应分摊的度电交叉补贴责任"用电成本项目；根据电价交叉补贴对于电网企
业用户是一种外生性供电成本，将"可享受的政策性度电交叉补贴"从输配电
价或购销差价中分离。在此基础上，将交叉补贴作为销售电价形成机制中的独
立成本项，按照成本外部化原理（所有市场交易主体均按照成本外部化方式来
处理交叉补贴项目），构建双轨市场中不同交易情景的电价模型和交叉补贴供需
平衡机制。其中，不同市场、不同交易情景的电价模型具体如下。

（1）市场化交易情景中，有购电权用户 1 通过直接交易形式购电，用电成
本由购电成本、输配电成本、政府基金、税金、交叉补贴等成本要素构成，这
种渠道的销售电价为：

$$P_{S1} = P_M + P_{TD} + F_G + T + P_{i-D-SUB} \tag{7.12}$$

式中，P_{Sk} 为销售电价，其中 k 为不同类型的市场交易情景（下同）；P_M 为上网
电量的市场交易价格（市场出清价或竞价）或与发电企业的双边议价；P_{TD} 为含
线损的相应电压等级输配电价；F_G 为政府性基金；T 为税金；$P_{i-D-SUB}$ 为应分摊
的度电交叉补贴责任；i 分别代表工商企业或其他的用户类型。

（2）市场化交易情景中，部分有购电权的用户 2（工商业等经营性用户）
和部分无购电权的用户 3（工商业等经营性用户），通过有配电设备的零售商购
电（如增量配电，下同），用电成本由购电成本、输电成本、政府基金、税金、
交叉补贴、配电加售电服务（可根据配电资产分摊测算）等成本要素构成，这
种渠道的销售电价为：

$$P_{S2} = P_M + P_T + P_D + F_G + T + P_{i-D-SUB} + F_{S1} \tag{7.13}$$

式中，P_T 为相应电压等级的输电价格；P_D 为相应电压等级配电价格；F_{Sk} 为包
含配电成本的度电售电服务费，其中 k 为不同类型市场交易情景（下同）。

（3）市场化交易情景中，部分有购电权的用户 4（工商业等经营性用户），
通过无配电设备零售商的供电，用电成本由购电成本、输电成本、配电成本、
政府基金、税金、交叉补贴、售电服务等成本要素构成，这种渠道的销售电
价为：

$$P_{S3} = P_M + P_T + P_D + F_G + T + P_{i-D-SUB} + F_{S2} \tag{7.14}$$

式中，F_{S2} 为不含配电成本的度电售电服务费。

(4) 管制市场中,部分无购电权的用户3(工商业等经营性用户)、部分有购电权的用户4(工商业等经营性用户)通过电网企业购电,销售电价为政府定价的目录电价,用电成本由平均购电成本、输配电成本、政府基金、税金、交叉补贴、服务等成本要素构成。现行目录电价中,交叉补贴责任并不清晰,为明确责任,将其作为独立成本项目,经调整后的销售电价形成机制如下:

$$P_{S4} = P_{AP} + P_{TD} + F_G + T + P_{i-D-SUB} + F_{S3} \qquad (7.15)$$

式中,F_{S3} 为不含输配电成本的度电售电服务费;现行电价政策中,此项成本包含在输配电价中,应独立成项,以体现成本定价的基本原则;P_{AP} 为电网企业平均购电价格;其他变量含义同式(7.12)。

(5) 管制市场情景中,没有购电权的居民用户和农业用电,通过电网企业履行保底责任,从政府定价的原渠道购电,采用政府部门公布的目录电价,用电成本由平均购电成本、输配电成本、政府基金、税金等构成(刘思强等,2017)。现行目录电价中,居民及农业用电享受的交叉补贴也不清晰。经调整后的销售电价形成机制为:

$$P_{S5} = P_{AP} + P_{TD} + F_G + T - P_{j-P-SUB} \qquad (7.16)$$

式中,$P_{j-P-SUB}$ 为居民或农业用电可享受的政策性度电交叉补贴,j 分别代表居民或农业用电。

可享受的政策性度电交叉补贴计算公式为:

$$P_{j-P-SUB} = C_V - T_C \qquad (7.17)$$

式中,C_V 为城乡居民或农业用电用户受电的电压等级的用电成本(基准价格);按照前文分析,供电边际成本很难确定,通常以平均用电成本作为基准价格;T_C 为城乡居民或农业用电用户的目录电价(终端消费电价);$P_{j-P-SUB}$ 的测算方式通常采用价差法,下面将通过算例讨论此问题。

目前我国目录电价按照行业和用途分类,并对不同类型用户实施差别电价政策,导致不同类型的工商业用户或其他用户承担的电价交叉补贴责任不相同。差别电价政策背离了成本定价原则,使得电价交叉补贴责任分摊欠公平。按照前文分析,电价交叉补贴是一种外生性、政策性成本,因此在相应的电价区内,各类工商业用户均应按照电量公平分摊责任(王剑晓等,2019)。具体分摊方式如下:

$$P_{\text{D-SUB}} = \sum P_{j\text{-P-SUB}} \times Q_{j\text{-P-SUB}} \Big/ \sum Q_{i\text{-D-SUB}} \tag{7.18}$$

式中，$P_{\text{D-SUB}}$ 为应分摊的度电交叉补贴责任；$Q_{i\text{-D-SUB}}$ 为承担交叉补贴责任的全社会工商企业或其他类型用户的电量；$Q_{j\text{-P-SUB}}$ 为可享受政策性交叉补贴电量。由于是政策性补贴，城乡居民或农业用电可享受补贴，可以不同，如阶梯电价中的分档电量（第一档可以补贴多一些，二档、三档逐级减少）。因此式（7.18）右侧，应先根据分档电价及其补贴程度测算不同阶梯电量的补贴规模，再求和得到全社会交叉补贴需求总规模。

双轨市场不同交易情景下，用户销售电价形成机理趋同是电价交叉补贴实现"明收明补"的基础，这种处理机制与以往交叉补贴处理方式不同之处主要有三个方面：一是按照成本外部化原理，在销售电价形成机制中，将交叉补贴区分为度电交叉补贴责任与可享受的度电交叉补贴，使得交叉补贴由"暗收暗补"转化为"明收明补"，既明确承担对象、补贴对象，也明确义务大小、政策优惠幅度（唐要家和杨健，2014）。二是将电价交叉补贴从输配电价的成本构成中分离，体现成本属性的差异，使销售电价形成机理趋向一致，以反映实际用电成本（刘思强等，2017）。三是明确了工商业等用户是交叉补贴的供给方，而不是电网企业，城乡居民和农业用电用户是需求方。交叉补贴处理政策不应是调整电网企业与用户的利益分配问题，而是需要解决用户之间（比如工商用户与城乡居民用户等）的权责平衡问题。可享受的交叉补贴及其程度取决于政府定价政策（刘思强等，2015）。工商业等经营性用户度电交叉补贴责任大小取决于居民等用户可享受的度电交叉补贴，最终受到电价补贴政策影响。交叉补贴政策应遵循"以支定收"的原则（马莉等，2017）。在居民及农业用电的销售电价中，单列可享受度电交叉补贴，有利于建立电价交叉补贴逐步退坡机制（刘思强等，2017）。

7.2.3 电价交叉补贴供需平衡机制

1. 供需平衡机制与度电责任分摊系数

通过前文分析，电价交叉补贴不同于输配电价，其对于电网企业和工商业用户来说，均是外生性供电成本与用电成本，这种外生性成本属性是一种政策性成本。政策性成本显然需要按照"以支定收"原则实现动态平衡。按照电价交叉补贴"明收明补"机制下，双轨市场交叉补贴的供需平衡机制为：

$$\sum P_{D-SUB} \times Q_{i-D-SUB} = \sum P_{j-P-SUB} \times Q_{j-P-SUB} \qquad (7.19)$$

式中，P_{D-SUB}为应分摊的度电交叉补贴责任；$Q_{i-D-SUB}$为承担交叉补贴责任的全社会工商企业或其他类型用户的用电量；i分别代表工商企业或其他的用户类型；$Q_{j-P-SUB}$为可享受政策性交叉补贴的用电量，由于是政策性补贴，城乡居民用户或农业用电用户可享受的政策性度电交叉补贴可以不同，如对城乡居民用户执行阶梯电价中的分档电价；$P_{j-P-SUB}$为城乡居民用户或农业用电用户可享受的政策性度电交叉补贴，j分别代表城乡居民或农业用电用户等用户类别。从式（7.19）可以推断，若居民电价水平不调整，则$P_{j-P-SUB}$通常也不会变化，因此P_{D-SUB}的高低取决于可享受政策性交叉补贴的居民或农业用电用户的用电量（$Q_{j-P-SUB}$）及承担交叉补贴责任工商企业或其他类型用户的用电量（$Q_{i-D-SUB}$）的比值，即：

$$P_{D-SUB} = \sum P_{j-P-SUB} \times Q_{j-P-SUB} / \sum Q_{i-D-SUB} \qquad (7.20)$$

式（7.20）与式（7.18）公式相同，但含义不同，式（7.18）是为了表示电价交叉补贴责任可以按照电量来分摊；式（7.20）表示平衡机制下，交叉补贴责任如何确定。

为了刻画式（7.19）中电价交叉补贴供需端的关系及变化趋势，以有利于政府相关部门制定实现交叉补贴动态平衡的具体措施，本书引入一个"承担电价交叉补贴的度电责任分摊系数β"（sharing coefficient of degree power responsibility for cross subsidy of electricity price，简称度电责任分摊系数）的概念。度电责任分摊系数不仅能够反映工商企业等经营性用户政策性补贴负担轻重，即税负痛苦指数，在一定程度上也能够反映电价交叉补贴规模，其值为：

$$\beta = \sum Q_{j-P-SUB} / \sum Q_{i-D-SUB} \qquad (7.21)$$

在电力消费过程中，由于经济规模、经济结构的变化和居民收入的变化，工商业或其他等经营性用户用电量、城乡居民用户用电量、农业用电用户的用电量等每年会发生变化，导致全社会用电结构及各类用户用电量的占比不同，

即 β 系数不同。如果在一个监管周期间（3 年），工商业或其他等经营性用户、城乡居民用户、农业用电用户等各类用户的用电成本不变，电价交叉补贴政策不变，那么 $P_{j-\text{P-SUB}}$、$P_{\text{D-SUB}}$ 一般不需要调整，但由于 β 系数的变化，式（7.19）两边不相等，出现从工商业等经营性用电收取的电价交叉补贴，与支付居民、农业用电等用户的电价交叉补贴之间有偏差。政策性交叉补贴需要实现收支平衡，因此在市场消费电量存在不确定性情况下，就需要建立电价交叉补贴平衡账户。

由式（7.19）和式（7.21）可以看出，如果政府实施电价交叉补贴退坡政策，如实施阶梯电价政策、制定精准补贴措施等（董晋喜等，2020；叶泽等，2019），$Q_{j-\text{P-SUB}}$ 或 $P_{j-\text{P-SUB}}$ 降低，即式（7.19）右边应支付的电价交叉补贴减少，则 $P_{\text{D-SUB}}$ 与 β 系数降低，工商业或其他等经营性用户负担减少。因此，β 系数还可以用来观测电价交叉补贴退坡程度，即可以用来观察交叉补贴处理措施取得的成效。

2. 交叉补贴供需平衡实证分析

按照前文分析，由于居民收入增长和生活水平的提高，城乡居民电力消费显著增长，电价交叉补贴规模随之增大，当城乡居民用电量增速超过工商业等用户用电量增速时，β 系数增大，工商业等用户交叉补贴负担加重。如果政策不调整，则电价交叉补贴收支会失衡。如果电价交叉补贴通过输配电价回收，一个监管周期内（3 年），按照输配电价定价办法的基本原则，输配电价水平不变，$P_{\text{D-SUB}}$ 也不会变化；居民电价水平不变（电价政策不调整），即 $P_{j-\text{P-SUB}}$ 不变，当 β 系数增大，式（7.19）右边的值大于左边，电价交叉补贴支出增长，将大于归集。

为了分析我国电力发展过程中历年电价交叉补贴收支变化趋势，下面对度电责任分摊系数的变化趋势进行定量分析。度电责任分摊系数在一定程度上反映了交叉补贴收支平衡状态。根据《中国统计年鉴》，本书整理的我国各类（行业与用途）电力消费结构见表 7 - 5。数据分析显示，工业用电占比最高，其次是居民生活用电。与此同时，2016～2019 年，工业用电占比呈下降趋势，居民用电占比呈上升趋势，居民电力消费增长速度快于工业用电。

表7-5   2006~2019 年全国交叉补贴度电责任分摊系数

年份	电力消费总量（亿千瓦时）	农林牧等用电及占比		工业用电及占比		批发、零售等用电及占比		生活消费用电及占比		β 系数
		用电量（亿千瓦时）	占比（%）	用电量（亿千瓦时）	占比（%）	用电量（亿千瓦时）	占比（%）	用电量（亿千瓦时）	占比（%）	
2006	28588	947	3.31	21248	74.32	847	2.96	3252	11.38	0.190
2007	32712	979	2.99	24631	75.30	930	2.84	3623	11.08	0.180
2008	34541	887	2.57	25389	73.50	1017	2.94	4396	12.73	0.200
2009	37032	940	2.54	26855	72.52	1137	3.07	4872	13.16	0.208
2010	41935	976	2.33	30872	73.62	1292	3.08	5125	12.22	0.190
2011	47001	1013	2.16	34692	73.81	1503	3.20	5620	11.96	0.183
2012	49763	1013	2.04	36232	72.81	1692	3.40	6219	12.50	0.191
2013	54203	1027	1.89	39237	72.39	1877	3.46	6989	12.89	0.195
2014	56384	1013	1.80	40803	72.37	1996	3.54	7176	12.73	0.191
2015	58020	1040	1.79	41550	71.61	2122	3.66	7565	13.04	0.197
2016	61297	1092	1.78	43089	70.30	2324	3.79	8421	13.74	0.210
2017	65914	1175	1.78	46053	69.87	2527	3.83	9072	13.76	0.211
2018	71508	1243	1.74	49095	68.66	2900	4.06	10058	14.07	0.217
2019	72486	1297	1.79	48705	67.19	3174	4.38	10250	14.14	0.223
均值	50813	1046	2.18	36318	72.02	1810	3.44	6617	12.81	0.199

资料来源：（1）2006~2018 年数据根据《中国统计年鉴》中的电力平衡表整理。（2）2019 年数据根据中国电力企业联合会《中国电力行业年度发展报告2020》整理。

根据式（7.21）测算得到2006~2019 年 β 系数平均值为0.199。表7-5 最后一列数据显示，从2011 年开始，工商用户的度电责任分摊系数呈增大趋势，即在不调整居民电价水平和农业用电电价水平的情况下，由于居民用电量增速快于工商业用电量增速、城乡居民用电量规模显著扩大等多因素耦合作用，工商业等经营性用户负担加重。

此外，各地区经济发展不平衡及全社会电量并未完全承担交叉补贴责任，导致各地区工商企业的负担并不均等。

电价交叉补贴的度电责任系数（β）体现了一个地区的电力消费结构，在很大程度上反映了一个地区工商业等经营性用户承担公共责任的大小。β 系数越大，承担越多居民等用户的交叉补贴，负担越重；反之亦然。本书根据2016

年国家电网公司的售电量数据，对国家电网公司及其 27 个省级公司进行分析，整理结果如图 7-3 所示。

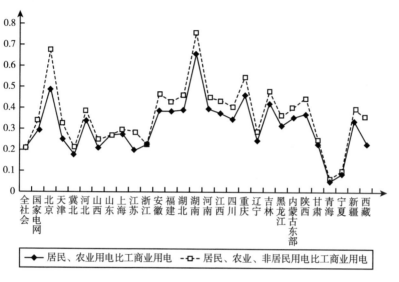

图 7-3 各省区市工商业等经营性用户承担电价交叉补贴的度电责任系数比较

资料来源：笔者绘制。

通过图 7-3 可以看出，作为承担兜底业务的国家电网公司，其工商业等用户承担交叉补贴的度电责任系数（0.292）高于全社会（0.210），这反映在全社会电力消费中，一些工商业等经营性用户或局域电网企业的用户规避了社会责任，并没有承担交叉补贴义务。在国家电网公司的 27 个省级公司中，湖南、北京、重庆、吉林责任系数高，主要是这些地区城乡居民用电量占比较高；青海、宁夏地区责任系数最低，主要是这些地区居民用电占比少（人口少）；冀北、江苏责任系数低，主要是这些地区工商业发达，工商业用户用电占比高。另外，在大部分省区市，非居民用户按照居民电价用电会导致工商企业等经营性用户承担交叉补贴的责任加重。

7.2.4 双轨市场电价交叉补贴处理机制实证研究

如前所述，新一轮电力体制改革后，我国存在市场化市场、管制市场双轨市场机制，在不同市场中，交易主体的交易渠道和价格机制存在差异，即存在价格双轨。双轨市场与价格双轨机制使得承担交叉补贴责任主体显得复杂，增加了管制难度。按照式（7.18）电价交叉补贴依据电量进行分摊原则，因此厘清双轨市场不同交易渠道成交电量，以及不同类型用户应承担的电价交叉补贴责任，是解决电价交叉补贴的收支平衡和实现交叉补贴"明收明补"机制的关键问题。本书采用中部某省全社会和某省电力公司的电力供用电数据开展实证研究①。

1. 交叉补贴测算

中部某省，2018 年全社会累计用电 2071.43 亿千瓦时。其中，第一产业、第二产业、第三产业、城乡居民用电分别为 20.29 亿千瓦时、1284.63 亿千瓦时、371.48 亿千瓦时、395.03 亿千瓦时，同比增长分别为 23.15%、7.56%、15.76%、17.13%。省电力公司执行居民电价的电量为 438.67 亿千瓦时（包含执行居民电价的非居民用户用电），同比增长 18%。居民电价为 0.5580 元/千瓦时（含政府基金 0.0465 元/千瓦时）；农业用电电价为 0.5587 元/千瓦时（含政府基金 0.0388 元/千瓦时）。由于局域电网售电、自备电厂等因素，省电力公司主网售电量为 1678 亿千瓦时，比全社会用电量低约 400 亿千瓦时。2018 年直接交易电量为 420.7 亿千瓦时，同比增长 20%，其中售电公司代理共成交电量为 122.9 亿千瓦时。省电力公司购电均价为 0.37713 元/千瓦时，线损 6.98%。按照分压分摊成本的原理测算得到的不满 1 千伏的不含交叉补贴与政府基金输配电成本为 0.4281 元/千瓦时（刘思强等，2018）。

按照第 2 章的分析，价差法能够较好地计量需求侧的电价交叉补贴规模以及反映电价结构的扭曲程度，是目前广泛使用的测量方法。国际能源署（IEA，1999）的价差法对补贴数额和补贴程度测算公式为：

$$S_i = (M_i - P_i) \times C_i \tag{7.22}$$

$$\eta_i = (M_i - P_i)/M_i \tag{7.23}$$

---

① 刘思强，叶泽，吴永飞，等. 双轨市场电价定价模型及交叉补贴处理机制 [J]. 中国电力，2021，54（6）：62-70.

式中，S_i 为能源产品的补贴额；M_i 为基准价格，P_i 为终端消费价格（一般选择市场价格）；C_i 为消费量；η_i 为价格补贴程度；i 为种类。在实际测算中，供电边际成本很难确定，通常以平均用电成本为基准价格（刘思强等，2017；林伯强等，2009；唐要家和杨健，2014）。按照 7.1 节分析，输配电价准许收入通过合理分摊后，反映了不同电压等级的供电成本，因此以输配电价为基础，按照 7.2.2 节所分析的销售电价形成机制，计算得到城乡居民与农业用电的销售电价，则体现了用电平均成本。将居民用电平均成本、农业用电平均成本作为基准价格（刘思强等，2017），以目录电价作为终端消费电价，两者之差，可视为不同电压等级下各类用户享受的电价交叉补贴（刘思强等，2015）。

考虑到目前阶梯电价对电价交叉补贴纾解程度有限（叶泽等，2019），算例中居民电价按照阶梯电价第一档电量电价测算；贫困县农业排灌电量占比较少，农业用电电价也采用统一电价。

由输配电价定价原则及销售电价形成机制（参见 7.2.2 节），可以测算得到：

执行居民电价用户的用电成本 $= 0.37713 \times (1 + 6.98\%) + 0.4281 + 0.0465 = 0.8781$（元/千瓦时）

农业用电的用电成本 $= 0.37713 \times (1 + 6.98\%) + 0.4281 + 0.0388 = 0.8704$（元/千瓦时）

依据式（7.22）和式（7.23），测算得到执行居民电价用户的度电交叉补贴为：

$P_{j-\text{P-SUB}} = 0.8781 - 0.5580 = 0.3201$（元/千瓦时）

居民电价交叉补贴程度：

$\eta_i = (0.3201/0.5580) \times 100\% = 57.36\%$

农业用户的度电交叉补贴：

$P_{j-\text{P-SUB}} = 0.8704 - 0.5587 = 0.3117$（元/千瓦时）

农业用电的电价交叉补贴程度：

$\eta_i = (0.3117/0.5587) \times 100\% = 55.78\%$

根据式（7.18）~式（7.23），测算相关变量数值，见表 7-6。

表 7 - 6   某省 2017～2018 年电力消费及交叉补贴测算

测算项目	2017 年	2018 年	累计增长/%	同比增长/%
全社会累计用电（亿千瓦时）	1869.02	2071.43	202.41	10.83
第一产业用电（亿千瓦时）	16.48	20.29	3.81	23.15
第二产业用电（亿千瓦时）	1194.34	1284.63	90.29	7.56
工业用电量（亿千瓦时）	1168.53	1254.07	85.54	7.32
第三产业用电（亿千瓦时）	320.91	371.48	50.57	15.76
工业与第三产业用电量（亿千瓦时）[a]	1489.44	1625.55	136.11	9.14
城乡居民生活用电（亿千瓦时）	337.26	395.03	57.77	17.13
执行居民电价用户电量（亿千瓦时）[b]	371.75	438.67	66.92	18
β 系数（全社会用电）	0.261	0.282	0.022	8.32
市场化交易电量（亿千瓦时）	350.58	420.7	70.12	20
电力公司主网售电量（亿千瓦时）[c]	1508	1678	170	11.27
执行居民电价的用电交叉补贴规模 $S_{居民}$（亿元）	119	140.42	21.42	18
农业用电的电价交叉补贴规模 $S_{农业}$（亿元）	5.14	6.32	1.18	22.96
年度交叉补贴总规模 $S_{总}$（亿元）	124.14	146.74	22.6	18.21
全社会工商业等用户度电交叉补贴责任 P_{D-SUB}（元/千瓦时）	0.0833	0.0903	0.0069	8.31
某省电力公司供电的工商业用户度电交叉补贴责任 P_{D-SUB}（元/千瓦时）[d]	0.1109	0.1204	0.0095	8.58

注：a 由于缺少商业用电数据，本算例用第三产业用电数据代替，不影响结论；b 包含执行居民电价的非居民用户用电等；c 2018 年局域电网售电量、企业自备电厂自发自用电量约为 400 亿千瓦时；d 根据某省电力公司供电的用户消费结构测算。

资料来源：刘思强，叶泽，吴永飞，等. 双轨市场电价定价模型及交叉补贴处理机制［J］. 中国电力，2021，54（6）：62 - 70.

2. 数据分析及现行电价交叉补贴政策存在的问题

通过数据分析，发现现行电价交叉补贴政策存在以下问题：

一是某省工商用户需要承担电价交叉补贴的责任（政策性负担）呈现明显增大趋势。表 7 - 6 第 2 行～第 8 行显示，2018 年某省全社会用电量同比新增

202.41 亿千瓦时，其中城乡居民生活用电量同比新增 57.77 亿千瓦时，对增长的贡献率为 28.53%。根据式（7.21）测算发现，由于执行居民电价的电量增速快于执行工商业电价电量增长（第 7 行与第 9 行），2018 年比 2017 年全社会用电的度电责任分摊系数 β 增长 8.32%（第 10 行）；根据式（7.22）测算得到 2017 年全社会度电交叉补贴责任为 0.0833 元/千瓦时，2018 年为 0.0903 元/千瓦时，度电交叉补贴责任扩大 8.31%（第 16 行）。两项数据显示，某省工商用户需要承担电价交叉补贴的政策性负担，增大趋势明显。

二是某省电力公司电价交叉补贴收支（归集与支出）不平衡。根据式（7.18）测算得到某省电力公司工商业等用户度电交叉补贴责任见表 7－6 第 17 行。按照输配电价定价办法，电价交叉补贴通过输配电价回收（归集），由于输配电价监管周期三年不调整，如果某省电力公司 2018 年仍按照 2017 年的标准 0.1109 元/千瓦时给工商等用户用电量分摊交叉补贴责任，那么 2018 年归集电价交叉补贴总额为 135.15 亿元，与企业实际支出的电价交叉补贴 146.74 亿元相比，少收（少归集）11.6 亿元，即式（7.19）两边不相等。由此可以看出，执行居民电价的电量增长及其增速大于工商用电量的增速而导致的度电交叉补贴增加的成本，将由某省电力公司消化，企业财务面临"暗亏"。

三是管制市场、市场化市场等不同市场交易电量分摊电价交叉补贴的责任不均等。表 7－6 第 16 行、第 17 行数据显示，由于局域电网售电量、企业自备电厂自发自用电量的占比高，约为 19.31%，且并未全部承担交叉补贴的社会责任，导致某省电力公司供电区域内的工商业等用户度电交叉补贴责任增加了 0.003 元/千瓦时。2018 年，某省地方电网售电量、企业自备电厂自发自用电量等约为 400 亿千瓦时，市场化交易电量为 420.7 亿千瓦时；管制情景下，可以承担电价交叉补贴责任的工商业等用户用电量，估算为 798.34 亿千瓦时。如果电价交叉补贴责任全部由管制市场工商业用户交易电量承担，那么度电交叉补贴责任为 0.1838 元/千瓦时，是按照全社会工商企业用电量均摊的电价交叉补贴平均责任（0.0903 元/千瓦时）的 2.04 倍。如果由某省电力公司自平衡，按照 0.0833 元/千瓦时归集 66.5 亿元，与应归集的 146.74 亿元，相差 80.24 亿元。数据显示，电价交叉补贴采取"暗收暗补"方式，将导致双轨市场下不同市场交易电量承担的电价交叉补贴责任分摊不均等，其中管制市场工商业用户承担的责任增大，而市场化市场、地方电网、自备电厂用电等供电方式下的用户承担责任偏少，或游离于政策规制之外。

7.2.5　双轨市场电价交叉补贴处理措施

双轨市场及价格双轨是新一轮电力体制改革出现的新特征。电价交叉补贴对于任何市场主体均是外生性、政策性供电成本或用电成本，工商业用户是补贴的供给方，城乡居民用户、农业用电用户是补贴的需求方，电网企业只是电价交叉补贴的归集方与支付方，政府是电价交叉补贴政策的制定方及交叉补贴处理的监管方。因此根据电价交叉补贴性质及市场各主体职能，在妥善处理双轨市场电价交叉补贴过程中，需要解决的关键问题是用户（工商业用户与城乡居民用户、农业用电用户）之间的权责平衡问题，而不是电网企业与用户的利益分配。

电价交叉补贴与输配电成本属性不同，前者对电网企业来说是外生性成本，不属于实际经营成本，也不构成实际供电成本，输配电价体现的是电网企业的供电成本，是企业的经营成本。实证研究显示，按照输配电价定价办法，当电价交叉补贴通过输配电价回收时，而不明确界定两者的区别，这种处理方式是一种"暗补暗收"和交叉补贴企业成本内部化的处理机制，导致在电价交叉补贴处理过程中，出现交叉补贴收支"暗箱"、市场主体权责不清、补贴收支失衡等问题，并导致不同市场情景下不同交易渠道工商业用户分摊交叉补贴责任不公平，其中由承担兜底业务的电网企业供电的工商业用户电量承担的责任，会大于全社会用电用户，甚至一些工商企业用户游离于责任之外。

因此需要从供电侧、用电侧厘清成本要素，界定供电成本、用电成本属性。因为电价交叉补贴具有外生性、政策性特性，因此需要将其从供电成本和用电成本属性的输配电价中分离，作为独立成本项目，体现在销售电价形成机制中。实证研究显示，按照电价交叉补贴成本外部化处理原理，将交叉补贴收支区分为应分摊的度电交叉补贴责任、可享受的政策性度电交叉补贴，并开展相应测算，可以使得不同市场情景不同交易渠道，销售电价形成机制中各项成本要素变得清晰，并形成机理趋同的电价形成机制，有利于协同处理双轨市场的交叉补贴问题。

在具体的处理机制中，市场化市场与管制市场两个市场、市场化定价与管制定价两种电价机制、电网企业归集与支出、工商业用户与城乡居民用户供需侧等多个领域间，需要按照协同处理原则，建立成本清晰的"明收明补"机制、价格形成机理趋同的销售电价模型、电价交叉补贴供需平衡机制等。实证研究显示，基于电价交叉补贴成本外部化的"明收明补"机制，不仅使不同市场交易情景下各类用户承担的责任义务和享受的优惠权力变得清晰和公平，而且有利于实现补贴收支动态平衡，便于制定电价交叉补贴逐步退坡政策，减轻工商企业等经营性用户负担。前文中提出的度电责任分摊系数，可用来估计全社会或一个地区工商企业交叉补贴责任的程度（类似税负痛苦指数）及估计电价交叉补贴收支失衡的趋势。

结合实证研究结论，本书提出双轨市场电价交叉补贴处理机制及具体措施如下：

一是建立电价交叉补贴供需动态平衡机制。由于工商业用户是补贴的供给方，城乡居民用户、农业用电用户是补贴的需求方，在交叉补贴供需侧，两者用电量的增长率不同，导致电价交叉补贴收支必然存在差异。因此应按照7.2.3 节的方式建立供需动态平衡机制。例如在实证算例中，根据度电责任分摊系数变化趋势，2018 年比 2017 年需增加 8.32%，归集交叉补贴。

二是建立"明收明补"的销售电价形成机制。目前实施的暗收暗补政策会导致两个方面的问题：一方面，随着收入水平提高和生活质量提升，城乡居民消费电量的显著增长，全社会电价交叉补贴需求规模越来越大；另一方面，市场化交易方式成交的电量和地方电网、自备电厂等电量比例较高，导致在管制市场中承担兜底业务的电网企业按照成本内部化处理方式，难以实现电价交叉补贴收支自平衡，企业出现巨额"暗亏"（王永利等，2020）。因此，应按照第7.2.2 节方式建立电价交叉补贴"明收明补"的电价形成机制，在市场变化情况下，明晰电网公司与各类用户间的权责，明确电网企业只是接受政府委托履行电价交叉补贴处理职能（即委托代理职能），而不是将交叉补贴处理作为其经营职能。例如实证研究算例中，某省电力公司应按照表 7 - 6 第 17 行的标准归集交叉补贴。

三是明确不同市场不同渠道成交电量公平分摊原则。交叉补贴是工商企业等用户外生性、政策性成本，依据用电量将交叉补贴责任，在需要承担责任的用户间进行合理分摊，是一种无歧视的公平方式。实证研究显示，由于市场化交易、地方电网供电、自配电厂供电等因素，一部分工商业企业并未承担电价交叉补贴（马莉等，2017）责任，导致电网企业供电用户的度电责任分摊系数趋高。电价交叉补贴是一种政策导向下的普遍服务义务，是一种社会责任，因此全社会工商业用户电量均应按照式（7.18）的方式，公平分摊这种社会公共责任。例如实证研究算例中，某省不同市场电量，均应按照表7-6第16行的归集标准，分摊责任，实现用户之间的权责平衡。

四是针对双轨市场和价格双轨的特征，建立电价交叉补贴协同处理机制。本书提出的电价交叉补贴处理机制的具体思路是：独立成项（成本项）、单独核审；责任均摊、权益均衡、明收明补；以支定收、动态平衡；因地制宜、逐步退坡。

独立成项，就是将电价交叉补贴从输配电价中独立出来，成为供电或用电成本定价机制及销售电价形成机制中的独立成本项。单独核审，就是将电价交叉补贴作为政策性补贴，收支标准及收支状态需要经过政府有关部门严格核审与核准。责任均摊，就是在电价交叉补贴供给端，全社会工商业等用户均应按照用电量合理分摊交叉补贴责任。权益均衡，就是在电价交叉补贴需求端，城乡居民等用户应按照电力普遍服务要义，均等享受补贴，而不是"富人"享受得多，"穷人"享受得少。明收明补，就是电价交叉补贴收取方式或支付标准，是清晰和明确的，而不是隐含在销售电价中。以支定收，就是按照应支付城乡居民等用户的交叉补贴规模，测算和确定工商业用户承担交叉补贴的标准（度电标准）。动态平衡，就是根据市场电力需求结构的变化和交叉补贴的处理进程（如退坡程度），动态调整电价交叉补贴政策，实现收支动态平衡以及交叉补贴处理政策与电力体制改革政策、电价改革政策间的动态平衡。因地制宜，就是各省区市根据本电价区内交叉补贴规模、交叉补贴程度、居民承受力等因素，制定适宜政策。逐步退坡，就是要根据电价交叉补贴类型的主次、层次、各地区差异等因素建立循序渐进的处理机制（如阶梯电价政策），实现交叉补贴退坡。

7.3　促进绿色发展及交叉补贴精准处理的阶梯电价优化方案

电价交叉补贴不仅影响电力消费与供给，也影响绿色发展，处理交叉补贴最现实的方式是实施非线性递增式阶梯电价政策。目前我国电力消费革命面临工商业电价降低刺激需求显著增长和电价交叉补贴导致不合理消费现象日趋严重的双重压力，但现行阶梯电价政策对电价交叉补贴缓解效应和产生的节能效应基本消失。学者们（乔晓楠，2018；Wang & Zhang，2016；孙传旺，2014；叶泽等，2019；刘思强等，2017）研究发现，实施阶梯电价政策可以减少电价交叉补贴，减少电力需求和碳排放，有利于减轻环境压力，但我国现行阶梯电价方案设计不精准，第一档电量过高，档间价差太小，阶梯电价政策节能激励效果有限，家庭平均电量下降只有 1%。在减少交叉补贴的程度方面，也十分有限，缓解程度为 2.63%~8.27%。田露露等（2019）研究发现，由于发达地区递增阶梯电价结构陡峭程度低于欠发达地区、阶梯电价政策的时效性减弱、政策预期效果基本消失等原因，现行阶梯电价政策节能效应和环境效应基本消失。

本节将绿色发展和实现电价交叉补贴精准处理作为协同目标，来设计或改进优化阶梯电价方案。通过构建分类用户电力需求模型，运用电力消费面板数据，实证分析影响电力需求和碳排放的关键因素，探讨增强电价交叉补贴缓解效应和减排效应，并适应居民不同承受力的阶梯电价改进方案。改进方案期望实现补贴对象精准、补贴程度精细、减排增效明显等目标。

7.3.1　居民电量及电费支出占可支配收入比例变化趋势

随着我国经济高速发展和居民收入显著提高，电力消费总量快速增长。分析《中国统计年鉴》中的电力平衡表数据发现，2019 年电力消费总量、工业用电、生活用电分别是 2006 年的 2.62 倍、2.39 倍、3.27 倍，但工业消费电量占比从 74.3% 下降为 67.7%，居民用电消费从 11.4% 上升为 14.2%，居民用电消费增长率快于工业用电。电价交叉补贴规模与补贴程度、补贴电量呈正向关系，需要补贴电量越多，交叉补贴规模越大（刘思强等，2017）。目前我国电价交叉补贴程度在 50% 左右，规模为 2500 亿元（刘思强等，2017；林伯强等，2009）。我国政府考虑到取消交叉补贴会影响居民承受能力，十多年对城乡居民电价未做调整，按照工商业用户补贴城乡居民用户的路径，由此导致电价交叉补贴规模不断扩大，工商业用户负担加重（叶泽等，2019）。

居民电费支出占可支配收入的比例反映了居民对取消或减少电价交叉补贴的承受能力（唐要家和杨健，2014）。由表 7-7 可知，2013~2020 年人均消费电量为 633.85 千瓦时，年均增长率为 6.15%。居民可支配收入年均增长率为 8.40%，显著大于居民消费电量增长率。居民人均电费支出占可支配收入比例逐年降低，年均为 1.40%。居民可支配收入差异大，其中高收入户、中等偏上户的收入是低收入群体的 10.61 倍、5.56 倍，显示中高收入群体对价格政策调整，应具有更强的承受力。

表 7-7　　　　　2013~2020 年居民消费电量及居民可支配收入变化情况

年份	人口数量（亿）	居民用电量（千瓦时）		全国居民人均可支配收入			全国居民按收入五等份分组的人均可支配收入				
		人均用电量（千瓦时）	增长率（%）	可支配收入（元）	增长率（%）	电费占收入比（%）	低收入户（20%）可支配收入（元）	中等偏下户（20%）可支配收入（元）	中等收入户（20%）可支配收入（元）	中等偏上户（20%）可支配收入（元）	高收入户（20%）可支配收入（元）
2013	13.61	513.52		18310.8		1.57	4402.4	9653.7	15698.0	24361.2	47456.6
2014	13.68	524.56	2.15	20167.1	10.14	1.46	4747.3	10887.4	17631.0	26937.4	50968.0
2015	13.75	550.18	4.88	21966.2	8.92	1.40	5221.2	11894.0	19320.1	29437.6	54543.5
2016	13.83	608.89	10.67	23821.0	8.44	1.43	5528.7	12898.9	20924.4	31990.4	59259.5
2017	13.90	625.54	2.73	25973.8	9.04	1.35	5958.4	13842.8	22495.3	34546.8	64934.0
2018	14.05	715.87	14.44	28228.0	8.68	1.38	6440.5	14360.5	23188.9	36471.4	70639.5
2019	14.10	754.40	5.38	30732.8	8.87	1.33	7380.4	15777.0	25034.7	39230.5	76400.7
2020	14.12	775.42	2.79	32188.8	4.734	1.31	7868.8	16442.7	26248.9	41171.7	80293.8
均值	13.88	633.85	6.15	25173.6	8.40	1.40	5943.5	11769.6	21317.7	33018.4	63062.0

资料来源：笔者据《中国统计年鉴》整理。

7.3.2　分类用户电力消费模型构建

1. 分类用户消费电量及影响因素

居民电力消费总量与人口数量、人均消费电量有关。与此同时，居民人均或户均电力消费不仅受到电价影响，还与其收入水平相关（唐要家和杨健，2014；相楠和徐峰，2017）。电价上升，会减少电力消费（张超等，2019），抑制碳排放；收入水平提升，会增加电力需求，增加碳排放（唐要家和杨健，2014；相楠和徐峰，2017）。

工商业电价下降，会降低企业用电成本，刺激电力需求，增加碳排放。工商企业电力消费碳排放，不仅受电价影响，还与产业结构、经济增速、工商业产值等因素有关（谢里和张斐，2017）。本书根据《中国统计年鉴》和国家电网公司相关数据，整理的 2006~2016 年各类用户电力消费及其影响因素的数据见表 7-8。

表 7-8　　　　　　　2006~2016 年各类用户消费电量及其影响因素

年份	城乡居民用电					商业用电			一般工业用电		
	人口数量（亿）	户均规模（人/户）	人均用电量（千瓦时）	到户均电价（元/千瓦时）	人均可支配收入（元）	执行商业电价电量（亿千瓦时）[a]	商业电价（元/千瓦时）	商业产业（亿元）[b]	非普通工业用电量（全国）[c]	非普工业价格（元/千瓦时）	工业产值同比例换算（亿元）[d]
2006	13.14	3.17	247.49	0.5024	7228.8	1479.8	0.8742	91759.7	2870.5	0.6952	12460.91
2007	13.21	3.17	274.26	0.5143	8583.5	1831.4	0.8797	115810.7	3298.7	0.7085	14958.45
2008	13.28	3.16	331.02	0.5111	9956.5	2016.5	0.8741	136805.8	3173.1	0.7386	16463.39
2009	13.35	3.15	364.94	0.512	10977.5	2294.3	0.8692	154747.9	3430.4	0.7748	17639.98
2010	13.41	3.10	382.18	0.5135	12519.5	3154.8	0.8719	182038.0	3516.4	0.8187	18808.33
2011	13.47	3.02	417.22	0.5169	14550.7	5005.2	0.8424	216098.6	4134.1	0.8205	23254.36
2012	13.54	2.98	459.31	0.5261	16509.1	5269.2	0.8774	244821.9	4719.2	0.8684	27209.69
2013	13.61	2.97	513.52	0.5461	18310.8	4130.9	0.9238	277959.3	5406.5	0.8747	30635.90
2014	13.68	2.97	524.56	0.5422	20167.1	4792.7	0.9087	308058.6	5076.3	0.878	29093.92
2015	13.75	3.10	550.18	0.5417	21966.2	5217.2	0.8873	346149.7	5318.1	0.8629	30271.24

续表

年份	城乡居民用电					商业用电			一般工业用电		
	人口数量（亿）	户均规模（人/户）	人均用电量（千瓦时）	到户均价（元/千瓦时）	人均可支配收入（元）	执行商业电价电量（亿千瓦时）[a]	商业电价（元/千瓦时）	商业产业（亿元）[b]	非普通工业用电量（全国）[c]	非普工业价格（元/千瓦时）	工业产值同比例值换算（亿元）[d]
2016	13.83	3.11	608.89	0.5419	23821.0	5838.7	0.8402	383365.0	5697.8	0.8195	32777.49
均值		3.08	424.87	0.5244	14962.8	3730.1	0.8772	223419.6	4240.1	0.8054	23052.15

注：数据根据2006~2016《中国统计年鉴》及国家电网相关数据整理得到，其中：a 是指执行商业电价的用电量，根据国家电网商业电量占比换算得到；b 商业产值用第三产业产值数据代替；c 是指执行非普工业（一般工业）电价的用电量，根据国家电网非普工业电量占工业电量的比例换算得到；d 根据国家电网非普工业电量占工业电量的比例换算得到。

2. 分类用户电力需求函数模型

将用电量作为因变量，影响因素作为自变量。第一步，先作因变量与各自变量间的散点图，发现户均规模与居民用电量，商业电价与商业用电量之间不存在明显的曲线关系，其他变量与用户用电量存在线性关系。第二步，再作因变量与各自变量的曲线回归，结果表明，对数函数曲线拟合较好，R^2 最高。第三步，根据曲线拟合情况，构建分类用户电力需求函数模型：

$$\ln Q_{Res} = \alpha_1 + \beta_{11}\ln P_{Res} + \beta_{12}\ln I_{Res} + \beta_{13}\ln N_{Hom} + \varepsilon_1 \tag{7.24}$$

$$\ln Q_{Bus} = \alpha_2 + \beta_{21}\ln P_{Bus} + \beta_{22}\ln GDP_{Bus} + \varepsilon_2 \tag{7.25}$$

$$\ln Q_{Ind} = \alpha_3 + \beta_{31}\ln P_{Ind} + \beta_{32}\ln GDP_{Ind} + \varepsilon_3 \tag{7.26}$$

式中，Q_{Res}、Q_{Bus}、Q_{Ind} 表示居民人均用电量、商业用电量、一般工业用电量；P_{Res}、P_{Bus}、P_{Ind} 分别为居民、商业、非普工业三类用户到户电价；I_{Res} 为居民可支配收入；N_{Hom} 为户均人口规模；GDP_{Bus}、GDP_{Ind} 分别为商业产值、一般（非普）工业产值；α_i 为常数；β_{i1} 为弹性系数；ε_i 为随机误差项，其中 $i=1$，2，3 分别表示居民、商业、一般工业三种用户类别。

3. 分析方法及模型统计数据

运用 SPSS 21.0 对变量进行多重线性回归。为了分析价格变量对用电量的影响，回归时对价格变量采用强行进入法，不做筛选全部进入模型，其他变量采用逐步回归法。通过回归，输出相关统计数据见表7-9。

表7-9 各类用户电力需求函数模型统计数据

用户类别		模型检验		系数 (α_i)			系数 (β_{i1})			系数 (β_{i2})			系数 (β_{i3})			共线性统计量
		R^2	Sig. F 更改	非标准化系数	t值	Sig.	非标准化系数	t值	Sig.	非标准化系数	t值	Sig.	非标准化系数	t值	Sig.	VIF
民用电	模型1	0.822	0.000	11.703	13.263	0.000	8.806	6.453	0.000							6.675
	模型2	0.988	0.000	-1.621	-1.276	0.238	-0.529	-0.557	0.592	0.764	10.683	0.000				6.564
	模型3	0.988	0.994	-1.626	-1.052	0.328	-0.528	-0.516	0.622	0.764	9.765	0.000	0.004	0.007	0.994	1.769
	模型4	0.988	0.000	-0.929	-3.623	0.006				0.727	27.113	0.000				1.000
业用电	模型1	0.001	0.919	26.460	33.024	0.000	-0.624	-0.104	0.919							1.010
	模型2	0.919	0.000	-5.174	-1.551	0.160	-2.338	-1.287	0.234	1.025	9.506	0.000				1.010
业用电	模型1	0.751	0.001	27.299	241.19	0.000	2.519	5.211	0.001							6.130
	模型2	0.983	0.000	1.601	0.651	0.533	-0.652	-1.966	0.085	0.880	10.455	0.000				6.130

资料来源：笔者计算。

7.3.3 工商业用电降价政策对碳排放的影响

为降低企业用能成本，2018年4月1日起，我国对一般工商电价连续两年降价10%，两次复合降价19%。工商电价大幅降低，刺激了电量需求增长，增大了节能减排压力，使得妥善处理交叉补贴、居民电价逐步回归成本定价的任务更为迫切。下面定量分析降价政策对碳排放的影响。

依次对商业用电、工业用电需求模型进行检验。对于商业用电，模型1（自变量为商业电价）中R^2、t值与Sig.的数据显示，模型及价格变量对应系数不具有统计学意义。将商业GDP作为控制变量，对商业用电量、商业电价变量做偏相关分析，得到偏相关系数为-0.414。模型2（自变量为商业电价、商业GDP）及商业GDP变量对应系数具有统计学意义，数据解析度为91.9%，商业

产值需求弹性系数 β_{22} 为 1.025，商业 GDP 对商业用电需求影响很大。

对于一般工业用电量，模型 1（自变量为普通工业电价）与模型 2（自变量为普通工业电价、一般工业 GDP）具有统计学意义。在模型 1 中，β_{31} 系数为 2.519，与实际不符合。模型 2 中普通工业价格变量系数 β_{31}，即：需求价格弹性系数为 -0.652；一般工业 GDP 变量系数 β_{32}，即工业产值需求弹性系数为 0.880。模型 2 显示，一般工业 GDP 变量对用电量的影响要大于价格变量对用电量的影响。工业用电量、工业电价的偏相关系数为 -0.571。

以 2016 年为基数，两次降价后，每年商业、一般工业用电需求将增加 459 亿千瓦时、618 亿千瓦时。按照 2017 年我国区域电网基准线排放因子（OM）均值 0.9224 吨 CO_2/兆瓦时，降价政策将增加 9934 万吨二氧化碳排放量。

7.3.4 阶梯电价优化方案及减排效应分析

1. 居民电力消费模型检验

表 7-9 显示，对于居民人均用电量，模型 1（自变量为居民电价）、模型 2（自变量为居民电价、人均可支配收入）、模型 4（自变量为人均可支配收入，其他为控制变量）Sig. 为 0.000，R^2 显示数据解析度分别为 82.2%、98.8%、98.8%，三个模型均具有统计学意义。在模型 1 中的系数 α_1、β_{11} 对应的 t 值（≥1.96）与 Sig.（<0.05），显示价格变量具有统计学意义，但需求价格弹性系数为 8.806，与实际不符合。模型 2 中的系数对应 t 值（≥1.96）与 Sig.（<0.05）显示，人均可支配收入变量系数 β_{12} 具有统计学意义，但 α_1、β_{11} 不具有统计学意义。模型 2 还显示，人均可支配收入对于人均用电量的影响要大于居民电价对人均用电量的影响。模型 4 显示，α_1、β_{12} 具有统计学意义，居民收入需求弹性系数为 0.727。模型 3（自变量为居民电价、人均可支配收入、家庭人口规模）显示，家庭人口规模对人均用电量基本没有影响。由于模型 1 的价格变量对应系数与实际不符合，模型 2 中价格变量对应系数不具有统计学意义。因此，本书将人均可支配收入、户均人口规模作为控制变量，对人均用电量、居民价格变量做偏相关分析，得到偏相关系数为 -0.191，根据偏相关系数，可以判断自

变量对因变量的影响程度。这个数值与国内学者测量的数据基本一致，如：唐要家和杨健（2014）测得居民电力价格需求弹性为－0.324；林伯强等（2009）测得城镇居民电力价格需求弹性为－0.2149。

2. 阶梯电价优化方案对交叉补贴精准处理程度

本书将绿色发展和精准处理交叉补贴作为协同目标来设计阶梯电价方案，包含三个目标：第一，根据居民承受力和补贴公平原则，甄别目标群体，实现补贴对象精准；第二，按照绿色发展要求和减排目标，遵循成本定价原则，确定不同收入层次居民交叉补贴程度或减少程度，实现交叉补贴处理政策与补贴对象精细匹配；第三，测算减排效应，精准促进绿色消费。

根据居民电力需求函数模型可知，居民收入增长是推动电力需求增长的主要原因。表 7－8 显示，2016 年居民可支配收入是 2006 年的 3.3 倍，人均用电量是 2006 年 2.5 倍，居民对取消或减少电价交叉补贴的承受能力显著增强。见表 7－7，居民可支配收入差距很大，高收入户、中等偏上收入户、中等收入户、中等偏下收入户分别是低收入户的 10.72 倍、5.70 倍、3.72 倍、2.29 倍。

本书提出的阶梯电价改进方案设计思路为：

第一步，测算分档边界电量。根据模型 4，将居民收入作为关键参数，根据居民收入需求弹性系数（β_{12}）和全国或不同省区市收入的面板数据，测算不同收入层次的用电量，作为阶梯电价分档边界电量，并确定交叉补贴对象和补贴程度。

第二步，确定价差。可采取两种方式：一是根据交叉补贴缓解目标，确定阶梯价差，再依据需求价格弹性系数（β_{11}）预测节能电量；二是根据减排目标确定节能目标电量，依据需求价格弹性系数测算各阶梯（通常是第二档、第三档）需调整的价差。

第三步，测算可减排总量。其公式为：

$$\Delta C_{\mathrm{E}} = \sum T_{\mathrm{Res}} \times P_{\mathrm{Ro}-j} \times (Q_j - Q_j - 1) \times \Delta P_j / P_0 \times \beta_{11} \times O_{\mathrm{M}} \qquad (7.27)$$

式中，ΔC_{E} 为可以减少的碳排放量；T_{Res} 为居民人口总量；$P_{\mathrm{Ro}-j}$ 为执行第 j 档电价的居民数量占比；Q_j 为第 j 档的上限边界电量；Q_{j-1} 为 $j-1$ 档上限边界电量；

ΔP_j 为第 j 档调整电价；P_0 为居民基准电价；β_{11} 为居民需求价格弹性系数；O_M 为电网基准线排放因子。根据第一种方式预测的节能电量或第二种方式节能目标电量与电网基准线排放因子，测算可减排总量。

第四步，动态调整。次年或一个周期结束后，根据减排目标、收入增长、价格弹性等参数的变化，动态调整分档电量与价差。

根据居民电力需求函数模型 4，以 2016 年数据为基数，测算得到不同收入层次的年人均、月户均（3.11 人/户）用电量，从低到高分别为 208 千瓦时/年·人（54 千瓦时/月·户）、385 千瓦时/年·人（100 千瓦时/月·户）、547 千瓦时/年·人（142 千瓦时/月·户）、744 千瓦时/年·人（193 千瓦时/月·户）、1165 千瓦时/年·人（302 千瓦时/月·户）。其中，20% 高收入群体用电量占到 38.2%，40% 中等偏上收入和高收入群体用电量占到 62.6%。高收入户、中等偏上收入户、中等收入户、中等偏下收入户分别是低收入户用电量的 5.6 倍、3.6 倍、2.6 倍、1.9 倍。

我国自 2004 年实行阶梯电价政策（发改价格〔2011〕2617 号）将居民用电划分为三个阶梯，其中第一阶梯电量覆盖各省区市 80% 的居民用户，不调整电价；第二阶梯电量应覆盖 80%～95% 的居民用户，每度电提价不低于 5 分钱；第三阶梯覆盖 95%～100% 的居民用户，每度电提价 0.3 元左右。有关学者根据我国内地 31 个省区市加权平均，测算得到目前第一档、第二档、第三档电量平均为 0～120 千瓦时/月·户、120～400 千瓦时/月·户、400 千瓦时/月·户以上（叶泽等，2019）。通过模型数据与现行政策对比发现，即便是 20% 的高收入群体（302 千瓦时/月·户），绝大部分用户也被排除在阶梯电价加价之外。将受益覆盖率作为主要参数，而不是依据不同收入层次用电实际情况，进行分类设计的阶梯电价政策，导致交叉补贴产生严重的"漏出"效应，降低了收入再分配效率（唐要家和杨健，2014；叶泽等，2019）。事实上，现行阶梯电价政策，"富人搭穷人便车"现象很严重（唐要家和杨健，2014），背离了交叉补贴电价政策有关普遍服务公平性、合理性的宗旨（唐要家和杨健，2014；刘思强等，2017）。

为了更好地实现普遍服务政策的公平和效率目标，本书将居民承受能力作为阶梯电价分档边界电量和受益群体的约束条件，实施精准补贴政策，以低收入户、中等偏下收入、中等收入户作为补贴对象（用户数占 60%，用电量占 37.4%）；以高收入户、中等偏上收入户作为取消或减少交叉补贴对象（用户数占 40%，用电量占 62.6%），根据各收入层次用户的用电量，将第一档电量定为 0 – 142 千瓦时/月·户及以下；第二档电量定为 142 ~ 193 千瓦时/月·户；第三档电量定为 193 千瓦时/月·户及以上。此方案与现行阶梯电价分档电量（叶泽等，2019）相比更为精细，提高了第一档电量，增大了受益覆盖率，体现了公平性；缩小了第二档的档差，减少了"漏出"效应；降低了第三档起征电量，扩大了收入再分配效率（唐要家和杨健，2014；叶泽等，2019）。如果更精细，依据测算的阶梯边界电量，将阶梯电价方案的电量分为五档。

3. 优化方案的减排效应和交叉补贴缓解效应分析

表 7 – 8 显示，2016 年居民电价是 2006 年的 1.079 倍，每年平均上涨 0.715%。以 2016 年居民消费电量 8421 亿千瓦时为基数，需求价格弹性系数取 – 0.191，测算得到现行阶梯电价政策，每年居民仅减少用电需求 11.5 亿千瓦时，按照 2017 年电网基准线排放因子（OM）均值 0.9224 吨 CO_2/兆瓦时测算，可减少 106 万吨二氧化碳的排放量。2006 ~ 2016 年，居民电价没有调整，阶梯间价差过小，现行阶梯电价政策对节能减排的贡献度很低（乔晓楠，2018）。

我国居民电价交叉补贴程度为 50% 左右（刘思强等，2017）。按照改进方案价差设计的第一种方式，将交叉补贴缓解目标作为价差设计的约束条件，根据式（7.27）测算减少交叉补贴程度对节能减排影响；根据居民需求价格弹性测算不同交叉补贴程度下，居民电费增量及其占可支配收入（2017 年）的比例，并将其作为居民承受力的参考指标。本书预选择第二档电量交叉补贴减少50%（此指标可根据政策目标选定）作为初始目标，取 5% 灵敏度比例（可设定任意灵敏度比例来刻度，比例越低越精细），递减测算；第三档电量交叉补贴减少 100%（成本定价），按 5% 的比例递减，测算得到交叉补贴程度影响居民承受力和节能减排效应的敏感性数据分析见表 7 – 10。

表 7 - 10　　　　交叉补贴程度影响居民承受力和减排效应的敏感性分析

方案组合	第二档					第三档					减排效应	
	取消交叉补贴程度（%）	电价水平（元/千瓦时）	减少电量需求（亿千瓦时）	增加电费（元/年·人）	占可支配收入比例（%）	取消交叉补贴程度（%）	电价水平（元/千瓦·人）	减少电量需求（亿千瓦时）	增加电费（元/年·人）	占可支配收入比例（%）	合计减少用电需求（亿千瓦时）	减少碳排放量（万吨）
1	50	0.8129	104.08	48.28	0.14	100	1.0838	222.42	232.84	0.36	326.49	3011.57
2	45	0.7858	93.669	43.91	0.13	95	1.0567	211.3	221.32	0.34	304.96	2812.99
3	40	0.7587	83.261	39.44	0.11	90	1.0296	200.18	209.47	0.32	283.44	2614.42
4	35	0.7316	72.853	34.87	0.1	85	1.0025	189.05	197.3	0.30	261.91	2415.84
5	30	0.7045	62.446	30.19	0.09	80	0.9754	177.93	184.82	0.28	240.38	2217.26
6	25	0.6774	52.038	25.41	0.07	75	0.9483	166.81	172.01	0.26	218.85	2018.68
7	20	0.6503	41.631	20.54	0.06	70	0.9212	155.69	158.88	0.24	197.32	1820.10
8	15	0.6232	31.223	15.55	0.05	65	0.8941	144.57	145.43	0.22	175.79	1621.52
9	10	0.5961	20.815	10.47	0.03	60	0.8670	133.45	131.67	0.20	154.27	1422.94
10	5	0.5690	10.408	5.287	0.02	55	0.8399	122.33	117.58	0.18	132.74	1224.37
11	0	0.5419	0	0	0	50	0.8129	111.21	103.18	0.16	111.21	1025.79

注：本书将电费增量占居民可支配收入比例作为居民承受力变化的观测参数。
资料来源：笔者计算。

表 7 - 10 第 2 列、第 7 列为交叉补贴缓解目标，第 3 列、第 8 列为对应的第二档、第三档阶梯电价，两档电价可以任意两两组合成一个阶梯电价定价方案。根据式（7.27）能够测算定价方案的节能减排效应。例如：表 7 - 10 中的组合方案 1，对第三档电量取消交叉补贴，价格上浮 1 倍（1.0838 元/千瓦时），实现成本定价；对第二档取消 50% 的交叉补贴，价格上浮 0.5 倍（0.8129 元/千瓦时），此定价方案共计减少用电需求 326.5 亿千瓦时，将减少 3011.6 万吨二氧化碳的排放量，是现行阶梯电价政策减排效应的 28.4 倍。在具体设计时，也可按照改进方案第二种方式，将节能减排目标作为价差设计的约束条件，根据敏感性分析表，选择各档需要减少的交叉补贴程度，组合成最优价差阶梯电价方案。

表 7 - 10 显示，调整后的阶梯电价政策，推行精准交叉补贴机制，可以大幅减少碳排放，但仍然不能抵消因一般工商业电价降低增加的碳排放。因此，

电力消费领域减排形势日趋严重。

以组合方案 1 为例，表 7 – 10 显示按照改进方案，以 2017 年的居民可支配收入为标准，中等偏上收入多支出电费 48.28 元/年·人，占可支配收入的 0.14%；高收入群体多支出电费 232.84 元/年·人，占可支配收入的 0.36%，占比较低。表 7 – 7 可测算得到中等偏上收入、高收入群体可支配收入年平均增长率分别是 9.13%、8.16%。因此增大价差，取消或减少交叉补贴，两档居民电费增加占比显著低于居民可支配收入年均增长率，影响较小。

7.3.5　实证结论及电价交叉补贴处理措施

我国十几年没有调整居民电价，电价交叉补贴问题严重，电力不合理消费现象严重；近两年来对一般工商业实施单向降价政策，刺激了电力需求的显著增长，双重因素作用下，我国节能减排压力逐年加重，电力绿色发展道路受到阻碍。现行阶梯电价政策由于设计不精准，对节能减排和交叉补贴缓解，收效甚微。在经济发展和环境压力双重约束下，通过非线性递增式阶梯电价处理电价交叉补贴不是单向问题，需要协调公平、效率、绿色发展的多种目标（孙传旺，2014）。因此根据实证研究，提出如下处理措施。

1. 精准甄别补贴对象

精准甄别补贴对象，以收入层次作为阶梯电价设计的主要参数。我国现行阶梯电价政策对交叉补贴问题纾解效应并不明显的主要原因包括两个方面，一是政策方面的原因，即交叉补贴采用"普惠制"按照电量补贴方式，没有体现电价交叉补贴对于电力普遍服务的要义，导致"穷人"获得的补贴多，"富人"获得的补贴多；二是阶梯电价定价技术存在缺陷，即将受益覆盖率作为主要参数，而不是依据不同收入层次用电实际情况，进行分类设计的阶梯电价政策，导致阶梯电价各档电量划分不科学，各档电量间价差过小，存在严重的"漏出"效应，降低了收入再分配效率。实证研究表明，居民收入是影响电力需求的关键变量，因此按照居民收入层级及其各层次的实际用电量来设计递增式阶梯电价，可以精确甄别"被补贴对象"，在满足电力普遍服务要义的同时，最大限度地降低交叉补贴规模与程度。

2. 根据减排目标设计阶梯电价

因为居民电价水平严重背离用电成本，导致居民过度消费，不利于节能减排。在"双碳"目标下，需要将减排目标作为阶梯电价的定价参数。实证研究显示，将节能减排目标作为价差设计的约束条件，推行精准的交叉补贴机制，可以大幅减少碳排放。改进方案是现行阶梯电价政策减排效应的28.4倍。

3. 综合考虑电价政策目标形成协同效应

电价政策具有多目标性，对现行阶梯电价政策的改进，要根据居民收入变化、电价改革、电力需求结构变化、环境指标等因素来设计相应方案。实证研究表明，以居民可支配收入、碳排放责任目标、交叉补贴缓解程度作为约束条件，确定阶梯电价的分档边界电量、档间价差和电价交叉补贴目标受益群体，能够显著提升节能减排效应和交叉补贴缓解效应，提高了电价交叉补贴精准处理程度，符合普遍服务公平原则，满足绿色发展需求。因此政府相关部门，在综合考虑和设定居民承受力范围（如以第二档、第三档用户增加电费支出占其可支配收入比例为参考值）、减排目标、交叉补贴缓解目标三个参数后，通过敏感性分析表，合理科学选择对应的阶梯电价组合方案，协同实现各项电价政策目标。

7.4 基于负荷特性处理交叉补贴的机制及方案设计

3.2.1节分析了我国存在的电价交叉补贴类型；3.3.3节分析了目录电价分类体系及其定价机制对交叉补贴的影响；3.3.4节分析了同一电压等级相同类型不同负荷特性用户之间的交叉补贴问题，并实证分析了同电压等级同类不同负荷率用户之间存在的电价交叉补贴现象及产生的原因。前文研究发现，按照先电压等级、后负荷特性对电价进行分类并实施负荷率电价，可以消除或减少相同电压等级不同类型用户之间的交叉补贴、同一电压等级相同用户类型不同负荷特性用户之间的交叉补贴两类交叉补贴,其中相同电压等级不同类型用户之间的电价交叉补贴的补贴程度和补贴规模最大。下面就负荷率电价处理交叉补贴的机制及方案设计进行实证研究。

7.4.1　可选择负荷率电价政策背景

9 号文件指出"结合电价改革进程,配套改革不同种类电价之间的交叉补贴"。《关于推进输配电价改革的实施意见》指出:"输配电价改革后,根据电网各电压等级的资产、费用、电量、线损率等情况核定分电压等级输配电价,测算并单列居民、农业等享受的交叉补贴以及工商业用户承担的交叉补贴"。《省级电网输配电价定价办法》指出:"分用户类别输配电价,应以分电压等级输配电价为基础,综合考虑政策性交叉补贴、用户负荷特性等因素统筹核定。根据各省区市具体情况,逐步缩减不同地区、不同电压等级、不同类型用户间的交叉补贴"。2003 年《电价改革方案》指出:"根据用户用电负荷特性及便于与上网电价联动的原则对销售电价的分类进行调整,目标是将用户分为居民生活用电、农业生产用电、工商业及其他用电三类,每类用户按电压等级和用电负荷特性定价"。2005 年《销售电价管理暂行办法》指出:"每类用户按电压等级定价。在同一电压等级中,条件具备的地区按用电负荷特性制定不同负荷率档次的价格,用户可根据其用电特性自行选择""各电压等级工商业及其他用户两部制电价中,各用电特性用户应承担的容量成本比例按峰荷责任确定。不同用电特性的用户基本电价和电度电价的比例,考虑用户的负荷率、用户最高负荷与电网最高负荷的同时率等因素确定"。2013 年《国家发展改革委关于调整销售电价分类结构有关问题的通知》指出:"将销售电价由现行主要依据行业、用途分类,逐步调整为以用电负荷特性为主分类,逐步建立结构清晰、比价合理、繁简适当的销售电价分类结构体系"。通过文件梳理发现,电压等级、用电负荷特性是能够减少交叉补贴的电价分类的主要依据。新一轮电力体制改革,也明确了通过将电压等级、负荷特性作为主要指标对电价实施分类改革来妥善处理不同类型交叉补贴的基本思路。销售电价管理暂行办法也提出,按照峰荷责任、负荷率、用户最高负荷、电网最高负荷的同时率等因素来设计用户可选择电价的基本原则。但需要指出的是，由于《销售电价管理暂行办法》执行并不到位，新的销售电价分类结构调整也只是小步迈进，基于电压等级、负荷率特性的分类电价体系及交叉补贴处理机制并未建立，实现路径也不明朗。

7.4.2 可选择负荷率电价国内外研究现状

可选择负荷率电价能够让消费者有更多的自主选择权，提高消费者对电价政策的满意度；负荷率电价能够合理反映负荷特性对供电成本的影响。国内外学者对此开展了多视角研究，主要可以归纳为以下三个方面：

一是研究了负荷率电价和可选择电价的效用和作用。美国国家能源部西北大西洋实验室（2003）研究显示，2000 年加州负荷率由 62% 提高到 76% 情况下，将减少约 135 万千瓦容量投资，节约投资成本高达 80 亿美元。菲利皮尼和瓦尔特（Filippini & Wild, 2001）针对负荷率电价对电力生产和用电成本的影响方面开展了研究，对西欧、瑞士进行统计分析的结果显示，负荷率的改进能够稳定系统负荷、提高售电量和降低成本。桑托塞特等（Santos et al., 2012）研究也发现，巴西长期用户采用负荷率两部制电价后，负荷率从 35% 提高到 90% 后，单位用电成本下降了 53%。魏春等（2010）以及李蒙等（2005）研究发现负荷率越高，负荷曲线越平坦，供电可靠性增加，能源利用效率越高，全网供电煤耗越低，碳排放越低。朱连波等（2010）研究发现，当线路供电量及运行参数不变时，线损率主要由负荷率决定，分时电价可以提高负荷率，降低线损。叶泽和姚赛（2014）认为负荷率电价可以引导用户降低年最大负荷，既可以提高用户用电设备的利用效率，也可以提高电力系统的利用效率，促进电力工业向集约型方向发展。朱兆霞和邹斌（2007）研究指出，提高负荷率可以使配电公司毛收入的均值得到提高，从而降低配电公司的市场风险。刘思强等（2014）研究指出，采用可选择负荷率电价，可以降低同电压等级同类型用户间的电价交叉补贴。

按照用电特性定价，是减少不同负荷特性用户间交叉补贴的有效处理方式。然而，在实际定价和电价政策执行过程中，由于存在信息不对称，电力企业或者电价主管部门收集用户用电特性、用电成本等具体信息的成本太高，导致按照用户用电特性定价相对困难。在用户信息缺失的情况下，以信息经济学、机制设计为理论基础的可选择定价，是一种能够弥补信息不足的较好方法。目前，国内外对可选择销售电价的社会福利影响做了相关研究：克兰尼和伦纳德（Crane & Leonard，1990）研究发现，通过给用户提供更多电价选择，能够增加用户的服务价值；凯夫斯和赫里吉斯（Caves & Herriges，1989）、杰弗里和麦基梅森（Jeffrey & Mackie-mason，1990）通过不同类型理论模型分析证实了两部制的自选择菜单电价比强制性电价具有福利改进效应。特雷纳和梅赫雷斯（Train & Mehrez，2000）研究发现，欧洲六国将用户自愿选择因素引入分时电价后，能够达到帕累托最优。雷塞宁等（Räsänen et al.，1997）设计了一种用户自我选择约束的电价菜单来指导消费者选择，并以芬兰定价模型进行了社会福利效应的实验估计，结果显示，自我选择约束所造成的福利损失最小。埃里克森（Ericson，2011）研究发现，具有需求弹性的用户会倾向选择动态的电价菜单。

二是研究了考虑负荷率的电价和可选择电价的定价方式。负荷率电价通常采用两部制定价方式，用户的负荷率与同时率的关系，是固定成本分摊的关键，即是确定固定成本通过电量电价和容量电价回收比例的关键。贝雷（Bary，1945）在长期实践的基础上最早提出了一个对数关系经验曲线（即 Bary 曲线），成为固定成本在容量电费和电量电费中分摊的重要工具。任玉珑等（2009）、赵连生（1992）分别探讨了基于长期边际成本定价方法的两部制负荷率电价中，容量成本在容量电费和电量电费中分摊的模型，主张根据系统负荷率—同时率的关系曲线将用户承担的容量成本分摊到容量电价和电量电价中，电量成本通过全部电量均摊，直接回收。黄海涛（2010）对国内外有关销售电价分类的模型进行了归类，研究认为按照成本准则，这些模型可归于两类方法，即基于用户负荷率的分类方法和基于负荷模式的分类方法。理论上这两种方法充分反映了各类用户供电成本的差异，但也存在没能反映用户需求差异性的缺陷。

三是国内外一些学者还研究了可选择负荷率销售电价模型。迈卡等（Mika et al.，1997）构建了电力公司回报约束与消费者利益最大化情况下的居民销售电价模型，消费者按照自己的类型选择合适的销售电价，但其研究仅将消费者分为两种类型，没考虑需求响应、交叉补贴与政府规制。徐永丰等（2015）将电力系统最优规划与最优运行作为前提条件，运用两部制定价及边际成本理论，根据用户发输配电环节的供电成本及其时变特征，对用户负荷率进行分档，构建了具有较好的经济效率与公平性的峰谷分时电价模型。阿拉曼尼奥提斯等（Alamaniotis et al.，2018）认为负荷和价格预测是市场参与者对其需求响应做出最优决策的关键技术，并提出了一种基于市场信号和预期模型的价格导向需求响应方法。韩勇等（2011）通过构建了考虑负荷率—同时率曲线关系的高峰增量负荷的计算模型，研究发现负荷率电价能够反映供电成本，使分类分压用户承担的电价更合理和公平。张粒子等（2016）给出了 8 个可选择两部制电价优化模型，分析用户用电量和容量的负荷特性，预判了用户选择的经济性，但这个模型不是建立在用户负荷率分类的基础上。阿尔巴迪和艾尔萨德尼（Alba-di & El-Saadany，2008）从理论上证实了负荷率电价具备可选择性，并指出负荷率电价可以引导用户优化用电特征。

国内外研究表明，可选择负荷率电价是一种基于负荷率、同时率特征设计的两部制电价，它通过用电负荷特征将容量成本合理分摊到容量电价和电量电价中，真实反映用电成本，并通过电价机制引导用户合理用电，从而平抑系统负荷，节省系统容量备用，并最终降低供电成本和用电成本。从电价交叉补贴角度来看，负荷率电价通过降低成本从而降低了基准电价，交叉补贴程度降低。与此同时，通过可选择的方式，扩大了用户的选择权。因此，可选择负荷率电价是一种激励相容的电价机制，对于降低系统成本、维护电力系统稳定、降低用电成本、促使电价降低、降低交叉补贴程度、减少交叉补贴等方面，均具有积极效应。

7.4.3 可选择负荷率电价定价理论

理论上，考虑负荷特性的销售电价定价机制解决的是管制条件下电价效率问题，即：电价怎样引导用户合理调整用电结构和用电行为，引导用电市场资源优化配置，实现电力系统负荷均衡，从而提高资源利用效率，并在一定程度上缓解长期存在的电价交叉补贴导致用电不公平的程度，从而实现电力工业从粗放型到集约型转变。

按照公共产品定价原理，电价定价目标应追求社会福利最大化和效率最大化。只有价格水平等于边际成本时，社会福利实现最大化和定价效率最大。在实际定价中，电力工业是技术密集型和资金密集型行业，涉及电力发、输、变、配、用等各环节的固定成本比例相对很大，电价定价政策既要考虑成本规模，也要考虑成本结构。电价定价需要通过结构匹配，才有可能使得价格水平等于供电成本，从而实现电价效率最大。

不同负荷率（类型）用户的用电成本结构和水平有较大差异，理论上要求不同负荷率用户执行不同电价，即按照一级价格歧视定价"一户一价"，社会福利最大化，定价效率最大。然而在用电管理的实践中，对不同负荷率用户制定不同电价，存在两方面困难：一是由于用户数巨大，管制部门或电力企业很难准确掌握不同用户的用户成本，而且用户用电成本、成本结构是不断变化的，掌握用户用电成本需要付出的信息成本较大；二是具体在政策执行过程中，"一户一价"政策的执行成本往往很较高。国际经验显示，在实际电价政策制定和执行过程中，通常根据不同负荷率用户的用电平均成本（包括成本结构）来定价，即"平均成本统一定价"（叶泽和姚赛，2014）。按照平均成本统一定价，并不需要知道用户除容量、用电量以外的更多信息，实践中易于操作。但是，当平均成本与实际成本存在差距时，会导致社会福利损失。低负荷率（高供电成本）用户因电价低而过度用电，高负荷率（低供电成本）用户因为电价高而限制用电，前者会造成生产者福利净损失（生产者亏损），后者会造成消费者福利净损失（消费者效用损失，见 5.1 节分析），两者之和即为社会福利净损失。平均成本与不同用户的实际成本的差距越大，社会福利净损失越大，定价效率越低。

如何在"一户一价"与"平均成本统一定价"中做出选择。按照一户一价的方式定价，将有利于实现社会福利最大化，却产生了信息成本与执行成本。按照平均成本统一方式定价，降低了信息成本和执行成本，却产生了生产者福利净损失与消费者福利净损失。因此从理论上分析，两种方式的选择取决于两种方案的净社会福利值，即哪种方案的净社会福利大，就选择哪种方案。然而在实践中，计量各个方案的净社会福利是一件困难的事情，导致方案选择面临困境。

可选择负荷率电价能够较好解决上面的问题。针对"一户一价"中产生的信息成本与执行成本，电力企业、管制部门与用户间，存在信息不对称，为了降低信息获取难度和降低信息成本，管制部门可以制定电价套餐，让用户自己去选择。对于执行成本过高的问题，尽管用户数量很多，但可以通过负荷率聚类为几种类型，按用户类型制定电价套餐，可以降低政策执行成本。在社会福利方面，通过设计激励相容机制，能够在一方福利不减少的情况下实现另一方的福利增加，即帕累托优化。基于激励相容的可选择负荷率定价，通过用户分类并按类别计量平均成本和实施用户选择，可以有效综合"一户一价"和"平均成本统一定价"两种方法的优点，同时规避两种方法的缺点。例如，一些发达国家或地区普遍采用可选择负荷率电价，如法国电力公司的绿色电价依据的就是用户负荷率电价体系。绿色电价中，执行高负荷率电价用户相比执行低电负荷率电价用户，其容量电费要高、电量电费要低。在德国，其可选择负荷率电价是依据用户年利用小时实施分档定价，共分为三档，分别为 3000 小时以下、3000～4000 小时和 4000 小时以上，在年利用小时划分的基础上，再按年用电量划分为四等，电价按照年利用小时、年用电量逐档逐等递减。

"一类一价"可选择负荷率电价实际上采用的是二级价格歧视的定价方式，这种方式通常表现为不同数量规模情况下价格折扣。在电价政策执行过程中，政府管制部门或者电力企业（电网公司或售电公司）可以通过用途划分标准（如报装接电的申请）知道用户类型及区域分布，但不能准确知晓用户用电负荷特性属于什么类型。采用可选择负荷率电价，用户可以通过自主选择，以实现自身福利最大化，与此同时，电力企业通过用户自主选择，在甄别用户负荷信息的基础上，引导用户合理用电，从而通过提升电力系统负荷率来提高电力设施的利用效率，增加社会福利。

7.4.4 负荷率电价定价机制

负荷率电价就是依据负荷率—同时率的关系将容量成本进行合理分摊，并通过电量电价、容量电价两种方式回收容量成本的定价方式。

1. 负荷率模型

负荷率是指在统计期间（日、月、年）内的平均负荷与最大负荷之比。负荷率有两种表述，一种是电力用户的负荷率，另一种是电力系统的负荷率。负荷率可以用于观测在一定的时间内用户或电力系统负荷变动情况，也可以用于考察电力系统利用效率。对于用户负荷率，国外同时使用两种标准，用户年负荷率和年最大负荷利用小时。相对而言，用年最大负荷利用小时的较多，两种标准可以换算。用户的负荷率计算公式如下：

$$LF_{m,i,j} = \frac{\dfrac{Q_{m,i,j}}{8760}}{P_{m,i,j}} \qquad\qquad (7.28)$$

式中，m 是由一组用户或用户群组成的系统。本书对系统的假定是，全网为一个总系统；各电压等级的用户集合，分别组成为不同的子系统；各电压等级不同价区的用户又集合成孙系统。各用户负荷率的提高可以导致孙系统、子系统的负荷率提高，从而提升整个系统负荷率。$LF_{m,i,j}$ 为 m 系统中 i 电压等级用户 j 的年负荷率或系统负荷率；$Q_{m,i,j}$ 为用户的年用电量或系统售电量；$P_{m,i,j}$ 为用户年峰荷或系统年峰荷。如果能够统计不同电压等级（可视为一个系统）的年用电量和年峰荷，就可以计算出分压情况下，不同用户或系统的平均负荷和年负荷率。

（1）用户年平均负荷。用户的年用电量除以 8760 小时，即为用户年平均负荷。例如：

A 用户年平均负荷 = A 用户年用电量/8760　　　　　　　　　（7.29）

（2）用户年负荷率。用户年平均负荷除以该用户一年中的峰荷，即为用户年负荷率。例如：

A 用户年负荷率 = A 用户年平均负荷/A 用户年峰荷　　　　　（7.30）

2. 同时率模型

根据国际电力词库 IEV 的定义，同时率（coincidence factor，CF）是一组电力设备或电力用户在一定时期内的总体最大需求同他们在这一时期内各自最大负荷之和的比值。同时率的概念也经常用分散率表示，分散率（diversity factor，

DF）为同时率的倒数。在电力系统规划中，负荷预测经常是从各类用户着手，分地区、分电压逐步测算。掌握了作为换算指标的同时率，就能正确地获得系统的综合最大负荷值。一般意义上的系统负荷同时率计算模型如下：

$$CF_m = \frac{P_m}{P_{m,i,1} + P_{m,i,2} + \cdots + P_{m,i,n}} = \frac{P_m}{\sum\limits_{j=1}^{n} P_{m,i,j}} \tag{7.31}$$

式中，CF_m 表示 m 系统的用户同时率，P_m 表示 m 系统的最大负荷；$P_{m,i,j}$ 为 m 系统中 i 电压等级用户 j 的最大负荷；$\sum\limits_{j=1}^{n} P_{m,i,j}$ 为 m 系统中 i 电压等级各用户的峰荷之和。

3. 负荷率与同时率的关系

负荷率与同时率对供电成本影响较大。它们之间的关系是：提高用户负荷率（相应会提高电力系统负荷率）和降低电力系统用户同时率（高分散率），都能促使供电平均成本降低。然而在实际用电中，系统负荷率较高时，同时率也较高；同时率较低时，负荷率也较低，即在一定程度上，这两种因素对供电成本的影响相互抵消。两种极端的情况是，如电铃负荷发生率很少且持续时间极短，负荷相互重合的概率很小，从而出现负荷率极低（几乎为0），同时伴随极低的同时率。另一类是，假定一个系统只有一个用户全年24小时生产，那么其负荷率都为1，系统重合的最大需量就是这个用户自身的最大需量，系统同时率为1。因此，对于大量具有完全随机负荷的用户，负荷率与同时率大体上存在一种正比关系。1945年，贝雷在长期实践的基础上，提出了一条经验曲线，其关系式为：

$$CF = 1 - e^{\alpha LF} \tag{7.32}$$

可以看出 Bary 曲线是一条经验曲线，对于少量用户，其刻画负荷率、同时率的精度不够，但对于较多用户的用户群或电力系统，可以很好地揭示负荷率—同时率两者的关系。

4. 容量成本分摊原理及方法

电价水平应正确反映供电成本，体现的一般规律是：用户用电量越大，容量电费支出也应越大，同时用户实际支付的单位电量电价越低。而我国现行两部制电价政策中，同电压等级同用户类型的容量电价（实际上是用户容量成本支付）是固定不变的，并不与用户用电量挂钩，这导致在回收部分固定成本时，容量电价并没有准确反映各类负荷特性不同用户的供电成本，相同电压等级相同类型（用途相同）但负荷率不同的用户间，存在交叉补贴。

假定一个系统由 A、B 两个用户组成，它们的最大需量均为 2000 千瓦，其中用户 A 全年 24 小时用电，全年用电量为 1752 万千瓦时，按照式（7.28）可计算其负荷率为 1；用户 B（如冷饮企业）仅在 7、8、9 三个 24 小时用电，全年用电量为 442 万千瓦时，按照式（7.28）可计算其负荷率为 0.25；为满足用户用电，系统需准备 4000 千瓦容量。对于用户 B 单位电量需要分摊的容量成本是用户 A 的 4 倍，多支付电费。如果设计一种负荷率电价，引导用户 B 改变用电方式和生产方式，如全年 24 小时生产，然后将产品冷冻用于夏季销售，用户 B 的负荷率提高到 1，在用电量大致不变的情况下，用户 B 的最大需量降为 500 千瓦，此时系统需准备 2500 千瓦容量，用户 B 单位电量需要分摊的容量成本降低，电费支出减少。另一个例子是，如果 A、B 两个用户每天都生产 12 小时，两用户同时段生产，同时率为 1，则电网需准备容量 4000 千瓦；两用户不同时段生产，同时率为 0.5，则电网需准备容量 2000 千瓦。

由此看来，用户负荷率、同时率均对容量成本产生影响，用户提高负荷率和降低系统同时率可以降低供电成本，从而降低用电成本。分时电价政策可以引导用户用电、降低系统同时率，即：对于电力系统运行，分时电价在一天（24 小时）是有效率的。但如何提高系统全年负荷率，则需要引入负荷率电价。

在半独立系统中，按照系统负荷特性绘制负荷率—同时率曲线，可以运用截距法，确定容量成本分摊系数，将一部分容量成本分摊到电量电费中，相对来说比较精确。如图 7-4 所示，把容量成本分解为两部分：一部分是与负荷率、同时率无关的固定费用部分，称为基本电费；另一部分则是与负荷率、同时率有关，把这部分固定费用归于电量电费。

图 7-4 中各类用户在 Bary 曲线上的斜率为：

$$\tan\theta = -\alpha \cdot e^{\alpha LF_{i,j}} \tag{7.33}$$

切线方程为：

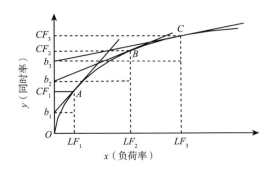

图 7 - 4　负荷率—同时率关系曲线

资料来源：笔者绘制。

$$y - CF_{i,j} = -\alpha \cdot e^{\alpha LF_{i,j}}(x - LF_{i,j}) \tag{7.34}$$

分摊模型如下：

$$\frac{C_C\%}{E_C\%} = \frac{b_{i,j}}{CF_{i,j} - b_{i,j}} = \frac{CF_{i,j} - \tan\theta \cdot LF_{i,j}}{\tan\theta \cdot LF_{i,j}} \tag{7.35}$$

其中，$C_C\% + E_C\% = 1$

式中，$C_C\%$ 为通过容量电价方式回收的容量成本比例；$E_C\%$ 为通过电量电价方式，回收的容量成本比例；b_j 为 m 系统中 i 电压等级用户 j 的在负荷率—同时率曲线上的切线与纵轴的截距；$CF_{i,j}$ 为 m 系统中 i 电压等级用户 j 的同时率。从式 (7.35) 和图 7 - 4 分析可以看出，负荷率越高的用户，通过电量电费分摊的固定成本的比例越高，这样就会有：高负荷率用户，基本电价（容量电价）越高，电度电费越低；低负荷率用户则相反，见表 7 - 11。为了直观地理解此规律，打个比方，如：全球通用户收取高基本费用，低通话费；神州行用户则是高通话费，低基本费。

表 7 - 11　　　　　　　　　　负荷率不同的用户电价比较

用户类别	基本电价	电度电价
高负荷率用户	高	低
中负荷率用户	中	中
低负荷率用户	低	高

资料来源：笔者整理。

供用电系统由各类用户与电网企业共同组合而成，用户负荷率对于电力系统负荷率的影响是通过用户组成的系统的同时率产生的。因此，用户单位容量成本与电力系统单位容量成本之间存在一个转化关系，转化比例为系统年同时率，即：用户应该承担的单位容量成本 = 系统单位容量成本 × 年同时率。转化关系式如下：

$$UC_{c,大工,i,j} = UC_{c,大工,i} \times CF_{i,j}, i = 500, 220, 110, 35, 10（千伏），j = 1, 2, 3 \quad (7.36)$$

式中，i 表示电压等级；j 表示低、中和高负荷率用户，如 $CF_{220,1}$ 表示 220 千伏电压受电的负荷率较低用户的同时率。$UC_{c,大工,i,j}$ 为 i 电压等级 j 类负荷特性用户的单位容量成本。如果采用负荷率电价，用户应承担的容量成本（固定成本），通过容量电价和电量电价分摊方式（回收）如下。

分别计算出各点切线的截距：

$$b_{i,j} = CF_{i,j} + \alpha \cdot LF_{i,j} - e^{\alpha \cdot LF_{i,j}} \quad (7.37)$$

$UC_{c,大工,i,j}$ 分摊到容量电价中：

$$UC_{c,大工,i,j} \times b_{i,j} = UC_{c,大工,i} \times CF_{i,j} \times b_{i,j} \quad (7.38)$$

$UC_{c,大工,i,j}$ 分摊到电量电价中：

$$UC_{c,大工,i,j} \times (CF_{i,j} - b_{i,j}) = UC_{c,大工,i} \times CF_{i,j} \times (CF_{i,j} - b_{i,j}) \quad (7.39)$$

负荷率电价采用电量电价、容量电价的两部制电价形式。依据用户群容量成本通过容量电价、电量电价回收的分摊方式以及用户群的单位电量成本，可以得到分电压等级的负荷率电价（容量电价、电量电价）的计算公式。

i 电压等级下受电 j 负荷率特性的用户的容量电价为：

$$p_{c,大工,i,j} = UC_{c,大工,i,j} \times b_{i,j} = UC_{c,大工,i} \times CF_{i,j} \times b_{i,j} \quad (7.40)$$

i 电压等级下受电 j 负荷率特性的用户的电量电价为：

$$p_{q,大工,i,j} = \frac{\left[UC_{c,大工,i,j} \times (CF_{i,j} - b_{i,j}) \right] \times P_{m,i}}{q_i} + UC_{q,i}$$

$$= \frac{UC_{c,大工,i} \times CF_{i,j} \times (CF_{i,j} - b_{i,j})}{8760 \cdot LF_i} + UC_{q,i} \quad (7.41)$$

式中，$UC_{q,i}$ 表示 i 电压等级的单位电量成本。在考虑不含线损和变损的情况下，各类用户（工商业及其他、居民用户等）的单位电量成本（等于电网企业的单位购电成本）是一样的，都等于或近似等于平均上网电价。

如果考虑线损和变损，各电压等级用户的单位电量成本会高于平均上网电价。由于各电压等级的线损率和变损率不同，因此受电电压等级不同的用户，其单位电量成本不同。通常情况是，受电电压等级越高，线损率和变损率低，单位电量成本低；受电电压等级越低，线损率和变损率高，单位电量成本高。

考虑线损和变损情况下，用户单位电量成本与平均上网电价的关系为：平均上网电价×各电压购入电量＝各电压线损和变损后的电量×各电压等级用户的单位电量成本。

全网为一个总系统；各电压等级的用户集合，分别组成为不同的子系统；各电压等级不同价区的用户又集合成孙系统。各用户负荷率的提高，可以导致孙系统、子系统的负荷率提高，从而提升整个电力系统负荷率。

7.4.5 可选择电价定价原理

可选择电价的核心思想是有区别地、同时精准地满足用户个性需求，使用户和企业同时受益，或者至少一方不受损而另一方受益，从而增加社会福利，实现帕累托优化。电价的可选择性就是用户在电力公司提供的电价套餐中拥有自主选择权，电价机制会引导用户根据用户自身的用电特性，选择不同电价。低负荷率用电特性用户，如果要实现成本最小化，其理性行为是选择低负荷率电价；如果用户选择高负荷率电价或者中等负荷率电价，那么其将支付更多电费，付出更高成本。同理，高负荷率用电特性用户，其理性行为也是选择高负荷率类型电价；反之也会导致更高电费支出。

假设的 m 系统中 i 电压等级用户对于负荷率属于 $\left[LF_k, LF_l\right]$ 区间的用户容量定价为 P_C，电量电价为 P_e，那么对于该区间内的某一用户 j，则其电费支出为：

$$C_{i,j} = W_{i,j}P_C + Q_{i,j}P_e \tag{7.42}$$

要实现可选择性，设计的两部制电价必须满足的约束条件是：不同负荷率特性的用户选择与自身负荷特性相同或相近的电价套餐，电费支出最少，而且 m 系统各用户电费支出之和等于电网供电成本（记为 C_m），即：

$$\min_{LF_{i,j}} C_{i,j}, \quad L_{i,j} \in \left[LF_k, LF_l\right]$$

$$\sum_{j=1}^{n} C_{m,ij} = C_m \tag{7.43}$$

理论上，对于 m 系统不同负荷率均应设计相应电价，但事实上由于电力用户数量巨大，用户负荷率一般不是连续分布的，而是相对集中地分布在几个特征值周围，因此从实用性的角度来分析，并不需要设计那么多的电价，而是根据 m 系统用户聚类特征设计几种电价即可。算例中，将电价套餐包含高、中、低三种价格。

7.4.6　可选择两部制负荷率电价设计步骤*

1. 可选择两部制负荷率目录电价设计步骤

负荷率电价设计就是按照"同压同负荷率同价"的原则来设计电价套餐，电价套餐反映不同负荷率用户的用电成本。其具体定价的步骤如下：

第一步，收集用户数据（户控数据）。

第二步，计算各用户的负荷率，并进行聚类分析。

第三步，计算不同电压等级下用户群组成的子（孙）系统的同时率。

第四步，绘制 Bary 曲线，即不同电压等级子（孙）系统的负荷率—同时率曲线。

第五步，对不同电压等级用户，依据负荷率特性进行聚类分析；再按照负荷率—同时率曲线，计算不同电压等级下，不同负荷率特性用户群的容量成本（固定成本）通过容量电价、电量电价回收的分摊比例。

第六步，计算不同电压等级的电力系统（子系统），需要分摊的固定成本（容量成本）总量。具体有以下三种方法及路径：

一是根据不同电压等级的电力系统（子系统）历史容量电费总额（可以按年度平均值或上年度容量电费）计算。由于涉及容量电费，因此此方法只适宜于实施两部制电价的用户类型。这种方法只需要根据收费记录汇总，简单易行且比较精确。这种方法也存在一些问题：第一，在各省区市的目录电价中，执行两部制电价范围较窄，并没有实现用户全覆盖；第二，各省区市执行的两部

---

　* 部分论述参见：刘思强，叶泽，吴永飞，等. 湖北省独立输配电价设计与研究报告［R］. 长沙：长沙理工大学中国电价研究中心，2018.

制电价，容量电价占比偏低，因此依此计算的结果，不能完全回收容量成本。

二是根据电力系统实际固定成本，并按照成本传导机制与原则，计算不同电压等级用户群需要分摊的固定成本。此方法计算出的结果能够真实反映应该回收的容量成本，但应承担的容量成本（分摊成电量电价和容量电价之和）要比现行两部制电价的容量电价水平高。这种方法计算出的结果与其他实施负荷率电价的国家或地区相似，也与我国电价改革思路相同。

三是根据输配电价计量容量成本总量。正如前所述，由于独立输配电价由供电成本测算得到，因此各电压等级的独立输配电价反映了供电成本，故可以视为容量成本。各电压等级的供电总成本（容量电费总额）＝各电压等级独立输配电价×各电压等级的售电量。由于独立输配电价是按照输电量来测算的，其包含了线损，但对于用户，按照用电量或售电量比较容易接受。输电量与售电量的换算关系在前面章节已做过分析。

第七步，根据容量成本分摊比例、容量成本总量、售电量、变压器容量总和等数据，计算通过电量电价回收的单位电量容量成本、通过容量电价回收的单位电量容量成本。

第八步，根据单位电量购电成本（或平均上网电价）、合理收益率或管制收益率（成本加成）、通过电量电价回收的单位电量容量成本等数据，计算电量电价；根据通过容量电价回收的单位电量容量成本，得到容量电价。

2. 可选择两部制负荷率输配电价设计步骤

按照"同压同负荷率同价"的原则，将分电压等级的独立输配电价（同压同价）依据用户的负荷率特性设计成两部制负荷率电价。

第一步，按照不同电压等级供电成本，测算并形成分电压等级的独立输配电价。

第二步，根据不同电压等级独立输配电价水平与不同电压等级用户类型（行业或用途分类）的电量，计算各电压等级容量成本（供电成本）总量。

第三步，按照用户负荷率，对用户进行分类；并按照高负荷率、中等负荷率、低负荷率等用户群的同时率、峰荷等参数，确定不同用户群容量责任成本。

第四步，依据负荷率—同时率及负荷率电价的设计原理，将容量责任成本分摊为容量成本与电量成本两部分。

第五步，依据户控数据，将独立输配电价设计成可选择两部制负荷率电价套餐。

按照 9 号文件的精神，电价交叉补贴应通过输配电价回收，因此电价交叉补贴责任包含在输配电价中，即现行输配电价包括分类电价交叉补贴。从前面的章节分析来看，将电价交叉补贴包含在输配电价中，不合理也不公平。电价交叉补贴责任应按照用电量公平分摊，因而本书在设计两部制负荷率输配电价时，将电价交叉补贴独立成项，计入电量电价中，具体分析参见 7.2 节。

7.4.7　可选择两部制负荷率销售电价实证研究及方案设计

本书以某省 1～10 千伏大工业用户数据①，开展算例实证研究。

1. 样本情况

本书共收集某省电力公司 2014 年 14695 个 1～10 千伏大工业用户样本，样本售电量共计 289.23 亿千瓦时，占某省当年售电量 21.89%，占当年大工业售电量 37.91%。

样本数据通过户控智能系统收集，包括用户当年用电量、用户当年电费支出（含电量电费支出、容量电费支出）、用户年平均负荷、用户用电负荷等。剔出无效或数据残缺样本 5156 个，保留样本数 9539 个，样本有效率为 64.91%；9539 个样本用户全年用电量为 208.47 亿千瓦时，占当年大工业售电量 27%。因此 1～10 千伏大工业用户在某省用户中具有典型代表性。

2. 用户负荷率及利用小时计算

依据负荷率及年利用小时的公式 [式（7.30）]，本书利用 SPSS 17.0 统计软件对有效样本的负荷率及用户年利用小时计算结果见表 7-12。

---

① 刘思强，叶泽，刘宇哲，等. 湖北省独立输配电价设计与研究报告 [R]. 长沙：长沙理工大学中国电价研究中心，2018. 表 7-16 相关数据也引自该报告。

表 7-12　1~10 千伏大工业用户用电数据描述统计 （N = 9539 个）

统计项	极小值	极大值	和	均值	标准误
全年用电量/千瓦时	4451	158016080	20847229379	2185473.25	55545.814
全年电费支出/元	8983.37	1.13E8	1.67E10	1.7531E6	40776.98052
电量电费支出/元	3488.44	1.03E8	1.36E10	1.4217E6	35676.47586
容量电费支出/元	0.00	12868165.33	2.92E9	306391.4330	5338.34297
变压器容量/千瓦	30	56019	10934031	1146.24	22.735
年平均负荷/千瓦	1	18038	2379821	249.48	6.341
年峰荷/千瓦	1	316869	12649119	1326.04	52.846
负荷率	0.01	0.99	2120.20	0.2223	0.00177
利用小时	43.81	8684.39	18572962.23	1947.0555	15.49970

资料来源：笔者计算。

表 7-12 显示，用户平均负荷率为 0.2223，换算成平均年利用小时，为 1947 小时。负荷率整体处于较低水平。从负荷率及利用小时这两项指标来看，负荷率为 1% ~99%；利用小时数为 43.81 ~8684.39 小时，用户负荷率差异大，且分布不均衡。

1) 1~10 千伏大工业用户描述性统计结果（最大需量有效样本）

1~10 千伏大工业用户中按最大需量收取容量电费的样本为 330 个，基本电价为 42 元/千伏安·月。统计情况见表 7-13。

表 7-13　执行最大需量电价的 1~10 千伏大工业用户描述统计量 （N = 330 个）

统计项	极小值	极大值	和	均值	标准误
全年用电量（千瓦时）	6125	104988361	1564745057	4741651.69	583273.805
全年电费支出（元）	15947.33	77898299.48	1.28E9	3.8762E6	4.36947E5
电量电费支出（元）	10732.33	69719261.48	1.04E9	3.1542E6	3.78651E5
需量电费支出（元）	5215	8179038	238255792	721987.25	64050.389
计费最大需量（千伏安）	124	32254	543677	1647.51	174.845
年平均负荷（千瓦）	1	11985	178624	541.28	66.584
年峰荷（千瓦）	26	316869	1118520	3389.45	1018.240
负荷率	0.01	0.99	76.86	0.2329	0.01034
利用小时	49.28	8629.19	673264.47	2040.1954	90.56121

资料来源：笔者计算。

2）1~10千伏大工业用户描述性统计结果（变压器容量有效样本）

1~10千伏大工业用户中按基本电价收取容量电费的样本为9209个，基本电价为28元/千瓦·月。统计情况见表7-14。

表7-14 执行基本电价的1~10千伏大工业用户描述统计量（$N = 9209$个）

统计项	极小值	极大值	和	均值	标准误
全年用电量（千瓦时）	4451	158016080	19282484322	2093873.85	53371.399
全年电费支出（元）	8983.37	1.13E8	1.54E10	1.6770E6	39005.80978
电量电费支出（元）	3488.44	1.03E8	1.25E10	1.3596E6	34205.25464
容量电费支出（元）	588.00	12868165.33	2.92E9	317370.8198	5495.32593
变压器容量（千瓦）	30	41075	9769698	1060.89	18.943
年平均负荷（千瓦）	1	18038	2201197	239.03	6.093
年峰荷（千瓦）	1	141333	11530599	1252.10	40.642
负荷率	0.01	0.99	2043.34	0.2219	0.00179
利用小时	43.81	8684.39	17899697.76	1943.7179	15.72362

资料来源：笔者计算。

3. 1~10千伏大工业用户子系统同时率及负荷率—同时率曲线

1）子系统同时率

根据式（7.31），本书将1~10千伏大工业用户群（组）视为一个子系统，由于缺失1~10千伏电压等级峰荷数据，但峰荷与用电量具有极强相关性的特点，因此本书根据用电量对用户群（组）的峰荷作近似估计，其计算过程和结果如下。

2014年某省全网系统峰荷：2738.8万千瓦；全网总售电量：1321.56亿千瓦时。

（1）1~10千伏大工业最大需量用户子系统同时率计算。

1~10千伏大工业最大需量330个样本用电量：15.6474亿千瓦时

1~10千伏大工业用户最大需量子系统峰荷近似值为：

2738.8万千瓦×（15.6474亿千瓦时÷1321.56亿千瓦时）= 32.4277万千瓦

1~10千伏大工业用户最大需量峰荷之和：111.8520万千瓦

1~10千伏大工业最大需量子系统同时率为：

CF = 32.4276万千瓦÷111.852万千瓦 = 0.2899

1~10千伏大工业最大需量子系统负荷率：

$LF = 0.2329$（统计均值）

（2）1~10千伏大工业执行基本电价用户子系统同时率计算。

1~10千伏大工业执行基本电价用户9209个样本用电量：192.8248亿千瓦时

1~10千伏大工业执行基本电价用户子系统峰荷近似值为：

2738.8万千瓦×（192.8248亿千瓦时÷1321.56亿千瓦时）=399.6100万千瓦

1~10千伏大工业执行基本电价用户峰荷之和为：1153.0599万千瓦

1~10千伏大工业执行基本电价用户子系统同时率为：

$CF = 399.6100$万千瓦÷1153.0599万千瓦$= 0.3466$

1~10千伏大工业执行基本电价用户子系统负荷率（统计均值）为：

$LF = 0.2219$

2）参数估计及负荷率—同时率曲线

根据负荷率和同时率的关系式［式（7.32）］，代入年负荷率和同时率，算出参数α。通过计算得到执行最大需量电价的用户子系统和执行基本电价的用户子系统值分别为：-1.4700；-1.9176。

因此，1~10千伏大工业用户负荷率和同时率的关系式分别为：

$$CF = 1 - e^{-1.4700LF}; CF = 1 - e^{-1.9176LF}$$

根据以上关系式，绘制负荷率—同时率曲线，如图7-5、图7-6所示。

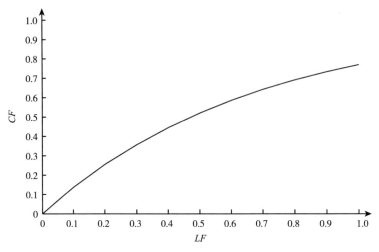

图7-5 1~10千伏执行大工业最大需量电价用户群负荷率—同时率曲线

资料来源：笔者绘制。

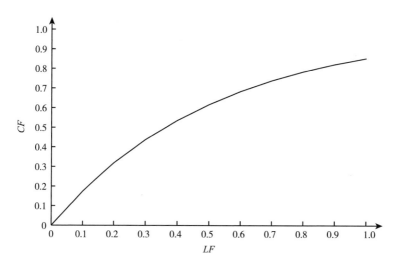

图 7 - 6　1～10 千伏大工业执行基本电价用户群负荷率—同时率曲线

资料来源：笔者绘制。

4. 1～10 千伏大工业用户聚类分析

依据用户负荷率、年利用小时两项指标，本书采用自动聚类的方式对 1～
10 千伏大工业执行最大需量电价和执行基本电价的大工业用户有效样本进行聚
类分析，各用户所属的类别见表 7 - 15。

1）1～10 千伏执行最大需量电价用户聚类分析

根据聚类理论的判定原则，一是 BIC 最小，二是 BIC 变化的比率和距离度
量的比率尽可能大。依据聚类原则进行判定，在 15 种可能的用户负荷率特性聚
类中，聚类为 3 类为最优。其中在 95% 的置信区间内，330 个样本自动聚为 3
类，各类用户群负荷率、年利用小时特征见表 7 - 15。

表 7 - 15　　　　　　　　　1～10 千伏执行最大需量电价用户负荷率统计

聚类	N（个）	组合（%）	总计（%）	负荷率		利用小时	
				均值	标准差	均值	标准差
低负荷率类（1 类）	179	54.2	54.2	0.1040	0.05403	911.3078	473.32562
中等负荷率（2 类）	108	32.7	32.7	0.2894	0.06758	2535.1062	592.00149
高负荷率类（3 类）	43	13.0	13.0	0.6275	0.11789	5496.4862	1032.75051
组合	330	100.0	100.0	0.2329	0.18780	2040.1954	1645.12609

资料来源：笔者计算。

从表 7-15 来看，3 类之中第 1 类和第 2 类区分度较小，第 2 类和第 3 类区分度较大。3 类用户的利用小时分别为 911 小时、2535 小时、5496 小时。数据显示，负荷率特性较高用户的利用小时是低负荷率用户特性利用小时的 6 倍。从用户数量分析，高负荷率用户数占 13.0%，低负荷率用户占 54.2%。数据说明，某省 1~10 千伏大工业执行最大需量电价的用户群中，低负荷率用户较多，高负荷率用户较少。

2）1~10 千伏执行基本电价的大工业用户聚类分析

同样根据聚类判定原则，对于 15 种执行基本电价用户负荷率特性的可能聚类中，聚类为 3 类为最优。其中在 95% 的置信区间内，9209 个样本自动聚为 3 类，各类用户群负荷率、年利用小时特征见表 7-16。

表 7-16　　　　1~10 千伏执行基本电价的大工业用户负荷率统计

聚类	N（个）	组合（%）	总计（%）	负荷率		利用小时	
				均值	标准差	均值	标准差
低负荷率类（1 类）	4569	49.6	49.6	0.0940	0.05016	823.1292	439.37730
中等负荷率（2 类）	3288	35.7	35.7	0.2632	0.05976	2306.0393	523.49399
高负荷率类（3 类）	1352	14.7	14.7	0.5536	0.12411	4849.5288	1087.17899
组合	9209	100.0	100.0	0.2219	0.17225	1943.7179	1508.89445

资料来源：笔者计算。

表 7-16 中，3 类之间区分度较大，但负荷率普遍偏低。3 类用户的年利用小时分别为 823 小时、2306 小时、4850 小时。其中，负荷率特性较高的用户年利用小时是低负荷率类用户利用小时的 5.9 倍；高负荷率用户数比低负荷率用户少，且占 14.7%。低等负荷率用户数较大，占 49.6%。这说明，某省 1~10 千伏大工业执行基本电价的用户群中，用户主要集中于低负荷率。

5. 各类用户的同时率及容量成本的分摊系数与比例

各类用户的同时率可根据 1~10 千伏大工业用户负荷率和同时率的关系式 $CF = 1 - e^{-1.4700LF}$；$CF = 1 - e^{-1.9176LF}$ 求得，数据见表 7-17、表 7-18。容量成本的分摊系数与比例有两种处理方法：一是根据 1~10 千伏的工商业及其他用户负荷率—同时率的 Bary 曲线作斜率，直观得到。二是根据斜率计算公式得到。容量成本在容量电费的分摊系数公式为：$CF_1 + \alpha LF_1 \mathrm{e}^{\alpha LF_1}$；容量成本在电量电费的分摊系数公式为：$-\alpha \cdot LF_1 \cdot \mathrm{e}^{\alpha \cdot LF_1}$。

表 7 – 17　　1～10 千伏大工业执行最大需量电价用户容量成本分摊比例表

用户分类	负荷率	同时率	在电量电费的分摊系数	在容量电费的分摊系数	在电量电费的分摊比例	在容量电费的分摊比例
低负荷率类（1 类）	0.1040	0.1418	0.1312	0.0106	0.9255	0.0745
中等负荷率（2 类）	0.2894	0.3465	0.2780	0.0685	0.8023	0.1977
高负荷率类（3 类）	0.6275	0.6024	0.3667	0.2357	0.6087	0.3913
全样本	0.2329	0.2899	0.2431	0.0468	0.8386	0.1614

资料来源：曹雅婷. H 省电力公司固定成本分摊方案改进研究 [D]. 长沙：长沙理工大学，2019.

表 7 – 18　　1～10 千伏大工业执行基本电价用户容量成本分摊比例表

用户分类	负荷率	同时率	在电量电费的分摊系数	在容量电费的分摊系数	在电量电费的分摊比例	在容量电费的分摊比例
低负荷率类（1 类）	0.094	0.1649	0.1505	0.0144	0.9126	0.0874
中等负荷率类（2 类）	0.2632	0.3963	0.3047	0.0916	0.7688	0.2312
高负荷率类（3 类）	0.5536	0.6541	0.3672	0.2869	0.5614	0.4386
全样本	0.2219	0.3466	0.2780	0.0685	0.8023	0.1977

资料来源：曹雅婷. H 省电力公司固定成本分摊方案改进研究 [D]. 长沙：长沙理工大学，2019.

6.　1～10 千伏大工业用户数据及特性分析

电价设计初始，必须排除实际操作中的优惠、政策执行偏差等政策和分时电价政策的干扰。本实证研究算例以某省 1～10 千伏目录电价中的电量电价 0.6448 元/千瓦时（非夏季）和基本电价 42 元/千瓦安·月和基本电价 28 元/千瓦·月的标准来设计，并对各项数据进行调整。在实际执行过程中，至于季节电价和分时电价，在可选择电价套餐的基础上，仍可按原方法进行浮动。1～10 千伏大工业执行最大需量电价用户用电数据统计见表 7 – 19。

表 7 – 19 中用最大需量总和、用电量是根据某省户控数据得到的实际值，电费总支出、容量电费支出、电量电费支出是根据目录电价进行修正得到的数据。表中，电费总支出 = 容量电费支出 + 电量电费支出；容量电费支出 = 最大需量和 × 12 × 最大需量电价；电量电费支出 = 用电量 × 电量电价；平均电价 =

电费总支出÷用电量；单位电量容量电价＝容量电费支出÷用电量。

表 7 – 19　　　1 ~ 10 千伏大工业执行最大需量电价用户用电数据及特性表

用户分类	用户数（个）	最大需量和（千瓦时）	用电量（千瓦时）	电量电费支出（元）	容量电费支出（元）	电费总支出（元）	电量电价（元/千瓦时）	最大需量电价（元/千伏安·月）	平均电价（元/千瓦时）	单位电量容量电价（元/千瓦时）
低负荷率类（1类）	179	194666	380851919	245573317	98111664	343684981	0.6448	42	0.9024	0.2576
中等负荷率（2类）	108	249551	645843575	416439937	125773704	542213641	0.6448	42	0.8395	0.1947
高负荷率类（3类）	43	99459	538049563	346934358	50127336	397061694	0.6448	42	0.7380	0.0932
全样本	330	543676	1.5647E+09	1008947613	274012704	1282960317	0.6448	42	0.8199	0.1751

资料来源：笔者整理。

表 7 – 19 显示，低负荷率用户的实际平均电价高（0.9024 元/千瓦时），而高负荷率用户的实际平均电价低（0.7380 元/千瓦时），这主要是因为高负荷率用户的最大需量低，而且用电量相对较大；低负荷率用户的用电量较低，而最大需量高，说明高负荷率的用户在电力负荷方面管理效率高，其综合电价通过降低契约限额（最大需量）来降低单位电量的容量成本，从而使整体电价水平降低。

表 7 – 20 中，变压器容量总和、用电量是根据某省户控数据得到的实际值，电费总支出、容量电费支出、电量电费支出是根据目录电价进行修正得到的数据。表 7 – 20 中，电费总支出＝容量电费支出＋电量电费支出；容量电费支出＝变压器容量总和×12×基本电价；电量电费支出＝用电量×电量电价；平均电价＝电费总支出÷用电量；单位电量容量电价＝容量电费支出÷用电量。

表 7 – 20 显示，低负荷率用户实际平均电价高（1.0037 元/千瓦时），而高负荷率用户实际平均电价低（0.7422 元/千瓦时），这主要是因为高负荷率用户的最大需量低，而且用电量相对较大；低负荷率用户的用电量较低，而变压器

容量高，说明执行基本电价高负荷率大工业用户在电力负荷方面管理效率高，整体电价水平降低。

表 7-20　　　　1～10 千伏大工业执行基本电价用户用电数据及特性表

用户分类	用户数（个）	变压器容量和（千瓦时）	用电量（千瓦时）	电量电费支出（元）	容量电费支出（元）	电费总支出（元）	电量电价（元）	基本电价（元/千伏安·月）	平均电价（元/千瓦时）	单位电量容量电价（元/千瓦时）
低负荷率类（1 类）	4569	3741595	3502431918	2258368101	1257175920	3515544021	0.6448	28	1.0037	0.3589
中等负荷率类（2 类）	3288	3646229	7565495577	4878231548	1225132944	6103364492	0.6448	28	0.8067	0.1619
高负荷率（3 类）	1352	2381874	8214556827	5296746242	800309664	6097055906	0.6448	28	0.7422	0.0974
全样本	9209	9.77E+06	1.9282E+10	12433345891	3282618528	15715964419	0.6448	28	0.8150	0.1702

资料来源：笔者整理。

7. 容量成本分摊及应收最大需量和基本电价计算

根据前面的分析，本书按照 42 元/千伏安·月和 28 元/千瓦·月的标准来设计。前文分析表明，供电成本受到系统同时率、峰荷的影响较大，因此本书提出容量成本责任系数概念，以确定总容量成本在各类用户容量成本回收的总量，并在此基础上计算基本电价。容量成本责任系数是指由同时率、峰荷确定的综合责任系数。

表 7-19 与表 7-20 显示，执行最大需量电价和执行基本电价的用户类型应回收的容量成本分别为 2.74 亿元和 32.83 亿元（应收容量成本），因此下面按照应收容量成本计算。

责任系数可以通过系统的负荷率—同时率公式（Bary 曲线）及考虑负荷率不同类型用户群的峰荷等因素来计算。计算结果见表 7-21、表 7-22。

表 7-21　　　　1~10 千伏大工业执行最大需量用户成本责任系数

用户分类	峰荷确定的责任系数	同时率确定的责任系数	综合责任系数	承担容量责任成本（元）	应收最大需量电价（元/千伏安·月）	单位电量责任成本（元）
低负荷率类（1 类）	0.6884	0.1300	0.4262	116773589.7	49.99	0.3066
中等负荷率（2 类）	0.2201	0.3177	0.3331	91281204.71	30.48	0.1413
高负荷率类（3 类）	0.0915	0.5523	0.2407	65957909.61	55.26	0.1226
全样本	1	1	1	274012704.0	42.00	0.1751

注：表中应收最大需量电价 = 应承担容量责任成本 ÷ 最大需量和 ÷ 12；单位电量的责任成本 = 承担容量责任成本 ÷ 用电量。

资料来源：笔者整理。

表 7-22　　　　1~10 千伏大工业执行基本电价用户成本责任系数表

用户分类	峰荷确定的责任系数	同时率确定的责任系数	综合责任系数	承担容量责任成本（元）	应收最大需量电价（元/千伏安·月）	单位电量责任成本（元）
低负荷率类（1 类）	0.5781	0.1357	0.3174	1042052234.4	23.21	0.2975
中等负荷率（2 类）	0.2753	0.3261	0.3632	1192375222.2	27.25	0.1576
高负荷率类（3 类）	0.1466	0.5382	0.3193	1048191071.4	36.67	0.1276
全样本	1	1	1	3282618528.0	28.00	0.1702

注：表中应收最大需量电价 = 应承担容量责任成本 ÷ 变压器容量和 ÷ 12；单位电量的责任成本 = 承担容量责任成本 ÷ 用电量。

资料来源：笔者整理。

8. 可选择负荷率电价中的容量电价及电量电价

总电价 = 固定成本 + 变动成本。在负荷率电价中，将固定成本的一部分计入变动成本（电量电价）中，并通过电量电价回收。本书将原有的电量电价视同为变动成本，如 0.6448 元/千瓦时。可选择负荷率电价中的容量电价由各类用户应该承担的容量成本总量与在容量电费的分摊比例决定；可选择负荷率电价中的电量电价由两部分构成，即：原来电量电价（变动成本）、在电量电价中分摊的容量成本。

在容量电费分摊的容量成本（单位电量）=承担的容量责任成本×在容量电费的分摊比例÷用电量；新的最大需量电价=应收最大需量电价×在容量电费的分摊比例；在电量电费中分摊的容量成本=承担的容量责任成本×在电量电费的分摊比例÷用电量；负荷率电价的电量电价=0.6448+电量电费中加价。

从表7－23中可以看到，执行最大需量电价的用户群中，高负荷率用户最大需量电价高，电量电价低；低负荷率用户的最大需量电价低，电量电价高。

表 7-23　　　　　　　1~10 千伏大工业执行最大需量用户电价计算表

用户分类	在电量电费的分摊比例	在容量电费的分摊比例	应收最大需量电价（元/千伏安·月）	在容量电费分摊的容量成本（元）	负荷率电价的最大需量电价（元/千伏安·月）	在电量电费中分摊的容量成本（元）	负荷率电价的电量电价（元/千瓦时）
低负荷率类（1类）	0.9255	0.0745	49.99	0.0228	3.72	0.2838	0.9286
中等负荷率（2类）	0.8023	0.1977	30.48	0.0279	6.03	0.1134	0.7582
高负荷率类（3类）	0.6087	0.3913	55.26	0.0480	21.62	0.0746	0.7194
全样本	0.8386	0.1614	42.00	0.0283	6.78	0.1468	0.7916

资料来源：笔者整理。

在容量电费分摊的容量成本（按照单位电量计算）=承担的容量责任成本×在容量电费的分摊比例÷用电量；负荷率电价的基本电价=应收基本电价×在容量电费的分摊比例；在电量电费中分摊的容量成本=承担的容量责任成本×在电量电费的分摊比例÷用电量；负荷率电价的电量电价=0.6448+电量电费中加价。

从表7－24中可以看到，执行基本电价的用户群中，高负荷率用户容量电价高，电量电价低；低负荷率用户的容量电价低，电量电价高。

表7-24　　　　　　　　　1～10千伏大工业执行基本电价用户电价计算表

用户分类	在电量电费的分摊比例	在容量电费的分摊比例	应收基本电价（元/千伏安·月）	在容量电费分摊的容量成本（元）	负荷率电价的基本电价（元/千伏安·月）	在电量电费中分摊的容量成本（元）	负荷率电价的电量电价（元/千瓦时）
低负荷率类（1类）	0.9126	0.0874	23.21	0.0260	2.03	0.2715	0.9163
中等负荷率（2类）	0.7688	0.2312	27.25	0.0364	6.30	0.1212	0.7660
高负荷率类（3类）	0.5614	0.4386	36.67	0.0560	16.08	0.0716	0.7164
全样本	0.8023	0.1977	28.00	0.0337	5.54	0.1366	0.7814

资料来源：笔者整理。

9. 可选择性判断及分类调整

1）可选择性判断

电价的可选择性，就是用户在电网公司提供的电价套餐中拥有自主选择权。根据负荷率设计的电价套餐，用户需要根据用户自身的用电特性来选择不同的电价，即高负荷率用户选择高负荷率电价套餐、中等负荷率用户选择中等负荷率电价套餐、低负荷率用户选择低负荷率电价套餐。可选择负荷率电价是否设计准确与合理取决于用户选择套餐时，其理性行为是选择与自身负荷率特性接近的套餐，否则将增加电费支出。如果出现错配，就需要对设计方案进行调整。

对于1～10千伏大工业执行最大需量电价的用户群，根据表7-23的数据，对设计的电价套餐的可选择性进行测算和判定，发现如果低负荷率用户选择中、高负荷率的电价，将分别少支出16.42%和10.44%电费。低负荷率特性用户，可以选择中等负荷率电价、高负荷率电价并使得自身支付电费更低，说明低负荷率中有部分用户应当划分到中等负荷率中去，因此需要调整。如果中等负荷率用户选择低、高负荷率电价，将分别多支出20.31%和4.27%的电费，因此其只能选择中等负荷率电价。如果高负荷率用户选择低、中负荷率电价，将分别多支出22.08%和0.54%的电费，因此其只能选择高负荷率电价。高负荷率电价不能选择低、中负荷率电价，中等负荷率不能选择低、高负荷率电价，说明这两类电价达到了设计目标。

同样对 1 ~ 10 千伏大工业执行基本电价的用户群电价套餐方案进行可选择性进行测算和判定时发现，也得到高负荷率电价不能选择低、中负荷率电价；中等负荷率不能选择低、高负荷率电价，低负荷率用户可以选择中、高负荷率电价，说明低负荷率中有部分用户应当划分到中等负荷率用户类型中去。

2）分类的调整及电价套餐

从可选择判断测算来看，有些低负荷率用户可以选择中、高负荷率电价，低负荷率中有部分用户应当划分到中等负荷率中。因此，接下来对分类过程中负荷率交叉部分用户进行计算和调整。

各类用户在 Bary 曲线上的斜率为：

$$CF'(LF_i) = -\alpha \cdot e^{\alpha \cdot LF_i} \tag{7.44}$$

Bary 曲线切线方程为：

$$y - CF_i = -\alpha \cdot e^{\alpha \cdot LF_i}(x - LF_i) \tag{7.45}$$

执行最大需量电价的大工业用户群中的低负荷率用户的切线方程为：

$$y_{低} = 1.2616x + 0.0106 \tag{7.46}$$

执行最大需量电价的大工业用户群中的中等负荷率、高负荷率用户的切线方程：

$$y_{中} = 0.9607x + 0.0685 \tag{7.47}$$

$$y_{高} = 0.5844x + 0.2357 \tag{7.48}$$

依据低负荷率与中等负荷率用户切线的交点得到：$x_1 = 0.1925$，换算为利用小时为：1686.14。

依据中等负荷率与高负荷率用户切线的交点得到：$x_2 = 0.4445$，换算为利用小时为：3893.80。

同理，可以计算 1 ~ 10 千伏执行基本电价工业用户不同负荷率的切线方程及调整的负荷率如下：

1 ~ 10 千伏执行基本电价大工业用户群中低负荷率用户的切线方程为：

$$y_{低} = 1.6013x + 0.0144 \tag{7.49}$$

1 ~ 10 千伏执行基本电价大工业用户群中的中等负荷率、高负荷率用户的切线方程：

$$y_{中} = 1.1576x + 0.0916 \qquad (7.50)$$

$$y_{高} = 0.6633x + 0.2869 \qquad (7.51)$$

依据低负荷率与中等负荷率用户切线的交点得到：$x_1 = 0.1740$，换算为利用小时为：1524.56。

依据中等负荷率与高负荷率用户切线的交点得到：$x_2 = 0.3950$，换算为利用小时为：3460.15。

根据以上调整，得到执行不同负荷率用户容量电价的可选择负荷率电价套餐见表7-25、表7-26。

表7-25　1~10千伏执行最大需量电价大工业用户可选择负荷率电价套餐

用户类型	平均利用小时	参考利用小时	参考利用小时*	最大需量电价（元/千伏安·月）	最大需量电价（元/千伏安·月）*	电量电价(元/千瓦时)
低负荷率	911.04	低于1686.14	低于1690	3.72	4	0.9286
中等负荷率	2535.14	1686.14~3893.80	1690~3890	6.03	6	0.7582
高负荷率	5496.90	高于3893.80	高于3890	21.62	22	0.7194

注：*表示取整数。
资料来源：笔者计算。

表7-26　1~10千伏执行基本电价大工业用户可选择负荷率电价套餐

用户类型	平均利用小时	参考利用小时	参考利用小时*	基本电价电价（元/千瓦·月）	基本电价（元/千瓦·月）*	电量电价(元/千瓦时)
低负荷率	823.44	低于1524.56	低于1520	2.03	2	0.9163
中等负荷率	2305.63	1524.56~3460.15	1520~3460	6.30	6	0.7660
高负荷率	4849.54	高于3460.15	高于3460	16.08	16	0.7164

注：*表示取整数。
资料来源：笔者计算。

10. 可选择两部制负荷率销售电价套餐

根据1~10千伏大工业用户的可选择两部制负荷率电价的设计原理与方法，同理可以对某省其他电压等级进行电价套餐设计，结果见表7-27。

表 7 – 27　　各电压等级及各类用户可选择两部制负荷率销售电价汇总表

电压等级	用户类别	利用小时（负荷率特性）	容量电价	电量电价
1 ~ 10 千伏	大工业用户（基本电价）	低于 1520（低负荷率）	2	0.9163
		1520 ~ 3460（中等负荷率）	6	0.7660
		高于 3460（高负荷率）	16	0.7164
	大工业用户（需量电价）	低于 1690（低负荷率）	4	0.9286
		1690 ~ 3890（中等负荷率）	6	0.7582
		高于 3890（高负荷率）	22	0.7194
	中小化肥用户（基本电价）	低于 2710（低负荷率）	3	0.7729
		高于 2710（高负荷率）	12	0.6092
	一般工商业用户（基本电价）	低于 2900（低负荷率）	2.5	0.8310
		高于 2900（高负荷率）	17	0.6686
	普通化肥用户（基本电价）	低于 1180（低负荷率）	2	0.6496
		高于 1180（高负荷率）	2.5	0.6224
35 ~ 110 千伏	大工业用户（基本电价）	低于 1910（低负荷率）	2	0.7562
		1910 ~ 4200（中等负荷率）	7	0.6953
		高于 4200（高负荷率）	12	0.6695
	大工业用户（需量电价）	低于 2650（低负荷率）	7	0.7574
		高于 2650（高负荷率）	23	0.6981
110 千伏	大工业用户（需量电价）	低于 2550（低负荷率）	2	0.7660
		高于 2550（高负荷率）	14	0.6959
	中小化肥用户（基本电价）	低于 4340（低负荷率）	14	0.5670
		高于 4340（高负荷率）	19	0.5315

　　注：电量电价的单位为元/千瓦时；需量电价的单位为元/千伏安·月；基本电价的单位为元/千瓦·月。

　　从表 7 – 27 可以看出，可选择两部制负荷率电价表，分类顺序为：先按照电压等级，其次按照用户类别，最后按照负荷率特性进行分类。首先按照电压等级分类，可以充分反映不同电压等级的供电成本；其次按照行业分类兼顾了现有的按照行业分类的习惯，但这种分类可以取消，以减少相同电压等价不同行业用户间的交叉补贴，即分类顺序为：电压等级 – 负荷率特性。最后，按照负荷率特性分类，可以减少相同电压等级相同用户类别不同负荷率特性用户之间的电价交叉补贴。

可选择两部制负荷率电价中，容量电费变小，其主要是一部分容量电费通过电量电价来回收。从表 7 - 27 中还可以看到，低负荷率用户的电量电价高，容量电价低，高负荷率用户则相反。

7.4.8 可选择两部制负荷率输配电价实证研究及方案设计*

现行独立输配电价政策中，电网企业缺少引导用户用电行为的方式，如果将独立输配电价设计成可选择负荷率输配电价，能够较好地解决这一问题。可选择负荷率输配电价可以引导用户提高负荷率，对电网负荷均衡和安全运行产生积极作用。可选择负荷率电价将供电成本一部分通过电量电价回收，高负荷率用户低电量电价、高容量电价，低负荷率用户执行高电量电价、低容量电价，这种同压同负荷率的定价方式可以减少相同电压等级不同负荷率用户之间的电价交叉补贴，更加精确地使不同负荷率用户的电价与其供电成本相符合。按照分压、分类、分负荷率进行电价套餐设计，可以与现行分类目录电价政策实现比较好的衔接。与此同时，能够实现两个目标：一是能够确立同一电压等级单位电量的供电成本相同的定价原则，即高电压等级受电的用户，其综合电价水平应相对较低；低电压等级受电的用户综合电价水平相对较高；二是同电压等级不同负荷率用户的供电成本（最终反映为用电成本）不同，即高负荷率用户综合电价水平低，低负荷率用户综合电价水平高。

由于独立输配电价体现的是供电成本，依据 7.4.7 节的设计原理，将输配电价设计成两部制电价，更能体现成本定价的机制与原理。按照 5 号文件，电价交叉补贴通过输配电价回收。根据前文分析，将电价交叉补贴独立成项，更能够体现不同成本特性和公平分摊原则，且可以实现电价交叉补贴供需动态平衡，因此在设计可选择两部制负荷率输配电价套餐时，将工商企业及其他用户需承担的交叉补贴义务，通过电量电价回收，体现了公平、均等的担责原则。

城乡居民用户、农业生产用电用户、化肥生产用电用户是外生性、政策性

---

* 部分论述参见：刘思强，叶泽，刘宇哲，等. 湖北省独立输配电价设计与研究报告 [R]. 长沙：长沙理工大学中国电价研究中心，2018.

交叉补贴的需求方和被补贴方，一般工商业及其他用户、大工业用户是电价交叉补贴供给方和补贴方。工商业及其他用户单位电量应承担的平均交叉补贴水平＝全社会政策性交叉补贴总额÷工商业及其他的总售电量。某省工商业及其他用户单位电量，应承担的平均交叉补贴，测算结果见表7－28。

表7－28　　　　某省工商业及其他用户单位电量应承担的平均交叉补贴　单位：元/千瓦时

变量		2015年数值	2016年数值	2017年数值	2018年数值
全社会交叉补贴总额		6806745.46	7018545.04	7250123.51	7502351.08
承担交叉补贴的电量		96906213.23	101589750.83	106470767.95	111554333.42
全网售电量		139324835.80	146882411.70	154849942.80	163249667.00
享受交叉补贴电量	合计	42418622.57	45292660.87	48379174.85	51695333.58
	居民用电量	29807182.53	31502430.39	33295791.08	35193053.09
	农业生产用电量	2210256.60	2351069.87	2501229.92	2661387.29
	化肥生产	9549536.54	10527728.10	11606738.77	12797003.98
	烧碱生产	851646.90	911432.51	975415.08	1043889.22
单位电量工商业及其他应承担的平均交叉补贴水平		0.0702	0.0691	0.0681	0.0673

资料来源：笔者计算。

从表7－28中可以看出，单位电量工商业及其他用户应承担居民、农业生产、化肥生产、烧碱生产等用户的平均政策性交叉补贴水平为0.07元/千瓦时。

根据某省2015年各电压等级输配电价水平（见表4－32）、交叉补贴水平（0.0702元/千瓦时）及某省户控数据，按照分压、分类、分负荷率的顺序设计可选择两部制负荷率输配电价套餐见表7－29。

表7－29　　　　　　　　可选择两部制负荷率输配电价套餐

电压等级	用户类别	利用小时（负荷率特性）	容量电价	电量电价
1~10千伏	大工业用户（基本电价）	低于1520（低负荷率）	3.17	0.533
		1520~3460（中等负荷率）	9.83	0.2984
		高于3460（高负荷率）	25.10	0.2211

续表

电压等级	用户类别	利用小时（负荷率特性）	容量电价	电量电价
1～10 千伏	大工业用户（需量电价）	低于1690（低负荷率）	5.65	0.5399
		1690～3890（中等负荷率）	9.14	0.2813
		高于3890（高负荷率）	32.81	0.2225
	中小化肥用户（基本电价）	低于2710（低负荷率）	5.70	0.4805
		高于2710（高负荷率）	21.46	0.1967
	一般工商业用户（基本电价）	低于2900（低负荷率）	0.87	0.3585
		高于2900（高负荷率）	6.04	0.2071
	普通化肥用户（基本电价）	低于1180（低负荷率）	1.46	0.4738
		高于1180（高负荷率）	1.50	0.1558
35～110 千伏	大工业用户（基本电价）	低于1910（低负荷率）	2.76	0.3176
		1910～4200（中等负荷率）	10.75	0.2211
		高于4200（高负荷率）	19.05	0.1802
	大工业用户（需量电价）	低于2650（低负荷率）	7.23	0.2461
		高于2650（高负荷率）	23.86	0.185
110 千伏	大工业用户（需量电价）	低于2550（低负荷率）	1.40	0.2021
		高于2550（高负荷率）	8.16	0.1617
	中小化肥用户（基本电价）	低于4340（低负荷率）	35.61	0.2252
		高于4340（高负荷率）	49.25	0.1317

注：电量电价的单位为元/千瓦时；需量电价的单位为元/千伏安·月；基本电价的单位为元/千瓦·月。

7.4.9 可选择两部制负荷率分时输配电价实证研究及方案设计*

前文已分析提到，用户在高峰、低谷用电不同时段用电，会导致交叉补贴。用电高峰，电网企业需要提供备用容量，按照成本定价原则，高峰用电成本高，电价水平应高；低谷用电成本低，电价水平应低。如果高峰、低谷用电采用统

---

* 部分论述参见：刘思强，叶泽. 我国销售侧分时电价政策实施经验与启示 [J]. 价格理论与实践，2014（6）：40-41，64. 刘思强，叶泽，姚军，等. 负荷价格弹性的季节特性及尖峰电价政策福利效应估算 [J]. 中国电力，2016，49（10）：165-170.

一电价水平，本应由高峰用电用户承担的容量成本实际上由全体用户承担，从而产生交叉补贴，即低谷用电用户补贴了高峰用电用户，导致不公平。

分时电价是一种有效的需求侧管理方式，阿尔巴迪和艾尔萨德尼（2008）、赵洪山等（2015）学者研究认为，峰谷分时电价政策是一种市场化解决电力供需矛盾的应急机制，其通过移峰填谷，对于保障电力供需平衡、节省电力资源、提高供电可靠性、避免高峰限电等方面的作用日益明显。事实上，给电力系统造成压力和安全性隐患的高峰负荷（尤其是尖峰负荷），通常具有季节性（冬季、夏季）、短暂性、峰荷电量低等特征，这导致电力系统容量利用效率极低。采用分时电价实现移峰填谷能够促使效益增加，这主要体现在容量节省上，即电网和发电容量的节省和电力生产效率的提高。王冬容等（2007）研究认为，按照供电成本定价原则与机制，执行分时电价政策，会节省系统容量成本，成本节省效应会最终反映到销售电价的价格形成机制中，促进电价水平降低。吕双辉等（2015）、刘晓琳等（2014）等研究认为，执行峰谷分时电价政策，用户会对电价政策做出响应，改变用电习惯，调整用电时间，但用户的用电量不会显著减少，即消费者福利不降低。刘思强等（2016）研究认为执行峰谷分时和季节性电价政策，通过削峰填谷形式，可大幅度节省发电资源和电网资源，并促进环境改善，社会净福利显著增加。

执行分时电价政策可以维持高峰时段供需平衡，减少备用容量，减少电力投资；通过移峰填谷，提高了电力系统稳定性和可靠性。与此同时，对于积极响应分时电价政策的用户，可以降低电费支出。因此，分时电价是一种可以实现共赢的激励相容定价机制。目前，各地区的政府、电网企业、用户等各方面均存在相应需求。

我国自 2003 年开始推行分时电价，2015 年 4 月国家发展和改革委员会和财政部下发了《关于完善电力应急机制做好电力需求侧管理城市综合试点工作的通知》，要求北京、江苏等试点地区制定和完善尖峰电价或季节电价，以吸引用户主动减少高峰用电负荷并自愿参与需求响应。2021 年 8 月，为推进电价改革，服务以新能源为主体的新型电力系统建设，促进能源绿色低碳发展，国家发展和改革委员会下发了《关于进一步完善分时电价机制的通知》，要求各省区市在保持销售电价总水平基本稳定的基础上，完善目录分时电价。

分时电价实现移峰填谷和引导用户需求，对于电力市场供需及供用电成本的影响主要表现为两个方面：一是执行分时电价，发挥电价信号对电力需求的作用，引导用户错峰用电，从而解决高峰（尖峰）时段电力供需矛盾突出的问题；二是通过移峰填谷，抑制系统负荷攀升，增强系统安全运行的稳定性，减少或节省备用容量投资，从而缓解供电成本、电价的增长趋势。但近年来，随着我国经济规模和经济总量增大，电力需求总量也显著增加，各地区用电季节性不均衡状态越来越明显，峰谷差日益拉大。例如，2020年12月至2021年1月我国南方地区湖南、江西、浙江等地采取限制用电措施，这些地方短缺的不是电量而是电力供应。我国南方受自然因素影响明显，电力供需的暂时性不平衡事件时有发生，电力供应短缺的季节性、时段性、区域性特征明显，"迎峰度夏""迎峰度冬"备战成为华中、华东地区电力企业经营过程中的常态。为了缓解供需矛盾及电力供需季节性不平衡问题，各地主要采取两种方式：一是采用有序用电的方式。实际上是在用电高峰时段，根据电力系统承载能力，对部分地区或部分用户实施拉闸限电。限电的强制性方式降低了供电的可靠性，一部分用户或一部分地区的用户不能用电，从而导致社会福利净损失（刘思强等，2016）。二是采用峰谷分时电价政策，通过需求侧响应来引导用户需求。分时电价及尖峰电价如果价差较大，用户会对电价做出响应，减少高峰或尖峰时段用电。对于用电量较大的工商企业用户，当错峰用电的成本节省所带来的收益大于调整生产经营时间所产生的额外成本时，用户会倾向低谷或平段时间用电。因此，峰谷分时电价政策主要影响用户用电的舒适度和充盈度。

对用户来说，通常会有自身的用电习惯，即负荷曲线的走势。例如，工业企业有自身的生产时间、商业企业有自身的经营时段，用户响应一般会考虑对电价的自适应性，即对调整用电时间所产生的成本与电费增加成本之间的权衡。除了用电时间之外，用户用电的舒适度还与分时电价下各时段用电量有关，因为电费成本不仅与价格相关，还与用户的用电量相关。在相对稳定的电价水平下，用户将会自主选择其舒适度最大的用电方式。如果各时段电价无差异，用户长期形成的典型负荷曲线的用电方式舒适度最高。用户用电的充盈度反映的是用户用电量需求的满足程度。在公平交易的市场中，用户的充盈度随用电量的增加而增加，即电量需求可以很好满足，而不是限量。

当然，价格最低并且舒适度和充盈度最高，对用户来说，利益实现了最大化。然而，电力系统是由众多用户需求，共同组合而成，电力系统的容量存在安全极限，因此满足每一个用户的价、量、用电时间的需求是不可能的。因此，不同用户需要在电价、舒适度、充盈度之间做出适合自身需求的选择，舒适度、充盈度最高，电价也高；舒适度、充盈度降低，电价也低。执行峰谷分时电价或尖峰电价政策，就是通过价格杠杆或价格信号使用户出于成本考虑，改变或调整用电行为，如减少高峰用电，增加低谷用电。峰谷分时电价或尖峰电价政策，必然降低一些用户用电的舒适度，但对全社会来说，却提高了高峰时段用电的充盈度。

从消费者剩余角度分析，分时电价政策会使一部分用户福利受损，另一部分用户受益，但社会总体福利增加。从合理性角度分析，罗尔斯（Rawlsian）在其《正义论》中指出，社会福利最大化的标准应该使境况最糟糕的社会成员的效应最大化，分时电价政策显然可以实现这种目标，如一个大工业用户错峰用电，转移电量能够使成千上万个居民用户用上电。

刘思强和叶泽（2014）研究认为，执行峰谷分时电价政策的用户范围、分时段划分、峰（尖）平谷各时段的电价水平、峰谷电价价差及比率四个问题是分时电价定价的关键。他们通过整理28个省区市的分时电价数据并进行定量分析，对我国分时电价实践及经验进行了总结。目前，我国峰谷分时电价政策主要针对城乡居民用户与工商业用户两大类型，其中后者执行范围、力度超过前者。随着城乡居民用电量的持续高速增加，其对电力系统的安全性、稳定运行及负荷影响越来越大，各省区市正在积极探索和推广在居民用户中实施分时电价政策。从28个省区市的执行范围来看，工商业用户尤其是大工业用户是执行分时电价最早也是范围最广的用户类别。一般来说，工商业用电用户尤其是大工业用户，用电负荷高，用电量大，电费支出占生产经营成本比例较高，需求—价格弹性大，时间负荷—价格弹性也大，因而工商用户对分时电价机制具有敏捷的响应性，其往往会以降低用电舒适性和高峰时段用电的充盈度，来降低用电成本。居民用户数量多但分散独立，单个用户用电量相对较少，对分时电价政策响应滞后和不敏感，大多数用户不会因为电价而降低用电舒适性和充盈度。因此，各国实施分时电价政策均从工商业用户开始并将其作为最主要的政策执行范围，再推广至其他用户类型。自 2003 年以来，各省份在积极探索分时电价的执行方式，同时对电价政策进行了多种调整，主要也是针对工商业用户。

分时电价的时段划分在很大程度上决定了一天中电力系统负荷供需均衡目标是否能够实现。目前，根据用电时间和负荷曲线特征，一般将 1 天 24 小时划分尖峰、高峰、平段、低谷四个时段，或高峰、平段、低谷三个时段，或高峰、低谷两个时间段。针对不同时段，制定不同的价格，各时段价格存在显著的价差。我国各地区工业结构、用电习惯、气候等存在差异，负荷特性也不尽相同，因此分时电价政策实施在季节、时段划分、时段数量方面都存在差异。目前，我国有北京、安徽、河南、湖南、山东、河北、天津、江西、重庆 9 个省市执行将分时电价时段划分为尖、高、平、低四个时段；浙江划分为尖、高、低三个时段；其他 18 个省区市将分时电价时段划分为高、平、谷三时段。尖峰时段是对高峰时段微调整，主要用来平抑夏冬季节短时间内出现的异常增高负荷，目前有单尖峰、双尖峰两种实施方式。尖峰时间持续 2～3 个小时，最长为 4 个小时（河南）。为了维持电价水平的稳定性，除浙江、江西外，我国分时电价各时段的时长大体相同，即峰（含尖峰）、平、谷均为 8 小时。浙江峰（含尖峰）、谷均为 12 小时，江西为峰（含尖峰）、平、谷为 6 小时、12 小时、6 小时。

分时电价的时段数量关系平抑负荷的精确程度，各省区市根据本地区的负荷曲线特性，时段数划分存在较大差异，一般为 5～8 个。经济发达地区由于用户负荷高、用电量大，其时段数较多；另外，电力供应紧张或电力系统安全负荷较低、容量承载能力较弱的地区时段数也多。时段数越多，每段内的时长越短，用户用电的舒适度降低，但高峰时段社会的用电充盈度增加。各省区市早期的分时电价时段划分比较粗放，但近年来，随着经济规模增大，用电量快速增长，各地区电网最大负荷不断创新高，为了实现负荷均衡，各省区市迫切需要科学精确划分时段，以平抑高峰负荷降低系统风险，缓解用电高峰时段的电力供需矛盾。

峰谷电价价差是影响用户需求响应的另一重要因素。如果价差太小，用户调整用电行为的动力不足，积极性不够。电价定价基础是供电成本，但从需求侧来看，用户的用电行为具有很强的不确定性，因此电网输配电的边际成本相对复杂，难以准确测定。因此在实际操作中，各国或地区在确定分时电价各时段的价格水平时，通常会依据系统负荷控制目标而不是成本因素，采用简明的价差法。具体方式是，首先根据平均成本确定平段电价水平，然后根据负荷控制目标和用户需求 – 价格弹性，按比例确定峰段、低谷段的电价。例如：《关于进一步完善分时电价机制的通知》规定："最大系统峰谷差率超过 40% 的地方，峰谷电价价差原则上不低于 4∶1；其他地方原则上不低于 3∶1。"价差比例确定，主要有上下浮动比例法，即在平段电价（平均电价成本）的基础上，向上浮动一定比例，得到高峰电价，向下浮动一定的比例，得到低谷电价。计算公式为：高峰电价 = 平段电价×（1 + 高峰电价上浮比例）；低谷电价 = 平段电价×（1 – 低谷电价下浮比例）。

刘思强和叶泽（2014）对我国 28 个省区市的非优待工业销售侧分时电价目录共计 143 组样本数据进行了二阶聚类分析、描述性统计，发现我国 28 个省区市高峰、平段、低谷的平均电价为 0.9209 元/千瓦时、0.6107 元/千瓦时、0.3286 元/千瓦时，极大值分别为 1.2870 元/千瓦时、0.9410 元/千瓦时、0.4879 元/千瓦时，极小值分别为 0.5370 元/千瓦时、0.3630 元/千瓦时、0.1330 元/千瓦时；分时电价峰、平、谷价格平均比率为 2.9∶1.9∶1；实施尖峰电价 9 个省市（除浙江外，样本数据 $N = 50$）进行分析，尖峰比高峰的比率为 1.108∶1，即尖峰电价是在高峰电价的基础上加价约为 10%。

可选择两部制负荷率输配电价由容量电价与电量电价构成，容量电价应保持不变，电量电价应按照分时电价原理来确定。本书按照峰、平、谷价格平均比率为 3∶2∶1 的比率模拟设计某省可选择分时两部制负荷率输配电价套餐，见表 7 – 30。

表 7 – 30　　　　　　　　　可选择分时两部制负荷率输配电价套餐

电压等级	用户类别	利用小时（负荷率特性）	容量电价	电量电价		
				峰	平	谷
1 ~ 10 千伏	大工业用户（基本电价）	低于 1520（低负荷率）	3.17	0.7995	0.533	0.2665
		1520 ~ 3460（中等负荷率）	9.83	0.4476	0.2984	0.1492
		高于 3460（高负荷率）	25.10	0.3317	0.2211	0.1106

续表

电压等级	用户类别	利用小时（负荷率特性）	容量电价	电量电价		
				峰	平	谷
1~10千伏	大工业用户（需量电价）	低于1690（低负荷率）	5.65	0.8099	0.5399	0.27
		1690~3890（中等负荷率）	9.14	0.422	0.2813	0.1407
		高于3890（高负荷率）	32.81	0.3338	0.2225	0.1113
	中小化肥用户（基本电价）	低于2710（低负荷率）	5.70	0.7208	0.4805	0.2403
		高于2710（高负荷率）	21.46	0.2951	0.1967	0.0984
	一般工商业用户（基本电价）	低于2900（低负荷率）	0.87	0.5378	0.3585	0.1793
		高于2900（高负荷率）	6.04	0.3107	0.2071	0.1036
	普通化肥用户（基本电价）	低于1180（低负荷率）	1.46	0.7107	0.4738	0.2369
		高于1180（高负荷率）	1.50	0.2337	0.1558	0.0779
35~110千伏	大工业用户（基本电价）	低于1910（低负荷率）	2.76	0.4764	0.3176	0.1588
		1910~4200（中等负荷率）	10.75	0.3317	0.2211	0.1106
		高于4200（高负荷率）	19.05	0.2703	0.1802	0.0901
	大工业用户（需量电价）	低于2650（低负荷率）	7.23	0.3692	0.2461	0.1231
		高于2650（高负荷率）	23.86	0.2775	0.185	0.0925
110千伏	大工业用户（需量电价）	低于2550（低负荷率）	1.40	0.3032	0.2021	0.1011
		高于2550（高负荷率）	8.16	0.2426	0.1617	0.0809
	中小化肥用户（基本电价）	低于4340（低负荷率）	35.61	0.3378	0.2252	0.1126
		高于4340（高负荷率）	49.25	0.1976	0.1317	0.0659

注：电量电价的单位为元/千瓦时；需量电价的单位为元/千伏安·月；基本电价的单位为元/千瓦·月。

可选择分时两部制负荷率输配电价在处理电价交叉补贴时，具有以下特征和优点：一是该电价体系首先是根据电压等级来分类，而不是用途和行业。按照电压等级分类，遵循同压同价，消除了相同电压等级不同用户类别（居民用户、工商业用户）间的交叉补贴。二是该电价体系在相同电压等级的基础上，同压同类型用户按照负荷率定价，消除了相同电压等级相同用户类别负荷率不同用户之间的交叉补贴。三是该电价体在负荷率电价的基础上，实施分时定价，可以消除不同时段用电用户的交叉补贴。四是该电价体系是建立在输配电价基础上的两部制电价，将准许收入作为成本分摊的基数，体现了分压成本定价原则，消除了不同电压等级间的交叉补贴；与此同时，可以保障准许收入得到稳定回收。对于准许收入（视为电网企业供电成本），一部分通过容量电价回收，另一部分通过电量电价回收，可以引导用户合理用电，提高负荷率。

7.5　本章研究结论及讨论

电价交叉补贴存在多种类型，各种交叉补贴类型之间又存在交叉、伴生、彼此影响的复杂关系。因此，从一个角度很难处理好交叉补贴的问题。电价交叉补贴产生的根源是现行电价形成机制没有或者没有完全体现成本定价原则，回归或遵循成本定价显然是妥善处理交叉补贴问题的必由之路。在以输配电价为纽带的新一轮电价改革政策下，多视角、多维度探讨电价交叉补贴的处理机制及方式，有利于分步骤、分阶段妥善解决交叉补贴问题，有利于电价改革向纵深推进。

本章针对电价交叉补贴存在的类型，采用实证研究方法对各类电价交叉补贴的处理机制及相应的电价机制设计进行了探讨，具体结论如下：

1. 准确核定输配电价及科学调控定价参数是处理交叉补贴的关键环节

"管住中间，放开两头"是新一轮电力体制改革、市场管制的基本模式，准确核定输配电价既是保障准许收入回收的前提，也是建立基于供电成本定价原则的电价形成机制的基本环节。电价水平背离成本是电价交叉补贴产生的根本原因，因此准确核定输配电价及建立科学的输配电价调控机制同样也是妥善处理交叉补贴的关键环节。

输配电价水平定价是否准确，不仅影响销售电价是否体现供电成本，而且影响电价交叉补贴计量依据，即基准电价。本章按照省级输配电价定价办法，建立了输配电价定价模型，并对影响输配电价水平的各参数属性进行了逐一分析。实证结果显示，影响输配电价定价的参数存在监管属性型、调控属性型两种属性，各定价参数相互联系和相互作用，它们对输配电价水平影响的敏感性存在较大差异，从高到低依次为折旧率参数、运行成本费率、线损率参数、电量增长参数、权益资本收益率参数、有效资产增长率参数。由于现行输配电价定价办法，采用的是投资回报率的管制方式，容易产生过度投资和 A-J 效应，使得输配电价水平偏离实际成本，推高输配电价水平。如果以偏高投资的供电成本为基准电价，将会降低交叉补贴的影响，因此政府主管部门需要依据参数对输配电价水平的影响程度，实施精准调控，并采用平衡账户，实现准许收入动态平衡。

2. 构建机理趋同电价形成及明收明补机制是处理交叉补贴的重要路径

目前我国电价交叉补贴通过输配电回收，准许收入得到了制度保障，但随着双轨市场和电力市场消费结构变化，也带来了供电成本属性界定及归属不清晰、交叉补贴归集与支出不平衡、兜底供电面临压力、承担交叉补贴责任主体不明确、暗收暗补严重等诸多问题。

实证研究显示，在双轨市场和价格双轨机制下，我国电力市场存在工商用户交叉补贴负担加重趋势明显、电网公司交叉补贴收支不平衡、不同市场电量分摊责任不均等严重问题。本书指出，妥善处理双轨市场电价交叉补贴，关键问题不是调整电网企业与用户的利益分配，而是需要解决各类用户之间的权责平衡。本书将电价交叉补贴作为独立于输配电价之外的成本项（外生性、政策性成本项目），构建了不同市场、不同定价机制下的销售电价定价模型，探讨了电价交叉补贴供需平衡机制和"明收明补"机制，提出了"独立成项（成本项）、单独核审；责任均摊、权益均衡、明收明补；以支定收、动态平衡；因地制宜、逐步退坡"的电价交叉补贴的处理思路。

3. 以绿色发展为约束条件优化阶梯电价是处理交叉补贴的现实方式

目前，处理工商企业用户与居民用户间的交叉补贴问题最现实的方式是实施非线性递增式阶梯电价政策。但现行阶梯电价政策，由于第一档电量过高，各档间价差太小，导致"富人搭穷人便车"、收入再分配效应不公平、节能效应和环境效应基本消失、补贴不精准普遍服务功能衰退等严重问题。在经济发展和环境压力双重约束下，需要协调公平、效率、绿色发展的多种目标来处理电价交叉补贴。

本章采用实证研究方法，通过构建分类用户电力需求模型，运用电力消费面板数据，分析了影响电力需求和碳排放的关键因素，并以居民可支配收入、碳排放责任目标、交叉补贴缓解程度作为约束条件，来确定阶梯电价的分档边界电量、档间价差和交叉补贴目标受益群体。实证研究结果显示，实施改进的阶梯电价定价方式能够显著促进节能减排效应，并显著减少工商用户补贴城乡居民用户的程度及规模。与此同时，通过提高电价交叉补贴精准处理程度，充分体现普遍服务公平要义。

4. 推行可选择分时两部制负荷率电价是消除多种交叉补贴的重要方式

用户用电负荷特性影响供电成本，其中受电电压等级、峰荷、负荷率、同时率等，是主要因素。新一轮电力体制改革，明确要求将用户受电电压等级、负荷特性作为主要指标来建立分类电价体系，但实现路径并不清晰。研究发现，按照先分电压等级、后分负荷特性、再分时，构建可选择分时两部制负荷率电价体系，可以消除或减少不同电压等级间的交叉补贴、相同电压等级不同类型用户之间的交叉补贴、同一电压等级不同负荷特性用户之间的交叉补贴等多种类型的电价交叉补贴。

本书采用实证研究方法，从可选择分时两部制负荷率电价的可选择电价定价理论、负荷率电价定价原理、基于负荷特性的成本分摊方法、可选择两部制负荷率定价方法、分时电价定价原理、分时电价与可选择负荷率电价结合机制等方面开展了研究和探讨。本书提供了一套比较完善的可选择分时两部制负荷率电价体系的设计思路及详细设计方案。

第8章 电价交叉补贴处理政策建议

党的二十大提出，加快能源发展方式绿色转型和积极稳妥推进碳达峰碳中和，是中国式现代化促进人与自然和谐共生本质要求的战略目标，也是实现高质量发展的关键环节。党的二十大关于能源发展的重要精神是：立足我国能源资源禀赋，推动能源结构调整优化，实施全面节约战略，推进能源节约集约利用；完善支持绿色发展价格政策和标准体系，推动形成绿色低碳的生产方式和生活方式；完善能源消耗总量和强度调控，深入推进能源革命，加强能源产供储销体系建设，坚持先立后破，有计划分步骤实施碳达峰行动，确保能源安全。

2022年，我国火力发电量仍占70%以上。据估计，我国目前全年碳排放量为100亿吨左右，2030年实现碳达峰对应的峰值为120亿吨左右，其中电力行业占40%以上，是实现"3060""双碳"目标的关键领域，电力行业减排行动牵一发而动全身。但目前我国电力市场还缺少价格发现机制，内在自我调节供需平衡的能力不足，弹性和韧性不强，资源配置效率较低。2020年、2021年因气温突变、风电光伏骤减、煤价上涨、火电出力不够、"双控"减排等多方面原因，20个省区市出现了"限电限产"，东三省限电范围还扩大至居民用电，"一刀切""运动式"降碳给经济发展和人们生活带来了很大影响。因此，妥善解决"电价交叉补贴"是电力体制改革和电力工业绿色转型的瓶颈问题，构建绿色电价和效率体系、提高利用效率、推动能源消费革命、推进新型电力系统建设是解决电力安全与可持续性的关键问题之一。

8.1 还原电力商品属性，统筹推进交叉补贴处理

电力是国民经济最重要的基础产业，电力生产与电力消费也是我国经济社会实现绿色发展和实现"双碳"目标的关键领域。电力工业发展和电力消费市场发展，需要坚持"推动能源消费革命，抑制不合理能源消费""推动能源生产和消费方式根本性转变，为绿色可持续发展提供可靠保障"的指导思想。预计未来 30 年，我国电力在终端能源消费中比例将由 2020 年 27% 增长到超过 50%。因此除了倡导节约能源的发展理念外，还需要充分发挥电价对电力需求的调节作用。其中，2015 年中发 28 号《关于推进价格机制改革的若干意见》文件强调，要稳妥处理和逐步减少电价交叉补贴，还原能源商品属性，这是推动能源消费革命的关键问题。

要深化电力体制改革，需要充分发挥市场在资源配置中的决定性作用，更好地发挥政府作用，激发各类市场主体活力。还原电力商品属性，是深化电力体制改革促进电力市场健康发展的前提。还原电力商品属性，电价既需要体现电力商品价值及供求关系，也要反映电力商品稀缺资源属性。目前，由于电价交叉补贴问题严重，不但扭曲了电价结构，也扭曲了电力商品价值，使得电价难以作为市场信号发挥对资源的配置和调节作用。妥善处理电价交叉补贴，是电价改革的关键问题，也是新一轮电力体制改革向纵深发展的瓶颈问题。

通过政策梳理发现，我国自 2011 年以来出台了多个电价交叉补贴处理文件，对电价交叉补贴的供给、需求、测算、归集及处理路径等做出了较为明确的规定，但由于这些政策均是从某个方面或某个角度来规定电价交叉补贴相关处理方式，政策之间并未很好地衔接，也没有形成系统处理机制和设计处理路径，从而导致在处理交叉补贴时出现了一些新的问题，效果并不理想。因此，建议政府有关部门需要将电价交叉补贴作为电力体制改革的重要内容，针对电价和电力市场存在的突出问题，建立交叉补贴的测算、评估、处理等机制，统筹规划、科学谋划、协同推进电价交叉补贴处理工作。

8.2 遵循负荷特性规律，建立成本清晰的电价机制

电力是商品，但又是公共产品。电力作为商品，电价需要体现商品价值，按照供给成本（可视为电力生产成本）定价；作为公共产品，又需要承担电力普遍服务职能。电价交叉补贴是电力企业尤其是电网企业，利用盈利领域的收益来弥补非盈利领域的亏损，以承担电力普遍服务任务和实现政府公共政策目标，这与一般垄断企业以驱逐竞争对手为目的的交叉补贴定价策略不同。因此，对电力商品定价，需要考虑商品及公共产品属性，定价政策需要实现市场目标和公共政策目标。

对于电价交叉补贴政策，通常针对不同的用户类别制定高低不同的价格，是典型价格歧视定价方式，其显著特征是电价水平严重背离供电成本，使得电价水平难以体现商品价值，也不能发挥电价对市场供需的调整作用，更难以发挥市场对电力资源的决定性配置作用。因此要妥善处理电价交叉补贴问题，需要首先解决电力商品的定价机制问题。

发达国家通常采用按照负荷特性来定价，用户类别间的电价交叉补贴程度较小，但我国主要按照用途和行业分类标准，因而产生多种相互交叉、相互伴生的交叉补贴。解决电力商品的定价机制问题，首要的是选择定价基本准则和电价分类标准。通过前文研究发现，合理的电价定价机制应该是：电力商品定价要遵循公共产品成本定价原则，兼顾公平与效率两个目标。供电成本是电力商品定价的基本依据，电压等级、负荷特性、用电特性是电价分类的基本标准。

供电成本存在平均成本、边际成本、社会成本、两部次优等多种标准选择。究竟选择哪种标准，需要综合考虑经济社会发展状态、社会福利、电力工业发展、民生等多个经济社会发展和公共政策目标。本书认为，新一轮电力体制改革后，我国从政府定价向市场化定价转化并进入价格双轨阶段，对于电价交叉补贴的测算与处理，应先以供电平均成本作为基础，并强调增加社会福利的改革目标。按照平均成本定价，体现了电力商品成本定价基本原则，电力企业能够回收成本，激励电力投资行为，从而可以保障电力工业可持续发展。

供电成本通常包括归属成本和联合成本两种属性。按照成本归属原则，合理界定联合成本分摊对象，是电力商品按照成本定价与计量电价交叉补贴的关键。本书认为，输配电准许收入反映了电网企业的供电成本（包括固定成本与可变成本），因此按照成本归属原则对准许收入进行合理分摊，能够使电价体现供电成本，具有很好的可操作性。联合供电成本应按照先电压等级、后负荷率特性、最后用途等成本产生的先后次序，依次进行分摊。

用户负荷特性影响供电成本，其中受电电压等级、峰荷、负荷率、同时率是最主要的因素。因此本书建议，按照先分电压等级、后分负荷特性、再分时，构建可选择分时两部制负荷率电价体系，以消除或减少不同电压等级间的交叉补贴、相同电压等级不同类型用户之间的交叉补贴、同一电压等级相同类型不同负荷特性用户之间的交叉补贴等多种类型交叉补贴。

8.3　精确核定输配电价，建立科学调控监管机制

输配电环节具有自然垄断属性，输变配环节产生的成本主要是联合成本。新一轮电力体制改革，确定"准许成本加合理收益"作为输配电价定价的基本原则，实际上是一种成本加成的电价形成机制。输配电成本需要按照电压等级从高到低逐级传导并分摊，电压等级越高，供电成本（主要是固定成本）越低，电价应越低；受压等级越低，电价应越高。如果高电压等级与低电压等级电价水平出现倒挂，使得高电压等级用电的电价水平正向偏离其供电成本，低电压等级用电的电价水平负向偏离其供电成本，就容易产生电价交叉补贴。因此，准确核定输配电价水平及建立科学的参数调控机制是计量交叉补贴和处理交叉补贴问题的基础。

"管住中间，放开两头"是新一轮电力体制改革的市场管制的基本模式，准确核定输配电价既是保障准许收入回收的前提，也是建立基于供电成本定价原则的电价形成机制的基本环节。影响输配电价定价的参数存在监管属性型、调控属性型两种属性，各定价参数相互联系和相互作用，它们对输配电价水平影响的敏感性存在较大差异，从高到低依次为折旧率参数、运行成本费率、线

损率参数、电量增长参数、权益资本收益率参数、有效资产增长率参数。

由政府对输配电价的准许收入和准许成本进行核审核定的定价方式，是一种典型的管制定价方式。本书认为，边际成本难以测量及不能保障电网企业回收成本，故不宜采用。本书建议，现阶段输配电价应结合会计成本，采用具有激励效应的管制定价方法，如采用投资回报率的管制方式。但投资回报率定价容易导致过度投资和产生 A－J 效应，使得输配电价水平正向偏离实际成本，推高输配电价水平，如果以偏高投资的供电成本为基准电价，将会降低交叉补贴的影响，因此建议政府主管部门需要依据参数对输配电价水平的影响程度，实施精准调控，并采用平衡账户，实现准许收入动态平衡。

8.4 采用科学计量方式，精确测算交叉补贴

科学计量电价交叉补贴规模和交叉补贴程度，是识别交叉补贴和处理交叉补贴问题的必要步骤。选择不同的计量方法及基准价格，得到的结论不同，影响交叉补贴处理政策。

交叉补贴计量方法主要有比值法与价差法，其中比值法主要用于国际间或地区间电价比较及不同类型用户电价比较，能够揭示电价结构的扭曲程度、电价水平的合理程度以及初步判断交叉补贴变化趋势，但不能计量交叉补贴规模。本书认为，价差法是一种更适合实际使用的计量方法，能够计量交叉补贴规模与交叉补贴程度，因而更为精准。

选择适合实际情况的基准价格作为参数，影响交叉补贴计量的准确性，是价差法运用的关键。将边际成本作为基准价格是最优定价方式，但无法回收固定成本，而且电力具有广泛使用、地域差异大、用电特性差异显著等特征，计量边际成本非常困难，因而不具有实施可行性。拉姆齐电价是一种次优定价，但计算拉姆齐电价需要计量边际成本及各类用户的价格需求弹性，也很困难，因而也不可行。本书建议，将基于负荷特性及用电特性测量的各类用户平均供电成本作为基准电价来计量交叉补贴。这种计量方式，是一种贴近电力消费市场实际，比较简单且易于操作，具有较好实用价值的方法。

按照成本传导和成本归属原理，对输配电环节产生的联合成本，按照电压等级和各类用户的负荷特性进行分摊，并确定各电压等级、不同负荷率用户的供电成本，在此基础上测算销售电价，将其作为基准电价，计量交叉补贴规模与交叉补贴程度。这种计量方法主要优点是：第一，基于成本传导机制确定基准电价，体现了成本定价原理。第二，与独立输配电价原理一致，接近于现行电价体系定价原则。第三，进行分电压等级分用户类型计量，可以计量不同电压等级用户间、同电压等级不同类型用户间、同电压等级同类型不同负荷率用户间等多种类型交叉补贴。第四，既能够计量交叉补贴需求，也能计量交叉补贴供给，从而能够判断交叉补贴供需是否平衡。第五，采用预测电量变化趋势及成本变化趋势的方式，可以解决电价定价滞后的问题，预测随电量结构变化、电量总量变化、输配电成本变化等参数变化，并预测交叉补贴的变化趋势，便于及时通过定价以解决未来时期（监管周期）内交叉补贴平衡问题。

按照这种方法，计量得到某省 2015～2018 年全社会交叉补贴额为 68 亿～75 亿元，电价交叉补贴占电费收入的比例为 8.9%～9.8%。全国交叉补贴规模估算为 2200 亿～2500 亿元。需求端，补贴居民用户最高，其次为农业用电、化肥生产等用户。供给端，某省 2015～2018 年工商用户承担交叉补贴规模为 152 亿～223 亿元，占电费收入的 19.8%～29.1%，其中高电压等级电价水平偏离成本程度高，高电压等级用户承担交叉补贴程度高，低电压等级用户承担交叉补贴程度低。通过比较发现，在购销差价的电价机制下，电网企业交叉补贴收入远大于支出，这显然增加了工商企业的负担。

8.5　准确识别补贴类型，实现交叉补贴精准处理

由于历史原因，我国销售电价的价格形成机制及电价结构存在没有完全遵循成本定价原则、没有完全按照负荷特性分类等问题，从而产生了多种类型、多种渠道的电价交叉补贴。不同类型的交叉补贴并不是孤立或独自产生，也不是一种叠加式或累进式的关系，主要表现为一种交叉伴生的复杂关系。与此同时，我国主要以省区市为独立价区，不同地区各类交叉补贴严重程度不同。因

此本书建议，在处理交叉补贴时，需要准确识别电价交叉补贴类型及其严重程度，需要分析各类交叉补贴产生的原因，然后分主次、分从属、分层次、分方法，从政策层面和定价技术层面开展有序、精准的处理。

我国电价交叉补贴的主要类型有：不同类型用户之间的电价交叉补贴、不同电压等级用户之间的交叉补贴、同一电压等级相同类型不同负荷特性用户之间的交叉补贴、相同电压等级相同负荷特性相同类型不同地区用户间的交叉补贴、高峰低谷用电不同时段用电导致的交叉补贴、丰枯季节用电导致的交叉补贴六种。造成交叉补贴的原因主要是政府定价的方式使得电价背离用户供电成本或用电成本，其次是定价技术不成熟，但各类交叉补贴产生的具体原因不同。我国目录电价按照行业和电压等级两个维度来编制，而不是完全按照用户用电特性进行分类，导致产生了横向和纵向路径的交叉补贴。其中，横向路径产生了不同电压等级同类用户之间的交叉补贴；纵向路径产生了相同电压等级不同类型用户间的交叉补贴。技术层面，第一个原因是我国在实际定价过程中成本归属界定不清，成本测算与成本分摊并不科学也不精细，即没有充分依据负荷特性定价；第二个原因是对价区内各地区供电成本没有区分，我国绝大多数省区市在其供电区域内执行统一的销售电价及输配电价，导致产生了不同地区的交叉补贴。

8.6 协调处理双轨市场交叉补贴，妥善解决供需平衡

新一轮电力体制改革后，我国出现管制市场与市场化市场双轨市场、市场定价和管制定价双轨价格机制。双轨市场和价格双轨，使得我国电价交叉补贴处理面临更大挑战。

目前，我国相关政策规定交叉补贴由电网公司申报、政府审核，并通过输配电价回收。电价交叉补贴通过输配电回收，准许收入得到了制度保障，然而输配电价与交叉补贴是两种不同属性的成本，交叉补贴通过输配电价并按照电网企业成本内部化的方式处理，会出现供电成本属性界定及归属不清晰、市场化市场与管制市场不能协同处理、交叉补贴归集与支出不平衡、兜底供电面临

压力、承担交叉补贴责任主体不明确、自备电厂等同类主体承担责任不均等、暗收暗补严重等问题。在需求端，我国城乡居民电价十多年没有实际性调整，但居民消费电量呈快速增长趋势，导致交叉补贴需求增加。在供给端，作为交叉补贴的主要供给方的工业用户用电量增速相对较低，导致交叉补贴供给不足。在归集端，随着市场化交易数量的扩大和大用户参加直接交易数量增加，电网企业采用购销差价所带来的收益总额将减少，在管制市场承担兜底业务的电网公司面临交叉补贴收支平衡的挑战。

本书认为，妥善处理双轨市场电价交叉补贴，关键问题不是调整电网企业与用户的利益分配，而是需要解决用户之间的权责平衡。交叉补贴典型属性是外生性、政策性。对工商业用户来说，交叉补贴是外生性、政策用电成本；对电网企业来说，交叉补贴不是实际供电成本（输配电价是实际供电成本），对城乡居民等用户来说，是政策性补贴。因此本书建议，需要将电价交叉补贴作为独立于输配电价之外的成本项，构建不同市场、不同定价机制下的销售电价定价模型，建立交叉补贴供需平衡机制和"明收明补"机制。具体处理思路是：独立成项（成本项）、单独核审；责任均摊、权益均衡、明收明补；以支定收、动态平衡；因地制宜、逐步退坡。

8.7 优化阶梯电价定价方式，促进低碳消费和绿色发展

实施阶梯电价政策，是目前我国处理不同类型交叉补贴的主要方式。对于我国现行阶梯电价政策，由于第一档分档电量过大，用户覆盖率高，受益用户数与各阶梯补贴电量错位明显，导致电价扭曲程度仍很严重，对交叉补贴的处理效果微弱；由于分档价差过低，补贴"漏出"效应仍很明显，消费越多补贴越多，"富人"得到的补贴高于"穷人"，基尼系数增大，扭曲了交叉补贴政策的收入再分配目标。与此同时，电量实施"普惠制"补贴政策，使得高收入居民群体的消费者剩余增量远大于低收入居民群体，降低了电力普遍服务功效。

事实上，居民电价降低是以工商企业提高为代价，工商企业用电成本攀升，降低了工商业企业用电需求，约束其生产能力，降低产品生产规模，减少了一

般商品的供给。与此同时，工商企业通过成本传导方式将交叉补贴成本转嫁到其生产的一般商品或服务中，并最终由居民消费者承担，造成了转嫁福利损失。

电价交叉补贴使得居民电价过低，导致居民用户过度消费，增大了减排压力和环境治理成本，严重阻碍了绿色发展。由于存在交叉补贴，2006～2020年15年间增加二氧化碳排放量18.25亿吨，平均每年增加1.14亿吨，按照国家发展和改革委员会估计的"真正能够发挥低碳绿色引导作用"的碳价标准300元/吨，估计每年增加环境治理成本343亿元。交叉补贴程度每提高1%，年平均增加二氧化碳排放量300万吨。

因此，在经济发展和环境压力双重约束下，需要协调公平、效率、绿色发展等多种目标来改进优化阶梯电价设计方案及政策。具体方式为：以居民可支配收入、碳排放责任目标、交叉补贴缓解程度作为约束条件，确定阶梯电价的分档边界电量、档间价差和交叉补贴目标受益群体。

第9章 研究结论及展望

9.1 主要结论

1. 交叉补贴与多个电价概念关联，其显著特征是电价背离供电成本

电价交叉补贴就是电力企业利用盈利领域收益来弥补非盈利领域亏损，以承担普遍服务职能和实现政府公共政策目标。本质上包含交叉补贴的电价定价机制是一种价格歧视定价方式，但与一般垄断企业以驱逐竞争对手为目的的交叉补贴不同，由于电价交叉补贴是政策导致的补贴问题，因此它与电力普遍服务、销售电价、输配电价、上网电价、管制定价等多个电价定价概念及相应政策有关，并受其影响。

电价交叉补贴定价的显著特征是电价背离供电成本，因此电价交叉补贴政策缺少长期经济规律的支撑。目前对供电成本存在不同认识，即便采用相同定价方法，按照平均成本定价、边际成本、增量成本、独立成本等不同成本概念定义的交叉补贴标准来计量，会得到截然不同的结论。本书比较发现，对于电价交叉补贴测量，应使用边际成本与平均成本概念，不宜使用增量成本与独立成本概念。按照电价交叉补贴的特性，本书对电价交叉补贴的定义为：政府为实现电价公共政策目标，采用价格歧视的定价方式，低用电成本用户定高价，高用电成本用户定低价，并通过高价用户市场的收益弥补低价用户市场的成本补偿不足，以及通过电价政策调整方式来平衡用户间利益。

妥善处理交叉补贴的目的是建立成本清晰的电价机制，使电价对电力资源的有效配置，产生积极或决定性作用。电价定价政策具有多目标性和供电成本存在复杂性，导致处理电价交叉补贴问题时，面临多重困境。供电成本通常包括归属成本和联合成本两种属性。从本质上分析，电价交叉补贴对于电力企业，并非一种生产成本，因此本书认为，公平合理政策是将电价交叉补贴独立于电网企业经营之外，从供电成本中分离，独立成项、单独处理。在竞争市场与垄断市场并存的双轨市场中，电力普遍服务与交叉补贴成本，采用成本外部化的方式处理，会更有效。

帕累托改进、公共定价、机制设计等是分析和处理电价交叉补贴的重要理论工具。电价交叉补贴政策不能实现帕累托最优，因为居民、农业用电用户消费者剩余增加，是以牺牲工商企业用户消费者剩余为代价来实现的。因此本书认为，需要通过帕累托改进来逐步实现电力资源配置的优化，其中非线性递增式阶梯电价政策是一种寻求社会福利改进的重要途径或方式。电力商品定价需要遵循公共产品成本定价原则，并需要兼顾公平与效率两个目标，但不同产业组织形式和市场结构下，电价的定价方式不同，电力普遍服务与电价交叉补贴承担主体和处理方式不同。目前，输电和配电环节实行政府价格管制，依据平均成本定价，电网企业是承担电力普遍服务与处置电价交叉补贴义务的市场主体。在电力商品定价和交叉补贴处理过程中，市场主体间存在信息不对称，电价交叉补贴"明收明补"比"暗收暗补"机制需要的信息少，成本低，可以提高管理效率。对于电力商品定价机制设计，总体上需要通过妥善处理电价交叉补贴来提升社会福利效应，并实现市场主体的激励相容，采用可选择电价定价机制及可选择电价政策可以甄别用户信息和电力企业经营信息，减少信息成本和信息租金。

2. 政策和定价技术耦合原因，导致我国存在多种交叉伴生交叉补贴

我国销售电价定价是依据各类用户历史电价水平及需要的新增费，采用行政定价方式，没有完全体现成本定价原则；电价分类标准的依据是行业与用途，没有完全按照用户用电负荷特性分类，从而产生了多种类型、多种渠道的电价交叉补贴。本书发现，我国存在不同类型用户之间的电价交叉补贴、不同电压

等级用户之间的交叉补贴、同一电压等级不同负荷特性用户之间的交叉补贴、相同电压等级相同负荷特性相同类型不同地区用户间的交叉补贴、高峰低谷用电不同时段用电导致的交叉补贴、丰枯季节用电导致的交叉补贴六种类型。不同类型的电价交叉补贴并不是孤立或独自产生的，也不是一种叠加式或累进式的关系，主要表现为一种交叉伴生关系。不同地区各类交叉补贴存在的严重程度不同，而且作为保障民生、促进经济发展、维护社会稳定等多重目标的公共政策，电价交叉补贴政策具有一定的合理性。因此本书认为，在处理电价交叉补贴的问题时，需要分主次、从属关系，也需要依据电价交叉补贴的层次，按照序列（比如电压等级序列、影响供电成本的负荷特性）处理。

　　造成电价交叉补贴的原因，首先是政府定价方式使得电价水平背离供电成本或用电成本，其次是电价定价技术不成熟，两者耦合导致产生了多种电价交叉补贴。通过梳理与比较发现，不同制度安排下，产业结构不同、市场结构不同，电价体系及电价形成机制不同，电价交叉补贴政策和交叉补贴产生的路径不同。政策层面，我国电力工业发展的"政企合一"和"政企分开"两个时期及其五个阶段常常以产业政策替代电价政策，导致目标错位、电价结构扭曲严重，电价交叉补贴问题经多年积累并随着电力消费结构的变化越发严重和突出。此外，制度变迁过程中的路径依赖，如几十年来我国各省区市目录电价表均是按照行业和电压等级两个维度来编制的，而不是完全按照用户用电特性进行分类，导致产生了横向和纵向路径的交叉补贴。技术层面，我国在实际定价过程，成本归属界定不清，成本测算与成本分摊并不科学，也不精细；同时，对价区内各地区供电成本没有区分，绝大多数省区市在其供电区域内执行统一的销售电价及输配电价，导致产生了不同地区的交叉补贴。政策和电价定价技术既影响电价交叉补贴的形成，也影响交叉补贴的处理效果。

3. 我国电价结构扭曲严重，交叉补贴规模和交叉补贴程度大

　　与国际电力市场比较发现，我国是少数几个居民电价与工业电价的比值小于 1 的国家之一，电价交叉补贴程度较高，电价扭曲严重。国内比较发现，各省区市电价交叉补贴程度不同，地区差异较大。依据历史数据比较发现，2006 ~ 2017 年，交叉补贴规模呈现逐年扩大趋势；但 2018 年因为工商业降低电价政策，电价交叉补贴规模急剧减少。

本书采用实证研究方法从不同角度对我国电价交叉补贴规模及交叉补贴程度进行了计量。实证研究显示，按照用户需求定价模型测算基准电价，采用价差法计量得到我国电价交叉补贴规模为2758亿元。按照成本传导原理及输配电成本（准许收入分摊）分摊原理测算基准电价，通过某省实例，计量得到某省2015～2018年全社会电价交叉补贴额为68亿～75亿元，电价交叉补贴占电费收入的比例为8.9%～9.8%，按照当年度全国电费收入估计，全国电价交叉补贴规模为2200亿～2500亿元。其中居民用户享受交叉补贴额最高，其次为农业用电、化肥生产等用户。采用同样的方法计量得到某省2015～2018年工商用户承担电价交叉补贴规模为152亿～223亿元，占电费收入的19.8%～29.1%，其中高电压等级电价水平偏离成本定价程度越高，导致高电压等级用户承担交叉补贴程度高，低电压等级用户承担交叉补贴程度低。通过比较发现，在购销差价的电价机制下，交叉补贴收支并不平衡，其中收入（交叉补贴归集）远大于支出，这显然增加了工商企业的负担。以平均电价作为基准电价，计量得到某省2014年的交叉补贴规模为70.92亿元（占某省电费收入的9.3%），归集交叉补贴为54.29亿元，归集少于支出。按照平均电价估算，当年全国电价交叉补贴规模约为2300亿元。

通过比较发现，按照成本传导原理，对输配电成本依据电压等级进行分摊，并确定各电压等级的供电成本，在此基础上测算各电压等级基于供电成本的销售电价，将其作为基准电价来计量电价交叉补贴规模与交叉补贴程度的计量方法，贴近电力消费市场实际，具有较好的实用价值。

4. 交叉补贴导致多种福利损失和收入再分配不公，阻碍了绿色发展

电价交叉补贴扭曲了电价结构及生产要素价格对资源的配置作用，从而导致电力使用效率低下，降低了环境和资源福利效应，阻碍绿色发展。本书通过数理模型及实证研究发现，供电成本高的居民、农业用电等用户执行低电价，供电成本较低的工商企业等用户执行高电价，使得各类用户电价水平严重背离供电成本，造成较大社会福利净损失。与此同时，工商企业通过成本传导方式将交叉补贴成本转嫁到其生产的一般商品或服务中，并最终由居民消费者承担，造成了转嫁福利损失。

本书通过数理模型和理论推导发现，收入层级不同，需求价格弹性对消费者剩余变化影响不同，需求电量越大，获得交叉补贴越多，消费者剩余增量越大；相反，需求电量越小（如低收入群体），获得交叉补贴越少，消费者剩余增量越小。按照消费电量进行"普惠制"的补贴政策，背离了电力普遍服务政策的基本原则，本应补贴低收入群体的收益，收入水平较高群体却获得更多，存在典型"溢出"效应。与此同时，补贴不均导致基尼系数增大，收入再分配呈现不公平。

电价交叉补贴扭曲了电价结构，使得居民电价过低，导致居民用户过度消费。本书通过文献研究表明，我国现行电价交叉补贴政策增加的二氧化碳排放规模很大，大大增加了环境治理成本。实证研究显示，由于存在电价交叉补贴，2006～2020 年 15 年间增加二氧化碳排放量为 18.25 亿吨，平均每年增加 1.14 亿吨，按照国家发展和改革委员会估计的"真正能够发挥低碳绿色引导作用"的碳价标准 300 元/吨，估计每年增加环境治理成本 343 亿元。而且随着居民消费电量逐年增加，二氧化碳排放量增速显著，对环境影响越来越大。敏感性分析显示交叉补贴程度每提高 1%，年平均增加二氧化碳排放量 300 万吨。因此，电价交叉补贴问题的存在，严重阻碍了绿色发展。

5. 现行电价政策处理交叉补贴的效果有限，补贴面临供需失衡

通过政策梳理发现，我国自 2011 年以来出台了多个电价交叉补贴处理文件，但相关政策之间并未很好地衔接，也没有形成系统的处理机制，导致在处理交叉补贴时出现了一些新问题，效果并不理想。

实施阶梯电价政策，是目前我国处理不同类型用户之间交叉补贴的主要方式。实证分析显示，由于第一档分档电量过大，用户覆盖率高，受益用户数与各阶梯补贴电量错位明显，导致电价扭曲程度仍很严重，减少交叉补贴的效果微弱；由于分档价差过低，补贴"漏出"效应仍很明显，消费越多补贴越多，"富人"得到的补贴高于"穷人"，扭曲了交叉补贴政策的收入再分配目标。与此同时，"普惠制"补贴政策，降低了电力普遍服务功效。

电价交叉补贴规模与被补贴用户电价及用电量有关。实证研究显示，一方面，由于我国城乡居民电价十多年没有实际性调整，但居民消费电量呈快速增长趋势，导致交叉补贴需求增加。另一方面，作为电价交叉补贴主要供给方的工业用户用电量增速相对较低，导致交叉补贴供给不足。居民电价不调整及电力消费结构变化，两因素耦合导致交叉补贴供需失衡。

本书分析发现，输配电价与电价交叉补贴是两种不同属性的成本，电价交叉补贴通过输配电价并按照电网企业成本内部化的方式处理，会带来交叉补贴归集与支出不平衡、市场化市场与管制市场不能协同处理、自备电厂等同类主体承担责任不均等、不能实现"明收明补"等问题。本书通过情景模拟和数理推导发现，随着市场化交易数量的扩大和大用户参加直接交易数量的增加，电网采用购销差价所带来的利润总额将减少，在管制市场承担兜底业务的电网公司，面临交叉补贴收支平衡的挑战。

6. 遵循成本定价及构建"明收明补"机制，是处理交叉补贴的关键

由于各种交叉补贴类型之间存在交叉、伴生、彼此影响的复杂关系，从一个角度很难处理好交叉补贴问题。电价交叉补贴产生的根源是现行电价形成机制没有或者没有完全体现成本定价原则，回归或遵循成本定价和构建"明收明补"机制是妥善处理交叉补贴问题的关键。

电价水平背离成本是电价交叉补贴产生的根本原因。输配电价水平是否准确，不仅影响到销售电价是否体现供电成本，而且影响电价交叉补贴计量依据，即基准电价。本书通过构建输配电价定价模型及对影响输配电价水平的各参数属性进行分析，得出：影响输配电价定价的参数存在监管属性型、调控属性型两种属性，各定价参数相互联系和相互作用，它们对输配电价水平影响的敏感性存在较大差异，从高到低依次为折旧率参数、运行成本费率、线损率参数、电量增长参数、权益资本收益率参数、有效资产增长率参数。实证研究还显示，由于现行输配电价定价办法采用的是投资回报率的管制方式，容易产生过度投资和 A – J 效应，使得输配电价水平偏离实际成本，推高输配电价水平，如果以偏高投资的供电成本为基准电价，将会降低交叉补贴的影响。因此，准确核定输配电价及科学调控定价参数是处理交叉补贴的关键环节。

目前我国电价交叉补贴通过输配电回收，准许收入得到了制度保障，但依然存在诸多矛盾。实证研究显示，在双轨市场和价格双轨机制下，我国电力市场存在工商用户交叉补贴负担加重趋势明显、电网公司交叉补贴收支不平衡、不同市场电量分摊责任不均等问题。本书认为，妥善处理双轨市场电价交叉补贴的关键问题不是调整电网企业与用户的利益分配，而是需要解决各类用户之间的权责平衡。将电价交叉补贴作为独立于输配电价之外的成本项（外生性、政策性成本项目），构建不同市场、不同定价机制下机理趋同的销售电价形成机制，以及建立电价交叉补贴供需平衡机制和"明收明补"机制，是一种妥善处理电价交叉补贴的有效方式。

7. 阶梯电价和可选择分时两部制负荷率电价是消除交叉补贴的现实方式

在经济发展和环境压力双重约束下，需要协调公平、效率、绿色发展多种目标来处理电价交叉补贴。目前，阶梯电价政策是处理工商企业用户与居民用户间的交叉补贴问题的重要方式，但现行电价政策仍存在较多问题。实证研究显示，通过以居民可支配收入、碳排放责任目标、交叉补贴缓解程度作为约束条件，来确定阶梯电价的分档边界电量、档间价差和交叉补贴目标受益群体，实施改进的阶梯电价定价方式，能够显著促进节能减排效应，并显著减少工商用户补贴城乡居民用户的程度及规模。与此同时，通过提高电价交叉补贴精准处理程度，能够充分体现普遍服务的公平要义。

用户用电负荷特性影响供电成本，其中受电电压等级、峰荷、负荷率、同时率是主要因素。实证研究发现，按照先分电压等级、后分负荷特性、再分时，构建和推行可选择分时两部制负荷率电价体系，可以消除或减少不同电压等级间的交叉补贴、相同电压等级不同类型用户之间的交叉补贴、同一电压等级不同负荷特性用户之间的交叉补贴等多种类型的交叉补贴。

9.2　主要创新点

根据我国电力市场实际情况，针对新一轮电力体制改革过程中电价改革存在的现实问题，采用我国电力消费和电价实际数据，从交叉补贴类型、产生原因及影响、计量原理与方法、处理机制及政策建议等方面，按照问题—原因—影响—处理—效果的研究思路，开展了系统性、针对性的理论研究及实证研究，全面剖析了我国电价交叉补贴的现状及发展趋势，完善和丰富了电价定价理论，为如何"妥善处理交叉补贴"提供了实用且可操作的解决方案和方法，对破解9号文件中的电价改革难题具有现实的借鉴意义。

本书的创新之处主要体现在交叉补贴计量及处理方法和学术观点创新两个方面。

9.2.1 交叉补贴计量及处理方法创新

1. 提出了基于准许收入分摊和联合成本归属原理计量交叉补贴的方法

准许收入实际上反映了输变配环节固定成本与可变成本，按照准许收入进行供电成本的分摊方法更贴近我国电力消费市场实际情况，具有较好实用价值，其优点为：第一，基于成本传导机制确定基准电价，体现了成本定价原理。第二，该方法与独立输配电价定价原理一致，与现行电价体系能够较好地衔接。第三，进行分电压等级分用户类型计量，可以核准不同电压等级用户间的交叉补贴、同电压等级不同类型用户间两类主要交叉补贴。第四，既能够计量交叉补贴需求，也能计量供给，从而能够判断电价交叉补贴供需是否平衡。第五，采用预测电量变化趋势及成本变化趋势的方式，可以解决电价定价滞后的问题。通过预测随电量结构、电量总量、输配供电成本等参数变化，揭示电价交叉补贴现状及发展趋势，便于及时通过定价来解决未来时期（监管周期内）交叉补贴平衡问题。现行电价政策及现有相关文献尚未发现基于联合成本分摊原理计量交叉补贴具体方法的相关研究。

2. 针对双轨市场与价格双轨特征，提出了处理交叉补贴的方案与方法

针对双轨市场与价格双轨新的市场特征，将电价交叉补贴处理问题嵌入电价形成机制中，开展系统研究，提出了妥善处理交叉补贴的解决方案与方法，包括：分析和建立了交叉补贴"明收明补"的电价形成机制；分析和建立了电

价交叉补贴供需动态平衡机制；明确不同市场公平分摊原则；建立了交叉补贴协同处理机制。提出双轨市场与价格双轨市场条件下，交叉补贴处理机制与具体思路，即单独核审、独立成项；以支定收、动态平衡；权益均衡、责任均摊、明收明补；因地制宜、逐步退坡。现有相关文献，未见对双轨市场和价格双轨情景下的交叉补贴问题进行系统分析，也未见对交叉补贴"明收明补"的路径设计及具体方案的相关研究。

3. 将绿色发展和精准处理交叉补贴作为协同目标来设计阶梯电价

现行阶梯电价政策由于设计不精准，对节能减排和交叉补贴缓解收效甚微。本书以居民可支配收入、碳排放责任目标、交叉补贴缓解程度作为约束条件，确定阶梯电价的分档边界电量、各档间价差和交叉补贴目标受益群体，能够显著提升节能减排效应和交叉补贴缓解效应，提高了交叉补贴精准处理程度，符合普遍服务公平原则，能够满足绿色发展需求。现有相关文献中，通常将居民承受力作为阶梯电价的设计依据，未见将碳排放责任目标、交叉补贴缓解程度两个因素与居民承受力共同作为依据来研究阶梯电价定价方案的相关研究。

4. 提供一套完善的可选择分时两部制负荷率电价体系的设计方案

按照先电压等级、后负荷特性、再分时的顺序，对电价进行分类并实施可选择负荷率电价，可以消除或减少电压等级相同但类型不同用户之间的交叉补贴、电压等级相同但负荷特性不同用户之间的交叉补贴、峰谷用电用户之间的交叉补贴三类主要交叉补贴。现有文献从理论和建模角度研究了负荷率电价和可选择电价，但未见按照电压等级和负荷特性，综合考量可选择电价、负荷率电价、两部制电价、分时电价等定价原理，进行电价设计的研究和方案。

9.2.2　学术观点创新

1. 妥善处理双轨市场交叉补贴的关键是需要解决用户之间的权责平衡

本书指出，妥善处理双轨市场交叉补贴的关键问题不是调整电力企业（主要是电网企业）与用户之间的利益分配，而是需要解决用户之间（工商企业与居民用户及农业用电用户、不同负荷特性用户等）的权责平衡。交叉补贴对于工商业用户是政策性用电成本项，对于电网公司是外生性成本项目，不是实际供电成本，但输配电价反映的是企业生产经营成本，因此在电价形成机制中，交叉补贴应独立成项，单独核审。这与现行政策及文献研究中将电价交叉补贴作为经营成本按照电网企业成本内部化处理方式，通过输配电价"暗补暗收"的研究和处理思路，截然不同。

2. 需要协调公平、效率、绿色发展等多种目标来改进优化阶梯电价政策

实施阶梯电价政策是目前我国处理不同类型交叉补贴的主要方式。本书指出，在经济发展和环境压力双重约束下，应将绿色发展、交叉补贴处理、建立普遍服务作为协同目标，并将居民可支配收入、碳排放责任目标、交叉补贴缓解程度作为约束条件，来确定阶梯电价的分档边界电量、档间价差和交叉补贴目标受益群体，设计并改进优化阶梯电价方案，这与已有文献研究中以单目标设计阶梯电价的思路不同。本书通过算例研究，提供了阶梯电价改进的设计思路与方案。

3. 建立基于负荷特性的电价体系是处理交叉补贴的关键环节

本书指出，多种类型交叉补贴之间存在相互交叉、相互伴生、彼此影响的复杂关系，从一个角度或某个方面很难处理好交叉补贴问题。交叉补贴产生的根源是电价水平背离供电成本，遵循成本定价显然是妥善处理交叉补贴问题的必由之路，而建立以输配电价为纽带并体现用户负荷特性的电价体系是处理交叉补贴的关键环节。与此同时，多维度、有针对性地建立处理机制及方式有利于保持电价政策的稳定性。已有文献或政策较少从电价形成机制角度来探讨交叉补贴处理方式。

4. 准确核定和调控输配电价关系电价交叉补贴计量与处理

本书指出，准确核定和调控输配电价，既关系电价交叉补贴计量，也关系处理机制建设。影响输配电价定价的参数有监管属性型、调控属性型两种类型，

前者反映了企业经营和市场需求客观状态，后者属于政策决策变量，政府主管部门可以对调控属性参数实施调整，有效引导投资、引导技术进步、激励企业控制成本、激励降低线损、规制输配电价水平等。已有文献未见对影响输配电价定价参数进行界定和分类。

9.3 研究不足及展望

1. 电价交叉补贴计量尚待深入研究

本书从多个角度对电价交叉补贴产生的原因进行了分析，并通过实证研究，比较分析了各种计量方法和计量方式，但电价交叉补贴产生是由电价政策、产业政策、电价定价技术等多种因素耦合导致的，并且不同制度安排、不同电力产业结构、不同市场结构、电力工业发展不同时期，交叉补贴规模和交叉补贴程度不同、产生的主要因素不同，因而对于电价交叉补贴的计量，需要考虑历史条件下各种政策因素、电力消费结构、电力工业发展状态等。与此同时，计量电价交叉补贴的依据是供电成本，由于存在多种成本概念及联合成本，准确确定某一类或者具体用户供电成本是一件非常困难的事情，因此对于电价交叉补贴的计量，需要建立在成本核审清晰的基础上才可能精准。另外，我国是按照省区市来划分电价区域，不同省区市供电成本不同、电力工业发展程度不同、电力消费结构不同，即便在同一价区内，也存在供电差异，因此需要因地而宜计量交叉补贴规模与交叉补贴程度，并采用不同政策与方式，妥善处理电价交叉补贴问题。

2. 政策及其对交叉补贴的影响尚待深入研究

本书通过梳理电价政策发现，造成电价交叉补贴的原因，主要是政府定价方式使得电价水平背离供电成本或用电成本，但很显然，各种电价政策均是在一定历史条件和背景下产生的，并经多年积累，对电价交叉补贴问题产生共振性的影响。本书还指出，由于现行处理电价交叉补贴政策是包含在其他电价政策中的，因而并未很好地衔接，缺少系统性，导致电价政策在"妥善处理电价交叉补贴"方面收效甚微。本书在现有政策框架内，提出了阶梯电价改进方案及可选择分时两部制负荷率电价体系的设计方案，这对处理电价交叉补贴问题有一定的借鉴意义。本书还指出，要根本性解决电价交叉补贴问题，最主要的措施是电价定价回归成本定价原则，并依据用电负荷特性定价，但电价政策牵涉到社会、经济、生态、民生等全局性问题，因而不能操之过急，也不可能一蹴而就，需要循序渐进。与此同时，我国电力体制正处在深度改革时期，电力市场结构和电力消费结构正在发生巨大变化，各种不确定性因素均会对政策成效产生影响。因此，如果需要全面解决电价交叉补贴问题，就要系统开展电价政策对经济、生态、民生、社会稳定等问题的影响研究，并进行顶层制度设计。

3. 放开及取消工商业目录电价的政策对交叉补贴的影响尚待跟踪研究

由于电煤价格上涨、气候变化等多因素影响，全国多地出现了限电潮，2021年10月11日国家发展和改革委员会下发了《关于进一步深化燃煤发电上网电价市场化改革的通知》（发改价格〔2021〕1439号），通知要求有序放开全部燃煤发电电量上网电价，通过市场交易在"基准价＋上下浮动"范围内形成上网电价，将燃煤发电市场交易价格浮动范围由现行的上浮不超过10%、下浮原则上不超过15%，扩大为上下浮动原则上均不超过20%。该通知同时要求各地要有序推动工商业用户全部进入电力市场，按照市场价格购电，取消工商业目录销售电价。该通知尽管针对的是燃煤发电电量，但实际上是从发电侧、需求侧两端推进了电力市场的开放程度，完善了市场决定电价的机制，使得市场在资源配置中的决定性作用更为明显，这将对我国电力市场的发展走向产生深远影响。本书的研究基础及出发点是电价水平应体现供电成本或用电成本，从本书分析可以看出，无论是电价形成机制、交叉补贴计量方法，还是交叉补贴处理机制，均是建立在电力市场化及市场定价的基础上，因而与该通知的精神吻合。但是，电力市场化程度扩大及取消工商业目录电价，会显著影响交叉补贴的规模及程度，因此需要开展跟踪研究。

参考文献

［1］白玫，何爱明．发达国家输电价管制理论的实践和经验借鉴［J］．价格理论与实践，2016（3）：29－36．

［2］白杨，李昂，夏清．新形势下电力市场营销模式与新型电价体系［J］．电力系统自动化，2016，44（5）：10－16．

［3］蔡建刚，叶泽．信息不对称条件下激励相容的输配电价模型研究［J］．中国管理科学，2014，22（5）：91－97．

［4］曹雅婷．H省电力公司固定成本分摊方案改进研究［D］．长沙：长沙理工大学，2019．

［5］陈剑，王自力．阶梯电价前沿问题研究——"全国阶梯电价理论与政策研讨会"观点综述［J］．中国工业经济，2013（12）：71－77．

［6］陈荣，刘惠萍．智能电网的定价模式研究与上海策略思考［J］．电力与能源，2013，34（5）：435－438．

［7］陈怡，田川，曹颖，等．中国电力行业碳排放达峰及减排潜力分析［J］．气候变化研究进展，2020，16（5）：632－640．

［8］陈甬军，左源．工业和居民电力用户需求价格弹性和交叉补贴研究［J］．中国物价，2018（7）：56－59．

［9］程瑜，翟娜娜．基于用户响应的分时电价时段划分［J］．电力系统自动化，2012，36（9）：42－46．

［10］程瑜，张粒子，李渝．考虑需求价格弹性的销售电价帕累托优化折扣［J］．电力系统自动化，2003（24）：10－13，27．

［11］仇明．英国与世界电力改革及其对我国的启示［J］．数量经济技术

经济研究，2002（1）：117 – 121.

　　［12］［美］丹尼尔·F. 史普博. 余晖，何帆，钱家骏，等译. 管制与市场［M］. 上海：上海人民出版社，1999.

　　［13］董鹤云，张健，刘庆，等. 输配电有效资产核定方法研究——基于Choquet 积分投资成效评价模型［J］. 价格理论与实践，2016（7）：155 – 158.

　　［14］董晋喜，谭忠富，王佳伟，等. 电力体制改革背景下输配电价关键问题综述［J］. 电力系统及其自动化学报，2020，32（3）：113 – 122.

　　［15］杜祥琬. "十三五"中国能源低碳转型的关键期［J］. 中国电力，2017，50（2）：1 – 4.

　　［16］冯永晟，王俊杰. 阶梯电价之后应该引入峰谷电价吗——对中国居民电价政策的价格补贴与效率成本评估［J］. 财贸经济，2016（2）：145 – 158.

　　［17］国家发展改革委体改司. 电力体制改革解读［M］. 北京：人民出版社，2015.

　　［18］韩勇，田闻旭，谭忠富. 基于长期边际成本的不同电压等级输配电价定价模型及其应用［J］. 电网技术，2011，35（7）：175 – 180.

　　［19］何永秀，王怡，黄文杰，等. 电力需求价格弹性与系统最优备用的关系［J］. 电力需求侧管理，2003（5）：20 – 23.

　　［20］何永秀. 我国居民用户电价承受能力研究——基于北京市电力市场数据［J］. 价格理论与实践，2012（5）：26 – 28.

　　［21］侯建朝，史丹. 中国电力行业碳排放变化的驱动因素研究［J］. 中国工业经济，2014（6）：44 – 56.

　　［22］胡丹云，李渝曾，韦钢. 跨时段负荷价格弹性下的分时电价［J］. 继电器，2006，34（21）：68 – 73.

　　［23］胡济洲，奚江惠，侯远潮，等. 英、美新一轮电力改革制度及借鉴［J］. 经济纵横，2005（10）：53 – 56.

　　［24］简·霍斯特·开普勒，里吉斯·波旁奈依，雅克·吉罗德，等. 能源计量经济学［M］. 北京：中国经济出版社，2014.

　　［25］姜庆国，王昀昀，林海涛. 基于系统动力学的电力批发市场和零售市场相互关系分析［J］. 电力系统自动化，2016，40（24）：77 – 83.

［26］姜毅君.我国电价改革中若干问题探讨［J］.能源技术经济，2012，24（7）：23－26.

［27］蒋磊，刘思强，李继传，等.价差返还模式下售电公司盈利影响因素研究——从国外经验借鉴到国内售电市场改革探索［J］.价格理论与实践，2020（3）：147－150.

［28］康佳宁，曹云飞，唐葆君.典型发达国家电力产业改革和市场机制［J］.南京航空航天大学学报（社会科学版），2016，18（2）：15－20.

［29］孔祥瑞，李鹏，严正，等.售电侧放开环境下的电力市场压力测试分析［J］.电网技术，2016，40（11）：3279－3286.

［30］孔祥玉，杨群，穆云飞，等.分时电价环境下用户负荷需求响应分析方法［J］.电力系统及其自动化学报，2015（10）：75－80.

［31］赖佳栋，杨秀苔，王成亮，等.考虑电力系统运行风险的峰谷分时电价研究［J］.中国电力，2009（3）：26－29.

［32］冷艳丽，杜思正.能源价格扭曲与雾霾污染——中国的经验证据［J］.产业经济研究，2016（1）：71－79.

［33］李昂，夏清，钟海旺.第三方输配电成本监管方法探讨［J］.电力系统自动化，2016，40（10）：1－7.

［34］李虹，董亮，谢明华.取消燃气和电力补贴对我国居民生活的影响［J］.经济研究，2011，46（2）：100－112.

［35］李娜，张文月，陈国平，等.基于用户负荷特性的电价交叉补贴测算模型［J］.中国电力，2019，52（5）：148－154.

［36］李瑜敏，蒋艳，董长贵.中国电力交叉补贴：规模测算、需求弹性与福利分析［J］.消费经济，2020，36（1）：35－45.

［37］李云卿.煤电油气产供储销体系建设成效显著能源需求得到有效保障［J］.宏观经济管理，2021（1）：4－7.

［38］廖进球，吴昌南.我国电力产业运营模式变迁下电力普遍服务的主体及补贴机制［J］.财贸经济，2009（10）：126－130，137.

［39］林伯强，杜克锐.要素市场扭曲对能源效率的影响［J］.经济研究，2013，48（9）：125－136.

［40］林伯强，黄光晓．梯度发展模式下中国区域碳排放的演化趋势——基于空间分析的视角［J］．金融研究，2011（12）：35-46.

［41］林伯强，蒋竺均，林静．有目标的电价补贴有助于能源公平和效率［J］．金融研究，2009（11）：1-18.

［42］林伯强，刘畅．中国能源补贴改革与有效能源补贴［J］．中国社会科学，2016（10）：52-71.

［43］林文森，张毅威，丁超杰，等．欧洲输电费率的发展与现状［J］．电网技术，2016，40（11）：3316-3321.

［44］刘宝华，王冬容，赵学顺．电力市场建设的几个本质问题探讨［J］．电力系统自动化，2009，33（1）：1-5.

［45］刘传江，李雪．西方产业组织理论的形成与发展［J］．经济评论，2001（6）：104-106，110.

［46］刘继东，韩学山，韩伟吉，等．分时电价下用户响应行为的模型与算法［J］．电网技术，2013，37（10）：2973-2977.

［47］刘骏辰，张靠社．拉姆齐定价理论在分时电价中的应用研究［J］．电网与清洁能源，2016，32（8）：35-39.

［48］刘树杰，刘晓军．"十二五"深化电价改革研究［J］．宏观经济研究，2011（12）：3-9.

［49］刘树杰，杨娟．发售电价"有序放开"的方式与路径［J］．价格理论与实践，2017（2）：5-8.

［50］刘树杰，杨娟．关于阶梯电价的研究［J］．价格理论与实践，2010（3）：12-14.

［51］刘思强，杨伟文，叶泽．基于公平视角的买方垄断市场信任机制实证研究——以发电市场为例［J］．财经理论与实践，2013，34（5）：112-115，119.

［52］刘思强，姚军，叶泽．我国销售电价交叉补贴方式及改革措施——基于上海市电力户控数据的实证分析［J］．价格理论与实践，2015（8）：26-28.

［53］刘思强，叶泽，范先国，等．定价参数对输配电价的影响及调控模型［J］．电力系统自动化，2017，41（24）：58-65.

［54］刘思强，叶泽，吴永飞，等．电化学储能项目商业价值量化模型及竞争策略研究［J］．电力系统保护与控制，2020，48（7）：41－49．

［55］刘思强，叶泽，吴永飞，等．湖北省独立输配电价设计与研究报告［R］．长沙：长沙理工大学中国电价研究中心，2018．

［56］刘思强，叶泽，吴永飞，等．减少交叉补贴的阶梯定价方式优化研究——基于天津市输配电价水平的实证分析［J］．价格理论与实践，2017（6）：58－62．

［57］刘思强，叶泽，吴永飞，等．双轨市场电价定价模型及交叉补贴处理机制［J］．中国电力，2021，54（6）：62－70．

［58］刘思强，叶泽，姚军，等．负荷价格弹性的季节特性及尖峰电价政策福利效应估算［J］．中国电力，2016，49（10）：165－170．

［59］刘思强，叶泽，于从文，等．我国分压分类电价交叉补贴程度及处理方式研究——基于天津市输配电价水平测算的实证分析［J］．价格理论与实践，2016（5）：65－68．

［60］刘思强，叶泽．我国销售侧分时电价政策实施经验与启示［J］．价格理论与实践，2014（6）：40－41，64．

［61］刘晓琳，王兆杰，高峰，等．分时电价下的高耗能企业发用电响应［J］．电力系统自动化，2014，38（8）：41－49．

［62］刘莹珠．论马克斯·韦伯的"合理性"概念［J］．中共中央党校学报，2013，17（4）：24－28．

［63］刘宇哲．输配电价成本核算及定价机制研究［D］．长沙：长沙理工大学，2016．

［64］刘自敏，李兴．阶梯电价、回弹效应与居民能源消费——基于CFPS数据的分析［J］．软科学，2018，32（8）：4－8．

［65］刘自敏，张昕竹，方燕，等．递增阶梯电价的收入再分配效应研究：嵌入分时电价更有效吗［J］．经济理论与经济管理，2015（5）：51－65．

［66］刘自敏，张昕竹，方燕，等．递增阶梯定价、收入再分配效应和效率成本估算［J］．经济学动态，2015（3）：31－43．

［67］吕东伟，郁义鸿．政府规制目标与销售电价结构扭曲［J］．财经问

题研究，2017（2）：26 – 34.

[68] 吕双辉，蔡声霞，王守相. 分布式光伏—储能系统的经济性评估及发展建议［J］. 中国电力，2015（2）：139 – 143.

[69] 罗斌，杨艳. 农村居民电价补贴政策的博弈模型及实证研究［J］. 宏观经济研究，2014（9）：37 – 47.

[70] 马莉，黄李明，薛松，等. 中国新一轮电力市场改革试点有序运行关键问题［J］. 中国电力，2017，50（4）：17 – 22.

[71] 潘雪涛. 居民与工业销售电价交叉补贴的实证分析［J］. 硅谷，2009（18）：144 – 145.

[72] 平狄克，鲁宾费尔德，等. 微观经济学：第四版［M］. 北京：中国人民大学出版社，2004.

[73] 齐放，魏玢，张粒子，等. 我国销售电价交叉补贴问题研究［J］. 电力需求侧管理，2009，11（6）：16 – 19.

[74] 齐放，张粒子，魏玢，等. 基于拉姆齐定价理论的销售电价研究［J］. 电力需求侧管理，2010，12（2）：24 – 27.

[75] 乔晓楠，王一博. 差别电价的交叉补贴策略对产业结构调整的影响［J］. 环境经济研究，2018，3（4）：86 – 109.

[76] 乔晓楠. 碳峰值约束与碳配置策略：一个电力交叉补贴定价模型［J］. 城市与环境研究，2018（1）：21 – 37.

[77] 乔晓楠. 中国经济绿色低碳发展面临的问题与对策［J］. 中国特色社会主义研究，2016（6）：76 – 81.

[78] 秦祯芳. 零售市场中电量电价弹性系数分析［D］. 天津：天津大学，2004.

[79] 阙光辉. 商业电价是否存在"歧视"？——兼论销售电价联动与取消交叉补贴［J］. 中国水能及电气化，2004（2）：27 – 30.

[80] 阙光辉. 销售电价：交叉补贴、国际比较与改革［J］. 电力技术经济，2003（2）：24 – 27.

[81] 施泉生，平宗飞. 基于拉姆齐定价的分时电价模型研究［J］. 上海电力学院学报，2014，30（5）：487 – 490，494.

[82] 施子海，侯守礼，支玉强．美国电价形成机制和输配电价监管制度及启示 [J]．价格理论与实践，2016（7）：25 – 27．

[83] 孙传旺．阶梯电价改革是否实现了效率与公平的双重目标？[J]．经济管理，2014（8）：156 – 167．

[84] 谈金晶，王蓓蓓，李杨．基于多智能体的用户分时电价响应模型 [J]．电网技术，2012，36（2）：257 – 263．

[85] 谭真勇．负荷率电价的理论依据、计算方法与政策选择 [D]．长沙：湖南大学，2013．

[86] 唐要家，杨健．销售电价隐性补贴及改革的经济影响研究 [J]．中国工业经济，2014（12）：5 – 17．

[87] 陶莉．国外分时电价政策简介及探索 [J]．江苏电机工程，2007（1）：58 – 60．

[88] 田露露，冯永晟，刘自敏．不同递增阶梯定价下的政策效果差异——基于定价结构陡峭程度的研究 [J]．经济学动态，2019（1）：60 – 75．

[89] 田志龙，张泳，TAIEB H．中国电力行业的演变：基于制度理论的分析 [J]．管理世界，2002（12）：69 – 76，92．

[90] 王成文，王绵斌，潭忠富，等．适合我国输配电价的激励管制模型 [J]．中国电力，2008，41（2）：12 – 15．

[91] 王冬容，刘宝华，杨赛，等．电力需求响应的经济效益分析 [J]．电力需求侧管理，2007，9（1）：8 – 10．

[92] 王剑晓，钟海旺，夏清，等．基于价值公平分配的电力市场竞争机制设计 [J]．电力系统自动化，2019，43（2）：7 – 18．

[93] 王俊豪，王建明．中国垄断性产业的行政垄断及其管制政策 [J]．中国工业经济，2007（12）：30 – 37．

[94] 王俊豪，周小梅．大部制背景下垄断性产业的管制机构改革——以中国电力管制机构改革为例 [J]．中国工业经济，2008（7）：47 – 56．

[95] 王俊豪．A – J 效应与自然垄断产业的价格管制模型 [J]．中国工业经济，2001（10）：33 – 39．

[96] 王俊豪．中国垄断性产业普遍服务政策探讨——以电信、电力产业为

例 [J]. 财贸经济, 2009 (10): 120 – 125, 137.

[97] 王绵斌, 潭忠富, 乞建勋, 等. 我国电力市场环境下两部制输配电价传递模型 [J]. 电网技术, 2008, 32 (11): 77 – 83.

[98] 王漪, 何召慧, 于继来. 按让价、索价和能效综合排序的集中撮合交易方法 [J]. 电力系统自动化, 2016, 40 (24): 77 – 83.

[99] 王永利, 王晓海, 王硕, 等. 基于输配电价改革的电网运维成本分摊方法研究 [J]. 电网技术, 2020, 44 (1): 332 – 339.

[100] 魏楚, 郭琎, 郑新业. 能否推动能源革命是检验电改的唯一标准 [N]. 中国科学报, 2015 – 04 – 07 (6).

[101] 魏楚, 郑新业. 能源效率提升的新视角——基于市场分割的检验 [J]. 中国社会科学, 2017 (10): 90 – 111, 206.

[102] 温桂芳, 张群群. 能源资源性产品价格改革战略 [J]. 经济研究参考, 2014 (4): 64 – 81, 88.

[103] 吴永飞. 销售电价交叉补贴的计量及解决机制 [D]. 长沙: 长沙理工大学, 2019.

[104] 伍亚, 张立. 阶梯电价政策的居民节能意愿与节能效果评估——基于广东案例的研究 [J]. 财经论丛, 2015 (9): 98 – 104.

[105] 夏大慰. 产业组织与公共政策: 芝加哥学派 [J]. 外国经济与管理, 1999 (9): 3 – 6.

[106] 相楠, 徐峰. 城市居民生活用电影响因素和电力消费弹性研究 [J]. 中国人口·资源与环境, 2017, 27 (S1): 207 – 210.

[107] 谢里, 魏大超. 中国电力价格交叉补贴政策的社会福利效应评估 [J]. 经济地理, 2017, 37 (8): 37 – 45.

[108] 谢里, 张斐. 电价交叉补贴阻碍绿色发展效率吗——来自中国工业的经验证据 [J]. 南方经济, 2017 (12): 98 – 118.

[109] 谢伦裕, 张晓兵, 孙传旺, 等. 中国清洁低碳转型的能源环境政策选择——第二届中国能源与环境经济学者论坛综述 [J]. 经济研究, 2018, 53 (7): 198 – 202.

[110] 谢品杰, 王梁洪, 王绵斌. 碳排放约束对我国电力需求的影响研究

［J］．生态经济，2017，33（12）：34－40.

［111］谢品杰，朱文昊，谭忠富．产业结构、电价水平对我国电力强度的非线性作用机制［J］．现代财经（天津财经大学学报），2016，36（1）：56－69.

［112］谢品杰，朱文昊，谭忠富．中国电价扭曲与电力强度的影响因素［J］．技术经济，2015，34（10）：75－83.

［113］徐静，蔡萌，岳希明．政府补贴的收入再分配效应［J］．中国社会科学，2018（10）：39－58，205.

［114］杨娟，刘树杰．中美电价比较研究［J］．价格理论与实践，2017（5）：14－17.

［115］杨娟．输配电价改革进展及进一步推进的建议［J］．价格理论与实践，2018（4）：22－25.

［116］杨君昌．公共定价理论［M］．上海：上海财经大学出版社，2002.

［117］杨万华，赵会茹．我国电力普遍服务实施效益评价模型研究［J］．管理现代化，2008（5）：40－42.

［118］姚赛．考虑负荷率因素的销售电价模型及应用［D］．长沙：长沙理工大学，2014.

［119］姚昕，蒋竺均，刘江华．改革化石能源补贴可以支持清洁能源发展［J］．金融研究，2011（3）：184－197.

［120］叶泽，何姣，周鑫，等．发电行业碳排放权初始配额分配的双层规划模型［J］．系统工程，2018，36（11）：140－146.

［121］叶泽，何姣．国外输配电网有效资产确定办法及其启示［J］．价格理论与实践，2017（1）：23－26.

［122］叶泽，吴永飞，李成仁，等．我国销售电价交叉补贴的关键问题及解决办法［J］．价格理论与实践，2017（4）：20－24.

［123］叶泽，吴永飞，张新华，等．需求响应下解决交叉补贴的阶梯电价方案研究——基于社会福利最大化视角［J］．中国管理科学，2019，27（4）：149－159.

［124］叶泽，姚军，吴永飞，等．考虑用户需求的电价交叉补贴及社会福利计量研究［J］．中国电力，2019，52（12）：113－122.

［125］叶泽，袁玮志，李湘祁．低电价陷阱：电价水平与经济发展的关系实证研究［J］．中国工业经济，2013（11）：44－56.

［126］叶泽，张新华．推进电力市场改革的体制与政策研究［M］．北京：经济科学出版社，2013.

［127］叶泽．当前我国输配电价改革成效、问题及对策［J］．价格理论与实践，2016（2）：35－42

［128］叶泽．电价理论与方法［M］．北京：中国电力出版社，2014.

［129］叶泽．电价理论与方法的组合应用［J］．中国电力企业管理，2014（21）：32－36.

［130］余倩楠．电网企业固定成本分摊方法及其应用［D］．长沙：长沙理工大学，2014.

［131］郁义鸿，李会．多重目标下的居民电价规制及政策评估——分析框架及需求侧实证［J］．财经问题研究，2013（9）：21－29.

［132］曾鸣，李娜，刘超．基于效用函数的居民阶梯电价方案的节电效果评估［J］．华东电力，2011（8）：1215－1219.

［133］曾鸣，周健，于滢，等．国外电力改革对我国电力零售市场建设的启示［J］．改革与战略，2009，25（4）：179－182.

［134］张超，赵茜，许钊，等．基于需求价格弹性的电价交叉补贴理论问题研究［J］．中国电力，2019，52（8）：144－148，156.

［135］张敏．哈贝马斯交往行为理论的合理性［J］．江西社会科学，2014，34（8）：44－47.

［136］张伟，朱启贵，李汉文．能源使用、碳排放与我国全要素碳减排效率［J］．经济研究，2013，48（10）：138－150.

［137］张昕竹，刘自敏．分时与阶梯混合定价下的居民电力需求——基于DCC模型的分析［J］．经济研究，2015，50（3）：146－158.

［138］张友国，郑玉歆．碳强度约束的宏观效应和结构效应［J］．中国工业经济，2014（6）：57－69.

［139］赵洪山，王莹莹，陈松．需求响应对配电网供电可靠性的影响［J］．电力系统自动化，2015（17）：49－55.

[140] 赵会茹，乞建励，曾鸣，等．输配电价格管制模型研究［J］．中国电机工程学报，2003，23（10）：89－93．

[141] 赵会茹，王玉玮，张超，等．阶梯电价下居民峰谷分时电价测算优化模型［J］．现代电力，2016（3）：17－23．

[142] 赵娟，谭忠富，李强．我国峰谷分时电价的状况分析［J］．现代电力，2005（2）：82－85．

[143] 赵豫，于尔铿．电力零售市场研究（一）充满竞争的电力零售市场［J］．电力系统自动化，2003（9）：20－23，40．

[144] 郑新业，傅佳莎．电力交叉补贴是中国特色"双重红利"［N］．中国能源报，2015－03－23（5）．

[145] 郑新业，吴悠．促进能源体系绿色发展的价格机制创新［J］．价格理论与实践，2018（4）：12－16．

[146] 周亚敏，冯永晟．中国的电价改革与二氧化碳排放——来自市级层面的实证研究与政策启示［J］．城市与环境研究，2017（1）：85－99．

[147] 朱成章．我国电力改革涉及的电价问题［J］．中外能源，2015（9）：1－6．

[148] 庄莹华．我国销售电价交叉补贴研究［J］．华东电力，2014，42（9）：20－23．

[149] ABEBERESE A B. Electricity Cost and Firm Performance Evidence from India ［J］. Review of Economics and Statistics, 2017, 99 (5) : 839 – 852.

[150] ABEYRATNE R I R. Revenue and Investment Management of Privatized Airports and Air Navigation Services—A Regulatory Perspective ［J］. Journal of Air Transport Management, 2001, 7 (4) : 217 – 230.

[151] ALBADI M H, El-SAADANY E F. A Summary of Demand Response in Electricity Markets ［J］. Electric Power Systems Research, 2008, 78 (11) : 1989 – 1996.

[152] ALBERINI A, GNAS W, VELEZ-LOPEZ D. Residential Consumption of Gas and Electricity in the U. S. : The Role of Prices and Income ［J］. Energy Economics, 2011, 33 (5) : 870 – 881.

［153］ANDOR M，VOSS A. Optimal Renewable-energy Promotion：Capacity Subsidies vs. Generation Subsidies ［J］. Resource and Energy Economics，2016，45：144 – 158.

［154］ANTONIO F. AMORES，LGNACIO C. New Approach for the Assignment of New European Agricultural Subsidies Using Scores from Data Envelopment Analysis：Application to Olive-growing farms in Andalusia（Spain） ［J］. European Journal of Operational Research，2009，193（3）：718 – 729.

［155］ATAKHANOVA Z，HOWIE P. Electricity Demand in Kazakhstan ［J］. Energy Policy，2007，35（7）：3729 – 3743.

［156］AVERCH H ，JOHNSON L L. Behavior of the Firm under Regulatory Constraint ［J］. American Economic Review，1962，52.

［157］BEIERLEIN J G，DUNN J W，MCCONNON J C，et al. The Demand for Electricity and Natural Gas in the Northeastern United States. ［J］. Review of Economics & Statistics，1981，63（3）：403 – 408.

［158］BHATTACHARYYA R，Ganguly A. Cross Subsidy Removal in Electricity Pricing in India ［J］. Energy Policy，2017，100：181 – 190.

［159］BOCKSTAEL N E，FREEMAN A M. Chapter 12 Welfare Theory and Valuation ［M］. Elsevier B. V. 2005：517 – 570.

［160］BOHI D R A M. An Update on Econometric Studies of Energy Demand Behavior ［J］. Annual Review of Energy，1984（9）：105 – 154.

［161］BRADLEY M D，COLVIN J，PANZAR J C. On Setting Prices and Testing Cross-Subsidy with Accounting Data ［J］. Journal of Regulatory Economics，1999，16（1）：83 – 100.

［162］BRETON M，MIRZAPOUR H. Welfare Implication of Reforming Energy Consumption Subsidies ［J］. Energy Policy，2016，98：232 – 240.

［163］BROWN S J，SIBLEY D S. The Theory of Public Utility Pricing ［J］. Cambridge Books，1986，3（3）：26 – 60.

［164］BURKE P J ，ABAYASEKARA A. The Price Elasticity of Electricity Demand in the United States：A Three-Dimensional Analysis ［J］. Cama Working Papers, 2017.

[165] BURKE P J, KURNIAWATI S. Electricity Subsidy Reform in Indonesia: Demand-side Effects on Electricity Use [J]. Energy Policy, 2018, 116: 410 – 421.

[166] BUSHEHRI M A M, WOHLGENANT M K. Measuring the Welfare Effects of Reducing a Subsidy on a Commodity Using Micro-models: An Application to Kuwait's Residential Demand for Electricity [J]. Energy Economics, 2012, 34 (2): 419 – 425.

[167] CARLOS Batlle. A Method for Allocating Renewable Energy Source Subsidies Among Final Energy Consumers [J]. Energy Policy, 2011, 39 (5): 2586 – 2595.

[168] CHATTOPADHYAY P. Cross-subsidy in Electricity Tariffs: Evidence from India [J]. Energy Policy, 2004, 32 (5): 673 – 684.

[169] CHATTOPADHYAY P. Testing Viability of Cross Subsidy Using Time-variant Price Elasticities of Industrial Demand for Electricity: Indian Experience [J]. Energy Policy, 2007, 35 (1): 487 – 496.

[170] CONSIDINE T J. Separability, Functional form and Regulatory Policy in Models of Interfuel Substitution [J]. Energy Economics, 1989, 11 (2) : 82 – 94.

[171] CORDEN W M. Tariffs, Subsidies and the Terms of Trade [J]. Economica, 1957, 24 (95): 235 – 242.

[172] FAULHABER G R. Cross-subsidy Analysis with More Than Two Services [J]. Journal of Competition Law and Economics, 2005, 1 (3): 441 – 448.

[173] FAULHABER G R, LEVINSON S B. Subsidy-Free Prices and Anonymous Equity [J]. American Economic Review, 1981, 71 (5): 1083 – 1091.

[174] FAULHABER G R. Cross-Subsidization: Pricing in Public Enterprises [J]. American Economic Review, 1975, 65 (5): 966 – 977.

[175] FAULHABER G. Network Effects and Merger Analysis: Instant Messaging and the AOL-Time Warner Case [J]. Telecommunications Policy, 2002, 26 (5): 311 – 333.

[176] FREUND C, WALLICH C. Public-Sector Price Reforms in Transition Economies: Who Gains? Who Loses? The Case of Household Energy Prices in Poland

[J]. Economic Development & Cultural Change, 1997, 46 (1): 35 – 59.

[177] GELAN A. Economic and Environmental Impacts of Electricity Subsidy Reform in Kuwait: A General Equilibrium Analysis [J]. Energy Policy, 2018, 112: 381 – 398.

[178] HANCHER L, SIERRA J B. Cross-Subsidization and EC Law [J]. Common Market Law Review, 1998, 35 (4): 901 – 945.

[179] He Y X, Yang L F, He H Y, et al. Electricity Demand Price Elasticity in China Based on Computable General Equilibrium Model Analysis [J]. Energy, 2011, 36 (2) : 1115 – 1123.

[180] Heald D. Contrasting Approaches to the "problem" of Cross Subsidy [J]. Management Accounting Research, 1996, 7 (1): 53 – 72.

[181] Hubert F. Cross Subsidies in Russian Elcctric Power Tariffs: Not as Bad as their Reputation [J]. SSRN Elcctronic Journal. 2004. DOI: 10.2139/ssm.366140.

[182] HUNT S , SHUTTLEWORTH G. Competition and Choice in the Electricity Industry [J]. Fuel & Energy Abstracts, 1996, 37 (3): 195.

[183] IÑAKI Aguirre, BEITIA A. Regulating a Multiproduct Monopolist with Unknown Demand: Cross-Subsidization and Countervailing Incentives [J]. Journal of Institutional and Theoretical Economics JITE, 2008, 164 (4): 652 – 675.

[184] JONES C T. A Dynamic Analysis of Interfuel Substitution in U. S. Industrial Energy Demand [J]. Journal of Business & Economic Statistics, 1995 (13) : 459 – 465.

[185] KAMERSCHEN D R, PORTER D V. The Demand for Residential, Industrial and Total Electricity, 1973 – 1998 [J]. Energy Economics, 2004, 26 (1): 87 – 100.

[186] KHOSROW P, Mohammad R S. Assessing Subsidies and Indirect Taxes in Iran: Asocial Welfare Perspective [J]. Middle East Development Journal, 2011, 3 (2): 233 – 246.

[187] KOBER T, Summerton P, Pollitt H, et al. Macroeconomic Impacts of Climate Change Mitigation in Latin America: A Cross-Model Comparison [J]. Energy Economics, 2016, 56: 625 – 636.

[188] KOPLOW D. Measuring Energy Subsidies Using the Price-Gap Approach: What Does it Leave Out? [J]. Ssrn Electronic Journal, 2009.

[189] LAFFONT J J, TIROLE J. A Theory of Incentives in Procurement and Regulation [M]. MIT press, 1993.

[190] LIN B , LIU X. Electricity Tariff Reform and Rebound Effect of Residential Electricity Consumption in China [J]. Energy, 2013, 59 (Complete): 240 – 247.

[191] LIN B, JIANG Z. Designation and Influence of Household Increasing Block Electricity Tariffs in China [J]. Energy Policy, 2012, 42 (2): 164 – 173.

[192] Mansor K A, Sajjad B. An Evaluation of the Welfare Effects of Reducing Energy Subsides in Iran [J]. Energy Policy, 2012, 47 (8): 398 – 404.

[193] Martin G, O'Bryant K. Continuous Ramsey Theory and Sidon Sets [J]. Mathematics, 2002.

[194] Nahata B, Izyumov A, Busygin V, et al. Application of Ramsey model in transition economy: A Russian case study [J]. Energy Economics, 2007, 29 (1): 105 – 125.

[195] Nordhaus W. Life After Kyoto: Alternative Approaches to Global Warming. NBER Working Paper, 2005, No. w11889.

[196] OUYANG X, LIN B. Impacts of Increasing Renewable Energy Subsidies and Phasing Out Fossil Fuel Subsidies in China [J]. Renewable & Sustainable Energy Reviews, 2014, 37 (3): 933 – 942.

[197] OUYANG X, SUN C. Energy Savings Potential in China's Industrial Sector: From the Perspectives of Factor Price Distortion and Allocative Inefficiency [J]. Energy Economics, 2015, 48 (9): 117 – 126.

[198] PALMER K. Using an Upper Bound on Stand-alone Cost in Tests of Cross Subsidy [J] . Economics letters, 1991, 35 (4): 457 – 460.

[199] PALMER, K. A Test for Cross Subsidies in Local Telephone Rates: Do Business Customers Subsidize Residential Customers? [J]. Rand Journal of Economics , 1992, 23 (3) 415 – 431.

[200] PETRI M, TAUBE G, TSYVINSKI A. Energy Sector Quasi-Fiscal Activi-

ties in the Countries of the Former Soviet Union [J]. Imf Working Paper, 2006, 2 (60).

[201] PINAKI D, Srinivasan P V. Demand for Telephone Usage in India [J]. Information Economics & Policy, 1999, 11 (2): 177 – 194.

[202] PINDYCK R S. Interfuel Substitution and the Industrial Demand for Energy: An International Comparison [J]. The Review of Economics and Statistics, 1979 (61) : 169 – 179.

[203] QI F, ZHANG L, WEI B, et al. An Application of Ramsey Pricing in Solving the Cross-subsidies in Chinese Electricity Tariffs [C]. IEEE, 2008: 442 – 447.

[204] ROSSTON G L, WIMMER B S. The "state" of Universal Service [J]. Information Economics & Policy, 2000, 12 (3): 261 – 283.

[205] SABOOHI Y. An Evaluation of the Impact of Reducing Energy Subsidies on Living Expenses of Households [J]. Energy Policy, 2001, 29 (3): 245 – 252.

[206] SAWKINS J W , REID S. The Measurement and Regulation of Cross Subsidy. The Case of the Scottish Water Industry [J]. Utilities Policy, 2007, 15 (1): 36 – 48.

[207] SERLETIS A, TIMILSINA G R, VASETSKY O. Interfuel Substitution in the United States [J]. Energy Economics, 2010, 32 (3) : 737 – 745.

[208] SILVA P, KLYTCHNIKOVA I, RADEVIC D. Poverty and Environmental Impacts of Electricity Price Reforms in Montenegro [J]. Utilities Policy, 2009, 17 (1): 102 – 113.

[209] SRIVASTAVA V K , GILER D E A. Seemingly Unrelated Regression Equation Models: Estimation and Inference [M]. Marcel Dekker, Inc. 1987.

[210] URGA G, WALTERS C. Dynamic Translog and Linear Logit Models: A Factor Demand Analysis of Interfuel Substitution in US Industrial Energy Demand [J]. Energy Economics, 2003, 25 (1): 1 – 21.

[211] URGA G. An Application of Dynamic Specifications of Factor Demand Equations to Interfuel Substitution in US Industrial Energy demand [J]. Economic Modelling, 1999, 16 (4) : 503 – 513.

[212] WANG F, ZHANG B. Distributional Incidence of Green Electricity Price Subsidies in China [J]. Energy Policy, 2016, 88: 27 - 38.

[213] WANG X, LIN B. Impacts of Residential Electricity Subsidy Reform in China [J]. Energy Efficiency, 2017, 10 (2): 499 - 511.

后　记

　　本书是刘思强教授主持的国家社会科学基金面上项目"绿色发展理念下电价交叉补贴精准处理机制及实现路径研究"（17BJY059）的最终成果、国家社会科学基金重大项目子课题"我国电价体系建设与电力发展战略转型研究"（12&ZD051，叶泽教授主持）资助成果，同时获得长沙理工大学学术著作出版资金资助。在完成本书研究工作的前后，作者主持或参与了国家电网公司及各省级电力公司、各发电集团等的输配电价、分时电价、管制电价、负荷率电价、储能电价、售电市场、能源监管等电价体制机制的研究与设计。本书在完成过程中，得到了叶泽教授的悉心指导，研究团队中吴永飞博士、王亚莉博士、姚军博士参与了部分研究工作。与此同时，国家电网公司财务资产部、国网能源研究院、国网华中分部、国网天津市电力公司、国网湖北省电力公司、国网江苏省电力公司、国网江西省电力公司、国网湖南省电力公司、国网上海市电力公司、广西桂冠电力股份有限公司、国网冀北张家口风光储输新能源有限公司（原国网新源张家口风光储示范电站有限公司）等企业的同志给予了大力支持，在此一并表示感谢。

　　本书在吸纳作者及长沙理工大学电价研究团队前期研究成果的基础上，聚焦9号文件确定"妥善处理交叉补贴"的问题及电价改革目标，以绿色发展背景下，促进电力消费革命和电力工业绿色发展为政策导向，采用文献研究、政策梳理、制度分析、案例研究、数理建模、比较分析、实证研究等方法，从理论和实践的角度，比较研究了电价交叉补贴处理的理论基础；分析了各种电价概念与电价交叉补贴的关系及其影响；梳理了现有电价交叉补贴处理政策及其存在的问题；分析了电价交叉补贴的类型及其产生的原因；实证研究了电价交叉补贴对社会福利、节能减排、收入再分配、社会公平等方面的影响；实证研究了现阶段双轨市场定价机制和交叉补贴计量方式，测算了各类交叉补贴规模及补贴程度；以非线性阶梯电价优化方案、可选择分时两部制负荷率输配电价设计为重点，探究了一种实现效率、公平和绿色发展协同推进的电价交叉补贴处理机制及电价改革路径，提出了相应政策建议。本书根据我国电力市场实际情况，针对新一轮电力体制改革过程中电价改革存在的现实问题，采用我国电力消费和电价第一手数据，按照问题—原因—影响—处理—效果的研究思路，开展了系统性、针对性的理论研究及实证研究，全面剖析了我国电价交叉补贴的现状、成因及发展趋势，为如何"妥善处理交叉补贴"提供了实用且可操作的解决方案和方法，对破解9号文件中的电价改革难题具有现实的借鉴意义。

　　本书的特色体现为以下几个方面：一是坚持问题导向。针对我国电力市场、电价政策存在的实际问题，系统分析了电价交叉补贴类型及产生的原因。二是坚持政策导向。通过政策梳理，分析不同制度安排和电力市场结构下，交叉补贴产生的路径及政策存在的不足。三是采用第一手数据研究。收集了国家电网公司及多个省区市电力消费、电价、销售、户控等一手数据，测算了各类交叉补贴规模和交叉补贴程度，实证研究了交叉补贴对节能减排、收入再分配、福利效应等的影响，并以算例方式提出了阶梯电价优化方案，使得研究成果具有实用价值。四是理论与实践相结合。系统分析和比较了其他电价概念与电价交叉补贴的关系，比较分析了交叉补贴的测量方法，并将理论用于分析和测量交叉补贴对社会福利的影响。